新唐書

四部備要

史部

上海中華書局據武英殿
本校刊

桐鄉　陸費逵總勘
杭縣　高時顯　吳汝霖輯校
杭縣　丁輔之監造

唐書卷二十五

宋翰林學士歐陽修撰

志第十五

曆志

曆法尚矣自堯命羲和曆象日月星辰以閏月定四時成歲其事略見于書而夏商周以三統改正朔爲曆固已不同而其法不傳至漢造曆始以八十一分爲統母其數起於黃鍾之龠蓋其法一本於律矣其後劉歆又以春秋易象推合其數蓋傅會之說也至唐一行始專用大衍之策則曆術又本於易矣蓋曆起於數數者自然之用也其用無窮而無所不通以之於律於易皆可以合也然其要在於候天地之氣以知四時寒暑而仰察天日月星之行運以相參合而已然四時寒暑無形而運於下天日月星有象而見于上二者常動而不息一有一無出入升降或遲或疾不相爲謀其久而不能無差忒者勢使之然也故爲曆者其始未嘗不精密而其後多疎而不合亦理之然也不合則屢變其

法以求之自堯舜三代以來曆未嘗同也唐終始二百九十餘年而曆八改初曰戊寅元曆曰麟德甲子元曆曰開元大衍曆曰寶應五紀曆曰建中正元曆曰元和觀象曆曰長慶宣明曆曰景福崇玄曆而止矣高祖受禪將治新曆東都道士傅仁均善推步之學太史令庾儉丞傅奕薦之詔仁均與儉等參議合受命歲名爲戊寅元曆乃列其大要所可考驗者有七曰唐以戊寅歲甲子日登極曆元戊寅日起甲子如漢太初一也冬至五十餘年輒差一度日短星昴合于堯典二也周幽王六年十月辛卯朔入蝕限合于詩三也魯僖公五年壬子冬至合春秋命曆序四也月有三大三小則日蝕常在朔月蝕常在望五也命辰起子半命度起虛六符陰陽之始六也立遲疾定朔則月行晦不東見朔不西朓七也高祖詔司曆起二年用之擢仁均員外散騎侍郎三年正月望及二月八月朔當蝕比不效六年詔吏部郎中祖孝孫考其得失孝孫使算曆博士王孝通以甲辰曆法詰之曰日短星昴以正仲冬七宿畢見舉中宿言耳舉中宿則餘星可知仁均專守昴中執文害意不亦謬乎又月令仲冬昏東壁中

明昴中非爲常準若堯時星昴昏中差至東壁然則堯前七千餘歲冬至昏翼中日應在東井井極北去人最近故暑斗極南去人最遠故寒寒暑易位必不然矣又平朔定朔舊有三家三大三小爲定朔望一大一小爲平朔望日月行有遲速相及謂之合會晦朔無定由時消息若定大小皆在朔者合會雖定而蔀元紀首三端並失若上合履端之始下得歸餘於終合會有時則甲辰元曆爲通術矣仁均對曰宋祖沖之立歲差隋張胄玄等因而修之雖差數不同各明其意孝通未曉乃執南斗爲冬至常星夫日躔宿度如郵傳之過宿度既差黃道隨而變矣書云季秋月朔辰弗集于房孔氏云集合也不合則日蝕可知又云先時者殺無赦不及時者殺無赦既有先後之差是知定朔矣詩云十月之交朔月辛卯又春秋傳曰不書朔官失之也自後曆差莫能詳正故秦漢以來多非朔蝕宋御史中丞何承天微欲見意不能詳究乃爲散騎侍郎皮延宗等所抑孝通之語乃延宗舊說治曆之本必推上元日月如合璧五星如連珠夜半甲子朔旦冬至自此七曜散行不復餘分普盡總會如初唯朔分氣分有

可盡之理因其可盡卽有三端此乃紀其日數之元爾或以爲卽夜半甲子朔
冬至者非也冬至自有常數朔名由於月起月行遲疾匪常三端安得卽合故
必須日月相合與至同日者乃爲合朔冬至耳孝孫以爲然但略去尤疏闊者
九年復詔大理卿崔善爲與孝通等較定善爲所改凡數十條初仁均以武德
元年爲曆始而氣朔遲疾交會及五星皆有加減至是復用上元積算其周天
度卽古赤道也貞觀初直太史李淳風又上疏論十有八事復詔善爲課二家
得失其七條改從淳風十四年太宗將親祀南郊以十一月癸亥朔甲子冬至
而淳風新術以甲子合朔冬至乃上言古曆分日起於子半十一月當甲子合
朔冬至故太史令傅仁均以減餘稍多子初爲朔遂差三刻司曆南宮子明太
史令薛頤等言子初及半日月未離淳風之法較春秋已來晷度薄蝕事皆符
合國子祭酒孔穎達等及尙書八座參議請從淳風又以平朔推之則二曆皆
以朔日冬至於事彌合且平朔行之自古故春秋傳或失之前謂晦日也雖癸
亥日月相及明日甲子爲朔可也從之十八年淳風又上言仁均曆有三大三

小云日月之蝕必在朔望十九年九月後四朔頻大詔集諸解曆者詳之不能定庚子詔用仁均平朔訖麟德元年仁均曆法祖述胄玄稍以劉孝孫舊議參之其大最疎於淳風然更相出入其有所中淳風亦不能逾之今所記者善爲所較也戊寅曆上元戊寅歲至武德九年丙戌積十六萬四千三百四十八算外

章歲六百七十六亦名行分法　章閏二百四十九　章月八千三百六十一　月法三十八萬四千七十五　日法萬三千六　時法六千五百三　度法氣法九千四百六十四　氣時法千一百八十三　歲分三百四十五萬六千六百七十五　歲餘二千三百一十五　周分三百四十五萬六千八百四十五半

斗分一千四百八十五半　沒分七萬六千八百一十五　沒法千一百三

曆日二十七　曆餘萬六千六十四　曆周七十九萬八千二百　曆法二萬八千九百六十八　餘數四萬九千六百三十五

章月乘年如章歲得一爲積月以月法乘積月如日法得一爲朔積日餘爲小

餘日滿六十去之餘爲大餘命甲子算外得天正平朔加大餘二十九小餘六千九百一得次朔加平朔大餘七小餘四千九百七十六小分四之三爲上弦又加得望又加得下弦餘數乘年如氣法得一爲氣積日命日如前得冬至加大餘十五小餘二千六十八小分八之一得次氣日加四季之節大餘十二小餘千六百五十四小分四得土王凡節氣小餘三之以氣時法而一命子半算外各其加時置冬至小餘八之減沒分餘滿沒法爲日加冬至去朔日算依月大小去之日不滿月算得沒日餘分盡爲減加日六十九餘七百八得次沒

二十四氣	損益率	盈縮數
冬至	益八百九十六	盈空
小寒	益三百九十八	盈八百九十
大寒	益四百	盈千二百九十四
立春	益二百二十	盈千六百九十四
啓蟄	益三百四十	盈千九百二十二

雨水	益四百五十	盈二千二百六十三
春分	損五百	盈二千七百一十三
清明	損四百五十五	盈二千二百一十三
穀雨	損三百五十五	盈千七百五十八
立夏	損五百五十五	盈千四百三
小滿	損八百四十八	盈八百四十八
芒種	益七百三十九	縮初
夏至	益六百二十六	縮七百三十九
小暑	益四百五十六	縮千三百六十五
大暑	益二百八十八	縮千八百二十一
立秋	益四十	縮二千一百九
處暑	益三百四十二	縮二千一百四十九
白露	益四百五十五	縮二千四百九十一

秋分	損六百八十二	縮二千九百四十六
寒露	損六百二十五	縮二千二百六十四
霜降	損五百七十	縮千六百三十九
立冬	損五百一十三	縮千六十九
小雪	損四百五十六	縮五百五十六
大雪	損百	縮百

以平朔弦望入氣日算乘損益率如十五得一以損益盈縮數爲定盈縮分凡不盡半法已上亦從一以曆法乘朔積日滿曆周去之餘如曆法得一爲日命日算外得天正平朔夜半入曆日及餘次日加一累而裁之若以萬四千四百八十四乘平朔小餘如六千五百三而一不盡爲小分以加夜半入曆日加之滿曆日及餘去之得平朔加時所入加曆日七餘萬一千八十四小分三千九百九十五命如前得上弦又加得望下弦及後朔

曆日	行分	損益率	盈縮積分

一日	九千九百九	益三百九十二	盈初
二日	九千八百一十	益三百四十七	盈二千一百四十四萬一千二百二十六
三日	九千六百九十五	益二百九十五	盈二千一百三十九萬四千八百五十八
四日	九千五百六十三	益二百三十六	盈二千九百九十五萬二千八百四
五日	九千四百一十四	益百六十九	盈三千六百七十九萬三千九百五十
六日	九千二百六十六	益百三	盈四千一百六十九萬七千二百七
七日	九千一百一十八	益三十六	盈四千四百六十七萬三千五百七十五
八日	八千九百五十三	損三十八	盈四千五百七十二萬九千五百十五
九日	八千七百八十八	損百一十二	盈四千四百六十三萬六千五百五十七
十日	八千六百四十	損百七十八	盈四千一百三十九萬八千六十八
十一日	八千五百八	損二百三十八	盈三千六百三十二萬四千六百九十二
十二日	八千三百九十二	損二百九十	盈二千九百三十五萬四千五百二十八
十三日	八千二百七十七	損三百四十一	盈二千九十六萬五千六百六十

十四日	八千一百七十八	損三百八十六	盈千一百八萬一千一百六
十五日	八千二百一十一	益三百七十一	縮九萬一千四十三
十六日	八千三百一十	益三百二十六	縮千八十三萬四千四
十七日	八千四百二十五	益二百一十五	縮二千二百二十八萬九千三百七十二
十八日	八千五百五十五	益二百一十六	縮二千八百二十三萬九千五十
十九日	八千六百八十九	益百五十六	縮三千四百四十九萬一千九百三十六
二十日	八千八百三十七	益九十	縮三千九百萬八千三十
二十一日	八千九百八十六	益二十三	縮四千一百六十一萬九千二百三十五
二十二日	九千一百五十一	損五十一	縮四千二百二十八萬二千五百四十七
二十三日	九千二百九十九	損一百一十八	縮四千七百九萬九千八百五十七
二十四日	九千四百四十七	損百八十四	縮三千七百三十九萬二千二百七十九
二十五日	九千五百七十八	損二百四十三	縮三千二百五十萬九千八百一十四
二十六日	九千七百一十	損三百二	縮二千五百二萬三千五百六十二

二十七日	九千八百九	損三百四十七	縮千六百二十九萬五百一十八
二十八日	九千八百九十一	損三百八十三	縮六百二十二萬九千八百八十

曆行分與次日相減爲行差後多爲進後少爲退減去行分六百七十六爲差法各置平朔弦望加時入曆日餘乘所入日損益率以損益其下積分差法除爲定盈縮積分置平朔弦望小餘各以入氣積分盈加縮減之以入曆積分盈減縮加之滿若不足進退日法皆爲定大小餘命日甲子算外以歲分乘年爲積分滿周分去之餘如度法得一爲度命以虛六經斗去分得冬至日度及分以冬至去朔日算及分減之得天正平朔前夜半日度及分（以小分法十四約度分爲行分凡小分滿法成行分行分滿法成度若注曆又以二十六約行分月星準此斗分百七十七小分七半）累加一度得次日以行分法乘朔望定小餘以九百二十九除爲度分又以十四約爲行分以加夜半度爲朔望加時日度定朔加時日月同度望則因加日度百八十二行分四百二十六小分十太以夜半入曆日餘乘行差滿曆法得一以進加退減曆行分爲行定分以朔定小餘乘之滿日法得一爲行分以減加時月度爲朔望夜半月度

求次日加月行定分累之

歲星率三百七十七萬五千二十三　終日三百九十八行分五百九十六小分七　平見入冬至初日減行分五千四百一十一自後日損所減百二十分立春初日增所加六十分春分均加四日清明畢穀雨均加五日立夏畢大暑均加六日立秋初日加四千八十分乃日損所加六十七分入寒露日增所減百一十七分入小雪畢大雪均減八日初見順日行百七十一分日益遲一分百一十四日行十九度二百九分而留二十六日乃退日九十七分八十四日退十二度三十六分又留二十五日五百九十六分小分七凡五星留日有分者以初定見日分加之若滿行分法去之又增一日乃順初日行六十分日益疾一分百一十四日行十九度四百三十七分而伏

熒惑率七百三十八萬一千二百二十三　終日七百七十九行分六百二十六小分三　平見入冬至初日減萬六千三百五十四分乃日損所減五百四十五分入大寒日增所加四百二十六分入雨水後均加二十九日立夏初日

加萬九千三百九十二分乃日損所加二百一十三分入立秋初依平入處暑日增所減百八十四分入小雪後均減二十五日初見入冬至初率二百四十一日行百六十三度自後二日損日度各一自百二十八日率百七十七日行九十九度畢百六十一日又三日損一晝百八十二日率百七十日行九十二度畢百八十八日乃三日益一晝百八十三日率百八十三日行百五度又二日益一晝二百四十九日率百九十四日行百一十六度又每日益一晝二百一十日率二百五十五日行百七十七度畢三百三十七日乃二日損一晝大雪復初見入小雪後三日去日率一入雨水畢立夏均去日率二十自後三日減所去一日畢小暑依平爲定日率若入處暑畢秋分皆去度率六各依冬至後日數而損益之又依所入之氣以減之爲前疾日度率若初行入大寒畢大暑皆差行日益遲一分其餘皆平行若入白露畢秋分初遲日行半度四十日行二十度卽去日率四十度率二十別爲半度之行訖然後求平行分續之以行分法乘度定率如日定率而一爲平行分不盡爲小分求差行者減日率一又半之加平行分爲初日行分各盡其日度而遲初日行三百二十六分日益遲一分

半六十日行二十五度五分其前疾去度六者行三十一度五分此遲初日加六十七分小分六十分之三十六而留十三日前疾去日者分日於二留奇從後留乃退日百九十二分六十日退十七度二十八分又留十二日六百二十六分小分三又順後遲初日行二百三十八分日益疾一分半六十日行二十五度三十五分此遲在立秋至秋分者加六度行三十一度三十五分此遲初日加行分六十七小分六十分之三十六而後疾入冬至初率二百一十四日行百三十六度乃每日損一盡三十七日率百七十七日行九十九度又二日損一盡五十七日率百六十七日行八十九度畢七十九日又三日益一盡百三十日率百八十四日行百六度又二日益一盡百四十四日率百九十一日行百一十三度又每日益一盡百九十日率二百三十七日行百五十九度又每日益二盡二百日率二百五十七日行百七十九度又每日益一盡二百一十日率二百六十七日行百八十九度畢二百五十九日乃二日損一畢大雪復初後遲加六度者此後疾去度率六爲定各依冬至後日數而損益之爲後疾日度率若入立夏畢夏至日行半度盡六十日行三十度若入小暑畢大暑盡四十日行二十度皆去日度率別爲半度之

行訖然後求平行分續之各盡其日度而伏

鎮星率三百五十七萬八千二百四十六　終日三百七十八行分六十一

平見入冬至初日減四千八百一十四分乃日增所減七十九分入小寒均減九日乃每氣損所減一日入夏至初日均減二日自後十日損所減一日小暑五日外依平入大暑日增所加百八十一分入處暑均加九日入白露初日加六千二分乃日損所加百三十三分入霜降日增所減七十九分初見順日行六十分八十三日行七度二百四十八分而留三十八日乃退日四十一分百日退六度四十四分又留三十七日六十一分乃順日行六十分八十三日行七度二百四十八分而伏

太白率五百五十二萬六千二百　終日五百八十三行分六百二十小分八

晨見伏三百二十七日行分六百二十小分八　夕見伏二百五十六日

晨平見入冬至依平入小寒日增所加六十六分入立春畢立夏均加三日小滿初日加千九百六十四分乃日損所加六十分入夏至依平入小暑日增所

減六十分入立秋畢立冬均減三日小雪初日減千九百六十四分乃日損所減六十六分初見乃退日半度十日退五度而留九日乃順遲差行日益疾八分四十日行三十度入大雪畢小滿者依此入芒種十日減一度入小暑畢霜降均減三度入立冬十日損所減一度畢小雪皆爲定度（以行分法乘定度四十除爲平行分又以四乘三十九以減平行爲初日行分）平行日一度十五日行十五度入小寒十日益日度各一入雨水後皆二十一日行二十一度入春分後十日減一畢立夏依平入小滿後六日減一畢立秋日度皆盡無平行入霜降後四日加一畢大雪依平疾百七十日行二百四度（前順遲減度者計所減之數以益此度爲定）而晨伏夕平見入冬至日增所減百分入啓蟄畢春分均減九日清明初日減五千九百八十六分乃日損所減百分入芒種依平入夏至日增所加百分入處暑畢秋分均加九日寒露初日加五千九百八十六分乃日損所減百分入大雪依平初見順疾百七十日行二百四度入冬至畢立夏者依此入小滿六日加一度入夏至畢小暑均加五度入大暑三日減一度入立秋畢大雪依平從白露畢春分皆差行日益疾一分

半以一分半乘百六十九而半之以加平行爲初日行分入清明畢於處暑皆平行乃平行日一度十五日行十五度入冬至後十日減日度各一　入啓蟄畢芒種皆九日行九度入夏至後五日益一　入大暑依平入立秋後六日加一畢秋分二十五日行二十五度入寒露六日減一　入大雪依平順遲日益遲八分四十日行三十度前加度者此依數減之　又留九日乃退日半度十日退五度而夕伏

辰星率百九萬六千六百八十三　終日百一十五行分五百九十四小分七

晨見伏六十三日行分五百九十四小分七　夕見伏五十二日　晨平見入冬至均減四日入小寒依平入立春後均減三日入雨水畢立夏應見不見其在啓蟄立夏氣內去日十八度外三十六度內晨有木火土金一星者亦見入小滿依平入霜降畢立冬均加一日入小雪至大雪十二日依平若在大雪十三日後日增所減一日初見留六日順遲日行百六十九分入大寒畢啓蟄無此遲行乃平行日一度十日行十度入大寒後二日去日度各一畢於二十日日度俱盡無此平行疾日行一度六百九分十日行十九度六分前無遲行者此疾日減二百三分十日行十六度四分　而晨伏夕平見入冬

至後依平入穀雨畢芒種均減二日入夏至依平入立秋畢霜降應見不見其在立秋霜降氣內夕有星去日如前者亦見入立冬畢大雪依平初見順疾日行一度六百九分十日行十九度六分若入小暑畢處暑日減二百三分乃平行日一度十日行十度入大暑後二日去日及度各一畢於二十日日度俱盡無此平行遲日行百六十九分若疾減二百三分者即不須此遲行又留六日七分而夕伏

各以星率去歲積分餘反以減其率餘如度法得一爲日得冬至後晨平見日及分以冬至去朔日算及分加之起天正依月大小計之命日算外得所在日月金水各以晨見伏日及分加之得夕平見各以其星初日所加減之分計後日損益之數以損益之訖乃以加減平見爲定見其加減分皆滿行分法爲日以定見去朔日及分加其朔前夜半日度又以星初見去日度歲星十四太白十一熒惑鎮星辰星皆十七晨減夕加之得初見宿度求次日各加一日所行度及分熒惑太白有小分者各以日率爲母其行有益疾遲者副置一日行分各以其差疾益遲損乃加之留者因前退則依減伏不注度順行出斗去其分退行入斗先加分訖皆以二十

六約行分爲度分

交會法千二百七十四萬一千二百五八分　交分法六百三十七萬六百二九分　朔差百八萬五千四百九十四二分　望分六百九十一萬三千三百五十　交限五百八十二萬七千八百五十五八分　望差五十四萬二千七百四十七一分　外限六百七十六萬七百八十二九分　中限千二百三十五萬一千二十五八分　內限千二百一十九萬一千四百五十八七分

以朔差乘積月滿交會法去之餘得天正月朔入平交分求望以望分加之求次月以朔差加之其朔望入大雪畢冬至依平入小寒日加氣差千六百五十分入驚蟄畢清明均加七萬六千一百分自後日損所加千六百五十分入芒種畢夏至依平加之滿法去之時若朔交入小寒畢雨水及立夏畢小滿值盈二時已下皆半氣差加之二時已上則否如望差已下外限已上有星伏木土去見十日外火去見四十日外金晨伏去見二十二日外有一星者不加氣差入小暑後日增所減千二百分入白露畢霜降均減九萬五千八百二十五分立冬初日減六萬三千三百分自後日損所減二千一百一十分減若不足加法乃減之餘爲定交分

朔入交分如交限內限已上交中限已下有星伏如前者不減分不滿交分法者爲在外道滿去之餘爲在內
道如望差已下爲去先交分交限已上以減交分餘爲去後交分皆三日法約
爲時數望則月蝕朔在內道則日蝕雖在外道去交近亦蝕在內道去交遠亦不蝕置蝕望定小餘入
曆一日減二百八十若十五日卽加之十四日加五百五十若二十八日卽減
之餘日皆盈加縮減二百八十爲月蝕定餘十二乘之時法而一命子半算外
不盡得月蝕加時約定小餘如夜漏半已下者退日算上置蝕朔定小餘入曆
一日卽減二百八十若十五日卽加五百五十若二十八日卽減
之爲定後不入四時加減之限其內道春去交四時已上入曆盈加縮減二百
八十夏盈加縮減二百八十秋去交十一時已下惟盈加二百八十已上者盈
加五百五十縮加二百八十冬去交五時已下惟盈加二百八十皆爲定餘十
二乘之時法而一命子半算外不盡爲時餘副之仲辰半前以副減法爲差率
半後退半辰以法加餘以副爲差率季辰半前以法加副爲差率半後退半辰
以法加餘倍法加副爲差率孟辰半前三因其法以副減之餘爲差率半後退

半辰以法加餘又以法加副乃三因其法以副減之爲差率又置去交時數三
巳下加三六巳下加二九巳下加一九巳上依數十二巳上從十二（若季辰半後孟辰半）
（前去交六時巳上者皆從其六六時巳下依數不加）皆乘差率十四除爲時差子午半後以加時餘卯酉
半後以減時餘加之滿若不足進退時法（孟謂寅巳申仲謂午卯酉季謂辰未戌）得日蝕加時望
去交分冬先後交皆去二時春先交秋後交去半時春後交秋先交去二時夏
則依定不足去者旣乃以三萬六千一百八十三爲法而一以減十五餘爲月
蝕分朔去交在內道五月朔加時在南方先交十三時外六月朔後交十三時
外者不蝕啓蟄畢清明先交十三時外值縮加時在未西處暑畢寒露後交十
三時外值盈加時在巳東皆不蝕交在外道先後去交一時內者皆蝕若二時
內及先交值盈後交值縮二時外者亦蝕夏去交二時內加時在南方者亦蝕
若去分至十二時內去交六時內者亦蝕若去春分三日內後交二時秋分三
日內先交二時內者亦蝕諸去交三時內有星伏土木去見十日外火去見四
十日外金晨伏去見二十二日外有一星者不蝕各置去交分秋分後畢立春

均減二十二萬八百分啓蟄初日畢芒種日損所減千八百一十分夏至後畢
白露日增所減二千四百分以減去交分餘爲不蝕分不足減反相減爲不蝕
分亦以減望差爲定法後交值縮者直以望差爲定法其不蝕分大寒畢立春
後交五時外皆去一時時差值減者先交減之後交加之時差值加者先交加
之後交減之不足減者皆既十五乘之定法而一以減十五餘爲日蝕分置日
月蝕分四已下因增二五已下因增三六已上因增五各爲刻率副之以乘所
入曆損益率四千五十七爲法而一值盈反其損益值縮依其損益皆損益其
副爲定用刻乃六乘之十而一以減蝕甚辰刻爲虧初又四乘之十而一以加
食甚辰刻爲復滿

唐書卷二十六

宋翰林學士歐陽修撰

志第十六

曆志

高宗時戊寅曆益疎淳風作甲子元曆以獻詔太史起麟德二年頒用謂之麟德曆古曆有章蔀有元紀有日分度分參差不齊淳風爲總法千三百四十以一之損益中晷術以考日至爲木渾圖以測黃道餘因劉焯皇極曆法增損所宜當時以爲密與太史令瞿曇羅所上經緯曆參行弘道元年十二月甲寅朔壬午晦八月詔二年元日用甲申故進以癸未晦焉永昌元年十一月改元載初用周正以十二月爲臘月建寅月爲一月神功二年司曆以臘爲閏而前歲之晦月見東方太后詔以正月爲閏十月是歲甲子南至改元聖曆命瞿曇羅作光宅曆將用之三年罷作光宅曆復行夏時終開元十六年麟德曆麟德元年甲子距上元積二十六萬九千八百八十算

總法千三百四十　朞實四十八萬九千四　常朔實三萬九千五百七十一

加三百六十二日盈朔實　減三百五十一日朒朔實　辰率三百三十五

以朞實乘積筭爲朞總如總法得一爲日六十去之命甲子筭外得冬至累加日十五小餘二百九十二小分六之五得次氣六乘小餘辰率而一命子半筭外各其加時以常朔實去朞總不滿爲閏餘以閏餘減朞總爲總實如總法得一爲日以減冬至得天正常朔又以常朔小餘并閏餘以減朞總爲總實因常朔加日二十九小餘七百一十一得次朔因朔加日七小餘五百一十二太得上弦又加得望及下弦

進綱十六秋分後　退紀十七春分後

中節	躔差率	消息總	先後率	盈朒積
冬至	益七百二十二	息初	先五十四	盈初
小寒	益六百一十八	息七百二十二	先四十六	盈五十四
大寒	益五百一十四	息千三百四十	先三十八	盈百

立春	益五百一十四	息千八百五十四	先三十八	盈百三十八
啓蟄	益六百一十八	息二千三百六十八	先四十六	盈百七十六
雨水	益七百二十二	息二千九百八十六	先五十四	盈二百二十二
春分	損七百二十二	息三千七百八	後五十四	盈二百七十六
清明	損六百一十八	息二千九百八十六	後四十六	盈二百二十二
穀雨	損五百一十四	息二千三百六十八	後三十八	盈百七十六
立夏	損五百一十四	息千八百五十四	後三十八	盈百三十八
小滿	損六百一十八	息千三百四十	後四十六	盈百
芒種	損七百二十二	息七百二十二	後五十四	盈五十四
夏至	益七百二十二	消初	先五十四	朒初
小暑	益六百一十八	消七百二十二	先四十六	朒五十四
大暑	益五百一十四	消千三百四十	先三十八	朒百
立秋	益五百一十四	消千八百五十四	先三十八	朒百三十八

處暑	益六百一十八	消二千三百六十八	先四十六	朒百七十六
白露	益七百二十二	消二千九百八十六	先五十四	朒二百二十二
秋分	損七百二十二	消三千七百八	後五十四	朒二百七十六
寒露	損六百一十八	消二千九百八十六	後四十六	朒二百二十二
霜降	損五百一十四	消二千三百六十八	後三十八	朒百七十六
立冬	損五百一十四	消千八百五十四	後三十八	朒百三十八
小雪	損六百一十八	消千三百四十	後四十六	朒百
大雪	損七百二十二	消七百二十二	後五十四	朒五十四

各以其氣率并後氣率而半之十二乘之綱紀除之為末率二率相減餘以十二乘之綱紀除為總差又以十二乘總差綱紀除之為別差以總差前少以減末率前多以加末率為初率累以別差前少以加初率前多以減初率為每日躔差及先後率乃循積而損益之各得其日定氣消息與盈朒積其後無同率因前末為初率前少者加總差前多者以總差減之為末率餘依術入之各以

氣下消息積息減消加常氣爲定氣各以定氣大小餘減所近朔望大小餘十二通其日以辰率約其餘相從爲辰總其氣前多以乘末率前少以乘初率十二而一爲總率前多者以辰總減綱紀以乘十二綱紀而一以加總率辰總乘之一十四除之前少者辰總再乘別差二百八十八除之皆加總率乃以先加後減其氣盈朒積爲定以定積盈加朒減常朔弦望得盈朒大小餘

變周四十四萬三千七十七　變日二十七餘七百四十三變奇一　變奇法十二　月程法六十七

以奇法乘總實滿變周去之不滿者奇法而一爲變分盈總法從日得天正常朔夜率入變加常朔小餘爲經辰所入因朔加七日餘五百一十二奇九得上弦轉加得望下弦及次朔加之滿變日及餘去之又以所入盈朒定積盈加朒減之得朔弦望盈朒經辰所入

變日	離程	增減率	遲速積
一日	九百八十五	增百三十四	速初

二日	九百七十四	增百一十七	速百三十四
三日	九百六十二	增九十九	速二百五十一
四日	九百四十八	增七十八	速三百五十
五日	九百三十三	增五十六	速四百二十八
六日	九百一十八	增三十三	速四百八十四
七日	九百二	增九 初增九末減隱	速五百一十七
八日	八百八十六	減十四	速五百二十六
九日	八百七十	減三十八	速五百一十二
十日	八百五十四	減十四	速四百七十四
十一日	八百三十九	減八十五	速四百一十二
十二日	八百二十六	減百四	速三百二十七
十三日	八百一十五	減百二十一	速二百二十三
十四日	八百八	初減百二末增二十九	速百二

十五日	八百十	增百二十八	遲二十九
十六日	八百一十九	增百一十五	遲百五十七
十七日	八百三十二	增九十五	遲二百七十二
十八日	八百四十六	增七十四	遲三百六十七
十九日	八百六十一	增五十二	遲四百四十一
二十日	八百七十七	增二十八	遲四百九十三
二十一日	八百九十三	增四 初增四 末減隱	遲五百二十一
二十二日	九百九	減二十	遲五百二十五
二十三日	九百二十五	減四十四	遲五百五
二十四日	九百四十一	減六十八	遲四百六十一
二十五日	九百五十五	減八十九	遲三百九十三
二十六日	九百六十八	減百八	遲三百四
二十七日	九百七十九	減百二十五	遲百九十六

二十八日	九百八十五	減百四十四 初減七十一 末增入後	遲七十一

以離程與次相減得進退差後多爲進後少爲退等爲平各列朔弦望盈朒經辰所入日增減率并後率而半之爲通率又二率相減爲率差增者以入變曆日餘減總法餘乘率差總法而一并率差而半之減者半入餘乘率差亦總法而一皆加通率以乘入餘總法除爲經辰變率半之以速減遲加入餘爲轉餘增者以減總法減者因餘皆乘率差總法而一以加通率變法乘之總法除之以速減遲加變率爲定率乃以定率增減遲速積爲定其後無同率亦因前率應增者以通率爲初數半率差而減之應損者卽爲通率其曆率損益入餘進退日者分爲二日隨餘初末如法求之所得并以加減變率爲定七日初千一百九十一末百四十九十四日初千四十二末二百九十八二十一日初八百九十二末四百四十八二十八日初七百四十三末五百九十七各視入餘初數已下爲初已上以初數減之餘爲末各以入變遲速定數速減遲加朔弦望盈朒小餘滿若不足進退其日加其常日者爲盈減其常日者爲朒各爲定大

小餘命日如前乃前朔後朔迭相推校盈朒之課據實爲準損不侵朒益不過盈定朔日名與次朔同者大不同者小無中氣者爲閏月其元日有交加時應見者消息前後一兩月以定大小令虧在晦二弦望亦隨消息月朔盈朒之極不過頻三其或過者觀定小餘近夜半者量之

黃道南斗二十四度三百二十八分牛七度婺女十一度虛十度危十六度營室十八度東壁十度奎十七度婁十三度胃十五度昴十一度畢十六度觜觿二度參九度東井三十度輿鬼四度柳十四度七星七度張十七度翼十九度軫十八度角十三度亢十度氐十六度房五度心五度尾十八度箕十度

冬至之初日躔定在南斗十二度每加十五度二百九十二分小分五依宿度去之各得定氣加時日度各以初日躔差乘定氣小餘總法而一進加退減小餘爲分以減加時度爲氣初夜半度乃日加一度以躔差進加退減之得次日

以定朔弦望小餘副之以乘躔差總法而一進加退減其副各加夜半日躔爲加時宿度合朔度卽月離也上弦加度九十一度分四百一十七望加度百八十二度分八百三十四下弦加度二百七十三度分千二百五十一訖半其分

降一等以同程法得加時月離因天正常朔夜半所入變日及餘定朔有進退日者亦進退一日爲定朔夜半所入累加一日得次日各以夜半入變餘乘進退差總法而一進加退減離程爲定程以定朔弦望小餘乘之總法而一以減加時月離爲夜半月離求次日程法約定程累加之若以定程乘夜刻二百除爲晨分以減定程爲昏分其夜半月離朔後加昏爲昏度望後加晨爲晨度其注曆五乘弦望小餘程法而一爲刻不滿晨前刻者退命筭上

辰刻八分二十四　刻分七十二

定氣	晨前刻	黃道去極度	屈伸率	發斂差
冬至	三十刻	百一十五度三分	伸一三分	益十六
小寒	二十九刻五十四分	百一十三度一分	伸三七分	益十六
大寒	二十九刻十八分	百一十度七分	伸六一分	益二十二
立春	二十八刻三十三分	百七度九分	伸九四分	益九
啓蟄	二十七刻三十分	百二度九分	伸十七分半	益七

雨水	二十六刻十八分	九十七度三分	伸十一八分	益三
春分	二十五刻	九十一度三分	伸十二二分半	損三
清明	二十三刻五十四分	八十五度三分	伸十一八分	損七
穀雨	二十二刻四十二分	七十九度七分	伸十七分半	損九
立夏	二十一刻三十九分	七十四度七分	伸九四分	損二十二
小滿	二十刻五十四分	七十度九分	伸六一分	損十六
芒種	二十刻十八分	六十八度五分	伸三七分	損十六
夏至	二十刻	六十七度三分	屈一三分	益十六
小暑	二十刻十八分	六十八度五分	屈三七分	益十六
大暑	二十刻五十四分	七十度九分	屈六一分	益二十二
立秋	二十一刻三十九分	七十四度七分	屈九四分	益九
處暑	二十二刻四十二分	七十九度七分	屈十七分半	益七
白露	二十三刻五十四分	八十五度三分	屈十一八分	益三

秋分二十五刻	九十一度三分	屈十二二分半	損三
寒露二十六刻十八分	九十七度三分	屈十一八分	損七
霜降二十七刻三十分	百二度九分	屈十七分半	損九
立冬二十八刻三十三分	百七度九分	屈九四分	損二十二
小雪二十九刻十八分	百一十度七分	屈六一分	損十六
大雪二十九刻五十四分	百一十三度一分	屈三七分	損十六

置其氣屈伸率各以發斂差損益之爲每日屈伸率差滿十從分分滿十爲率各累計其率爲刻分百八十乘之十一乘綱紀除之爲刻差各半之以伸減屈加晨前刻分爲每日晨前定刻倍之爲夜刻以減一百爲晝刻以三十四約刻差爲分分滿十爲度以伸減屈加氣初黃道去極得每日以晝刻乘朞實二百乘總法除爲昏中度以減三百六十五度三百二十八分餘爲旦中度各以加日躔得昏旦中星赤道計之其赤道同太初星距

遊交終率千九十三萬九千三百一十三　奇率三百　約終三萬六千四百

六十四奇百十三　交中萬八千二百三十二奇五十六半　交終日二十七
餘二百八十四奇百一十三　交中日十三餘八百一十二奇五十六半　虧
朔三千一百六奇百八十七　實望萬九千七百八十五奇百五十　後準千
五百五十三奇九十三半　前準萬六千六百七十八奇二百六十三置總實
以奇率乘之滿終率去之不滿以奇率約爲入交分加天正常朔小餘得朔汎
交分求次朔以虧朔加之因朔求望以實望加之各以朔望入氣盈朒定積盈
加朒減之又六十乘遲速定數七百七十七除爲限數以速減遲加爲定交分
其朔月在日道裏者以所入限數減遲速定數餘以速減遲加其定交分而日出道表者爲變交分不出表者依定交分其變交分三時生內者依術消息以定蝕不
交中已下者爲月在外道已上者去之餘爲月在內道其分如後準已下
爲交後分前準已上者反減交中餘爲交前分望則月蝕朔在內道則日蝕百
一十二約前後分爲去交時置定朔小餘副之辰率約之以艮巽坤乾爲次命
筭外其餘半法已下爲初已上者去之爲末初則因餘末則減法各爲差率月
在內道者益去交時十而三除之以乘差率十四而一爲差其朔在二分前後

一氣內卽以差爲定近冬至以去寒露雨水近夏至以去清明白露氣數倍之
又三除去交時增之近冬至艮巽以加坤乾以減近夏至艮巽以減坤乾以加
其差爲定差艮巽加副坤乾減副月在外道者三除去交時數以乘差率十四
而一爲差艮坤以減副巽乾以加副爲食定小餘望卽因定望小餘卽所在辰
近朝夕者以日出沒刻校前後十二刻半內候之月在外道朔不應蝕夏至初
日以二百四十八爲初準去交前後分如初準已下加時在午正前後七刻內
者蝕朔去夏至前後每一日損初準二分皆畢於九十四日爲每日變準交分
如變準已下加時如前者亦蝕又以末準六十減初準及變準餘以十八約之
爲刻準以并午正前後七刻內數爲時準加時準內交分如末準已下亦蝕又
置末準每一刻加十八爲差準加時刻去午前後如刻準已上交分如差準已
下者亦蝕自秋分至春分去交如末準已下加時已午未者亦蝕月在內道朔
應蝕若在夏至初日以千三百七十三爲初準去交如初準已上加時在午正
前後十八刻內者或不蝕夏至前後每日益初準一分半皆畢於九十四日爲

每日變準以初準減變準餘十而一爲刻準以減午正前後十八刻餘爲時準
其去交在變準已上加時在準內或不蝕望去交前後定分冬減二百二十四
夏減五十四春交後減百交前減二百秋交後減二百交前減百不足減者蝕
既有餘者以減後準百四而一得月蝕分朔交月在內道入冬至畢定雨水及
秋分畢大雪皆以五百五十八爲蝕差入春分日損六分畢芒種以蝕差減去
交分不足減者反減蝕差爲不蝕分其不蝕分自小滿畢小暑加時在午正前
後七刻外者皆減一時三刻內者加一時大寒畢立春交前五時外大暑畢立
冬交後五時外者皆減一時五時內者加一時諸加時蝕差應減者交後減之
交前加之應加者交後加之交前減之不足減者皆既加減入不蝕限者或不
蝕月在外道冬至初日無蝕差自後日益六分畢於雨水入春分畢白露皆以
五百二十二爲差入秋分日損六分畢大雪以差加去交分爲蝕分以減後準
餘爲不蝕分十五約蝕差以百四爲定法其不蝕分如定法得一以減十五餘
得日蝕分

歲星總率五十三萬四千四百八十三奇四十五　伏分二萬四千三十一奇七十二半　終日三百九十八餘千一百六十三奇四十五　平見入冬至畢小寒均減日入大寒日損六十七分入春分依平乃日加八十九分入立夏畢小滿均加六日入芒種日損八十九分入夏至畢立秋均加四日入處暑日損百七十八分入白露依平自後日減五十二分入小雪畢大雪均減六日初順百一十四日行十八度五百九分日益遲一分前留二十六日旋退四十二日退六度十二分日益疾二分又退四十二日退六度十二分日益遲二分後留二十五日後順百一十四日行十八度五百九分日益疾一分日盡而夕伏

熒惑總率百四萬五千八十奇六十　伏分九萬七千九十奇三十　終日七百七十九餘千二百二十奇六十　平見入冬至減二十七日自後日損六百三分入大寒日加四百二分入雨水畢穀雨均加二十七日入立夏日損百九十八分入立秋依平入處暑日減百九十八分入小雪畢大雪均減二十七日初順入冬至率二百四十三日行百六十五度乃三日損日度各二小寒初日

率二百三十三日行百五十五度乃二日損一入穀雨四日平畢小滿九日率
百七十八日行百度乃三日損一夏至初日平畢六日率百七十一日行九十
三度乃三日益一入立秋初日百八十四日行百六度乃每日益一入白露初
日率二百一十四日行百三十六度乃五日益六入秋分初日率二百三十二
日行百五十四度又每日益一入寒露初日率二百四十七日行百六十九度
乃五日益三入霜降五日平畢立冬十三日率二百五十九日行百八十一度
乃二日損日一入冬至復初各依所入常氣平者依率餘皆計日損益爲前疾
日度定率其前遲及留退入氣有損益日度者計日損益皆準此法疾行日率
入大寒六日損一入春分畢立夏均減十日入小滿三日損所減一畢芒種依
平入立秋三日益一入白露畢秋分均加十日入寒露一日半損所加一畢氣
盡依平爲變日率疾行度率入大寒畢啓蟄立夏畢夏至大暑畢氣盡霜降畢
小雪皆加四度清明畢穀雨加二度爲變度率初行入處暑減日率六十度率
三十入白露畢秋分減日率四十四度率二十二皆爲初遲半度之行盡此日

度乃求所減之餘日度率續之為疾初行入大寒畢大暑差行日益遲一分其前遲後遲日率既有增損而益遲益疾差分皆檢括前疾末日行分為前遲初日行分以前遲平行分減之餘為前遲總差後疾初日行分為後遲末日行分以後遲初日行分減之餘為後遲總差相減為前後別日差分其不滿者皆調為小分遲疾之際行分衰殺不倫者依此前遲入冬至率六十日行二十五度先疾日益遲二分入小寒三日損一大寒初日率五十五日行二十度乃三日益一立春初日平畢清明率六十日行二十五度入穀雨每氣別減一度立夏初日平畢小滿率六十日行二十二度入芒種每氣別益一度夏至初日平畢處暑率六十日行二十五度入白露三日損一秋分初日率六十日行二十五度乃每日益日一三日益度二寒露初日率七十五日行三十度乃每日損日一三日損度一霜降初日率六十日行二十五度乃二日損一度入立冬一日平畢氣盡率六十日行十七度入小雪五日益一度大雪初日率六十日行二十度乃三日益一度入冬至復初前留十三日前疾減日率一者以其數分益此留及後遲日率前疾加日率者以其數分減此留及後遲日率旋退西行入冬至初日率六十三日退二十二度乃四日益度一小寒一日率六十三日退二十六度乃三日半損度一

立春三日平畢驚蟄率六十三日退十七度乃二日益日度各一雨水八日平畢氣盡率六十七日退二十一度入春分每氣損日度各一大暑初日平畢氣盡率五十八日退十二度立秋初日平畢氣盡率五十七日退十一度乃二日益日一寒露九日平畢氣盡率六十六日退二十度乃二日損一霜降六日平畢氣盡率六十三日退十七度乃三日益一立冬十一日平畢氣盡率六十七日退二十一度乃二日損一入冬至復初後留冬至初留十三日乃二日半益一大寒初日平畢氣盡留二十五日乃二日半損一雨水初日留十三日乃三日益一清明初日留二十三日乃日損一清明十日平畢處暑留十三日乃二日損一秋分十一日無留乃每日益一霜降初日留十九日乃三日損一立冬畢大雪留十三日後遲順六十日行二十五度日益疾二分前疾加度者此遲依數減之爲定度前疾無加度者此遲入秋分至立冬減三度入冬至減五度後留定日朒十三日者以所朒日數加此遲日率後疾冬至初日率二百一十日行百三十二度乃每日損一大寒八日率百七十二日行九十四度乃二日損一啓蟄平畢氣盡率百六十一日行八十三度乃二日益一芒種十四

日平畢夏至率二百三十三日行百五十五度乃每日益一大暑初日平畢處
暑率二百六十三日行百八十五度乃二日損一秋分一日率二百五十五日
行百七十七度乃一日半損一大雪初日率二百五日行百二十七度乃三日
益一入冬至復初其入常氣日度之率有損益者計日損益爲後疾定日率度
疾行日率其前遲定日朒六十及退行定日朒六十三者皆以所朒日數加疾
行定日率前遲定日盈六十退行定日盈六十三後留定日盈十三者皆以所
盈日數減此疾定日率各爲變日率疾行度率其前遲定度朒二十五退行定
度盈十七後遲入秋分到冬至減度者皆以所盈朒度數加此疾定率前遲定
度盈二十五及退行定度朒十七者皆以所盈朒度數減此疾定度率各爲變
度率初行入春分畢穀雨差行日益疾一分初行入立夏畢夏至日行十度六
十六日行三十三度小暑畢大暑五十日行二十五度立秋畢氣盡二十日行
十度減率續行並同前盡日度而夕伏
鎭星總率五十萬六千六百二十三奇二十九　伏分二萬二千八百三十一

奇六十四半　終日三百七十八餘一百三奇二十九　平見入冬至初減四
日乃日益八十九分入大寒畢春分均減八日入清明日損五十九分入小暑
初依平自後日加八十九分入白露初加八日自後日損百七十八分入秋分
均加四日入寒露日損五十九分入小雪初日依平乃日減八十九分初順八
十三日行七度二百九十分日益遲半分前留三十七日旋退五十一日退二
度四百九十一分日益疾少半又退五十一日退二度四百九十一分日益遲
少半後留三十七日後順八十三日行七度二百九十分日益疾半分日盡而
夕伏
太白總率七十八萬四千四百四十九奇九　伏分五萬六千二百二十四奇
五十四半　終日五百八十三餘千二百二十九奇九　夕見伏日二百五十
六　晨見伏日三百二十七餘千二百二十九奇九　夕平見入冬至初依平
乃日減百分入啓蟄畢春分均減九日入清明日損百分入芒種依平入夏至
日加百分入處暑畢秋分均加九日入寒露日損百分入大雪依平夕順入冬

至畢立夏入立秋畢大雪率百七十二日行二百六度入小滿後十日益一度爲定度入白露畢春分差行益遲二分自餘平行夏至畢小暑率百七十二日行二百九度入大暑五日損一度畢氣盡平行入冬至大暑畢氣盡平十三日行十三度入冬至十日損一畢立春入立秋十日益一畢秋分啓蟄畢芒種七日行七度入夏至後五日益一畢於小暑寒露初日率二十三日行二十二度乃六日損一畢小雪順遲四十二日行三十度日益遲入分前疾加過二百六疾者準數損此度夕留七日夕退十日退五度日盡而夕伏晨平見入冬至依平入小寒日加六十七分入立春畢立夏均加三日入小滿日損六十七分入夏至依平入小暑日減六十七分入立秋畢立冬均減三日入小雪日損六十七分晨退十日退五度晨留七日順遲冬至畢立夏大雪畢氣盡率四十二日行三十度日益疾入分入小滿率十日損一度畢芒種夏至畢寒露率四十二日行二十七度入霜降每氣益一度畢小雪平行冬至畢氣盡立夏畢氣盡十三日行十三度入小寒後六日益日度各一畢啓蟄小滿後七日損日度各一畢立秋雨水初日

率二十三日行二十三度自後六日損日度各一畢穀雨處暑畢寒露無平行入霜降後五日益日度各一畢大雪疾行百七十二日行二百六度前遲行損度不滿三十度者此疾依數益之處暑畢寒露差行日益疾一分自餘平行日盡而晨伏

辰星總率十五萬五千二百七十八奇六十六　伏分二萬二千六百九十九奇三十三　終日百一十五餘千一百七十八奇六十六　夕見伏日五十二晨見伏日六十三餘千一百七十八奇六十六　夕平見入冬至畢清明依平入穀雨畢芒種均減二日入夏至畢大暑依平入立秋畢霜降應見不見其在立秋霜降氣內夕去日十八度外三十六度內有木火土金星者亦見入立冬畢大雪依平順疾十二日行二十一度六分日行一度五百三分大暑畢處暑十二日行十七度二分日行一度二百八十分平行七日行七度入大暑後二日損日度各一入立秋無此平行順遲六日行二度四分日行二百二十四分前疾行十七度者無此遲行夕留五日日盡而夕伏晨平見入冬至均減四日入小寒畢大寒依平入立春畢啓

蟄均減三日其在啓蟄氣內去日度如前晨無木火土金星者不見入雨水畢立夏應見不見其在立夏氣內去日度如前晨有木火土金星者亦見入小滿畢寒露依平入霜降畢立冬均加一日入小雪畢大雪依平晨見留五日順遲六日行二度四分日行二百二十四分入大寒畢驚蟄無此遲行平行七日行七度入大寒後二日損日度各一入立春無此平行順疾行十二日行二十一度六分日行一度五百三分前無遲行者十二日行十七度一十分日行一度二百八十分日盡而晨伏

各以伏分減總實以總率去之不盡反以減總率如總法爲日天正定朔與常朔有進退者亦進減退加一日乃隨次月大小去之命日筭外得平見所在各半見餘以同半總太白辰星以夕見伏日加之得晨平見各依所入常氣加減日及應計日損益者以損益所加減訖餘以加減平見爲常見又以常見日消息定數之半息減消加常見爲定見日及分置定見夜半日躔半其分以其日躔差乘定見餘總法而一進加退減之乃以其星初見去日度歲星十四太白十一熒惑鎮星辰星十七晨減夕加得初見定辰所在宿度其初見消息定數

亦半之以息加消減其星初見行留日率其歲星鎭星不須加減其加減不滿日者與見通之過半從日乃依行星日度率求初日行分
置定見餘以減半總各以初日行分乘之半總而一順加逆減星初見定辰所在度分得星見後夜半宿度以所行度分順加逆減之其差行益疾益遲者副置初日行分各以其差遲損疾加之留者因前逆則依減以程法約行分爲度分得每日所至求行分者皆以半總乘定度率有分者從之日率除爲平行度分置定日率減一以所差分乘之二而一爲差率以疾減遲加平行爲初日所行度及分中宗反正太史丞南宮說以麟德曆上元五星有入氣加減非合璧連珠之正以神龍元年歲次乙巳故治乙巳元曆推而上之積四十一萬四千三百六十筭得十一月甲子朔夜半冬至七曜起牽牛之初其術有黃道而無赤道推五星先步定合加伏日以求定見伔與淳風術同所異者惟平合加減差既成而睿宗即位罷之

唐書卷二十六

唐書卷二十七上

宋 翰 林 學 士 歐 陽 修 撰

志第十七上

曆志

開元九年麟德曆署日蝕比不效詔僧一行作新曆推大衍數立術以應之較經史所書氣朔日名宿度可考者皆合十五年草成而一行卒詔特進張說與曆官陳玄景等次爲曆術七篇略例一篇曆議十篇玄宗顧訪者則稱制旨明年說表上之起十七年頒于有司時善算瞿曇譔者怨不得預改曆事二十一年與玄景奏大衍寫九執歷其術未盡太子右司禦率南宮說亦非之詔侍御史李麟太史令桓執圭較靈臺候簿太衍十得七八麟德纔三四九執一二焉乃罪說等而是否決自太初至麟德曆有二十三家與天雖近而未密也至一行密矣其倚數立法固無以易也後世雖有改作者皆依倣而已故詳錄之略例所以明述作本旨也曆議所以考古今得失也其說皆足以爲將來折衷略

其大要著于篇者十有二

其一曆本議曰易天數五地數五五位相得而各有合所以成變化而行鬼神也天數始於一地數始於二合二始以位剛柔天數終於九地數終於十合二終以紀閏餘天數中於五地數中於六合二中以通律曆天有五音所以司日也地有六律所以司辰也參伍相周究於六十聖人以此見天地之心也自五以降爲五行生數自六以往爲五材成數錯而乘之以生數衍成位一六而退極五十而增極一六爲爻位之統五十爲大衍之母成數乘生數其算六百爲天中之積生數乘成數其算亦六百爲地中之積合千有二百以五十約之則四象周六爻也二十四約之則太極包四十九用也綜成數約中積皆十五綜生數約中積皆四十兼而爲天地之數以五位取之復得二中之合矣著數之變九六各一乾坤之象也七八各三六子之象也故爻數通乎六十策數行乎二百四十是以大衍爲天地之樞如環之無端蓋律曆之大紀也夫數象微於三四而章於七八卦有三微策有四象故二微之合在始中之際焉著以七備

卦以八周故二章之合而在中終之際焉中極居五六間由闢闔之交而在章微之際者人神之極也天地中積千有二百揲之以四爲爻率三百以十位乘之而二章之積三千以五材乘八象爲二微之積四十兼章微之積則氣朔之分母也以三極參之倍六位除之凡七百六十是謂辰法而齊於代軌以十位乘之倍大衍除之凡三百四是謂刻法而齊于德運半氣朔之母千五百二十得天地出符之數因而三之凡四千五百六十當七精返初之會也易始於三微而生一象四象成而後八卦章三變皆剛太陽之象三變皆柔太陰之象一剛二柔少陽之象一柔二剛少陰之象少陽之剛有始有壯有究少陰之柔有始有壯有究兼三才而兩之神明動乎其中故四十九象而大業之用周矣數之德圓故紀之於三而變於七象之德方故紀之以四而變于八人在天地中以閱盈虛之變則閏餘之初而氣朔所虛也以終合通大衍之母虧其地十凡九百四十爲通數終合除之得中率四十九餘十九分之九終歲之弦而斗分復初之朔也地於終極之際虧十而從天所以遠疑陽之戰也夫十九分之九

盈九而虛十也乾盈九隱乎龍戰之中故不見其首坤虛十以導潛龍之氣故
不見其成周日之朔分周歲之閏分與一章之弦一蔀之月皆合於九百四十
蓋取諸中率也一策之分十九而章法生一揲之分七十六而蔀法生一蔀之
日二萬七千七百五十七以通數約之凡二十九日餘四百九十九而日月相
交於朔此六爻之紀也以卦當歲以爻當月以策當日凡三十二歲而小終二
百八十五小終而與卦運大終二百八十五則參伍二終之合也數象既合而
遯行之變在乎其間矣所謂遯行者以爻率乘朔餘爲十四萬九千七百以四
十九用二十四象虛之復以爻率約之爲四百九十八微分七十五太半則章
微之中率也二十四象象有四十九蓍凡千一百七十六故虛遯之數七十三
半氣朔之母以三極乘參伍以兩儀乘二十四變因而并之得千六百一十三
爲朔餘四揲氣朔之母以八氣九精遯其十七得七百四十三爲氣餘歲八萬
九千七百七十三而氣朔會是謂章率歲二億七千二百九十萬九百二十而
無小餘合于夜半是謂蔀率歲百六十三億七千四百五十九萬五千二百而

大餘與歲建俱終是謂元率此不易之道也策以紀日象以紀月故乾坤之策三百六十爲日度之準乾坤之用四十九象爲月弦之檢日之一度不盈全策月之一弦不盈全用故策餘萬五千九百四十三則十有二中所盈也用差萬七千一百二十四則十有二朔所虛也綜盈虛之數五歲而再閏中節相距皆當三五弦望相距皆當二七升降之應發斂之候皆紀之以策而從日者也表裏之行朓朒之變皆紀之以用而從月者也積算曰演紀日法曰通法月氣曰中朔朔實曰揲法歲分曰策實周天曰乾實餘分曰虛分氣策曰三元一元之策則天一遯行也月策曰四象一象之策則朔弦望相距也五行用事曰發斂候策曰天中卦策曰地中半卦曰貞悔旬周曰爻數小分母曰象統日行曰躔其差曰盈縮積盈縮曰先後古者平朔月朝見曰朒夕見曰朓今以日之所盈縮月之所遲疾損益之或進退其日以爲定朔舒亟之度乃數使然躔離相錯偕以損益故同謂之朓朒月行曰離遲疾曰轉度母曰轉法遲疾有衰其變者勢也月逶迤馴屈行不中道進退遲速不率其常過中則爲速不及中則爲遲

積遲謂之屈積速謂之伸陽執中以出令故曰先後陰含章以聽命故曰屈伸曰不及中則損之過則益之月不及中則益之過則損之尊卑之用睽而及中之志同觀晷景之進退知軌道之升降軌與晷名舛而義合其差則水漏之所從也總名曰軌漏中晷長短謂之陟降景長則夜短景短則夜長積其陟降謂之消息遊交曰交會交而周曰交終交終不及朔謂之朔差交終不及望謂之望差日道表曰陽曆其裏曰陰曆五星見伏周謂之終率以分從日謂之終日其差爲進退

其二中氣議曰曆氣始于冬至稽其實蓋取諸晷景春秋傳僖公五年正月辛亥朔日南至以周曆推之入壬子蔀第四章以辛亥一分合朔冬至殷曆則壬子蔀首也昭公二十年二月己丑朔日南至魯史失閏至不在正左氏記之以懲司曆之罪周曆得己丑二分殷曆得庚寅一分殷曆南至常在十月晦則中氣後天也周曆蝕朔差經或二日則合朔先天也傳所據者周曆也緯所據者殷曆也氣合于傳朔合于緯斯得之矣戊寅曆月氣轉合于緯麟德曆專合于

傳偏取之故兩失之又命曆序以爲孔子修春秋用殷曆使其數可傳於後考
其蝕朔不與殷曆合及開元十二年朔差五日矣氣差八日矣上不合於經下
不足以傳於後代蓋哀平間治甲寅元曆者託之非古也又漢太史令張壽王
說黃帝調曆以非太初有司劾官有黃帝調曆不與壽王同壽王所治乃殷曆
也漢自中興以來圖讖漏泄而考靈曜命曆序皆有甲寅元其所起在四分曆
庚申元後百一十四歲延光初中謁者亶誦靈帝時五官郎中馮光等皆請用
之卒不施行緯所載壬子冬至則其遺術也魯曆南至又先周曆四分日之三
而朔後九百四十分日之五十一故僖公五年辛亥爲十二月晦壬子爲正月
朔又推日蝕密於殷曆其以閏餘一爲章首亦取合於當時也開元十二年十
一月陽城測景以癸未極長較其前後所差則夜半前尚有餘分新曆大餘十
九加時九十九刻而皇極戊寅麟德曆皆得甲申以玄始曆氣分二千四百四
十二爲率推而上之則失春秋辛亥是減分太多也以皇極曆氣分二千四百
四十五爲率推而上之雖合春秋而失元嘉十九年乙巳冬至及開皇五年甲

戌冬至七年癸未夏至若用麟德曆率二千四百四十七又失春秋己丑是減
分太少也故新曆以二千四百四十四爲率而舊所失者皆中矣漢會稽東部
尉劉洪以四分踈闊由斗分多更以五百八十九爲紀法百四十五爲斗分減
餘太甚是以不及四十年而加時漸覺先天韓翊楊偉劉智等皆稍損益更造
新術而皆依讖緯三百歲改憲之文考經之合朔多中較傳之南至則否玄始
曆以爲十九年七閏皆有餘分是以中氣漸差據渾天二分爲東西之中而晷
景不等二至爲南北之極而進退不齊此古人所未達也更因劉洪紀法增十
一年以爲章歲而減閏餘十九分之一春秋後五十四年歲在甲寅直應鐘章
首與景初歷閏餘皆盡雖減章閏然中氣加時尚差故未合于春秋其斗分幾
得中矣後代曆象皆因循玄始而損益或過差大抵古曆未減斗分其率自二
千五百以上乾象至于元嘉曆未減閏餘其率自二千四百六十以上玄始大
明至麟德曆皆減分破章其率自二千四百二十九以上較前代史官注記惟
元嘉十三年十一月甲戌景長皇極麟德開元曆皆得癸酉蓋日度變常爾祖

沖之既失甲戌冬至以爲加時大早增小餘以附會之而十二年戊辰景長得己巳十七年甲午景長得乙未十八年己亥景長得庚子合一失三其失愈多劉孝孫張冑玄因之小餘益彊又以十六年己丑景長爲庚寅矣治曆者糾合衆同以稽其所異苟獨異焉則失行可知今曲就其一而少者失三多者失五是捨常數而從失行也周建德六年以壬辰景長而麟德開元曆皆得癸巳開皇七年以癸未景短而麟德開元曆皆得壬午先後相戾不可叶也皆日行盈縮使然凡曆術在於常數而不在於變行既叶中行之率則可以兩齊先後之變矣麟德已前實錄所記乃依時曆書之非候景所得又比年候景長短不均由加時有早晏行度有盈縮也自春秋以來至開元十二年冬夏至凡三十一事戊寅曆得十六麟德曆得二十三開元曆得二十四

其三合朔議曰日月合度謂之朔無所取之取之蝕也春秋日蝕有甲乙者三十四殷曆魯曆先一日者十三後一日者三周曆先一日者二十二先二日者九其僞可知矣莊公三十年九月庚午朔襄公二十一年九月庚戌朔定公五

年三月辛亥朔當以盈縮遲速爲定朔殷曆雖合適然耳非正也僖公五年正月辛亥朔十二月丙子朔十四年三月己丑朔文公元年五月辛酉朔十一年三月甲申晦襄公十九年五月壬辰晦昭公元年十二月甲辰朔二十年二月己丑朔二十三年正月壬寅朔七月戊辰晦皆與周曆合其所記多周齊晉事蓋周王所頒齊晉用之僖公十五年九月己卯晦十六年正月戊申朔成公十六年六月甲午晦襄公十八年十月丙寅晦十一月丁卯朔二十六年三月甲寅朔二十七年六月丁未朔與殷曆魯曆合此非合蝕故仲尼因循時史而所記多宋魯事與齊晉不同可知矣昭公十二年十月壬申朔原輿人逐原伯絞與魯曆周曆皆差一日此丘明卽其所聞書之也僖公二十二年十一月己巳朔宋楚戰于泓周殷魯曆皆先一日楚人所赴也昭公二十年六月丁巳晦衞侯與北宮喜盟七月戊午朔遂盟國人三曆皆先二日衞人所赴也此則列國之曆不可以一術齊矣而長曆日子不在其月則改易閏餘欲以求合故閏月相距近則十餘月遠或七十餘月此杜預所甚繆也夫合朔先天則經書日蝕

以糾之中氣後天則傳書南至以明之其在晦二日則原乎定朔以得之列國之曆或殊則稽於六家之術以知之此四者皆治曆之大端而預所未曉故也新曆本春秋日蝕古史交會加時及史官候簿所詳稽其進退之中以立常率然後以日躔月離先後屈伸之變偕損益之故經朔雖得其中而躔離或失其正若躔離各得其度而經朔或失其中則參求累代必有差矣三者迭相爲經若權衡相持使千有五百年間朔必在晝望必在夜其加時又合則三術之交自然各當其正此最微者也若乾度盈虛與時消息告譴於經數之表變常於潛遯之中則聖人且猶不質非籌曆之所能及矣昔人考天事多不知定朔假蝕在二日而常朔之晨月見東方食在晦日則常朔之夕月見西方理數然也而或以爲朓朒變行或以爲曆術疏闊遇常朔朝見則增朔朔餘夕見則減朔餘此紀曆所以屢遷也漢編訢李梵等又以晦猶月見欲令蔀首先大賈逵曰春秋書朔晦者朔必有朔晦必有晦晦朔必在其月前也先大則一月再朔後月無朔是朔不可必也訢梵等欲諧偶十六日月朓昏晦當滅而已又晦與合朔

同時不得異日考達等所言蓋知之矣晦朔之交始終相際則光盡明生之限
度數宜均故合於子正則晦日之朝猶朔日之夕也是以月皆不見若合於午
正則晦日之晨猶二日之昏也是以月或皆見若陰陽遲速軌漏加時不同舉
其中數率去日十三度以上而月見乃其常也且晦日之光未盡也如二日之
明已生也一以爲是一以爲非又常朔進退則定朔之晦二也或以爲變或以
爲常是未通於四三交質之論也綜近代諸曆以百萬爲率齊之其所差少或
一分多至十數失一分考春秋纔差一刻而百數年間不足成朓朒之異施行
未幾旋復疎闊由未知躔離經朔相求耳李業興甄鸞等欲求天驗輒加減月
分還革不已朓朒相戾又未知昏明之限與定朔故也楊偉採乾象爲遲疾陰
陽曆雖知加時後天蝕不在朔而未能有以更之也何承天欲以盈縮定朔望
小餘錢樂之以爲推交會時刻雖審而月頻三大二小日蝕不唯在朔亦有在
晦二者皮延宗又以爲紀首合朔大小餘當盡若每月定之則紀首位盈當退
一日便應以故歲之晦爲新紀之首立法之制如爲不便承天乃止虞劆曰所

謂朔在會合苟躔次既同何患於頻大也日月相離何患於頻小也春秋日蝕不書朔者八公羊曰二日也穀梁曰晦也左氏曰官失之也劉孝孫推俱得朔日以丘明爲是乃與劉焯皆議定朔爲有司所抑不得行傅仁均始爲定朔而曰晦不東見朔不西朓以爲昏晦當滅亦詎莽之論淳風因循皇極皇極密於麟德以朔餘乘三千四十乃一萬除之就全數得千六百一十三又以九百四十乘之以三千四十而一得四百九十八秒七十五太彊是爲四分餘率劉洪以古曆斗分太彊久當後天乃先正斗分而後求朔法故朔餘之母煩矣韓翊以乾象朔分太弱久當先天乃先考朔分而後覆求度法故度餘之母煩矣何承天反覆相求使氣朔之母合簡易之率而星數不得同元矣李業興宋景業甄鸞張賓欲使六甲之首衆術同元而氣朔餘分其細甚矣麟德曆有總法開元曆有通法故積歲如月分之數而後閏餘皆盡考漢元光已來史官注記日蝕有加時者凡三十七事麟德曆得五開元曆得二十二

其四沒滅略例曰古者以中氣所盈之日爲沒沒分偕盡者爲滅開元曆以中

分所盈爲沒朔分所虛爲滅綜終歲沒分謂之策餘終歲滅分謂之用差皆歸

于揲易再扐而後掛也

其五卦候議曰七十二候原于周公時訓月令雖頗有增益其先後之次則同

自後魏始載于曆乃依易軌所傳不合經義今改從古

其六卦議曰十二月卦出於孟氏章句其說易本於氣而後以人事明之京氏

又以卦爻配朞之日坎離震兌其用事自分至之首皆得八十分日之七十三

頤晉井大畜皆五日十四分餘皆六日七分止於占災眚與吉凶善敗之事至

於觀陰陽之變則錯亂而不明自乾象曆以降皆因京氏惟天保曆依易通統

軌圖自八十有二節五卦初爻相次用事及上爻而與中氣偕終非京氏本旨

及七略所傳按郎顗所傳卦皆六日七分不以初爻相次用事齊曆謬矣又京

氏減七十三分爲四正之候其說不經欲附會緯文七日來復而已夫陽精道

消靜而無迹不過極其正數至七而通矣七者陽之正也安在益其小餘令七

日而後雷動地中乎當據孟氏自冬至初中孚用事一月之策九六七八是爲

三十而卦以地六候以天五五六相乘消息一變十有二變而歲復初坎震離兌二十四氣次主一爻其初則二至二分也坎以陰包陽故自北正微陽動於下升而未達極於二月凝涸之氣消坎運終焉春分出於震始據萬物之元爲主於內則羣陰化而從之極于南正而豐大之變窮震功究焉離以陽包陰故自南正微陰生於地下積而未章至于八月文明之質衰離運終焉仲秋陰形于兌始循萬物之末爲主於內羣陽降而承之極於北正而天澤之施窮兌功究焉故陽七之靜始於坎陽九之動始于震陰八之靜始于離陰六之動始于兌故四象之變皆兼六爻而中節之應備矣易爻當日十有二中直全卦之初十有二節直全卦之中齊曆又以節在貞氣在晦非是

其七日度議曰古曆日有常度天周爲歲終故係星度于節氣其說似是而非故久而益差虞喜覺之使天爲天歲爲歲乃立差以追其變使五十年退一度何承天以爲太過乃倍其年而反不及皇極取二家中數爲七十五年蓋近之矣考古史及日官候簿以通法之三十九分太爲一歲之差自帝堯演紀之端

在虛一度及今開元甲子𨚫三十六度而乾筞復初矣日在虛一則鳥火昴虛
皆以仲月昬中合于堯典劉炫依大明曆四十五年差一度則冬至在虛危而
夏至火已過中矣梁武帝據虞劆曆百八十六年差一度則唐虞之際日在斗
牛間而冬至昴尚未中以爲皆承閏後節前月𨚫使然而此經終始一歲之事
不容頓有四閏故淳風因爲之說曰若冬至昴中則夏至秋分星火星虛皆在
未正之西若以夏至火中秋分虛中則冬至昴在巳正之東互有盈縮不足以
爲歲差證是又不然今以四象分天北正玄枵中虛九度東正大火中房二度
南正鶉火中七星七度西正大梁中昴七度總晝夜刻以約周天命距中星則
春分南正中天秋分北正中天冬至之昬西正在午東十八度夏至之昬東正
在午西十八度軌漏使然也冬至日在虛一度則春分昬張一度中秋分虛九
度中冬至胃二度中昴距星直午正之東十二度夏至尾十一度中心後星直
午正之西十二度四序進退不逾午正閒而淳風以爲不叶非也又王孝通云
如歲差自昴至壁則堯前七千餘載冬至日應在東井井極北故暑斗極南故

寒寒暑易位必不然矣所謂歲差者日與黃道俱差也假冬至日躔大火之中
則春分黃道交於虛九而南至之軌更出房心外距赤道亦二十四度設在東
井差亦如之若日在東井猶去極最近表景最短則是分至常居其所黃道不
遷日行不退又安得謂之歲差乎孝通及淳風以爲冬至日在斗十三度昏東
壁中昴在巽維之左向明之位非無星也水星昏正可以爲仲冬之候何必援
昴於始覿之際以惑民之視聽哉夏后氏四百三十二年日却差五度太康十
二年戊子歲冬至應在女十一度書曰乃季秋月朔辰弗集于房劉炫曰房所
舍之次也集會也會合也不合則日蝕可知或以房爲房星知不然者且日之
所在正可推而知之君子慎疑寧當以日在之宿爲文近代善曆者推仲康時
九月合朔已在房星北矣按古文集與輯義同日月嘉會而陰陽輯睦則陽不
疚乎位以常其明陰亦含章示沖以隱其形若變而相傷則不輯矣房者辰之
所次星者所次之名其揆一也又春秋傳辰在斗柄天策焞焞降婁之初辰尾
之末君子言之不以爲繆何獨慎疑於房星哉新曆仲康五年癸巳歲九月庚

戌朔日蝕在房二度炫以五子之歌仲康當是其一肇位四海復修大禹之典其五年羲和失職則王命徂征虞鄺以爲仲康元年非也國語單子曰辰角見而雨畢天根見而水涸本見而草木節解駟見而隕霜火見而清風戒寒韋昭以爲夏后氏之令周人所因推夏后氏之初秋分後五日日在氐十三度龍角盡見時雨可以畢矣又先寒露三日天根朝覿時訓爰始收潦而月令亦云水涸後寒露十日日在尾八度而本見又五日而駟見故隕霜則蟄蟲墐戶鄭康成據當時所見謂天根朝見在季秋之末以月令爲謬韋昭以仲秋水始涸天根見乃竭皆非是霜降六日日在尾末火星初見營室昏中於是始修城郭宮室故時儆曰營室之中土功其始火之初見期于司理麟德曆霜降後五日火伏小雪後十日晨見至大雪而後定星中日旦南至冰壯地坼又非土功之始也夏曆十二次立春日在東壁三度於太初星距壁一度太也顓頊曆上元甲寅歲正月甲寅晨初合朔立春七曜皆直艮維之首蓋重黎受職於顓頊九黎亂德二官咸廢帝堯復其子孫命掌天地四時以及虞夏故本其所由生命曰

顓頊其實夏曆也湯作殷曆更以十一月甲子合朔冬至爲上元周人因之距羲和千祀昏明中星率差半次夏時直月節者皆當十有二中故因循夏令其後呂不韋得之以爲秦法更考中星斷取近距以乙卯歲正月己巳合朔立春爲上元洪範傳曰曆記始於顓頊上元太始閼蒙攝提格之歲畢陬之月朔日己巳立春七曜俱在營室五度是也秦顓頊曆元起乙卯漢太初曆元起丁丑推而上之皆不值甲寅猶以日月五緯復得上元本星度故命曰閼蒙攝提格之歲而實非甲寅夏曆章蔀紀首皆在立春故其課中星揆斗建與閏餘之所盈縮皆以十有二節爲損益之中而殷周漢曆章蔀紀首皆直冬至故其名察發斂亦以中氣爲主此其異也夏小正雖頗疎簡失傳乃羲和遺迹何承天循大戴之說復用夏時更以正月甲子夜半合朔雨水爲上元進乖夏曆退非周正故近代推月令小正者皆不與古合開元曆推夏時立春日在營室之末昏東井二度中古曆以參右肩爲距方當南正故小正曰正月初昏斗杓懸在下魁枕參首所以著參中也季春在昴十一度半去參距星十八度故曰三月參

則伏立夏日在井四度昏角中南門右星入角距西五度其左星入角距東六
度故曰四月初昏南門正昴則見五月節日在輿鬼一度半參去日道最遠以
渾儀度之參體始見其肩股猶在濁中房星正中故曰五月參則見初昏大火
中八月參中則曙失傳也辰伏則參見非中也十月初昏南門見亦失傳也定
星方中則南門伏非昏見也商六百二十八年日却差八度太甲二年壬午歲
冬至應在女六度國語曰武王伐商歲在鶉火月在天駟日在析木之津辰在
斗柄星在天黿舊說歲在己卯推其朏魄迺文王崩武王成君之歲也其明年
武王即位新曆孟春定朔丙辰於裔為二月故周書曰維王元祀二月丙辰朔
武王訪于周公竹書十一年庚寅周始伐商而管子及家語以為十二年蓋通
成君之歲也先儒以文王受命九年而崩至十年武王觀兵盟津十三年復伐
商推元祀二月丙辰朔距伐商日月不為相距四年所說非是武王十年夏正
十月戊子周師始起於歲差日在箕十度則析木津也晨初月在房四度於易
雷乘乾曰大壯房心象焉心為乾精而房升陽之駟也房與歲星實相經緯以

屬靈威仰之神后稷感之以生故國語曰月之所在辰馬農祥我祖后稷之所經緯也又三日得周正月庚寅朔日月會南斗一度故曰辰在斗柄壬辰辰星夕見在南斗二十度其明日武王自宗周次于師所凡月朔而未見曰死魄夕而成光則謂之朏朏或以二日或以三日故武成曰維一月壬辰旁死魄翌日癸巳王朝步自周于征伐商是時辰星與周師俱進由建星之末歷牽牛須女涉顓頊之虛戊午師渡盟津而辰星伏于天黿辰星叶光紀之精所以告顓頊而終水行之運且木帝之所繇生也故國語曰星與日辰之位皆在北維顓頊之所建也帝嚳受之我周氏出自天黿及析木有建星牽牛焉則我皇妣太姜之姪伯陵之後逄公之所憑神也是歲歲星始及鶉火其明年周始革命歲又退行旅於鶉首而後進及鳥帑所以返復其道經綸周室鶉火直軒轅之虛以爰稼穡稷星繫焉而成周之大萃也鶉首當山河之右太王以與后稷封焉而宗周之所宅也歲星與房實相經緯而相距七舍木與水代終而相及七月故國語曰歲之所在則我有周之分也自鶉及駟七列南北之揆七月其二月戊

子朔哉生明王自克商還至于豐於周爲四月新曆推定望甲辰而乙巳旁之故武成曰維四月既旁生魄粤六月庚戌武王燎于周廟麟德曆周師始起歲在降婁月宿天根日躔心而合辰在尾水星伏于星紀不及天黿又周書革命六年而武王崩管子家語以爲七年蓋通克商之歲也周公攝政七年二月甲戌朔己丑望後六日乙未三月定朔甲辰三日丙午故召誥曰惟二月既望越六日乙未王朝步自周至于豐三月惟丙午朏越三日戊申太保朝至于洛其明年成王正位三十年四月己酉朔甲子哉生魄故書曰惟四月才生魄甲子作顧命康王十二年歲在乙酉六月戊辰朔三日庚午故畢命曰惟十有二年六月庚午朏越三日壬申王以成周之衆命畢公自伐紂及此五十六年朏魄日名上下無不合而三統曆以己卯爲克商之歲非也夫有効於古者宜合於今三統曆自太初至開元朔後天三日推而上之以至周初先天失之蓋益甚焉是以知合於歆者必非克商之歲自宗周訖春秋之季日却差八度康王十一年甲申歲冬至應在牽牛六度周曆十二次星紀初南斗十四度於太初星

距斗十七度少也古曆分率簡易歲久輒差達曆數者隨時遷革以合其變故三代之興皆揆測天行考正星次爲一代之制正朔旣革而服色從之及繼體守文疇人代嗣則謹循先王舊制焉國語曰農祥晨正日月底于天廟土乃脈發先時九日太史告稷曰自今至于初吉陽氣俱蒸土膏其動弗震不渝脈其滿眚穀乃不殖周初先立春九日日至營室古曆距中九十一度是日晨初大火正中故曰農祥晨正日月底于天廟也於易象升氣究而臨受之自冬至後七日乾精始復及大寒地統之中陽洽於萬物根柢而與萌芽俱升木在地中之象升氣已達則當推而大之故受之以臨於消息龍德在田得地道之和澤而動於地中升陽憤盈土氣震發故曰自今至於初吉陽氣俱蒸土膏其動又先立春三日而小過用事陽好節止於內動作于外矯而過正然後返求中焉是以及于艮維則山澤通氣陽精闢戶甲拆之萌見而莩穀之際離故曰不震不渝脈其滿眚穀乃不殖君子之道必擬之而後言豈億度而已哉韋昭以爲日及天廟在立春之初非也於麟德曆則又後立春十五日矣春秋桓公五年

秋大雩傳曰書不時也凡祀啓蟄而郊龍見而雩周曆立夏日在觜觿二度於
軌漏昏角一度中蒼龍畢見然則當在建巳之初周禮也至春秋時日已潛退
五度節前月却猶在建辰月令以爲五月者吕氏以顓頊曆芒種亢中則龍以
立夏昏見不知有歲差故雩祭失時然則唐禮當以建巳之初農祥始見而雩
若據麟德曆以小滿後十三日則龍角過中爲不時矣傳曰凡土功龍見而畢
務戒事火見而致用水昏正而栽日至而畢十六年冬城向十有二月衛侯朔
出奔齊冬城向書時也以歲差推之周初霜降日在心五度角亢晨見立冬火
見營室中後七日水星昏正可以興板幹故祖沖之以爲定之方中直營室八
度是歲九月六日霜降二十一日立冬十月之前水星昏正故傳以爲得時杜
氏據晉曆小雪後定星乃中季秋城向似爲大早因曰功役之事皆總指天象
不與言曆數同引詩云定之方中乃未正中之辭非是麟德曆立冬後二十五
日火見至大雪後營室乃中而春秋九月書時不已早乎大雪周之孟春陽氣
靜復以繕城隍治宫室是謂發天地之房方於立春斷獄所失多矣然則唐制

宜以玄枵中天與土功僖公五年晉侯伐虢卜偃曰克之童謠云丙之辰龍尾伏辰袀服振振取虢之旂鶉之賁賁天策焞焞火中成軍其九月十月之交乎丙子旦日在尾月在策鶉火中必是時策入尾十二度新曆是歲十月丙子定朔日月合尾十四度於黃道古曆日在尾而月在策故曰龍尾伏辰於古距張中而曙直鶉火之末始將西降故曰賁賁昭公七年四月甲辰朔日蝕士文伯曰去衞地如魯地於是有災魯實受之新曆是歲二月甲辰朔入常雨水後七日在奎十度周度爲降婁之始則魯衞之交也自周初至是已退七度故入雨水七日方及降婁雖日度潛移而周禮未改其配神主祭之宿宜書於建國之初淳風駁戊寅曆曰漢志降婁初在奎五度今曆日蝕在降婁之中依無歲差法食於兩次之交是又不然議者曉十有二次之所由生然後可以明其得失且劉歆等所定辰次非能有以都陰陽之賾而得於鬼神各據當時中節星度耳歆以太初曆冬至日在牽牛前五度故降婁直東壁八度李業興正光曆冬至在牽牛前十二度故降婁退至東壁三度及祖沖之後以爲日度漸差則當

據列宿四正之中以定辰次不復係於中節淳風以冬至常在斗十三度則當
以東壁二度爲降婁之初安得守漢曆以駁仁均耶又三統曆昭公二十年己
丑日南至與麟德及開元曆同然則入雨水後七日亦入降婁七度非魯衞之
交也三十一年十二月辛亥朔日蝕史墨曰日月在辰尾庚午之日日始有謫
開元曆是歲十月辛亥朔入常立冬五日日在尾十三度於古距辰尾之初麟
德曆日在心三度於黃道退直于房矣哀公十二年冬十有二月螽開元曆推
置閏當在十一年春至十二年冬失閏已久是歲九月己亥朔先寒露三日於
定氣日在亢五度去心近一次火星明大尙未當伏至霜降五日始潛日下乃
月令蟄蟲咸俯則火辰未伏當在霜降前雖節氣極晚不得十月昏見故仲尼
曰丘聞之火伏而後蟄者畢今火猶西流司曆過也方夏后氏之初八月辰伏
九月內火及霜降之後火已朝覿東方距春秋之季千五百餘年乃云火伏而
後蟄者畢向使冬至常居其所則仲尼不得以西流未伏明是九月之初也自
春秋至今又千五百歲麟德曆以霜降後五日日在氐八度房心初伏定增二

日以月蝕衝校之猶差三度閏餘稍多則建亥之始火猶見西方向使宿度不
移則仲尼不得以西流未伏明非十月之候也自羲和以來火辰見伏三覩厥
變然則丘明之記欲令後之作者參求微象以探仲尼之旨是歲失閏寖久季
秋中氣後天三日比及明年仲冬又得一閏寤仲尼之言補正時曆而十二月
猶可以螽至哀公十四年五月庚申朔日蝕以開元曆考之則日蝕前又增一
閏魯曆正矣長曆自哀公十年六月迄十四年二月纔置一閏非是戰國及秦
日却退三度始皇十七年辛未歲冬至應在斗二十二度秦曆上元正月己巳
朔晨初立春日月五星俱起營室五度蔀首日名皆直四孟假朔退十五日則
閏在正月前朔進十五日則閏在正月後是以十有二節皆在盈縮之中而晨
昏宿度隨之以顓頊曆依月令自十有二節推之與不韋所記合而頼子嚴之
倫謂月令晨昏距宿當在中氣致雩祭太晚自乖左氏之文而杜預又據春秋
以月令爲否皆非是梁大同曆夏后氏之初冬至日在牽牛初以爲明堂月令
乃夏時之記據中氣推之不合更以中節之間爲正迺稍相符不知進在節初

自然契合自秦初及今又且千歲節初之宿皆當中氣淳風因爲說曰今孟春
中氣日在營室昏明中星與月令不殊按秦曆立春日在營室五度麟德曆以
啓蟄之日迺至營室其昏明中宿十有二建以爲不差妄矣古曆冬至昏明中
星去日九十二度春分秋分百度夏至百一十八度率一氣差三度九日差一
刻秦曆十二次立春在營室五度於太初星距危十六度少也昏畢八度中月
令參中謂肩股也晨星八度中月令尾中於太初星距尾也仲春昏東井十四
度中月令弧中弧星入東井十八度晨南斗二度中月令建星中於太初星距
西建也甄耀度及魯曆南方有狼弧無東井鬼北方有建星無南斗井斗度長
弧建度短故以正昏明云古曆星度及漢洛下閎等所測其星距遠近不同然
二十八宿之體不異古以牽牛上星爲距太初改用中星入古曆牽牛太半度
於氣法當三十二分日之二十一故洪範傳冬至日在牽牛一度減太初星距
二十一分直南斗二十六度十九分也顓頊曆立春起營室五度冬至在牽牛
一度少洪範傳冬至所起無餘分故立春在營室四度太祖沖之自營室五度

以太初星距命之因云秦曆冬至日在牽牛六度虞劆等襲沖之之誤爲之說
云夏時冬至日在斗末以歲差考之牽牛六度乃顓頊之代漢時雖覺其差頓
移五度故冬至還在牛初按洪範古今星距僅差四分之三皆起牽牛一度劆
等所說亦非是魯宣公十五年丁卯歲顓頊曆第十三蔀首與麟德曆俱以丁
巳平旦立春至始皇三十三年丁亥凡三百八十歲得顓頊曆壬申蔀首是歲
秦曆以壬申寅初立春而開元曆與麟德曆俱以庚午平旦差二日日當在南
斗二十二度古曆後天二日又增二度然則秦曆冬至定在午前二度氣後天
二日日不及天二度微而難覺故呂氏循用之及漢與張蒼等亦以爲顓頊曆
此五家踈闊中最近密今考月蝕衝則開元冬至上及牛初正差一次淳風以
爲古術踈舛雖弦望昏明差天十五度而猶不知又引呂氏春秋黃帝以仲春
乙卯日在奎始奏十二鐘命之曰咸池至今三千餘年而春分亦在奎反謂秦
曆與今不異按不韋所記以其月令孟春在奎謂黃帝之時亦在奎猶淳風曆
冬至斗十三度因謂黃帝時亦在建星耳經籍所載合於歲差者淳風皆不取

而專取於呂氏春秋若謂十二紀可以爲正則立春在營室五度固當不易安得頓移使當驚蟄之節此又其所不思也漢四百二十六年日却差五度景帝中元三年甲午歲冬至應在斗二十一度太初元年三統曆及周曆皆以十一月夜半合朔冬至日月俱起牽牛一度古曆與近代密率相較三百年氣差一日三百年朔差一日推而上之久益先天引而下之久益後天僖公五年周曆正月辛亥朔餘四分之一南至以歲差推之日在牽牛初至宣公十一年癸亥周曆與麟德曆俱以庚戌日中冬至而月朔尚先麟德曆十五辰至昭公二十年己卯周曆以正月己丑朔日中南至麟德曆以己丑平旦冬至哀公十一年丁巳周曆入己酉蔀首麟德曆以戊申禺中冬至惠王四十三年己丑周曆入丁卯蔀首麟德曆以乙丑日昳冬至呂后八年辛酉周曆入乙酉蔀首麟德曆以壬午黃昏冬至其十二月甲申人定合朔太初元年周曆以甲子夜半合朔冬至麟德曆以辛酉禺中冬至十二月癸亥晡時合朔氣差三十二辰朔差四辰此疏密之大較也僖公五年周曆漢曆唐曆皆以辛亥南至後五百五十餘

歲至太初元年周曆漢曆皆得甲子夜半冬至唐曆皆以辛酉則漢曆後天三
日矣祖沖之張胄玄促上章歲至太初元年沖之以癸亥雞鳴冬至而胄玄以
癸亥日出欲令合於甲子而適與魯曆相會自此推僖公五年魯曆以庚戌冬
至而二家皆以甲寅且僖公登觀臺以望而書雲物出於表晷天驗非時史億
度乖丘明正時之意以就劉歆之失今考麟德元年甲子唐曆皆以甲子冬至
而周曆漢曆皆以庚午然則自太初下至麟德差四日自太初上及僖公差三
日不足疑也以歲差考太初元年辛酉冬至加時日在斗二十三度漢曆氣後
天三日而日先天三度所差尚少故洛下閎等雖候昏明中星步日所在猶未
覺其差然洪範太初所揆冬至昏奎八度中夏至昏氐十三度中依漢曆冬至
日在牽牛初太半度以昏距中命之奎十一度中夏至房一度中此皆閎等所
測自差三度則劉向等殆已知太初冬至不及天三度矣及永平中治曆者考
行事史官注日常不及太初曆五度然諸儒守讖緯以爲當在牛初故賈逵等
議石氏星距黄道規牽牛初直斗二十度於赤道二十一度也尚書考靈耀斗

二十二度無餘分冬至日在牽牛初無牽牛所起文編訢等據今日所去牽牛中星五度於斗二十一度四分一與考靈耀相近遂更歷從斗二十一度起然古曆以斗魁首爲距至牽牛爲二十二度未聞移牽牛六度以就太初星距也逵等以末學僻於所傳而昧天象故以權誣之而後聽從他術以爲日在牛初者由此遂黜今歲差引而退之則辛酉冬至日在斗二十度合於密率而有驗於今推而進之則甲子冬至日在斗二十四度昏奎八度中而有證於古其虛退之度又適及牽牛之初而沖之雖促減氣分冀符漢曆猶差六度未及於天而麟德曆冬至不移則昏中向差半次淳風以爲太初元年得本星度日月合壁俱起建星賈逵考曆亦云古曆冬至皆起建星兩漢冬至日皆後天故其宿度多在斗末今以儀測建星在斗十三四度閒自古冬至無差審矣按古之六術並同四分四分之法久則後天推古曆之作皆在漢初卻較春秋朔並先天則非三代之前明矣古曆南斗至牽牛上星二十一度入太初星距四度上直西建之初故六家或以南斗命度或以建星命度方周漢之交日已潛退其襲

春秋舊曆者則以爲在牽牛之首其考當時之驗者則以爲入建星度中然氣
朔前後不逾一日故漢曆冬至當在斗末以爲建星上得太初本星度此其明
據也四分法雖疏而先賢謹於天事其遷革之意俱有效於當時故太史公等
觀二十八宿疏密立晷儀下漏刻以稽晦朔分至躔離弦望其赤道遺法後世
無以非之故雜候清臺太初最密若當時日在建星已直斗十三度則壽王調
曆宜允得其中豈容頓差一氣而未知其謬不能觀乎時變而欲厚誣古人也
後百餘歲至永平十一年以麟德曆較之氣當後天二日半朔當後天半日是
歲四分曆得辛酉蔀首已減太初曆四分日之三定後天二日大半開元曆以
戊午禺中冬至日在斗十八度半弱潛退至午前八度進至辛酉夜半日在斗
二十一度半弱續漢志云元和二年冬至日在斗二十一度四分之一是也祖
沖之曰四分曆立冬景長一丈立春九尺六寸冬至南極日晷最長二氣去至
日數既同則中景應等而相差四寸此冬至後天之驗也二氣中景日差九分
半弱進退調均略無盈縮各退二日十二刻則景皆九尺八寸以此推冬至後

天亦二日十二刻矣東漢晷漏定於永元十四年則四分法施行後十五歲也
二十四氣加時進退不等其去午正極遠者四十九刻有餘日中之晷頗有盈
縮故治曆者皆就其中率以午正言之而開元曆所推氣及日度皆直子半之
始其未及日中尚五十刻因加二日十二刻正得二日太半與沖之所筭及破
章二百年間輒差一日之數皆合自漢時辛酉冬至以後天之數減之則合於
今曆歲差斗十八度自今曆戊午冬至以後天之數加之則合於賈逵所測斗
二十一度反復僉同而淳風冬至常在斗十三度豈當時知不及牽牛五度而
不知過建星八度耶晉武帝太始三年丁亥歲冬至日當在斗十六度晉用魏
景初曆其冬至亦在斗二十一度少太元九年姜岌更造三紀術退在斗十七
度曰古曆斗分彊故不可施於今乾象斗分細故不可通於古景初雖得其中
而日之所在乃差四度合朔虧盈皆不及其次假月在東井一度蝕以日檢之
乃在參六度岌以月蝕衝知日度由是躔次遂正爲後代治曆者宗宋文帝時
何承天上元嘉曆曰四分景初曆冬至同在斗二十一度臣以月蝕檢之則今

應在斗十七度又土圭測二至晷差三日有餘則天之南至日在斗十三四度矣事下太史考驗如承天所上以開元曆考元嘉十年冬至日在斗十四度與承天所測合大明八年祖沖之上大明曆冬至在斗十一度開元曆應在斗十三度梁天監八年沖之子員外散騎侍郎暅之上其家術詔太史令將作大匠道秀等較之上距大明又五十年日度益差其明年閏月十六日月蝕在虛十度日應在張四度承天曆在張六度沖之曆在張二度大同九年虞𠠎等議姜岌何承天俱以月蝕衝步日所在承天雖移及三度然其冬至亦上岌三日承天在斗十三四度而岌在斗十七度其實非移祖沖之謂爲實差以推今冬至日在斗九度用求中星不合自岌至今將二百年而冬至在斗十二度然日之所在難知驗以中星則漏刻不定漢世課昏明中星爲法已淺今候夜半中星以求日衝近於得密而水有清濁壺有增減或積度所擁故漏有遲疾臣等頻夜候中星而前後相差或至三度大略冬至遠不過斗十四度近不出十度又以九年三月十五日夜半月在房四度蝕九月十五日夜半月在昴三度蝕以

其衡計冬至皆在斗十二度自姜岌何承天所測下及大同日已𨚫差二度而淳風以爲晉宋以來三百餘歲以月蝕衝考之固在斗十三四度閒非矣劉孝孫甲子元曆推太初冬至在牽牛初下及晉太元宋元嘉皆在斗十七度開皇十四年在斗十三度而劉焯曆仁壽四年冬至日在黃道斗十度於赤道斗十一度也其後孝孫改從焯法而仁壽四年冬至日亦在斗十度焯卒後胄玄以其前曆上元起虛五度推漢太初猶不及牽牛乃更起虛七度故太初在斗二十三度永平在斗二十一度並與今曆合而仁壽四年冬至在斗十三度以驗近事又不逮其前曆矣戊寅曆太初元年辛酉冬至進及甲子日在牽牛三度永平十一年得戊午冬至進及辛酉在斗二十六度至元嘉中氣上景初三日而冬至猶在斗十七度欲以求合反更失之又曲循孝孫之論而不知孝孫已變從皇極故爲淳風等所駮歲差之術由此不行以太史注記月蝕衝考日度麟德元年九月庚申月蝕在婁十度至開元四年六月庚申月蝕在牛六度較麟德曆率差三度則今冬至定在赤道斗十度又皇極曆歲差皆自黃道命之

其每歲周分常當南至之軌與赤道相較所減尤多計黃道差二十六度赤道差四十餘度雖每歲遯之不足爲過然立法之體宜盡其原是以開元曆皆自赤道推之乃以今有術從變黃道

唐書卷二十七上

唐書卷二十七下

宋 翰 林 學 士 歐 陽 修 撰

志第十七下

曆志

其八日躔盈縮略例曰北齊張子信積候合蝕加時覺日行有入氣差然損益未得其正至劉焯立盈縮躔衰術與四象升降麟德曆因之更名躔差凡陰陽往來皆馴積而變日南至其行最急急而漸損至春分及中而後遲迨日北至其行最舒而漸益之以至秋分又及中而後益急急極而寒若舒極而燠若及中而兩暘之氣交自然之數也焯術於春分前一日最急後一日最舒秋分前一日最舒後一日最急舒急同于二至而中間一日平行其說非是當以二十四氣晷景考日躔盈縮而密於加時

其九九道議曰洪範傳云日有中道月有九行中道謂黃道也九行者青道二出黃道東朱道二出黃道南白道二出黃道西黑道二出黃道北立春春分月

東從青道立夏夏至月南從朱道立秋秋分月西從白道立冬冬至月北從黑
道漢史官舊事九道術廢久劉洪頗採以著遲疾陰陽曆然本以消息爲奇而
術不傳推陰陽曆交在冬至夏至則月行青道白道所交則同而出入之行異
故青道至春分之宿及其所衝皆在黃道正東白道至秋分之宿及其所衝皆
在黃道正西若陰陽曆交在立春立秋則月循朱道黑道所交則同而出入之
行異故朱道至立夏之宿及其所衝皆在黃道西南黑道至立冬之宿及其所
衝皆在黃道東北若陰陽曆交在春分秋分之宿則月行朱道黑道所交則同
而出入之行異故朱道至夏至之宿及其所衝皆在黃道正南黑道至冬至之
宿及其所衝皆在黃道正北若陰陽曆交在立夏立冬則月循青道白道所交
則同而出入之行異故青道至立春之宿及其所衝皆在黃道東南白道至立
秋之宿及其所衝皆在黃道西北其大紀皆兼二道而實分主八節合于四正
四維按陰陽曆中終之所交則月行正當黃道去交七日其行九十一度齊於
一象之率而得八行之中八行與中道而九是謂九道凡八行正於春秋其去

黃道六度則交在冬夏正於冬夏其去黃道六度則交在春秋易九六七八迭
爲終始之象也乾坤定位則八行各當其正及其寒暑相推晦朔相易則在南
者變而居北在東者徙而爲西屈伸消息之象也黃道之差始自春分秋分赤
道所交前後各五度爲限初黃道增多赤道二十四分之十二每限損一極九
限數終于四率赤道四十五度而黃道四十八度至四立之際一度少彊依平
復從四起初限五度赤道增多黃道二十四分之四每限益一極九限而止終
于十二率赤道四十五度而黃道四十二度復得冬夏至之中矣月道之差始
自交初交中黃道所交亦距交前後五度爲限初限月道增多黃道四十八分
之十二每限損一極九限而止數終于四率黃道四十五度而月道四十六度
半乃一度彊依平復從四起初限五度月道差少黃道四十八分之四每限益
一極九限而止終于十二率黃道四十五度而月道四十三度半至陰陽曆二
交之半矣凡近交初限增十二分者至半交末限減十二分去交四十六度得
損益之平率夫日行與歲差偕遷月行隨交限而變遷伏相消朓朒相補則九

道之數可知矣其月道所交與二分同度則赤道黑道近交初限黃道增二十四分之十二月道增四十八分之十二至半交之末其減亦如之故於九限之際黃道差三度月道差一度半蓋損益之數齊也若所交與四立同度則黃道在損益之中月道差四十八分之十二月道至損益之中黃道差二十四分之十二於九限之際黃道差三度月道差四分度之三皆朓朒相補也若所交與二至同度則青道白道近交初限黃道減二十四分之十二月道增四十八分之十二至半交之末黃道增二十四分之十二月道減四十八分之十二於九限之際黃道與月道差同蓋遯伏相消也日出入赤道二十四度月出入黃道六度相距則四分之一故於九道之變以四立爲中交在二分增四分之一而與黃道度相半在二至減四分之一而與黃道度正均故推極其數引而伸之每氣移一候月道所差增損九分之一七十二候而九道究矣凡月交一終退前所交一度及餘八萬九千七百七十三分度之四萬二千五百三少半積二百二十一月及分七千七百五十三而交道周天矣因而半之將九年而九道

終以四象考之各據合朔所交入七十二候則其八道之行也以朔交爲交初望交爲交中若交初在冬至初候而入陰曆則行靑道又十三日七十六分日之四十六至交中得所衝之宿變入陽曆亦行靑道若交初入陽曆則白道也故考交初所入而周天之度可知若望交在冬至初候則減十三日四十六分視大雪初候陰陽歷而正其行也

其十晷漏中星略例曰日行有南北晷漏有長短然二十四氣晷差徐疾不同者句股使然也直規中則差遲與句股數齊則差急隨辰極高下所遇不同如黃道刻漏此乃數之淺者近代且猶未曉今推黃道去極與晷景漏刻昏距中星四術返覆相求消息同率旋相爲中以合九服之變

其十一日蝕議曰小雅十月之交朔日辛卯虞劆以曆推之在幽王六年開元曆定交分四萬三千四百二十九入蝕限加時在晝交會而蝕數之常也詩云彼月而食則維其常此日而食于何不臧日君道也無朏魄之變月臣道也遠日益明近日益虧望與日軌相會則徙而浸遠遠極又徙而近交所以著臣人

之象也望而正於黃道是謂臣干君明則陽斯蝕之矣朔而正於黃道是謂臣
壅君明則陽爲之蝕矣且十月之交於曆當蝕君子猶以爲變詩人悼之然則
古之太平日不蝕星不孛蓋有之矣若過至未分月或變行而避之或五星潛
在日下禦侮而救之或涉交數淺或在陽曆陽盛陰微則不蝕或德之休明而
有小眚焉則天爲之隱雖交而不蝕此四者皆德教之所由生也四序之中分
同道至相過交而有蝕則天道之常如劉歆賈逵皆近古大儒豈不知軌道所
交朔望同術哉以日蝕非常故闕而不論黃初已來治曆者始課日蝕疎密及
張子信而益詳劉焯張胄玄之徒自負其術謂日月皆可以密率求是專於曆
紀者也以戊寅麟德曆推春秋日蝕大最皆入蝕限於曆應蝕而春秋不書者
尙多則日蝕必在交限其入限者不必盡蝕開元十二年七月戊午朔於曆當
蝕半彊自交趾至于朔方候之不蝕十三年十二月庚戌朔於曆當蝕大半時
東封泰山還次梁宋閒皇帝徹膳不舉樂不蓋素服日亦不蝕時羣臣與八荒
君長之來助祭者降物以需不可勝數皆奉壽稱慶肅然神服雖算術乖舛不

宜如此然後知德之動天不俟終日矣若因開元二蝕曲變交限而從之則差
者益多自開元治曆史官每歲較節氣中晷因檢加時小餘雖大數有常然亦
與時推移每歲不等晷變而長則日行黃道南晷變而短則日行黃道北行而
南則陰曆之交也或失行而北則陽曆之交也或失日在黃道之中且猶有變
況月行九道乎杜預云日月動物雖行度有大量不能不小有盈縮故有雖交
會而不蝕者或有頻交而蝕者是也故較曆必稽古史虧蝕深淺加時朓朒陰
陽其數相叶者反覆相求由曆數之中以合辰象之變觀辰象之變反求曆數
之中類其所同而中可知矣辨其所異而變可知矣其循度則合于曆失行則
合于占占道順成常執中以追變曆道逆數常執中以俟變知此之說者天道
如視諸掌略例曰舊曆考日蝕淺深皆自張子信所傳云積候所得而未曉其
然也以圓儀度日月之徑乃以月徑之半減入交初限一度半餘爲闇虛半徑
以月去黃道每度差數令一徑相掩以驗蝕分以所入日遲疾乘徑爲泛所用
刻數大率去交不及三度即月行沒在闇虛皆入既限又半日月之徑減春分

入交初限相去度數餘為斜射所差乃考差數以立既限而優游進退於二度中間亦令二徑相掩以知日蝕分數月徑踰既限之南則雖在陰曆而所虧類同外道斜望使然也既限之外應向外蝕外道交分準用此例以較古今日蝕四十三事月蝕九十九事課皆第一使日蝕皆不可以常數求則無以稽曆數之疎密若皆可以常數求則無以知政教之休咎今更設考日蝕或限術得常則合于數又日月交會大小相若而月在日下自京師斜射而望之假中國食既則南方戴日之下所虧纔半月外反觀則交而不蝕步九服日晷以定蝕分晨昏漏刻與地偕變則宇宙雖廣可以一術齊之矣

其十二五星議曰歲星自商周迄春秋之季率百二十餘年而超一次戰國後其行寖急至漢尚微差及哀平間餘勢乃盡更八十四年而超一次因以為常此其與餘星異也姬氏出自靈威仰之精受木行正氣歲星主農祥后稷憑焉故周人常閱其禨祥而觀善敗其始王也次于鶉火以達天黿及其衰也淫于玄枵以害鳥帑其後羣雄力爭禮樂隕壞而從衡攻守之術與故歲星常羸行

於上而侯王不寧於下則木緯失行之勢宜極於火運之中理數然也開元十
二年正月庚午歲星在進賢東北尺三寸直軫十二度於麟德曆在軫十五度
推而上之至漢河平二年其十月下旬歲星在軒轅南耑大星西北尺所麟德
曆在張二度直軒轅大星上下相距七百五十年考其行度猶未甚盈縮則哀
平後不復每歲漸差也又上百二十年至孝景中元三年五月星在東井鉞麟
德曆在參三度又上六十年得漢元年七月五星聚于東井從歲星也於秦正
歲在乙未夏正當在甲午麟德曆白露八日歲星留觜觿一度明年立夏伏于
參由差行未盡而以常數求之使然也又上二百七十一年至哀公十七年歲
在鶉火麟德曆初見在輿鬼二度立冬九日留星三度明年啓蟄十日退至柳
五度猶不及鶉火又上百七十八年至僖公五年歲星當在大火麟德曆初見
在張八度明年伏于翼十六度定在鶉火差三次矣哀公以後差行漸遲相去
猶近哀公以前率常行遲而舊曆猶用急率不知合變故所差彌多武王革命
歲星亦在大火而麟德曆在東壁三度則唐虞已上所差周天矣太初三統曆

歲星十二周天超一次推商周間事大抵皆合驗開元注記差九十餘度蓋不知歲星後率故也皇極麟德曆七周天超一次以推漢魏間事尚未差上驗春秋所載亦差九十餘度蓋不知歲星前率故也天保天和曆得二率之中故上合於春秋下猶密於記注以推永平黄初間事遠者或差三十餘度蓋不知戰國後歲星變行故也自漢元始四年距開元十二年凡十二甲子上距隱公六年亦十二甲子而二曆相合於其中或差三次於古或差二次於今其兩合於古今者中間亦乖欲一術以求之則不可得也開元曆歲星前率三百九十八日餘二千二百一十九秒九十三自哀公二十年丙寅後每加度餘一分盡四百三十九合次合乃加秒十三而止凡三百九十八日餘二千六百五十九秒六而與日合是爲歲星後率自此因以爲常入漢元始六年也歲星差合術曰置哀公二十年冬至合餘加入差已來中積分以前率約之爲入差合數不盡者如曆術入之反求冬至後合日乃副列入差合數增下位一算乘而半之盈大衍通法爲日不盡爲日餘以加合日卽差合所在也求歲星差行徑術以後

終率約上元以來中積分亦得所求若積其實行當從元始六年置差步之則
前後相距間不容髮而上元之首無忽微空積矣成湯伐桀歲在壬戌開元曆
星與日合于角次于氐十度而後退行其明年湯始建國爲元祀順行與日合
于房所以紀商人之命也後六百一算至紂六祀周文王初禴于畢十三祀歲
在己卯星在鶉火武王嗣位克商之年進及輿鬼而退守東井明年周始革命
順行與日合于柳進留于張考其分野則分陜之間與三監封域之際也成王
三年歲在丙午星在大火唐叔始封故國語曰晉之始封歲在大火春秋傳僖
公五年歲在大火晉公子重耳自蒲奔狄十六年歲在壽星適齊過衞野人與
之塊子犯曰天賜也天事必象歲及鶉火必有此乎復于壽星必獲諸侯二十
三年歲星在胃昴秦伯納晉文公董因曰歲在大梁將集天行元年實沈之星
晉人是居君之行也歲在大火閼伯之星也是謂大辰辰以善成后稷是相唐
叔以封且以辰出而以參入皆晉祥也二十七年歲在鶉火晉侯伐衞取五鹿
敗楚師于城濮始獲諸侯歲適及壽星皆與開元曆合襄公十八年歲星在陬

訾之口開元曆大寒三日星與日合在危三度遂順行至營室八度其明年鄭子蟜卒將葬公孫子羽與裨竈晨會事焉過伯有氏其門上生莠子羽曰其莠猶在乎於是歲在降婁中而曙裨竈指之曰猶可以終歲歲不及此次也開元曆歲星在奎奎降婁也麟德曆在危危玄枵也二十八年春無冰梓慎曰歲在星紀而淫於玄枵裨竈曰歲弃其次而旅於明年之次以害鳥帑周楚惡之開元曆歲星在南斗十七度而退守西建閒復順行與日合于牛初應在星紀而盈行進及虛宿故曰淫留玄枵二年至三十年開元曆歲星順行至營室十度留距子蟜之卒一終矣其年八月鄭人殺良霄故曰及其亡也歲在陬訾之口其明年乃降婁昭公八年十一月楚滅陳史趙曰未也陳顓頊之族也歲在鶉火是以卒滅今在析木之津猶將復由開元曆在箕八度析木津也十年春進及婺女初在玄枵之維首傳曰正月有星出于婺女裨竈曰今茲歲在顓頊之墟是歲與日合于危其明年進及營室復得豕韋之次景王問萇弘曰今茲諸侯何實吉何實凶對曰蔡凶此蔡侯般殺其君之歲歲在豕韋弗過此矣楚將

有之歲及大梁蔡復楚凶至十三年歲星在昴畢而楚弑靈王陳蔡復封初昭公九年陳災禆竈曰後五年陳將復封歲五及鶉火而後陳卒亡自陳災五年而歲在大梁陳復建國哀公十七年五及鶉火而楚滅陳是年歲星與日合在張六度昭公三十一年夏吳伐越始用師於越也史墨曰越得歲而吳伐之必受其凶是歲星與日合于南斗三度昔僖公六年歲陰在卯星在析木昭公三十二年亦歲陰在卯而星在星紀故三統曆因以爲超次之率考其實猶百二十餘年近代諸曆欲以八十四年齊之此其所惑也後三十八年而越滅吳星三及斗牛已入差合二年矣夫五事感於中而五行之祥應于下五緯之變彰于上若聲發而響和形動而影隨故王者失典刑之正則星辰爲之亂行汩彝倫之敘則天事爲之無象當其亂行無象又可以曆紀齊乎故襄公二十八年歲在星紀淫于玄枵至三十年八月始見陬訾之口超次而前二年守之漢元鼎中太白入于天苑失行在黃道南三十餘度閒歲武帝北巡守登單于臺勒兵十八萬騎及誅大宛馬大死軍中晉咸寧四年九月太白當見不見占曰是

謂失舍不有破軍必有亡國時將伐吳明年三月兵出太白始夕見西方而吳亡永寧元年正月至閏月五星經天縱橫無常永興二年四月丙子太白犯狼星失行在黃道南四十餘度永嘉三年正月庚子熒惑犯紫微皆天數所未有也終以二帝蒙塵天下大亂後魏神瑞二年十二月熒惑在瓠瓜星中一夕忽亡不知所在崔浩以日辰推之曰庚午之夕辛未之朝天有陰雲熒惑之亡在此二日庚午未皆主秦辛爲西夷今姚興據咸陽是熒惑入秦矣其後熒惑果出東井留守盤旋秦中大旱赤地昆明水竭明年姚興死二子交兵三年國滅齊永明九年八月十四日火星應退在昴三度先曆在畢二十一日始逆行北轉垂及立冬形色彌盛魏永平四年八月癸未熒惑在氐夕伏西方亦先期五十餘日雖時曆疏闊不宜如此隋大業九年五月丁丑熒惑逆行入南斗色赤如血大如三斗器光芒震耀長七八尺於斗中句已而行亦天變所未有也後楊玄感反天下大亂故五星留逆伏見之效表裏盈縮之行皆係之於時而象之於政政小失則小變事微而象微事章而象章已示吉凶之象則又變行襲

其常度不然則皇天何以陰隲下民警悟人主哉近代算者昧於象占者迷於數覩五星失行皆謂之曆舛雖七曜循軌猶或謂之天災終以數象相蒙兩喪其實故較曆必稽古今注記入氣均而行度齊上下相距反復相求苟獨異於常則失行可知矣凡二星相近多爲之失行三星以上失度彌甚天竺曆以九執之情皆有所好惡遇其所好之星則趣之行疾捨之行遲張子信曆辰星應見不見術晨夕去日前後四十六度內十八度外有木火土金一星者見無則不見張胄玄曆朔望在交限有星伏在日下木土去見十日外火去見四十日外金去見二十二日外者並不加減差皆精氣相感使然夫日月所以著尊卑不易之象五星所以示政教從時之義故日月之失行也微而少五星之失行也著而多今略考常數以課疎密略例曰其入氣加減亦自張子信始後人莫不遵用之原始要終多有不叶今較麟德曆熒惑太白見伏行度過與不及熒惑凡四十八事太白二十一事餘星所差蓋細不足考且盈縮之行宜與四象潛合而二十四氣加減不均更推易數而正之又各立歲差以究五精運周二

十八舍之變較史官所記歲星二十七事熒惑二十八事鎮星二十一事太白二十二事辰星二十四事開元曆課皆第一云至肅宗時山人韓穎上言大衍曆或誤帝疑之以穎爲太子宮門郎直司天臺又損益其術每節增二日更名至德曆起乾元元年用之訖上元三年

唐書卷二十七下

唐書卷二十八上

宋　翰　林　學　士　歐　陽　修　撰

志第十八上

曆志

開元大衍曆演紀上元閼逢困敦之歲距開元十二年甲子積九千六百九十六萬一千七百四十算

一曰步中朔術

通法三千四十　策實百一十一萬三百四十三　揲法八萬九千七百七十三　減法九萬一千二百　策餘萬五千九百四十三　用差萬七千一百二十四　掛限八萬七千一十八　三元之策十五餘六百六十四秒七　四象之策二十九餘千六百一十三　中盈分千三百二十八秒十四　朔虛分千四百二十七　象統二十四

以策實乘積算曰中積分盈通法得一爲積日以六爻數去之餘起甲子算外得天

正中氣凡分爲小餘日爲大餘加三元之策得次氣（凡率相因加者下有餘秒皆以類相從而滿法迭進）（用加上位日盈爻數去之）以揲法去中積分不盡曰歸餘之掛以減中積分爲朔積分如通法爲日去命如前得天正經朔加一象之日七餘千一百六十三少得上弦倍之得望參之得下弦四之是謂一揲得後月朔（凡四分一爲少三爲太）綜中盈朔虛分纍益歸餘之掛每其月閏衰（凡歸餘之掛五萬六千七百六十以上其歲有閏因考其閏衰滿掛限以上其月合置閏或以進退皆以定朔無中氣裁焉）凡常氣小餘不滿通法如中盈分之半已下者以象統乘之內秒分參而伍之以減策實不盡如策餘爲日命常氣初日算外得沒日凡經朔小餘不滿朔虛分者以小餘減通法餘倍參伍乘之用減減法不盡如朔虛分爲日命經朔初日算外得滅日

二曰發斂術

天中之策五餘二百二十一秒三十一秒法七十二　地中之策六餘二百六十五秒八十六秒法百二十　貞悔之策三餘百三十二秒百三　辰法七百六十　刻法三百四

各因中節命之得初候如天中之策得次候又加得末候因中氣命之得公卦用事以地中之策累加之得次卦若以貞悔之策加侯卦得十有二節之初外卦用事因四立命之得春木夏火秋金冬水用事以貞悔之策減季月中氣得土王用事凡相加減而秒母不齊當令母互乘子乃加減之母相乘爲法

常氣 月中節 四正卦	初候	次候	末候
	始卦	中卦	終卦
冬至 十一月中 坎初六	蚯蚓結	麋角解	水泉動
	公中孚	辟復	侯屯內
小寒 十二月節 坎九二	鴈北鄉	鵲始巢	野鷄始雊
	侯屯外	大夫謙	卿睽
大寒 十二月中 坎六三	鷄始乳	鷙鳥厲疾	水澤腹堅
	公升	辟臨	侯小過內
立春 正月節 坎六四	東風解凍	蟄蟲始振	魚上冰

	侯小過外	大夫蒙	卿益
雨水 正月中 坎九五	獺祭魚	鴻鴈來	草木萌動
	公漸	辟泰	侯需內
驚蟄 二月節 坎上六	桃始華	倉庚鳴	鷹化爲鳩
	侯需外	大夫隨	卿晉
春分 二月中 震初九	玄鳥至	雷乃發聲	始電
	公解	辟大壯	侯豫內
清明 三月節 震六二	桐始華	田鼠化爲鴽	虹始見
	侯豫外	大夫訟	卿蠱
穀雨 三月中 震六三	萍始生	鳴鳩拂其羽	戴勝降于桑
	公革	辟夬	侯旅內
立夏 四月節 震九四	螻蟈鳴	蚯蚓出	王瓜生
	侯旅外	大夫師	卿比

小滿 四月終 震六五	苦菜秀	靡草死	小暑至
	公小畜	辟乾	侯大有內
芒種 五月節 震上六	螳蜋生	鵙始鳴	反舌無聲
	侯大有外	大夫家人	卿井
夏至 五月中 離初九	鹿角解	蜩始鳴	半夏生
	公咸	辟姤	侯鼎內
小暑 六月節 離六二	温風至	蟋蟀居壁	鷹乃學習
	侯鼎外	大夫豐	卿渙
大暑 六月中 離九三	腐草爲螢	土潤溽暑	大雨時行
	公履	辟遯	侯恆內
立秋 七月節 離九四	涼風至	白露降	寒蟬鳴
	侯恆外	大夫節	卿同人
處暑 七月中 離六五	鷹祭鳥	天地始肅	禾乃登

	公損	辟否	侯巽內
白露 八月節 離上九	鴻鴈來	玄鳥歸	羣鳥養羞
	侯巽外	大夫萃	卿大畜
秋分 八月中 兌初九	雷乃收聲	蟄蟲培戶	水始涸
	公賁	辟觀	侯歸妹內
寒露 九月節 兌九二	鴻鴈來賓	雀入大水爲蛤	菊有黃華
	侯歸妹外	大夫无妄	卿明夷
霜降 九月中 兌六三	豺乃祭獸	草木黃落	蟄蟲咸俯
	公困	辟剝	侯艮內
立冬 十月節 兌九四	水始氷	地始凍	野鷄入水爲蜃
	侯艮外	大夫既濟	卿噬嗑
小雪 十月中 兌九五	虹藏不見	天氣上騰地氣下降	閉塞而成冬
	公大過	辟坤	侯未濟內

大雪十一月節 兌上六	鶡鳥不鳴	虎始交	荔挺生
	侯未濟外	大夫蹇	卿頤

各以通法約其月閏衰爲日得中氣去經朔日算求卦候者各以天地之策累加減之凡發斂加時各置其小餘以六爻乘之如辰法而一爲半辰之數不盡者三約爲分分滿刻法爲刻若令滿象積爲刻者即置不盡之數十之十九而一爲分命辰起子半算外

三曰步日躔術

乾實百一十一萬三百七十九太　周天度三百六十五虛分七百七十九太

歲差三十六太

定氣	盈縮分	先後數	損益率	朓朒積
冬至	盈二千三百五十三	先端	益百七十六	朒初
小寒	盈千八百四十五	先二千三百五十三	益百三十八	朒百七十六
大寒	盈千三百九十	先四千一百九十八	益百四	朒三百一十四
立春	盈九百七十六	先五千五百八十八	益七十三	朒四百一十八

雨水	盈五百八十八	先六千五百六十四	益四十四	朒四百九十一
驚蟄	盈二百一十四	先七千一百五十二	益十六	朒五百三十五
春分	縮二百一十四	先七千三百六十六	損十六	朒五百五十一
清明	縮五百八十八	先七千一百五十二	損四十四	朒五百三十五
穀雨	縮九百七十六	先六千五百六十四	損七十三	朒四百九十一
立夏	縮千三百九十	先五千五百八十八	損百四	朒四百一十八
小滿	縮千八百四十五	先四千一百九十八	損百三十八	朒三百一十四
芒種	縮二千三百五十三	先二千三百五十三	損百七十六	朒百七十六
夏至	縮二千三百五十三	後端	益百七十六	朓初
小暑	縮千八百四十五	後二千五百三十三	益百三十八	朓百七十六
大暑	縮千三百九十	後四千一百九十八	益百四	朓三百一十四
立秋	縮九百七十六	後五千五百八十八	益七十三	朓四百一十八
處暑	縮五百八十八	後六千五百六十四	益四十四	朓四百九十一

白露	縮二百一十四	後七千一百五十二	益十六	朓五百三十五
秋分	盈二百一十四	後七千三百六十六	損十六	朓五百五十一
寒露	盈五百八十八	後七千一百五十二	損四十四	朓五百三十五
霜降	盈九百七十六	後六千五百六十四	損七十三	朓四百九十一
立冬	盈千三百九十	後五千五百八十八	損百四	朓四百一十八
小雪	盈千八百四十五	後四千一百九十八	損百三十八	朒三百一十四
大雪	盈二千三百五十三	後二千三百五十三	損百七十六	朓百七十六

以盈縮分盈減縮加三元之策爲定氣所有日及餘乃十二乘日又三其小餘辰法約而一從之爲定氣辰數不盡十之又約爲分以所入氣幷後氣盈縮分倍六爻乘之綜兩氣辰數除之爲末率又列二氣盈縮分皆倍六爻乘之各如辰數而一以少減多餘爲氣差至後以差加末率分後以差減末率爲初率倍氣差亦倍六爻乘之復綜兩氣辰數除爲日差半之以加減初末各爲定率以日差至後以減分後以加氣初定率爲每日盈縮分乃馴積之隨所入氣日加

減氣下先後數各其日定數其求朓朒放此冬至後為陽復在盈加之在縮減之夏至後為陰復在縮加之在盈
減之距四正前一氣在陰陽變革之際不可相并皆因前末為初率以氣差至前加之分前減之為末率餘依前術各得所求其分不滿全數母又每氣不同
當退法除之以百為母半已上收成一冬至夏至皆得天地之中無有盈縮餘各以氣下先後數
先減後加常氣小餘滿若不足進退其日得定大小餘凡推日月度及軌漏交蝕依定氣注歷依常氣
以減經朔弦望各其所入日算若大餘不足減加爻數乃減之減所入定氣日
算一各以日差乘而半之前少以加前多以減氣初定率以乘其所入定氣日
算及餘秒凡除者先以母通全內子乃相乘母相乘除之所得以損益朓朒積各其入朓朒定數若非朔望
有交者以十二乘所入日算三其小餘辰法除而從之以乘損益率如定氣辰數而一所得以損益朓朒積各為定數南斗二十六牛八
婺女十二虛十虛分七百七十九太危十七營室十六東壁九奎十六婁十二胃十四昴
十一畢十七觜觿一參十東井三十三輿鬼三柳十五七星七張十八翼十八
軫十七角十二亢九氐十五房五心五尾十八箕十一為赤道度其畢觜觿參
輿鬼四宿度數與古不同依天以儀測定用為常數紘帶天中儀極攸憑以格
黃道推冬至歲差所在每距冬至前後各五度為限初數十二每限減一盡九

限數終於四當二立之際一度少彊依平乃距春分前秋分後初限起四每限增一盡九限終於十二而黃道交復計春分後秋分前亦五度爲限初數十二盡九限數終於四當二立之際一度少彊依平乃距夏至前後初限起四盡九限終於十二皆參裁之以數乘限度百二十而一得度不滿者十二除爲分若以十除則大分十二爲母命太半少及彊弱命曰黃赤道差數二至前後各九限以差減赤道度二分前後各九限以差加赤道度各爲黃道度開元十二年南斗二十三半牛七半婺女十一少虛十六虛之差十九太危十七太營室十七少東壁九太奎十七半婁十二太胃十四太昴十一畢十六少觜觿一參九少東井三十輿鬼二太柳十四少七星六太張十八太翼十九少軫十八太角十三亢九半氐十五太房五心四太尾十七箕十少爲黃道度以步日行月與五星出入循此求此宿度皆有餘分前後載之成少半太準爲全度若上考往古下驗將來當據歲差每移一度各依術算使得當時度分然後可以步三辰矣以乾實去中積分不盡者盈通法爲度命起赤道虛九宿次去之經虛去分至不滿宿算外得冬至加時日度以三元之策累加之得次氣加時日度以度餘減通法餘以冬至日躔距度所入限數

乘之爲距前分置距度下黄赤道差以通法乘之減去距前分餘滿百二十除爲定差不滿者以象統乘之復除爲秒分乃以定差減赤道宿度得冬至加時黄道日度又置歲差以限數乘之滿百二十除爲秒分不盡爲小分以加三元之策因朞裁之命以黄道宿次各得定氣加時日度置其氣定小餘副之以乘其日盈縮分滿通法而一盈加縮減其副用減其日加時度餘得其夜半日度因朞加一策以其日盈縮分盈加縮減度餘得每日夜半日度四曰步月離術

轉終六百七十萬一千二百七十九　轉終日二十七餘千六百八十五秒七十九　轉法七十六　轉秒法八十

以秒法乘朔積分盈轉終去之餘復以秒法約爲入轉分滿通法爲日命日算外得天正經朔加時所入因加轉差日一餘二千九百六十七秒一得次朔以一象之策循變相加得弦望盈轉終日及餘秒者去之各以經朔弦望小餘減之得其日夜半所入

轉日	轉分	列衰	轉積度	損益率	朓朒積

一日	九百一十七	進十三	度初	益二百九十七	朒初
二日	九百三十	進十三	十二度五分	益二百五十九	朒二百九十七
三日	九百四十三	進十三	二十四度二十三分	益二百二十	朒五百五十六
四日	九百五十六	進十四	三十六度五十四分	益百八十	朒七百七十六
五日	九百七十	進十四	四十九度二十二分	益百三十九	朒九百五十六
六日	九百八十四	進十六	六十二度四分	益九十七	朒千九十五
七日	千	進十八	七十五度空	初益四十八 末損六	朒千一百九十二
八日	千一十八	進十九	八十八度十二分	損六十四	朒千二百三十四
九日	千三十七	進十四	百一度四十二分	損百六	朒千一百七十
十日	千五十一	進十四	百一十五度十五分	損百四十八	朒千六十四
十一日	千六十五	進十四	百二十九度二分	損百八十九	朒九百一十六
十二日	千七十九	進十三	百四十三度三分	損二百二十九	朒七百二十七
十三日	千九十二	進十三	百五十七度十八分	損二百六十七	朒四百九十八

十四日	千一百五	進十 退三	百七十一度四十六分	初損二百三十一 末益六十六	朒二百三十一
十五日	千一百一十三	退十三	百八十六度十一分	益二百八十九	朓六十六
十六日	千九十九	退十三	二百度五十九分	益二百五十	朓三百五十五
十七日	千八十六	退十三	二百一十五度十八分	益二百一十一	朓六百五
十八日	千七十三	退十四	二百二十九度四十分	益百七十一	朓八百一十六
十九日	千五十九	退十四	二百四十三度四十九分	益百三十	朓九百八十七
二十日	千四十五	退十七	二百五十七度四十四分	益八十七	朓千一百一十七
二十一日	千二十八	退十八	二百七十一度二十五分	初益三十六 末損十八	朓千二百四
二十二日	千一十	退十八	二百八十四度六十五分	損七十三	朓千二百二十三
二十三日	九百九十二	退十四	二百九十八度十一分	損百一十六	朓千一百四十九
二十四日	九百七十八	退十四	三百一十一度十五分	損百五十七	朓千三十三
二十五日	九百六十四	退十四	三百二十四度五分	損百九十八	朓八百七十六
二十六日	九百五十	退十三	三百三十六度五十七分	損二百三十七	朓六百七十八

二十七日	九百三十七	退十三	三百四十九度十九分	損二百七十六	朓四百四十一
二十六日	九百二十四	退七進六	三百六十一度四十四分	初損百六十五末益入後	朓百六十五

各置朔弦望所入轉日損益率并後率而半之為通率又二率相減為率差前多者以入餘減通法餘乘率差盈通法得一并率差而半之前少者半入餘乘率差亦以通法除之為加時轉率乃半之以損益加時所入餘為轉餘其轉餘應益者減法應損者因餘皆以乘率差盈通法得一加於通率轉率乘之通法約之以朓減朒加轉率為定率乃以定率損益朓朒積為定數其後無同率者亦因前率應益者以通率為初數半率差而減之應損者即為通率其損益入餘進退日分為二日隨餘初末如法求之所得並以損益轉率此術本出皇極歷以究算術之微變若非朔望有交者直以入餘乘損益率如通法而一以損益朓朒為定數七日初數二千七百一末數三百三十九十四日初數二千三百六十三末數六百七十七二十一日初數二千二十四末數千一十六二十八日初數千六百八十六末數千三百五十四以四象約轉終均得六日二千七百一分就全數約為九分日之八各以減法餘為末數乃四象馴變相加各其所當之日初末數也視入轉餘如初數已下者加減損益因循前率如初數以上則反其衰歸于後率云各置朔弦望大小餘以

入氣入轉朓朒定數朓減朒加之爲定朔弦望大小餘定朔日各與後朔同者月大不同者小無中氣者爲閏月凡言夜半皆起晨前子正之中若注曆觀弦望定小餘不盈晨初餘數者退一日其望有交起虧在晨初已前者亦如之又月行九道遲疾則有三大二小以日行盈縮累增損之則容有四大三小理數然也若俯循常儀當察加時早晚隨其所近而進退之使不過三大三小其正月朔有交加時正見者消息前後一兩月以定大小令虧在晦二定朔弦望夜半日度各隨所直日度及餘分命之乃列定朔望小餘副之以乘其日盈縮分如通法而一盈加縮減其副以加夜半日度各得加時日度凡合朔所交冬在陰曆夏在陽曆月行青道冬至夏至後青道半交在春分之宿當黃道東立冬立夏後青道半交在立春之宿當黃道東南至所衝之宿亦如之冬在陽曆夏在陰曆月行白道冬至夏至後白道半交在秋分之宿當黃道西立冬立夏後白道半交在立秋之宿當黃道西北至所衝之宿亦如之春在陽曆秋在陰曆月行朱道春分秋分後朱道半交在夏至之宿當黃道南立春立秋後朱道半交在立夏之宿當黃道西南至所衝之宿亦如之春在陰曆秋在陽曆月行黑道春分秋分後黑道半交在冬至之宿當黃道北立春立秋後黑道半交在立冬之宿當黃道東北至所衝之宿亦如之四序離爲八節至陰陽之所交行與黃道相會故月有九行各視月交所入七十二候距交初中黃道日度每五度爲限亦初數十二每限減一數終於四乃一度彊依平更從四起每限增一終於十二而

至半交其去黃道六度又自十二每限減一數終於四亦一度彊依平更從四起每限增一終於十二復與日軌相會各累計其數以乘限度二百四十而一得度不滿者二十四除爲分若以二十除之則大分以十二爲母爲月行與黃道差數距半交前後各九限以差數爲減距正交前後各九限以差數爲加此加減出入六度單與黃道相較之數若較之赤道則隨氣遷變不常計去冬至夏至以來候數乘黃道所差十八而一爲月行與赤道差數凡日以赤道內爲陰外爲陽月以黃道內爲陰外爲陽故月行宿度入春分交後行陰曆秋分交後行陽曆皆爲同名若入春分交後行陽曆秋分交後行陰曆皆爲異名其在同名以差數爲加者加之減者減之若在異名以差數爲加者減之減者加之皆以增損黃道度爲九道定度各以中氣去經朔日算加其入交況乃以減交終得平交入中氣日算滿三元之策去之餘得入後節日算因求次交者以交終加之滿三元之策去之得後平交入氣日算各以氣初先後數先加後減之得平交入定氣日算倍六爻乘之三其小餘辰法除而從之以乘其氣損益率如定氣辰數而一所得以損益其氣朓朒積爲定數又置平交所入定氣餘加其日

夜半入轉餘以乘其日損益率滿通法而一以損益其日朓朒積交率乘之交數而一爲定數乃以入氣入轉朓朒定數朓減朒加平交入氣餘滿若不足進退日算爲正交入定氣日算其入定氣餘副之乘其日盈縮分滿通法而一以盈加縮減其副以加其日夜半日度得正交加時黃道日度以正交加時度餘減通法餘以正交之宿距度所入限數乘之爲距前分置距度下月道與黃道差以通法乘之減去距前分餘滿二百四十除爲定差不滿者一退爲秒以定差及秒加黃道度餘仍計去冬至夏至已來候數乘定差十八而一所得依名同異而加減之滿若不足進退其度得正交加時月離九道宿度各置定朔弦望加時日度從九道循次相加凡合朔加時月行潛在日下與太陽同度是謂離象（先置朔弦望加時黃道日度以正交加時所在黃道宿度減之餘以加其正交九道宿度命起正交宿度算外即朔弦望加時所當九道宿度也其合朔加時若非正交則日在黃道月在九道各入宿度雖多少不同考其去極皆應繩準故云月行潛在日下與太陽同度）以一象之度九十一餘九百五十四秒二十二半爲上弦兌象倍之而與日衝得望坎象參之得下弦震象各以加其所當九道宿度秒盈象統從餘餘滿通法從度得其日

加時月度綜五位成數四十以約度餘爲分不盡者因爲小分視經朔夜半入轉若定朔大餘有進退者亦加減轉日否則因經朔爲定累加一日得次日各以夜半入轉餘乘列衰如通法而一所得以進加退減其日轉分爲月轉定分滿轉法爲度視定朔弦望夜半入轉各半列衰以減轉分退者定餘乘衰以通法除并衰而半之進者半餘乘衰亦以通法除皆加所減乃以定餘乘之盈通法得一以減加時月度爲夜半月度各以每日轉定分累加之得次日若以入轉定分乘其日夜漏倍百刻除爲晨分以減轉定分餘爲昏分望前以昏望後以晨加夜半度各得晨昏月

交日	屈伸率	屈伸積
一日	屈二十七	積初
二日	屈十九	積二十七
三日	屈十三	積四十六
四日	屈八	積五十九

五日	屈十三	積六十七
六日	屈十九	積一度四
七日	初屈二十 末伸七	積一度二十三
八日	伸十九	積一度三十六
九日	伸十三	積一度十七
十日	伸八	積一度四
十一日	伸十三	積七十二
十二日	伸十九	積五十九
十三日	伸二十七	積四十
十四日	初伸十三 末屈入後	積十三

各視每日夜半入陰陽歷交日數以其下屈伸積月道與黃道同名者加之異名者減之各以加減每日晨昏黃道月度爲入宿定度及分

五曰步軌漏術

爻統千五百二十　象積四百八十　辰八刻百六十分　昏明二刻二百四十分

定氣	陟降率	消息衰	陽城日晷
	漏刻	黃道去極度	距中星度
冬至	降七十八	息空六十四	丈二尺七寸一分五十
	二十七刻二百三十分	百一十七度二十分	八十二度二十六分
小寒	降七十二	息十一九十一	丈二尺二寸二分七十七
	二十七刻百三十五分	百一十四度三十五分	八十二度九十一分
大寒	降五十三	息二十二四十二	丈一尺二寸一分八十二
	二十六刻三百八十分	百一十一度九十分	八十四度七十七分
立春	降三十四	息三十二十五	九尺七寸三分五十一
	二十五刻四百七十五分	百八度五分	八十七度七十分
雨水	降初限七十八	息三十五七十八	八尺二寸一分六

	二十四刻四百七十分	百三度二十分	九十一度三十九分
驚蟄	降一	息三十九五十	六尺七寸三分八十四
	二十三刻三百六十分	九十七度三十分	九十五度八十八分
春分	陟五	息三十九六十五	五尺四寸三分十九
	二十二刻二百三十分	九十一度三十分	百度四十四分五十
清明	陟初限一	息三十八八十九	四尺三寸二分十一
	二十一刻百二十分	八十五度三十分	百五度一分
穀雨	陟三十二	息三十三五十六	三尺三寸四十七
	二十刻十分	七十九度三十分	百九度五十分
立夏	陟五十二	息二十八三十八	二尺五寸三分三十一
	十九刻五分	七十四度五十五分	百十三度十九分
小滿	陟六十三	息二十十二	尺九寸五分七十六
	十八刻百分	七十度七十分	百一十六度十二分

芒種	陟六十四	息十十二	尺六寸三
	十七刻三百三十五分	六十八度二十五分	百一十七度九十八分
夏至	降六十四	消空五十二	尺四寸七分七十九
	十七刻二百五十分	六十七度四十分	百一十八度六十三分
小暑	降六十三	消十七十六	尺六寸三
	十七刻三百三十五分	六十八度二十五分	百一十七度九十八分
大暑	降五十二	消二十七十五	尺九寸五分七十六
	十八刻百分	七十度七十分	百一十六度十二分
立秋	降三十二	消二十八九十	二尺五寸三分三十一
	十九刻五分	七十四度五十五分	百一十三度十九分
處暑	降初限九十九	消三十四五十五分	三尺三寸四十七
	二十刻十分	七十九度三十分	百九度五十分
白露	降五	消三十八九十	四尺三寸二分十一

	二十一刻百二十分	八十五度三十分	百五度一分
秋分	陟一	消三十九六十六	五尺四寸三分十九
	二十二刻二百三十分	九十一度三十分	百度四十四分五十
寒露	陟初限一	消三十九五十	六尺七寸三分八十四
	二十三刻三百六十分	九十七度三十分	九十五度八十八分
霜降	陟三十四	消二十四九十八	八尺二寸一分六
	二十四刻四百七十分	百三度二十分	九十一度三十九分
立冬	陟五十三	消二十九七十二	九尺七寸三分五十一
	二十五刻四百七十五分	百八度五分	八十七度七十分
小雪	陟七十二	消二十一七十	丈一尺二寸一分八十二
	二十六刻三百八十分	百一十一度九十分	八十四度七十七分
大雪	陟七十八	消十一十三	丈二尺二寸二分七十七
	二十七刻百三十五分	百一十四度三十五分	八十二度九十一分

各置其氣消息衰依定氣所有日每以陟降率陟減降加其分滿百從衰各得每日消息定衰其距二分前後各一氣之外陟降不等皆以三日爲限雨水初日降七十八初限日損十二次限日損八次限日損三次限日損二次限日損一清明初日陟一初限日益一次限日益二次限日益三次限日益八末限日益十九處暑初日降九十九初限日損十九次限日損八次限日損三次限日損二末限日損一寒露初日陟一初限日益一次限日益二次限日益三次限日益八末限日益十二各置初日陟降率依限次損益之爲每日率乃遞以陟減降加氣初消息衰各得每日定衰南方戴日之下正中無晷自戴日之北一度乃初數千三百七十九自此起差每度增一終於二十五度計增二十六分又每度增二終於四十度又每度增六終於四十四度增六十八又每度增二終於五十度又每度增七終於五十五度又每度增十九終於六十度增百六十又每度增三十三終於六十五度又每度增三十六終於七十度又每度增三十九終於七十二度增二百六十又度增四百四十又度增千六十又度增

千八百六十又度增二千八百四十又度增四千又度增五千三百四十各爲每度差因累其差以遞加初數滿百爲分分十爲寸各爲每度晷差又累其晷差得戴日之北每度晷數各置其氣去極度以極去戴日度五十六及分八十二半減之得戴日之北度數各以其消息定衰所直度之晷差滿百爲分分十爲寸得每日晷差乃遞以息減消加其氣初晷數得每日中晷常數以其日所在氣定小餘爻統減之餘爲中後分不足減反相減爲中前分以其晷差乘之如通法而一爲變差以加減中晷常數冬至後中前以差減中後以差加夏至後中前以差加中後以差減冬至一日有減無加夏至一日有加無減得每日中晷定數又置消息定衰滿象積爲刻不滿爲分各遞以息減消加其氣初夜半漏得每日夜半漏定數其全刻以九千一百二十乘之十九乘刻分從之如三百而一爲晨初餘數各倍夜半漏爲夜刻以減百刻餘爲晝刻減晝五刻以加夜卽晝爲見刻夜爲沒刻半沒刻加半辰起子初算外得日出辰刻以見刻加而命之得日入置夜刻五而一得每更差刻又五除之得每籌差刻以昏刻加日入辰刻得甲夜初刻又以更籌差加之得五夜更籌所當辰其夜半定漏亦名晨初夜刻又置消息定衰滿百爲度不滿爲分

各遞以息減消加氣初去極度各得每日去極定數又置消息定衰以萬二千三百八十六乘之如萬六千二百七十七而一爲度差差滿百爲度各遞以息加消減其氣初距中度得每日距中度定數倍之以減周天爲距子度置其日赤道日度加距中度得昏中星倍距子度以加昏中星得曉中星命昏中星爲甲夜中星加每更差度得五夜中星凡九服所在每氣初日中晷常數不齊使每氣去極度數相減各爲其氣消息定數因測其地二至日晷測一至可矣不必兼要冬夏於其戴日之北每度晷數中較取長短同者以爲其地戴日北度數及分每氣各以消息定數加減之因冬至後者每氣以減因夏至後者每氣以加得每氣戴日北度數各因所直度分之晷數爲其地每定氣初日中晷常數其測晷有在表南者亦據其晷尺寸長短與戴日北每度晷數同者因取其所直之度去戴日北度數反之爲去戴日南度然後以消息定數加減之二至各於其地下水漏以定當處晝夜刻數乃相減爲冬夏至差刻半之以加減二至晝夜刻數爲定春秋分初日晝夜刻數乃置每氣消息定數以當處差刻數乘之如二至去極差度四十七分八十而一所得依分前後加減初日晝夜漏刻各得餘定氣初日晝夜漏刻

置每日消息定衰亦以差刻乘之差度而一所得以息減消加其氣初漏刻得次日其求距中度及昬明中星日出入皆依陽城法求之仍以差刻乘之差度而一爲今有之數若置其地春秋定日中晷常數與陽城每日晷數較其同者因其日夜半漏亦爲其地定春秋分初日夜半漏求餘定氣初日亦以消息定數依分前後加減刻分春分後以減秋分後以加滿象積爲刻求次日亦以消息定衰依陽城術求之此術究理大體合通然高山平川視大不等較其日晷長短乃同考其水漏多少殊別以兹參課前術爲審

唐書卷二十八上

唐書卷二十八下

宋 翰 林 學 士 歐 陽 修 撰

志第十八

曆志

六曰步交會術

終數八億二千七百二十五萬一千三百二十二　交終日二十七餘六百四十五秒千三百二十二　中日十三餘千八百四十二秒五千六百六十一

朔差日二餘九百六十七秒八千六百七十八　望差日一餘四百八十三秒九千三百三十九　望數日十四餘二千三百二十六秒五十　交限日十二餘千三百五十八秒六千三百二十三　交率三百四十三　交數四千三百六十九　交秒法一萬

以交數去朔積分不盡以秒法乘之盈交數又去之餘如秒法而一爲入交分滿通法爲日命日算外得天正經朔加時入交汎日及餘因加朔差得次朔以

望數加朔得望若以經朔望小餘減之各得夜半所入累加一日得次日加之滿交終去之各以其日入氣朓朒定數朓減朒加交汎爲入交常日及餘又以交率乘其日入轉朓朒定數如交數而以一朓減朒加入交常日爲入交定日及餘各如中日已下者爲月入陽曆已上者去之餘爲月入陰曆

陰陽曆

爻目	加減率	陰陽積	月去黃道度
少陽 少陰	初加百八十七	陽 陰 初	空
少陽 少陰	二加百七十一	陽 陰 百八十七	一度六十七分
少陽 少陰	三加百四十七	陽 陰 三百五十八	二度百一十八分
少陽 少陰	四加百一十五	陽 陰 五百五	四度二十五分
少陽 少陰	五加七十五	陽 陰 六百二十	五度二十分
少陽 少陰	上加二十七	陽 陰 六百九十五	五度九十五分
老陽 老陰	初減二十七	陽 陰 七百二十二	六度二分

老陽 老陰	二減七十五	陽陰 六百九十五	五度九十五分
老陽 老陰	三減百一十五	陽陰 六百二十	五度二十分
老陽 老陰	四減百四十七	陰陽 五百五	四度二十五分
老陽 老陰	五減百七十一	陽陰 三百五十八	二度百一十八分
老陽 老陰	上減百八十七	陽陰 百八十七	一度六十七分

以其爻加減率與後爻加減率相減爲前差又以後爻率與次後爻率相減爲後差二差相減爲中差置所在爻幷後爻加減率半中差以加而半之十五而一爲爻末率因爲後爻初率每以本爻初末率相減爲爻差十五而一爲度差半之以加減初率少象減之老象加之爲定初率每以度差累加減之少象以差減老象以差加各得每歲加減定分迺循積其分滿百二十爲度各爲月去黃道數及分其四象初爻無初率上交無末率皆倍本交加減率十五而一所得各以初末率減之皆互得其率

各置夜半入轉以夜半入交定日及餘減之不足減加轉終餘爲定交初日夜半入轉乃以定交初日與其日夜半入餘各乘其日轉定分如通法而一爲分滿轉法爲度各以加其日轉積度分乃相減所

餘爲其日夜半月行入陰陽度數轉求次日以轉定分加之以一象之度九十除之若以少象除之
則兼除差度一度分百六大分十三小分十四訖然後以次象除之所得以少陽老陽少陰老陰爲次起少陽算
外得所入象度數及分先以三十乘陰陽度分十九而一爲度分不盡以十五乘十九除爲大分不盡者又乘又除爲小分然後以象
度及分除之乃以一爻之度十五除之所得入爻度數及分其月行入少象初爻之內及老象上爻之中皆
沾黃道當朔望則有虧蝕凡入交定如望差以下交限以上爲入蝕限望入蝕限則月蝕朔
入蝕限月在陰曆則日蝕如望差以下爲交後交限以上以減交中餘爲交前
置交前後定日及餘通之爲去交前後定分十一乘之二千六百四十三除爲
去交度數不盡以通法乘之復除爲餘大抵去交十三度以上雖入蝕限爲涉交數微光景相接或不見蝕望去
交分七百七十九以下者皆旣以上者以定交分減望差餘以百八十三約之
命以十五爲限得月蝕之大分月在陰曆初起東南甚於正南復於西南月在
陽曆初起東北甚於正北復於西北其蝕十二分以上者起於正東復於正北
此據午正而論之餘各隨方面所在準此取正凡月蝕之大分五已下因增二十已下因增四十以上
因增五其去交定分五百二十已下又增半二百六十已下又增半各爲汎用

刻率

定氣	增損差	差積
冬至	增十	積初
小寒	增十五	積十
大寒	增二十	積二十五
立春	增二十五	積四十五
雨水	增三十	積七十
驚蟄	增三十五	積百
春分	增四十	積百三十五
清明	增四十五	積百七十五
穀雨	增五十	積二百二十
立夏	增五十五	積二百七十
小滿	增六十	積三百二十五

芒種	增六十五	積三百八十五
夏至	損六十五	積四百五十
小暑	損六十	積三百八十五
大暑	損五十五	積三百二十五
立秋	損五十	積二百七十
處暑	損四十五	積二百二十
白露	損四十	積百七十五
秋分	損三十五	積百三十五
寒露	損三十	積百
霜降	損二十五	積七十
立冬	損二十	積四十五
小雪	損十五	積二十五
大雪	損十	積十

以所入氣并後氣增損差倍六爻乘之綜兩氣辰數除之爲氣末率又列二氣增損差皆倍六爻乘之各如辰數而一少減多餘爲氣差加減末率（冬至後以差減夏至後以差加）爲初率倍氣差綜兩氣辰數除爲日差半之加減初末爲定率以差累加減氣初定率（冬至後以差加夏至後以差減）爲每日增損差乃循積之隨所入氣日增損氣下差積各其日定數（其二至之前一氣皆後無同差不可相并各因前末爲初率以氣差冬至前減夏至前加爲末率）陰曆蝕差千二百七十五蝕限三千五百二十四或限三千六百五十九陽曆蝕限百三十五或限九百七十四以蝕朔所入氣日下差積陰曆減之陽曆加之各爲朔定差及定限朔在陰曆去交定分滿蝕定差已上者爲陰曆蝕不滿者雖在陰曆皆類同陽曆蝕其去交定分滿定限已下者的蝕或限已下者或蝕陰曆蝕者置去交定分以蝕定差減之餘百四已下者皆蝕既已下者以百四減之餘以百四十三約之其入或限者以百五十二約之半以下爲半弱半已上爲半強以減十五餘爲日蝕之大分其同陽曆蝕者其去交定分少於蝕定差六十已下者皆蝕既已上者以陽曆蝕定限加去交分以九十約之其陽曆蝕者置

去交定分亦以九十約之入或限者以百四十三約之皆半已下爲半弱半已上爲半強命之以十五爲限得日蝕之大分月在陰曆初起西北甚於正北復於東北月在陽曆初起西南甚於正南復於東南其蝕十二分已上皆起於正西復於正東凡日蝕之大分皆因增二其陰曆去交定分多於蝕定差七十已下者又增三十五已下者又增半其同陽曆去交定分少於蝕定差二十已下者又增半四已下者又增少各爲汎用刻率置去交定分以交率乘之二十乘交數除之其月道與黃道同名者以加朔望定小餘異名者以減朔望定小餘爲蝕定餘如求發斂如時術入之得蝕甚辰刻各置汎用刻率副之以乘其日入轉損益率如通法而一所得應朒者依其損益應朓者損加益減其副爲定用刻數半之以減蝕甚辰刻爲虧初以加蝕甚辰刻爲復末其月蝕置定用刻數以其日每更差刻除爲更數不盡以每籌差刻除爲籌數綜之爲定用更籌乃累計日入後至蝕甚辰刻置之以昏刻加日入辰刻減之餘以更籌差刻除之所得命以初更籌算外得蝕甚更籌半定用更籌減之爲虧初加之爲復末按天竺得摩羅所傳斷日蝕法日躔鬱車宮者的蝕其餘據日所在宮火星在前三及後五之宮幷伏在日下則不蝕若五星皆見又水在陰曆及三星已上同聚一宿則亦不蝕凡星與日別宮或別宿則易斷若同宿則難天竺所云十二宮卽中國之十

二次鬱車宮者降婁之次也九服之地蝕差不同先測其地二至及定春秋中晷長短與陽城每日中晷常數較取同者各因其日蝕差爲其地二至及定春秋分蝕差以夏至差減春分差以春分差減冬至各爲率幷二率半之六而一爲夏率二率相減六而一爲總差置總差六而一爲氣差半氣差以加夏率又以總差減之爲冬率冬率即冬至率每以氣差加之各爲每氣定率乃循積其率以減冬至蝕差各得每氣初日蝕差求每日如陽城法求之若戴日之南當計所在地皆反用之

七曰步五星術

歲星終率百二十一萬二千五百七十九秒六　終日三百九十八餘二千六百五十九秒六　變差三十四秒十四　象算九十一餘二百三十八秒五十七微分十二　爻算十五餘百六十六秒四十二微分八十二

熒惑終率二百三十七萬一千三秒八十六　終日七百七十九餘二千八百四十三秒八十六　變差三十二秒二　象算九十一餘二百三十八秒四十三微分八十四　爻算十五餘百六十六秒四十微分六十二

鎮星終率百一十四萬九千三百九十九秒九十八　終日三百七十八餘二
百七十九秒九十八　變差二十二秒九十二　象算九十一餘二百三十七
秒八十七　爻算十五餘百六十六秒三十一微分十六
太白終率百七十七萬五千三百三十秒十二　終日五百八十三餘二千七百一
十一秒十二　中合日二百九十一餘二千八百七十五秒六　變差三十秒
五十三　象算九十一餘二百三十八秒三十四微五十四　爻算十五餘百
六十六秒三十九微分九
辰星終率三十五萬二千二百七十九秒七十二　終日百一十五餘二千六
百七十九秒七十二　中合日五十七餘二千八百五十九秒八十六　變差
百三十六秒七十八　象算九十一餘二百四十四秒九十八微分六十　爻
算十五餘百六十七秒四十九微分七十四
辰法七百六十　秒法一百　微分法九十六
置中積分以冬至小餘減之各以其星終率去之不盡者返以減終率餘滿通

法爲日得冬至夜半後平合日算各以其星變差乘積算滿乾實去之餘滿通法爲日以減平合日算得入曆算數皆四約其餘同於辰法乃以一象之算除之以少陽老陽少陰老陰爲次起少陽算外餘以一爻之算除之所得命起其象初爻算外得所入爻算數

五星爻象曆

歲星

少陽 少陰	初	益七百七十三	進退	積空
少陽 少陰	二	益七百二十一	進退	七百七十三
少陽 少陰	三	益六百三十	進退	千四百九十四
少陽 少陰	四	益五百	進退	二千一百二十四
少陽 少陰	五	益三百三十一	進退	二千六百二十四
少陽 少陰	上	益百二十三	進退	二千九百五十五
老陽 老陰	初	損一百二十三	進退	三千七十八
老陽 老陰	二	損三百三十一	進退	二千九百五十五
老陽 老陰	三	損五百	進退	二千六百二十四

	老陽老陰 四	損六百三十	進退 二千一百二十四
	老陽老陰 五	損七百二十一	進退 千四百九十四
	老陽老陰 上	損七百七十三	進退 七百七十三
癸亥	少陽少陰 初	益千二百三十七	進退 積空
	少陽少陰 二	益千一百四十三	進退 千二百三十七
	少陽少陰 三	益九百九十一	進退 二千三百八十
	少陽少陰 四	益七百八十一	進退 三千三百七十一
	少陽少陰 五	益五百一十三	進退 四千一百五十二
	少陽少陰 上	益百八十七	進退 四千六百六十五
	老陽老陰 初	損百八十七	進退 四千八百五十二
	老陽老陰 二	損五百一十三	進退 四千六百六十五
	老陽老陰 三	損七百八十一	進退 四千一百五十二
	老陽老陰 四	損九百九十一	進退 三千三百七十一

	老陽老陰	五	損千一百四十三	進退二千三百八十
	老陽老陰	上	損千二百三十七	進退千二百三十七
鎮星	少陽少陰	初	益千六百八十四	進退積空
	少陽少陰	二	益千五百四十四	進退千六百八十四
	少陽少陰	三	益千三百三十	進退三千二百二十八
	少陽少陰	四	益千四十二	進退四千五百五十八
	少陽少陰	五	益六百八十	進退五千六百
	少陽少陰	上	益二百四十四	進退六千二百八十
	老陽老陰	初	損二百四十四	進退六千五百二十四
	老陽老陰	二	損六百八十	進退六千二百八十
	老陽老陰	三	損千四十二	進退五千六百
	老陽老陰	四	損千三百三十	進退四千五百五十八
	老陽老陰	五	損千五百四十四	進退三千一百二十八

太白

老陽老陰	上	損千六百八十四	進退千六百八十四
少陽少陰	初	益二百五十五	進退積空
少陽少陰	二	益二百三十一	進退二百五十五
少陽少陰	三	益百九十八	進退四百八十六
少陽少陰	四	益百五十六	進退六百八十四
少陽少陰	五	益百五	進退八百四十
少陽少陰	上	益四十五	進退九百四十五
老陽老陰	初	損四十五	進退九百九十
老陽老陰	二	損百五	進退九百四十五
老陽老陰	三	損百五十六	進退八百四十
老陽老陰	四	損百九十八	進退六百八十四
老陽老陰	五	損二百三十一	進退四百八十六
老陽老陰	上	損二百五十五	進退二百五十五

辰星

少陽少陰	初	益六百四十三	進退積空
少陽少陰	二	益五百八十五	進退六百四十三
少陽少陰	三	益五百一	進退千二百二十八
少陽少陰	四	益三百九十一	進退千七百二十九
少陽少陰	五	益二百五十五	進退二千一百二十
少陽少陰	上	益九十三	進退二千三百七十五
老陽老陰	初	損九十三	進退二千四百六十八
老陽老陰	二	損二百五十五	進退二千三百七十五
老陽老陰	三	損三百九十一	進退二千一百二十
老陽老陰	四	損五百一	進退千七百二十九
老陽老陰	五	損五百八十五	進退千二百二十八
老陽老陰	上	損六百四十三	進退六百四十三

以所入爻與後爻損益率相減爲前差又以後爻與次後爻損益率相減爲後

差二差相減爲中差置所入爻并後爻損益率半中差以加之九之二百七十四而一爲爻末率因爲後爻初率（皆因前爻末率以爲後爻初率）初末之率相減爲爻差倍爻差九之二百七十四而一爲算差半之加減初末各爲定率以算差累加減爻初定率（少象以差減老象以差加）爲每算損益率循累其率隨所入爻損益其下進退積各得其算定數（其四象初爻無初率上爻無末率皆置本爻損益率四而九之二百七十四得一各以初末率減之皆互得其率）各置其星平合所入爻之算差半之以減其入算損益率損者以所入餘乘差辰法除并差而半之益者半入餘乘差亦辰法除皆加所減之率乃以入餘乘之辰法而一所得以損益其算下進退各爲平合所入定數置進退定數（金星則倍置之）各以合下乘數乘之除數除之所得滿辰法爲日以進加退減平合日算（先以四約平合餘然後加減）爲常合日算置常合日先後定數四而一以先減後加常合日算得定合日算又四約盈縮分以定合餘乘之滿辰法而一所得以盈加縮減其定除加其日夜半日度爲定合加時星度又置定合日算以冬至大小餘加之天正經朔大小餘減之（其至朔小餘皆先以四約之若大餘不足減又以爻數加之乃減之）餘滿四象之策除爲月數不

盡者爲入朔日算命月起天正日起經朔算外得定合月日（視定朔與經朔有進退者亦進減退）加一日（爲定）置常合及定合應加減定數同名相從異名相消乃以加減其平合入爻算滿若不足進退爻算得定合所入乃以合後諸變曆度累加之去命如前得次變初日所入如平合求進退定數乃以乘數乘之除數除之各爲進退變率

五星變行日中率度中率差行損益率曆度（乘數除數）

歲星合後伏十七日三百三十二分行三度三百三十二分先遲二日益疾九分曆一度三百五十七分（乘數三百五十除數二百八十一）

前順百一十二日行十八度六百五十六分先疾五日益遲六分曆九度三百三十七分（乘數三百五十除數二百八十一）

前留二十七日曆二度二百二十分（乘數二百六十七除數二百二十二）

前退四十二日退五度三百六十九分先遲六日益疾十一分曆三度四百七十五分（乘數四百七十除數四百三十）

後退四十三日退五度三百六十九分先遲六日益遲十一分曆二度四百七
十五分乘數五百一十除數四百六十七
後留二十七日曆三度二百一十分乘數二百七十除數二百二十二
後順百一十二日行十八度六十五分先遲五日益疾六分曆九度三百三十
七分乘數二百六十七除數二百二十七
合前伏十七日三百三十二分行三度三百三十二分先疾二日益遲九分曆
一度三百五十八分乘數三百五十除數二百八十一
熒惑合後伏七十一日七百三十五分行五十四度七百三十五分先疾五日
益遲七分曆三十八度二百一分乘數百二十七除數三十
前疾二百一十四日行百三十六度先疾九日益遲四分曆百一十三度五百
九十六分乘數百二十七除數三十
前遲六十日行二十五度先疾日益遲四分曆三十一度六百八十五分乘數二百
三除數五十四

前留十三日曆六度六百九十三分乘數二百三除數五十四

前退三十一日退八度四百七十三分先遲六日益疾五分曆十六度三百六十七分乘數二百三除數四十八

後退三十一日退八度四百七十三分先疾六日益遲五分曆十六度三百六十七分乘數二百三除數四十八

後留十三日曆六度六百九十三度乘數二百三除數四十八

後遲六十日行二十五度先遲日益疾四分曆三十一度六百八十五分乘數二百三除數五十四

後疾二百一十四日行百三十六度先遲九日益疾四分曆百一十三度五百九十六分乘數二百三除數五十四

合前伏七十一日七百三十六分行五十四度七百三十六分先遲五日益疾七分曆三十八度二百一分乘數百二十七除數三十

鎮星合後伏十八日四百一十五分行一度四百二十五分先遲二日益疾九

分曆四百八十分（乘數十二除數十一）

前順八十三日行七度二百四十一分先疾六日益遲五分曆二度六百二十三分（乘數十二除數十一）

前留三十七日三百八十分曆一度二百八分（乘數十除數九）

前退五十日退二度三百三十四分先遲七日益疾一分曆一度五百三十一分（乘數二十除數十七）

後退五十日退二度三百三十四分先疾七日益遲一分曆一度五百三十一分（乘數五除數四）

後留三十七日三百八十分曆一度二百八分（乘數二十除數十七）

後順八十三日行七度二百四十一分先遲六日益疾五分曆二度六百二十三分（乘數十除數九）

合前伏十八日四百一十五分行一度四百一十五分先疾二日益遲九分曆四百八十分（乘數十二除數十一）

太白晨合後伏四十一日七百一十九分行五十二度七百一十九分先遲三日益疾十六分曆四十一度七百一十九分乘數七百九十七除數二百九

夕疾行百七十一日行二百六度先疾五日益遲九分曆百七十一度乘數七百九十七除數二百九

夕平行十二日行十二度曆十二度乘數五百一十五除數百五十六

夕遲行四十二日行三十一度先疾日益遲十分曆四十二度乘數五百一十五除數百三十七

夕留八日曆八度乘數五百一十五除數九十二

夕退十日退五度先遲日益疾九分曆十度乘數五百一十五除數八十六

夕合前伏六日退五度先疾日益遲十五分曆六度乘數五百一十五除數八十四

夕合後伏六日退五度先遲日益疾十五分曆六度乘數五百一十五除數八十三

晨退十日退五度先疾日益遲九分曆十度乘數五百一十五除數八十四

晨留八日曆八度乘數五百一十五除數八十六

晨遲行四十二日行三十一度先遲日益疾十分曆四十二度乘數五百一十五除數九十二

晨平行十二日行十二度曆十二度乘數五百一十五除數百三十七

晨疾行百七十一日行二百六度先遲五日益疾九分曆百七十一度乘數五百一十五除數百五十六

晨合前伏四十一日七百一十九分行五十二度七百一十九分先疾三日益遲十六分曆四十一度七百一十九分乘數七百九十七除數二百九

辰星晨合後伏十六日七百一十五分行三十三度七百一十五分先遲日益疾二十二分曆十六度七百一十五分乘數二百八十六除數二百八十七

夕疾行十二日行十七度先疾日益遲五十分曆十二度乘數二百八十六除數二百八十七

夕平行九日行九度曆九度乘數四百九十五除數百九十四

夕遲行六日行四度先疾日益遲七十六分曆六度乘數四百九十六除數百九十五

夕留三日曆三度乘數四百九十七除數百九十六

夕合前伏十一日退六度先遲日益疾三十一分曆十一度乘數四百九十八除數百九十七

夕合後伏十一日退六度先疾日益遲三十一分曆十一度乘數五百除數百九十八
晨留三日曆三度乘數四百九十八除數百九十八
晨遲行六日行四度先遲日益疾七十六分曆六度乘數四百九十七除數百九十六
晨平行九日行九度曆九度乘數四百九十六除數百九十五
晨疾行十二日行十七度先遲日益疾五十分曆十二度乘數四百九十二除數百九十四
晨合前伏十六日七百一十五分行三十三度七百一十五分先疾日益遲二
十二分曆十六度七百一十五分乘數二百八十六除數二百八十七
各置其本進退變率與後變率同名者相消爲差在進前少在退前多各以差
爲加在進前多在退前少各以差爲減異名者相從爲并前退後進各以并爲
加前進後退各以并爲減逆行度率則反之皆以差及并加減日度中率各爲
日度變率其水星疾行直以差并加減度中率爲變率其日直因中率爲變率勿加減也以定合日與前疾初日後疾
初日與合前伏初日先後定數各以同名者相消爲差異名者相從爲并皆四
而一所得滿辰法各爲日度乃以前日度盈加縮減其合後伏度之變率及合

前伏前疾日之變率亦以後日度盈減縮加其後疾日之變率及合前伏前疾度之變率金水夕合反其加減留退亦然其二留日之變率若差於中率者卽以所差之數爲度各加減本遲度之變率謂以所多於中率之數加之少於中率之數減之已下加減準此退行度之變率若差於中率者卽倍所差之數各加減本疾度之變率其土木二星既無遲疾卽加減前後順行度之變率其水星疾行度之變率若差於中率者卽以所差之數爲日各加減留日變率其留日變率若少不足減者卽侵減遲日變率若多於中率者亦以所多之數爲日以加留日變率各加減變率訖皆爲日度定率其日定率有分者前後輩之輩配也以少分配多分滿全爲日有餘轉配其諸變率不加減者皆依變率爲定率置其星定合餘以減辰法餘以其星初日行分乘之辰法而一以加定合加時度得定合後夜半星度及餘自此各依其星計日行度所至皆從夜半爲始各以一日所行度分順加退減之其行有小分者各滿其法從行分伏不注度留者因前退則依減順行出虛去六虛之差退行入虛先加此差六虛之差亦四而一乃用加減訖皆以轉法約行分爲度分得每日所至日度定率或加或減益疾益遲每日衡差不可預定今且略據日度中率商量置之其定率既有盈縮卽差數合隨而增損當先檢括諸變定率與中率相較近者因用其差求其初末之日行分爲主自餘諸變因此消息加減其差各求初末行分循環比較使際會參合衰殺相循其金水

皆以平行爲主前後諸變準此求之其合前伏雖有日度定率因加至合而與後算不叶者皆從後算爲定其初見伏之度去日不等各以日度與星辰相較木去日十四度金十一度火土水各十七度皆見各減一度皆伏其木火土三星前順之初後順之末及金水疾行留退初末皆是見伏之初日注曆消息定之金水及日月度皆不注分

置日定率減一以所差分乘之爲實以所差日乘定日率爲法實如法而一爲行分得每日差以辰法通度定率從其分如日定率而一爲平行度分減日定率一以所差分乘之二而一爲差率以加減平行分益疾者以差率減平行爲初日加平行爲末日益遲者以差率加平行爲初日減平行爲末日得初末日所行度及分其差不全而與日相合者先置日定率減一以所差分乘之爲實倍所差日爲法實如法而一爲行分不盡者因爲小分然後爲差率

置初日行分益遲者以每日差累減之益疾者以每日差累加之得次日所行度分其每日差及初日行皆有小分母既不同當令同之乃用加減

其先定日數而求度者減所求日一以每日差乘之二而一所得以加減初日行分益遲減之益疾加之以所求日乘之如辰法而一爲度不盡者爲行分得從初日至所求日積度及分若先定度數而返求日者以辰法乘所求行度有分者從之八之如每日差而一爲積倍初日行分以每日差加減之益遲者加之益疾者減之如每日差而一爲率令自乘以積加減之益遲者以積減之益疾者以積加之開方除之所得以

率加減之（益遲者以率加之益疾者以率減之）乃半之得所求日數（開方除者置所開之數為實借一算於實之下名曰下法步之超一位置商於上方副商於下法之上名曰方法命上商以除實畢倍方法一折下法再折乃置後商於下法之上名曰隅法副隅幷方命後商以除實畢隅從方法折下就除如前開之）五星前變入陽爻為黃道北入陰爻為黃道南後變入陽爻為黃道南入陰爻為黃道北（其金水二星以夕為前變晨為後變各計其變行起初日入爻之算盡老象上爻末算之數不滿變行度常率者因置其數以變行日定率乘之如變行度常數而一為日其入變日數與此日數已下者星在道南北依本所入陰陽爻為定過此日數之外者南北返之）

九執曆者出于西域開元六年詔太史監瞿曇悉達譯之斷取近距以開元二年二月朔為曆首度法六十月有二十九日餘七百三分日之三百七十三曆首有朔虛分百二十六周天三百六十度無餘分日去沒分九百分度之十三二月為時六時為歲三十度為相十二相而周天望前曰白博乂望後曰黑博乂其算皆以字書不用籌策其術繁碎或幸而中不可以為法名數詭異初莫之辯也陳玄景等持以惑當時謂一行寫其術未盡妄矣

宋 翰 林 學 士 歐 陽 修 撰

志第十九

曆志

寶應元年六月望戊夜月蝕三之一官曆加時在日出後有交不署蝕代宗以至德曆不與天合詔司天臺官屬郭獻之等復用麟德元紀更立歲差增損遲疾交會及五星差數以寫大衍舊術上元七曜起赤道虛四度帝爲製序題曰五紀曆其與大衍小異者九事曰仲夏之朔若月行極疾合于亥正朔不進則朔之晨月見東方矣依大衍戌初進初朔則朔之夕月見西方矣當視定朔小餘不滿五紀通法如晨初餘數減十刻已下者進以明日爲朔一也以三萬二千一百六十乘夜半定漏刻六十七乘刻分從之二千四百而一爲晨初餘數二也陽曆去交分交前加一辰交後減一辰餘百八十三已下者日亦蝕三也月蝕有差以望日所入定數視月道同名者交前爲加交後爲減異名者交前

爲減交後爲加各以加減去交分又交前減一辰交後加一辰餘如三百三十八已下者既已上以減望差八十約之得蝕分四也日蝕有差以朔日所入定數十五而一以減百四餘爲定法以蝕差減去交分又交前減兩辰餘爲陰曆蝕其不足減者反減蝕差在交後減兩辰交前加三辰餘爲類同陽曆蝕又自小滿畢小暑加時距午正八刻外者皆減一辰三刻內者皆加一辰自大寒畢立春交前五辰外自大暑畢立冬交後五辰外又減一辰不足減者既加減訖各如定法而一以減十五餘爲蝕分其陽曆蝕者置去交分以蝕差加之交前加一辰交後減一辰所得以減望差餘如百四約之得爲蝕分五也所蝕分日以十八乘之月以二十乘之皆十五而一爲汎用刻不復因加六也日蝕定用刻在辰正前者以十分之四爲虧初刻六爲復末刻未正後者六爲虧初刻四爲復末刻不復相半七也五星乘數除數諸變皆通用之不復變行異數入進退曆皆用度中率八也以定合初日與前疾初日後疾初日與合前伏初日先後定初各同名者相消爲差異名者相從爲幷皆四而一所得滿辰法各爲日

乃以前日盈減縮加其合後伏日變率亦以後日盈加縮減合前伏日變率太白辰星夕變則退加減留退二退度變率若差於中率者倍所差之數曰伏差以加減前疾日度變率熒惑均加減前疾兩變日度變率歲星熒惑鎮星前留日變率若差於中率者以所差之數爲度加減前遲日變率皆多於中率之數者加之少於中率者減之後留日變率若差於中率者以所差之數爲日以加減後遲日變率及加減二退度變率又以伏差加減後疾日度變率多於中率之數者減之少於中率者加之其熒惑均加減疾遲兩變日度變率歲星鎮星無遲即加減前後順行日度變率太白晨夕退行度變率若差於中率者亦倍所差之數爲度加減本疾變度率夕合前後伏雖亦退行不取加減二留日變率若差於中率者以所差之數爲度加減本遲度變率皆多於中率之數加之少於中率減之其辰星二留日變率若差於中率者以所差之數爲度各加減本遲度變率疾行度變率若差於中率者以其差之數爲日各加減留日變率亦多於中率之數者加之少於中率者減之其留日變率若少不足減者侵減遲日變率加減訖皆爲日度定率九也大衍以四象考五星進退或時弗叶獻之加減頗異而偶與天合於是頒用訖建中四年寶應五紀曆演紀上元甲子距寶應元年壬

寅積二十六萬九千九百七十八算

五紀通法千三百四十　策實四十八萬九千四百二十八　揲法三萬九千五百七十一　策餘七千二十八　用差七千五百四十八　掛限三萬八千三百五十七　三元之策十五餘二百九十二秒五秒母六以象統爲母者又四因之　四象之策二十九餘七百一十一　一象之策七餘五百一十二太　天中之策五餘九十七秒十一秒母十八　地中之策六餘百一十九秒四秒母三十　貞悔之策三餘五十八秒十七　辰法三百三十五　刻法百三十四　乾實四十八萬九千四百四十二秒七十　周天度三百六十五虛分三百四十二秒七十　歲差十四秒七十　秒法百

定氣	盈縮分	先後數	損益率	朓朒積
冬至	盈千三十七	先端	益七十八	朒初
小寒	盈八百一十三	先千三十七	益六十一	朒七十八
大寒	盈六百一十三	先千八百五十	益四十六	朒百三十九

立春	盈四百三十	先二千四百六十三	益三十二	朒百八十五
雨水	盈二百五十九	先二千八百九十三	益十九	朒二百一十七
驚蟄	盈九十四	先三千一百五十二	益七	朒二百三十六
春分	縮九十四	先三千二百四十六	損七	朒二百四十三
清明	縮二百五十九	先三千一百五十二	損十九	朒二百三十六
穀雨	縮四百三十	先二千八百九十三	損三十二	朒二百一十七
立夏	縮六百一十三	先二千四百六十三	損四十六	朒百八十五
小滿	縮八百一十三	先千八百五十	損六十一	朒百三十九
芒種	縮千三十七	先千三十七	損七十八	朒七十八
夏至	縮千三十七	後端	益七十八	朓初
小暑	縮八百一十三	後千三十七	益六十一	朓七十八
大暑	縮六百一十三	後千八百五十	益四十六	朓百三十九
立秋	縮四百三十	後二千四百六十三	益三十三	朓百八十五

處暑	縮二百五十九	後二千八百九十三	益十九	朓二百一十七
白露	縮九十四	後三千一百五十二	益七	朓二百三十六
秋分	盈九十四	後三千二百七十六	損七	朓二百四十三
寒露	盈二百五十九	後三千一百五十二	損十九	朓二百三十六
霜降	盈四百三十	後二千八百九十三	損三十二	朓二百一十七
立冬	盈六百一十三	後二千六百四十三	損四十六	朓百八十五
小雪	盈八百一十三	後千八百五十	損六十一	朓百三十九
大雪	盈千三十七	後千三十七	損七十八	朓七十八

定氣所有日及餘以辰計之曰辰數與大衍同

六虛之差七秒七十　轉終分百三十六萬六千一百五十六　轉終日二十七餘七百四十三秒五　秒法三十七　轉法六十七約轉分爲度日逡程積逡程日轉積度

終日	轉分	損益率	朓朒積
一日	九百八十六退十二	益百三十五	朓初

二日	九百七十四 退十二	益百一十七	朓百三十五
三日	九百六十二 退十四	益九十九	朓二百五十二
四日	九百四十八 退十五	益七十八	朓三百五十一
五日	九百三十三 退十五	益五十六	朓四百二十九
六日	九百一十八 退十六	益三十三	朓四百八十五
七日	九百二 退十六	初益八 末損一	朓五百一十八
八日	八百八十六 退十六	損十四	朓五百二十五
九日	八百七十 退十五	損三十八	朓五百一十一
十日	八百五十五 退十三	損六十二	朓四百七十三
十一日	八百四十二 退十四	損八十五	朓四百一十一
十二日	八百二十八 退十一	損百三	朓三百二十六
十三日	八百一十七 退七	損百一十八	朓二百二十三
十四日	八百一十 退三 進一	初損百五 末益三十	朓百五

十五日	八百八進十一	益百二十八	朒三十
十六日	八百一十九進十三	益百一十五	朒百五十八
十七日	八百三十二進十四	益九十五	朒二百七十三
十八日	八百四十六進十五	益七十四	朒三百六十八
十九日	八百六十一進十六	益五十二	朒四百四十二
二十日	八百七十七進十六	益二十八	朒四百九十四
二十一日	八百九十三進十六	初益六 末損三	朒五百二十二
二十二日	九百九進十五	損二十	朒五百二十五
二十三日	九百二十四進十五	損四十二	朒五百五
二十四日	九百三十九進十五	損六十五	朒四百六十三
二十五日	九百五十四進十四	損八十九	朒二百九十八
二十六日	九百六十八進十一	損百九	朒三百九
二十七日	九百七十九進六	損百二十五	朒二百

二十八日	九百八十五進五退四	初損七十五末益入後	朒七十五
七日	初千一百九十一末百四十九	十四日初千四十二末二百九十八	
二十一日	初八百九十二末四百四十八	二十八日初七百四十三末五百九十七	

入交陰陽	屈伸率	屈伸積
一日	屈二十四	積初
二日	屈十七	積二十四
三日	屈十一	積四十一
四日	屈八	積五十二
五日	屈十一	積六十
六日	屈十七	積一度四
七日	初屈十八末伸六	積一度二十一
八日	伸十七	積一度三十三
九日	伸十一	積一度十六

十日	伸八	積一度五
十一日	伸十一	積六十四
十二日	伸十七	積五十三
十三日	伸二十四	積三十六
十四日	初伸十二 末屈入後	積十二

半紀六百七十　象積四百八十　辰刻八刻分百六十　昏明刻各二刻
分二百四十　交終三億六千四百六十四萬三千七百六十七　交終日二
十七餘二百八十四秒三千七百六十七　交中日十三餘八百一十二秒千
八百八十三半　朔差日二餘四百二十六秒六千二百三十三　望差日一
餘二百一十三秒三千一百一十六半　望數日十四餘千二十五秒五千
交限日十二餘五百九十八秒八千七百六十七　交率六十一　交數七百
七十七凡春分後陰曆交後秋分後陽曆交後爲月道同名餘皆爲異名　辰分百一十三　秒法一萬
去交度乘數十一除數千一百六十五

太陰損益差冬至夏至益十九積七十六小寒小暑益十七積九十五大寒大暑益十四積百一十一立春立秋益十二積百二十五雨水處暑益十積百三十七驚蟄白露益七積百四十七春分秋分損七積百五十四清明寒露損十積百四十七穀雨霜降損十二積百三十七立夏立冬損十四積百二十五小滿小雪損十七積百一十一芒種大雪損十九積九十五依定氣求朓朒術入之得其望日所入定數

太陽每日蝕差月在陰曆自秋分後春分前皆以四百五十七爲蝕差入春分後日損五分入夏至初日損不盡者七乃自後日益五分月在陽曆自春分後秋分前亦以四百五十七爲蝕差入秋分後日損五分入冬至初日損不盡者七乃自後日益五分各得朔日所入定數

歲星終率五十三萬四千四百八十二秒三十六　終日三百九十八餘千一百六十二秒三十六　變差十四秒八十八　象算九十一餘百五秒十八　爻算十五餘七十三秒四十六微分三十二　乘數五　除數四

熒惑終率百四萬五千八十八秒八十三　終日七百七十九餘千二百二十八秒八十三　變差三十二秒五十七　象算九十一餘百六秒二十八微分五十四　交算十五餘七十三秒五十四微分七十三　乘數百二十七　除數三十

鎭星終率五十萬六千六百二十三秒二十九　終日三百七十八餘百三秒二十九　變差九秒八十七　象算九十一餘百四秒八十六微分六十六　交算十五餘七十三秒三十一微分十一　乘數十二　除數十一

太白終率七十八萬二千四百四十九秒九　終日五百八十三餘千二百二十九秒九　中合二百九十二餘千二百八十四秒五十九微分七十二　變差四十九秒七十二　象算九十一餘百七秒三十五微分七十二　交算十五餘七十三秒七十二微分六十　乘數十五　除數二

辰星終率十五萬五千二百七十八秒六十六　終日百一十五餘千一百七十八秒六十六　中合五十七餘千二百五十九秒三十三　變差五十秒八

十五　象算九十一餘百七秒四十二微分七十八　爻算十五餘七十三秒七十三微分七十七

秒法百　微分法九十六

星名爻目損益率		進退積	爻目損益率	進退積
歲星	少陽少陰初益三百四十一	進退空	老陽老陰初損五十四	進退千三百五十七
	少陽少陰二益三百一十八	進退三百四十一	老陽老陰二損百四十六	進退千三百三
	少陽少陰三益二百七十七	進退六百五十九	老陽老陰二損二百二十	進退千一百五十七
	少陽少陰四益二百二十一	進退九百三十六	老陽老陰四損二百七十七	進退九百三十六
	少陽少陰五益百四十六	進退千一百五十七	老陽老陰五損三百一十八	進退六百五十九
	少陽少陰上益五十四	進退千三百三	老陽老陰上損三百四十一	進退三百四十一
熒惑	少陽少陰初益五百四十五	進退空	老陽老陰初損八十二	進退二千一百三十九
	少陽少陰二益五百四	進退五百四十五	老陽老陰二損二百二十七	進退二千五十七
	少陽少陰三益四百三十七	進退千四十九	老陽老陰三損三百四十四	進退千八百三十

	少陽 少陰	進 退	老陽 老陰	進 退
	四 益三百四十四	千四百八十六	四 損四百三十七	千四百八十六
	五 益二百二十七	千八百三十	五 損五百四	千四十九
	上 益八十二	二千五十七	上 損五百四十五	五百四十五
鎮星	初 益七百四十二	空	初 損百八	二千八百七十七
	二 益六百八十一	七百四十二	二 損三百	二千七百六十八
	三 益五百八十六	千四百二十三	三 損四百五十九	二千四百六十八
	四 益四百五十九	二千九	四 積五百八十六	二千九
	五 益三百	二千四百六十八	五 損六百八十九	千四百二十三
	上 益百八	二千七百六十八	上 損七百四十二	七百四十二
太白	初 益百一十二	空	初 損十九	四百三十六
	二 益百二	百一十二	二 損四十七	四百一十七
	三 益八十八	二百一十四	三 損六十八	三百七十
	四 益六十八	三百二	四 損八十八	三百二

	少陽少陰五益四十七	進退三百七十	老陽老陰五損百一	進退三百一十四
	少陽少陰上益十九	進退四百一十七	老陽老陰上損百一十二	進退百一十二
辰星	少陽少陰初益二百八十三	進退空	老陽老陰初損四十一	進退千八十八
	少陽少陰二益二百五十八	進退二百八十三	老陽老陰二損百一十三	進退千四十七
	少陽少陰三益二百二十一	進退五百四十一	老陽老陰三損百七十二	進退九百三十四
	少陽少陰四益百七十二	進退七百六十二	老陽老陰四損二百二十二	進退七百六十二
	少陽少陰五益百一十三	進退九百二十四	老陽老陰五損二百五十八	進退五百四十一
	少陽少陰上益四十一	進退千四十七	老陽老陰上損二百八十三	進退二百八十三

星目變行日	變行日中率	變行度中率	差行損益率
歲星合後伏	十七日百四十五分	行三度一百四十五分	先遲日益疾二分
前順	百一十四日	行十八度三百八十九分	先疾二日益遲一分
前留	二十七日		
前退	四十一日	退五度百六十二分	先遲四日益疾三分

	後退	四十一日	退五度百六十三分	先遲四日益疾三分
	後留	二十七日		
	後順	百一十四日	行十八度二百八十九分	先遲二日益遲一分
	合前伏	十七日百四十六分	行三度一百四十六分	先疾日益遲二分
熒惑	合後伏	七十一日三百二十二分	行五十四度三百二十二分	先疾五日益遲七分
	前疾	百八日	行七十度	先疾三日益遲一分
	前次疾	百六日	行六十六度	先疾九日益遲四分
	前遲	六十日	行二十五度	先疾日益遲四分
	前留	十三日		
	前退	三十一日	退八度二百一十分	先遲六日益疾五分
	後退	三十一日	退八度二百一十分	先疾六日益遲五分
	後留	十三日		
	後遲	六十日	行二十五度	先遲日益疾四分

	後次疾	百六日	行六十六度	先遲九日益疾二分
	後疾	百八日	行七十度	先遲三日益疾一分
	合前伏	七十一日三百二十三分	行五十四度三百二十三分	先遲五日益疾七分
鎮星	合後伏	十八日百八十四分	行一度百八十四分	先遲日益疾二分
	前順	八十三日	行七度百二分	先疾三日益遲一分
	前留	三十七日百六十四分		
	前退	五十日	退二度百四十七分	先遲十四日益疾一分
	後退	五十日	退二度百四十七分	先疾十四日益遲一分
	後留	三十七日百六十四分		
	後順	八十三日	行七度百二分	先遲三日益疾一分
	合前伏	十八日百八十四分	行一度百八十四分	先疾日益遲二分
太白	晨合後伏	四十一日二百八十分	行五十二度二百八十分	先疾五日益遲八分
	夕疾行	百七十一日	行二百六度	先疾五日益四分

夕平行	十二日	行十二度	
夕遲行	四十三日	行三十一度	先疾日益五五分遲
夕留	八日		
夕退	十日	退五度	先遲日益疾四分遲
夕合前伏	六日	退五度	先疾日益疾四十三分
夕合後伏	六日	退五度	先疾日益遲四十三分
晨退	十日	退五度	先疾日益遲四分
晨留	八日		
晨遲行	四十三日	行三十一度	先遲日益疾五分
晨平行	十二日	行十二分	
晨疾行	百七十一日	行二百六度	先遲五日益疾四分
晨合前伏	四十一日二百八十分	行五十二度二百八十分	先遲三日益疾八分

辰星

晨合後伏	十六日三百一十五分	行三十三度三百一十五分	先遲日益疾十一分

夕疾行	十二日	行十七度	先疾日益遲二十五分
夕平行	九日	行九度	
夕遲行	六日	行四度	先疾日益遲三十六分
夕留	三日		
夕合前伏	十一日	退六度	先遲三日益疾十五分
夕合後伏	十一日	退六度	先疾日益遲十五分
晨留	三日		
夕合前伏	十一日	退六度	先遲三日益疾十五分
夕合後伏	十一日	退六度	先疾日益遲十五分
晨留	三日		
晨遲行	六日	行四度	先遲日益疾三十六分
晨平行	九日	行九度	
晨疾行	十二日	行十七度	先遲日益疾二十五分

晨合前伏	十六日三百一十五分	行二十三度三百一十五分	先疾日益遲十一分

德宗時五紀曆氣朔加時稍後天推測星度與大衍差率頗異詔司天徐承嗣與夏官正楊景風等雜麟德大衍之旨治新曆上元七曜起赤道虛四度建中四年曆成名曰正元其氣朔發斂日躔月離軌漏交會悉如五紀法惟發斂加時無辰法皆以象統乘小餘通法而一爲半辰數餘五因之六法刻除之得刻不盡六而一爲刻分其軌漏夜半刻分以刻法準象積取其數用之以刻法通夜半定漏刻內分二十而一爲晨初餘數月蝕去交分如二百七十九已下者既已上以減望差六十六約之爲蝕分日蝕差亦十五約之以減八十五餘爲定法又加減去交分訖以減望差八十五約之得蝕分日法不同也其五星寫麟術曆舊術因冬至後夜半平合日算加合後伏日及餘卽平見日算金水先得夕見其滿晨見伏日及餘秒去之餘爲晨平見求入常氣以取定見而推之麟德曆之啓蟄正元曆之雨水麟德曆之雨水正元曆之驚蟄也麟德曆熒惑前後疾變度率初行入氣差行日益遲疾一分正元曆則二分亦度母不同也

詔起五年正月行新曆會朱泚之亂改元興元是頒用訖元和元年建中正元曆演紀上元甲子距建中五年甲子歲積四十萬二千九百算外

正元通法千九十五　策實三十九萬九千九百四十三　揲法三萬三千三百三十六　章閏萬一千九百一十一　策餘五千七百四十三　用差六千一百六十八　掛限三萬一千三百四十三　三元之策十五餘二百三十九秒七　四象之策二十九餘五百八十一　一象之策七餘四百一十九　中盈分四百七十八秒一十四　朔虛分五百一十四　象統二十四　象位六天中之策五餘七十九秒五十五秒母七十二　地中之策六餘九十五秒四十三秒母六十　貞悔之策三餘四十七秒五十一半　刻法二百一十九六刻法千三百一十四　乾實三十九萬九千九百五十五秒二　周天度三百六十五虛分二百八十秒二　歲差十二秒二　秒母百

定氣	盈縮分	先後數	損益率	朓朒積
冬至	盈八百四十八	先端	益六十三	朒初

小寒	盈六百六十四	先八百四十八	益五十	朒六十三
大寒	盈五百一	先千五百一十二	益三十七	朒百一十三
立春	盈三百五十一	先二千一十三	益三十六	朒百五十
雨水	盈二百一十二	先二千三百六十四	益十六	朒百七十六
驚蟄	盈七十七	先二千五百七十六	益六	朒百九十二
春分	縮七十七	先二千六百五十三	損六	朒百九十八
清明	縮二百一十二	先二千五百七十六	損十六	朒百九十二
穀雨	縮三百五十一	先二千三百六十四	損三十六	朒百七十六
立夏	縮五百一	先二千一十三	損三十七	朒百五十
小滿	縮六百六十四	先千五百一十二	損五十	朒百一十三
芒種	縮八百四十八	先八百四十八	損六十三	朒六十三
夏至	縮八百四十八	後端	益六十三	朓初
小暑	縮六百六十四	後八百四十八	益五十	朓六十三

大暑	縮五百一	後千五百一十二	益三十七	朓百一十三
立秋	縮三百五十一	後二千一十三	益二十六	朓百五十
處暑	縮二百一十二	後二千三百六十四	益十六	朓百七十六
白露	縮七十七	後二千五百七十六	益六	朓百九十二
秋分	盈七十七	後二千六百五十三	損六	朓百九十八
寒露	盈二百一十二	後二千五百七十六	損十六	朓百九十二
霜降	盈三百五十一	後二千三百六十四	損二十六	朓百七十六
立冬	盈五百一	後二千一十三	損三十七	朓百五十
小雪	盈六百六十四	後千五百一十二	損五十	朓百一十三
大雪	盈八百四十八	後四百八十八	損六十三	朓六十三

定氣辰數同大衍

六虛之差六秒二十　轉終分三億一百七十二萬一百三十二　轉終日二十七餘六百七十秒百三十二　入轉秒法一萬　轉法二百一十九約轉分爲度日逡程

積遲程日
轉積度

終日	轉分列衰	損益率	朓朒積
一日	三千二百二十二退三十八	益百一十	朓初
二日	三千一百八十四退四十	益九十六	朓百一十
三日	三千一百四十四退四十五	益八十一	朓二百六
四日	三千九十九退四十九	益六十四	朓二百八十七
五日	三千五十退四十九	益四十六	朓三百五十一
六日	三千一退五十三	益二十七	朓三百九十七
七日	二千九百四十八退五十二	初益十末損二	朓四百二十四
八日	二千八百九十六退五十二	損十二	朓四百三十
九日	二千八百四十四退四十九	損三十一	朓四百一十八
十日	二千七百九十五退四十九	損五十一	朓三百八十七
十一日	二千七百四十六退四十六	損六十八	朓三百三十六

十二日	二千七百退三十	損八十五	朓二百六十八
十三日	二千六百七十退二十二	損九十六	朓百八十三
十四日	二千六百四十八退十進三	初損八十七末益二十五	朓八十七
十五日	二千六百四十一進三十六	益百七	朒二十五
十六日	二千六百七十七進四十三	益九十四	朒百三十五
十七日	二千七百二十進四十五	益七十八	朒二百二十六
十八日	二千七百六十五進四十九	益六十一	朒三百四十
十九日	二千八百一十四進五十三	益四十二	朒三百六十五
二十日	二千八百六十七進五十二	益二十三	朒四百七
二十一日	二千九百一十九進五十二	初益五末損二	朒四百三十
二十二日	二千九百七十一進四十九	損十六	朒四百三十三
二十三日	三千二十進四十九	損三十五	朒四百一十七
二十四日	三千六十九進四十九	損五十三	朒三百八十二

二十五日	三千一百一十八進四十六	損七十一	朒三百二十九
二十六日	三千一百六十四進三十六	損八十八	朒二百五十八
二十七日	三千二百進一十	損百二	朒百七十
二十八日	三千二百二十進十一退九	初損六十八末益四十二	朒六十八

七日初九百七十三末百二十二

十四日初八百五十一末二百四十四

二十一日初七百二十九末三百六十六

二十八日初六百七末四百八十八

入交陰陽	屈伸率	屈伸積
一日	屈七十八	積初
二日	屈五十六	積七十八
三日	屈三十六	積百三十四
四日	屈二十六	積百七十

五日	屈三十六	積百九十六
六日	屈五十六	積一度十三
七日	初屈五十九 末伸二十	積一度六十九
八日	伸五十六	積一度百八
九日	伸三十六	積一度五十二
十日	伸二十六	積一度十六
十一日	伸三十六	積二百九
十二日	伸五十六	積百七十三
十三日	伸七十八	積百一十七
十四日	初伸三十九 末屈八	積三十九

辰刻八刻分七十三　刻法二百一十九　昏明刻各二刻分百九半　交終分二億九千七百九十七萬三千八百一十五　交終日二十七餘二百三十二秒三千八百一十五　交中日十三餘六百六十三秒六千九百七半　朔

差日二餘三百四十八秒六千一百八十五　望差日一餘百七十四秒三千
九十二半　望數日十四餘八百三十八　交限日十二餘四百八十九秒三
千八百一十五　交率六十一　交數七百七十七　交辰法九十一少　秒
法一萬
去交度乘數十一除數九百四十五
太陰損益差冬至夏至益十六積六十二小寒小暑益十三積七十八大寒大
暑益十一積九十一立春立秋益十積百二雨水處暑益八積百一十二驚蟄
白露益六積百二十春分秋分損六積百二十六清明寒露損八積百二十穀
雨霜降損十積百一十二立夏立冬損十一積百二小滿小雪損十三積九十
一芒種大雪損十六積七十八以損益依入定氣求朓朒術入之各得其望日
所入定數
太陽每日蝕差月在陰曆自秋分後春分前皆以三百七十三爲蝕差入春分
後日損四分入夏至初日損不盡者六乃自後日益四分月在陽曆自春分後

秋分前亦以三百七十三爲蝕差入秋分後日損四分入冬至初日損不盡者
六乃自後日益四分各得朔日所入定數
歲星終率四十三萬六千七百六十秒四　終日三百九十八餘九百五十秒
四　合後伏日十七餘千二十三
熒惑終率八十五萬四十七秒七十九　終日七百七十九餘千二秒七十九
合後伏日七十一餘千四十九
鎮星終率四十一萬三千九百九十四秒六十三　終日三百七十八餘八十
四秒六十三　合後伏日十八餘五百九十
太白終率六十三萬九千三百八十九秒二十八　晨合後伏日四十一餘九
百一十五　夕見伏日二百五十六餘五百二秒一十四　晨見伏日三百二
十七餘五百二秒一十四
辰星終率十二萬六千八百八十八秒四半　終日百一十五餘九百六十二
秒四半　晨合後伏日十六餘千四十　夕見伏日五十二餘四百八十一秒

五十二少　晨見伏日六十三餘四百八十一秒五十二少　秒法一百
五星平見加減差
歲星初見去日十四度見入冬至畢小寒均減六日自入大寒後日損百九分半入春分初日依平自後日加百四十五分半入立夏畢小滿均加六日自入芒種後日損百四十五分入夏至畢立秋均加四日自入處暑後日損二百九十一分半入白露初日依平自後日減八十七分入小雪畢大雪均減六日
熒惑初見去日十七度見入冬至初日減二十七日自後日損九百八十五分半入大寒初日依平自後日加六百五十七分入驚蟄畢穀雨均加二十七日自入立夏後日損三百二十三分入立秋依平自入處暑後日減三百二十三分入小雪畢大雪均減二十七日
鎮星初見去日十七度見入冬至初日減四日自後日益百四十五分半入大寒畢春分均減八日自入清明後日損九十六分入小暑初日依平自後日加百四十五分半入白露初日加八日自後日損二百九十一分入秋分均加四

日自入寒露後日損九十六分入小雪初日依平自後日減百四十五分半

太白初見去日十一度夕見入冬至初日依平自後日減百六十三分入雨水畢春分均減九日自入清明後日減百六十三分入芒種依平自入夏至日加百六十三分入處暑畢秋分均加九日自入寒露後日損百六十三分入大雪依平晨見入冬至依平入小寒後日加百九分半入立春畢立夏均加三日入小滿後日損百九分半入夏至依平入小暑後日減百九分半入立秋畢立冬均減三日入小雪後日損百九分半

辰星初見去日十七度夕見入冬至畢清明依平入穀雨畢芒種均減二日入夏至畢大暑依平入立秋畢霜降應見不見其在立秋及霜降二氣之內者去日十八度外三十六度內有水火土金一星已上者見入立冬畢大雪依平晨見入冬至均減四日入小寒畢雨水均減三日其在雨水氣內去日度如前晨無水火土金一星已上者不見入驚蟄畢立夏應見不見其在立夏氣內去日度如前晨有水火土金一星已上者亦見入小滿寒露依平入霜降畢立冬均加一日入小雪畢大雪依平

五星變行加減差日度率

歲星前順差行百一十四日行十八度九百七十一分先疾二日益遲三分
前留二十六日
前退差行四十二日退六度先遲日益疾二分
後退差行四十二日退六度先疾日益遲二分
後留二十五日
後順差行百一十四日行十八度九百七十一分先遲二日益疾三分日盡而
夕伏
熒惑前疾入冬至初日二百四十三日行百六十五度自後三日損日度各二
小寒初日二百三十三日行百五十五度自後二日損日度各一穀雨四日依
平畢小滿九日百七十八日行百度自九日後三日損日度各一夏至初日依
平畢六日百七十一日行九十三度自六日後每三日益日度各一立秋初日
百八十四日行百六度自後每日益日度各一白露初日二百一十四日行百
三十六度自後五日益日度各六秋分初日二百三十二日行百五十四度自

後每日益日度各一寒露初日二百四十七日行百六十九度自後五日益日
度各三霜降五日依平畢立冬十三日二百五十九日行百八十一度自入十
三日後二日損日度各一
前遲差行入冬至六十日行二十五度先疾日益遲三分自入小寒後三日損
日度各一大寒初日五十五日行二十度自後三日益日度各一立春初日畢
清明平六十日行二十五度自入穀兩每氣損度一立夏初日畢小滿平六十
日行二十三度自入芒種後每氣益一度夏至初日平畢處暑六十日行二十
五度自入白露後三日損度一秋分初日六十日行二十度自後每日益日一
三日益度二寒露初日七十五日行三十度自後每日損日一三日損度一霜
降初日六十日行二十五度自後二日損度一立冬一日平畢氣末六十日行
十七度自小雪後五日益度一大雪初日六十日行二十度自後三日益度一
前留十三日前疾減一日率者以其差分益此留及遲日率前疾加日率者以其差分減此留及後遲日率退行入冬至初日
六十三日行二十二度自後四日益度一小寒一日六十三日行二十六度自

入小寒一日後三日半損度一立春三日平畢雨水六十三日退十七度自入
驚蟄後二日益日度各一驚蟄八日平畢氣末六十七日退二十一度自入春
分後一日損日度各一春分四日平畢芒種六十三日退十七度自入夏至後
每六日損日度各一大暑初日平畢氣末五十八日退十二度立秋初日平畢
氣末五十七日退十一度自入白露後二日益日度各一白露十二日平畢秋
分六十三日退十七度自入寒露後三日益日度各一寒露九日平畢氣末六
十六日退二十度自入霜降後二日損日度各一霜降六日平畢氣末六十三
日退十七度自入立冬後三日益日度各一立冬十二日平畢氣末六十七日
退二十一度自入小雪後二日損日度各一小雪八日平畢氣末六十三日退
十七度自入大雪後三日益度一
後留冬至初日十三日大寒初日平畢氣末二十五日自入立春後二日半損
一日驚蟄初日十三日自後三日益日一清明初日三十三日自後每日損日
一清明十日平畢處暑十三日自入白露後二日損日一秋分十一日無留自

入秋分十一日後日益日一霜降初日十九日立冬畢大雪十三日
後遲差行六十日行二十五度先遲日益疾三分前疾加度者此遲依數減之爲定若不加度者此遲入秋分至立冬減三度入立冬到冬至減五度後留定日十三日者以所朒數加此遲日率
後疾冬至初日二百一十日行百三十二度自後每日損日度各一大寒八日百七十二日行九十四度自入大寒八日後二日損日度各一雨水平畢氣末百六十一日行八十三度自入驚蟄後三日益日度各一穀雨三日百七十七日行九十九度自三日後每日益日度各一芒種十四日平畢夏至十日二百三十三日行百五十五度自十日後每日益日度各一小暑五日二百五十三日行百七十五度自後每日益日度各一大暑初日平畢處暑二百六十三日行百八十五度自入白露後二日損日度各一秋分一日二百五十五日行百七十七度自一日後每三日損日度各一大雪初日二百五日行百二十七度自後三日益日度各一
鎮星前順差行八十三日行七度四百七十四分先疾三日益遲二分

前留三十七日
前退差行五十一日退三度先遲二日益疾一分
後退差行五十一日退三度先疾二日益遲一分
後留三十六日
後順差行八十三日行七度四百七十四分先遲三日益遲二分
太白夕見入冬至畢立夏立秋畢大雪百七十二日行二百六度自入小滿後十日益度一爲定初入白露畢春分差行先疾日益遲二分自餘平行夏至畢小暑百七十二日行二百九度自入大暑後五日損一度畢氣末
夕平行冬至及大暑大雪各畢氣末十三日行十三度自入冬至後十日損一畢立春入立秋六日益一畢秋分雨水畢芒種七日行七度自入夏至後五日益一畢小暑寒露初日二十三日行二十三度自後六日損一畢小雪
夕遲差行四十二日行三十度先疾日益遲十三分前加度過二百六度者準數損此度

夕留七日
夕退十日退五度日盡而夕伏
晨退十日退五度
晨留七日
晨遲差行冬至畢立夏大雪畢氣末四十二日行三十度先遲日益疾十三分
自小滿後率十日損一度畢芒種夏至畢寒露四十二日行二十七度差依前
自入霜降後每氣益一度畢小雪
晨平行冬至畢氣末立夏畢氣末十三日行十三度自小寒後六日益日度各
一畢雨水入小滿後七日損日度各一畢立秋驚蟄初日二十三日行二十三
度自後六日損日度各一畢穀雨處暑畢寒露無此平行自入霜降後五日益
日度各一畢大雪
晨疾百七十二日行二百六度前遲行損度不滿三十者此疾依數益之處暑畢寒露差行先遲日
益疾二分自餘平行日盡而晨伏

辰星夕見疾十二日行二十一度十分大暑畢處暑十二日行十七度十六分
夕平七日行七度自入大暑後二日損度各一入立秋無此平行
夕遲六日行二度七分前疾行十七度者無此遲行
夕伏留五日日盡而夕伏
晨見留五日
晨遲六日行二度七分自入大寒畢雨水無此遲行
晨平行七日行七度入大寒後二日損日度各一入立春無此平行
晨疾十二日行二十一度十分前無遲行者十二日行十七度十六分日盡而
晨伏

唐書卷三十上

宋 翰 林 學 士 歐 陽 修 撰

志第二十

曆志

憲宗卽位司天徐昂上新曆名曰觀象起元和二年用之然無蔀章之數至於察斂啓閉之候循用舊法測驗不合至穆宗立以爲累世纘緒必更曆紀乃詔日官改撰曆術名曰宣明上元七曜起赤道虛九度其氣朔發斂日躔月離皆因大衍舊術晷漏交會則稍增損之更立新數以步五星其大略謂通法曰統法策實曰章歲揲法曰章月掛限曰閏限三元之策曰中節四象之策曰合策一象之策曰象準策餘曰通餘爻數曰紀法通紀法爲分曰旬周章歲乘年曰通積分地中之策曰候策天中之策曰卦策以貞悔之策減中節曰辰數以加季月之節卽土用事日以小餘滿辰法爲辰數滿刻法爲刻乾實曰象數秒法三百以乘統法曰分統凡步七曜入宿度皆以刻法爲度母凡刻法乘盈縮分

如定氣而一曰氣中率與後氣中率相減爲合差以定氣乘合差併後定氣以除爲中差加減氣率爲初末率倍中差百乘之以定氣除爲日差半之以加減初末各爲定率以日差累加減之爲每日盈縮分凡百乘氣下先後數先減後加常氣爲定氣限數乘歲差千四百四十爲秒分以加中節因冬至黃道日度累而裁之得每定氣初日度入轉日曆凡入曆如曆中已下爲進已下去之爲退凡定朔小餘秋分後四分之三已上進一日春分後昏明小餘差春分初日者五而一以減四分之三定朔小餘如此數已上者進一日或有交應見虧初則否定弦望小餘不滿昏明小餘者退一日或有交應見虧初者亦如之凡正交以平交入曆朓朒定數朓減朒加平交入定氣餘滿若不足進退日算爲正交入定氣不復以交率乘交數除及不加減平交入氣朓朒也凡推月度以曆分乘夜半定全漏如刻法而一爲晨分以減曆分爲昏分又以定朔弦望小餘乘曆分統法除之以減晨分除爲前不足反相減餘爲後乃前加後減加時月度爲晨昏月度以所入加時日度減後曆加時日度餘加上弦之度及餘以所

入日前減後加又以後曆前加後減各爲定程乃累計距後曆每日曆度及分以減定程爲盈不足反相減爲縮以距後曆日數均其差盈減縮加每日曆分爲曆定分累以加朔弦望晨昏月度爲每日晨昏月度不復加減屈伸也爻統曰中統象積曰刻法消息曰屈伸以屈伸準盈縮分求每日所入曰定衰五乘之二十四除之曰漏差屈加伸減氣初夜半漏得每日夜半定漏刻法通爲分曰昏明小餘二十一乘屈伸定數二十五而一爲黃道屈伸差乃屈減伸加氣初去極度分得每日去極度分以萬二千三百八十六乘黃道屈伸差萬六千二百七十七而一爲每日度差屈減伸加氣初距中度分得每日距中度數凡屈伸準消息於中晷曰定數於漏刻曰漏差於去極曰屈伸差於距中度曰度差交終曰終率朔差曰交朔望數曰交望交限曰前準望差曰後準凡月行入四象陰陽度有分者十乘之七而一爲度分不盡十五乘之七除爲大分不盡又除爲小分乃以一象之度九十除之兼除度差分百一十三大分七小分一少然後以次象除之凡日蝕以定朔日出入辰刻距午正刻數約百四十七爲

時差視定朔小餘如半法已下以減半法爲初率已上減去半法餘爲末率以
乘時差如刻法而一初率以減末率倍之以加定朔小餘爲蝕定餘月蝕以定
望小餘爲蝕定餘凡日蝕有氣差有刻差有加差二至之初氣差二千三百五
十距二至前後每日損二十六至二分而空以日出沒辰刻距午正刻數約其
朔日氣差以乘食甚距午正刻數所得以減氣差爲定數春分後陰曆加之陽
曆減之秋分後陰曆減之陽曆加之二至初日無刻差自後每日益差分二小
分十起立春至立夏起立秋至立冬皆以四十九分有半爲刻差自後日損差
分二小分十至二至之初損盡以朔日刻差乘食甚距午正刻數爲刻差定數
冬至後食甚在午正前夏至後食甚在午正後陰曆以減陽曆以加冬至後食
甚在午正後夏至後食甚在午正前陰曆以加陽曆以減又立冬初日後每氣
增差十七至冬至初日得五十一自後每氣損十七終于大寒損盡若蝕甚在
午正後則每刻累益其差陰曆以減陽曆以加應加減差同名相從異名相銷
各爲蝕差以加減去交分爲定分月在陰曆不足減反減蝕差交前減之餘爲

陽曆交後定分交後減之餘爲陽曆交前定分皆不蝕陽曆不足減亦反減蝕
差交前減之餘爲陰曆交後定分交後減之餘爲陰曆交前定分皆蝕凡去交
定分如陽曆蝕限已下爲陽曆蝕以陽曆定法約爲蝕分已上者以陽曆蝕限
減之餘爲陰曆蝕以陰曆定法約之以減十五餘爲蝕分凡月蝕去交分二千
一百四十七已下皆既已上者以減後準餘如定法五百六約爲蝕分凡月蝕
既汎用刻二十如去交分千四百三十五已下因增半刻七百一十二已下又
增半刻凡日月帶蝕出沒各以定法通蝕分半定用刻約之以乘見刻多於半
定用刻出爲進沒爲退少於半定用刻出爲退沒爲進各如定法而一爲見蝕
之大分朔晝望夜皆爲見刻其九服蝕差則不復考詳五星終率曰周率因平
合加中伏得平見金水加夕得晨加晨得夕又以變差乘年滿象數去之不盡
爲變交三百約爲分統法而一以減平見三十六乘平見秒十二乘變交秒同以三千六百爲母餘如交
率已下星在陽曆已上去之爲入陰曆各以變策除爲變數命初變算外不盡
爲入其變度數及餘自此百約餘分母同刻法以所入變下數加減平見爲常

見金星晨見先計自夕見盡夕退應加減先後差同名相從異名相銷與晨常見加減差異名相銷同名相從依加減晨平見爲常見凡常見計入定氣求先後定數各以差率乘之差數而一爲定差晨見先減後加夕見先加後減常見爲定見以常見與定見加減數加減平見入變度數及餘秒爲定見初變所入以所行度順加退減之即次變所入各以所入變下差數加減日度變率（其水星常見與定見加減數同名相從異名相銷反其加減夕見差加疾行日率者倍其差加度率又分其差以加遲留日率晨見亦分其差以加遲留日率以所差之數加疾行日率亦倍其差加疾行度率夕見差減疾行日率者倍其差減度率又以其差減留日不足減侵減遲日晨見差減留日不足減者侵減遲日亦以其差減疾行日率倍其差以減度率）前變初日與後變末日先後數同名相銷異名相從爲先後定數各以差率乘之差數而一爲日差（金星用後變差率差數）以先後定數減之爲度差（金星夕伏以日差減先後定數爲度差晨伏以先後定數加日差爲度差水星夕伏以先後定數爲日差倍之爲度差）乃以日度差積盈者以減積縮者以加末變日度率（金水晨伏反用其差）又倍退行差差率乘之差數而一爲日差以退差減之爲度差（金星夕伏以日差減退差爲度差晨伏以退差加日差爲度差）以退行日度差應加者減末變日度率（晨伏反用其差）各加減變訖爲日度定率佗亦皆準大衍曆法其

分秒不同則各據本曆母法云起長慶二年用宣明曆自敬宗至于僖宗皆遵
用之雖朝廷多故不暇討論然大衍曆後法制簡易合望密近無能出其右者
訖景福元年觀象曆今有司無傳者長慶宣明曆演紀上元甲子至長慶二年
壬寅積七百七萬一百三十八算外
宣明統法八千四百　章歲三百六萬八千五十五　章月二十四萬八千五
十七　通餘四萬四千五十五　章閏九萬一千三百七十一　閏限二十四
萬四百四十三秒六　中節十五餘千八百三十五秒五　合策二十九餘四
千四百五十七　象準七餘三千二百一十四少中盈分三千六百七十一秒
二　朔虛分三千九百四十三　旬周五十萬四千　紀法六十　秒法八
候數五餘六百一十一秒七　卦位六餘七百三十四秒二　辰數十二餘千
四百六十八秒四　刻法八十四　象數九億二千四十四萬六千一百九十
九　周天三百六十五度　虛分二千一百五十三秒二百九十九　歲差二
萬九千六百九十九　分統二百五十二萬　秒母三百

氣節	盈縮分	先後數	損益率	朓朒數
冬至	盈六十	先初	益四百四十九	朒初
小寒	盈五十	先六十	益三百七十四	朒四百四十九
大寒	盈四十	先百一十	益二百九十九	朒八百二十三
立春	盈三十	先百五十	益二百二十四	朒千一百二十二
雨水	盈十八	先百八十	益百三十五	朒千三百四十六
驚蟄	盈六	先百九十八	益四十五	朒千四百八十一
春分	縮六	先二百四	損四十五	朒千五百二十六
清明	縮十八	先百九十八	損百三十五	朒千四百八十一
穀雨	縮三十	先百八十	損二百二十四	朒千三百四十六
立夏	縮四十	先百五十	損二百九十九	朒千一百二十二
小滿	縮五十	先百一十	損三百七十四	朒八百二十三
芒種	縮六十	先六十	損四百四十九	朒四百四十九

夏至	縮六十	後初	益四百四十九	朓初
小暑	縮五十	後六十	益三百七十四	朓四百四十九
大暑	縮四十	後百一十	益二百九十九	朓八百二十三
立秋	縮三十	後百五十	益二百二十四	朓千一百二十二
處暑	縮十八	後百八十	益百三十五	朓千三百四十六
白露	縮六	後百九十八	益四十五	朓千四百八十一
秋分	盈六	後二百四	損四十五	朓千五百二十六
寒露	盈十八	後百九十八	損百三十五	朓千四百八十一
霜降	盈三十	後百八十	損二百二十四	朓千三百四十六
立冬	盈四十	後百五十	損二百九十九	朓千一百二十二
小雪	盈五十	後百一十	損三百七十四	朓八百二十三
大雪	盈六十	後六十	損四百四十九	朓四百四十九

二十四定氣皆百乘其氣盈縮分盈減縮加中節爲定氣所有日及餘秒

六虛之差五十三秒二百九十九　曆周二十三萬一千四百五十八秒十九

曆周日二十七餘四千六百五十八秒十九　曆中日十三餘六千五百二十九秒九半　周差日一餘八千一百九十八秒八十一　秒母一百

七日初數七千四百六十五末數九百三十五　十四日初數六千五百二十九末數千八百七十一　上弦九十一度餘二千六百三十八秒百四十九太

望百八十二度餘五千二百七十六秒二百九十九半　下弦二百七十三度餘七千九百一十五秒百四十九半　秒母三百以刻法約歷分為度積之為積度

曆日	曆分 進退衰	積度	損益率	朓朒積
一日	千一十二 進十四	初度	益八百三十	朒初
二日	千二十六 進十六	十二度四分	益七百二十六	朒八百三十
三日	千四十二 進十八	二十四度二十二分	益六百六	朒千五百五十六
四日	千六十 進十八	三十六度五十六分	益四百七十一	朒二千一百六十二
五日	千七十八 進十八	四十九度二十四分	益三百三十七	朒二千六百三十三

六日	千九十六進十九	六十二度一十分	益二百二	朒二千九百七十
七日	千一百一十五進十九	七十五度十四分	初益五十三 末損七	朒二千一百七十二
八日	千一百三十四進十九	八十八度三十七分	損八十二	朒三千二百一十八
九日	千一百五十三進十九	百一度七十九分	損二百二十四	朒三千一百三十六
十日	千一百七十二進十九	百一十五度五十六分	損三百六十六	朒二千九百一十二
十一日	千一百九十進十八	百二十九度五十二分	損五百九	朒二千五百四十六
十二日	千二百九進十四	百四十三度六十七分	損六百四十三	朒二千三十七
十三日	千二百二十三進十一	百五十八度十六分	損七百四十八	朒千三百九十四
十四日	千二百三十四進退空	百七十二度六十三分	初損六百四十六	朒六百四十六
一日	千二百三十四退十四	百八十七度三十七分	益八百三十	朓初
二日	千二百二十退十七	二百二度十一分	益七百二十六	朓八百三十
三日	千二百三退十八	二百一十六度五十五分	益五百九十八	朓千五百五十六
四日	千一百八十五退十八	二百三十度八十二分	益四百六十四	朓二千一百五十四

五日	千一百六十七退十八	二百四十五度七分	益三百二十九	朓二千六百一十八
六日	千一百四十九退十八	二百五十六度八十二分	益百九十五	朓二千九百四十七
七日	千一百三十一退十九	二百七十二度五十五分	初益五十二末損七	朓三千一百四十一
八日	千一百一十二退十九	二百八十六度十分	損八十二	朓三千一百八十八
九日	千九十三退十九	二百九十九度三十分	損二百二十五	朓三千一百六
十日	千七十四退十八	三百一十二度三十一分	損三百六十六	朓二千八百八十一
十一日	千五十六退十七	三百二十五度十三分	損五百一	朓二千五百一十五
十二日	千三十九退十五	三百三十七度六十一分	損六百二十八	朓二千一十四
十三日	千二十四退十二	三百五十度八分	損七百四十	朓千三百八十六
十四日	千一十二進退空	三百六十二度二十四分	初損六百四十六	朓六百四十六

中統四千二百　辰刻八刻分二十八　昏明刻各二刻分四十二　刻法八十四度母同刻法

距極度五十六餘八十二分半　北極出地三十四度餘四十七分半

定氣	屈伸數	黃道去極度	陽城日晷	夜半定漏	距中星度
冬至	屈六十五	百一十五度十七分	丈二尺七寸三十二分	二十七刻四十分	八十二度二十二分
小寒	屈二百二十五	百一十四度三十六分	丈二尺三寸九分十一	二十七刻二十九分	八十二度六十四分
大寒	屈三百六十五	百一十二度三十五分	丈一尺三寸八分三十	二十六刻七十四分	八十四度四十分
立春	屈四百八十五	百八度五十五分	九尺九寸四分七十八	二十六刻十分	八十七度二十一分
雨水	屈五百八十五	百三度六十七分	八尺三寸七分八十一	二十五刻九分	九十度七十九分
驚蟄	屈六百六十五	九十七度八十分	六尺八寸八分七十四	二十三刻七十四分	九十五度三十三分
春分	屈六百六十五	九十一度二十五分	五尺四寸四分七十一	二十二刻四十二分	百度三十八分
清明	屈五百八十五	八十四度五十五分	四尺一寸九分五十九	二十二刻十分	百五度四十三分
穀雨	屈四百八十五	七十八度六十七分	三尺二寸六十九	十九刻七十五分	百九度八十一分
立夏	屈三百六十五	七十三度八十分	二尺四寸四分五十一	十八刻七十四分	百一十三度五十三分
小滿	屈二百二十五	七十度二十五分	尺八寸九分八十九	十八刻十分	百十六度三十六分
芒種	屈六十五	六十八度四分	尺五寸七分十四	十七刻五十五分	百一十八度十二分

夏至	伸六十五	六十七度三十四分	尺四寸七分八十	十七刻四十四分	百一十八度五十四分
小暑	伸二百二十五	六十八度四分	尺五寸七分十四	十七刻五十五分	百一十八度十二分
大暑	伸三百六十五	七十度二十五分	尺八寸九分八十九	十八刻七分	百一十六度三十六分
立秋	伸四百八十五	七十三度八十分	二尺四寸四分五十	十八刻七十四分	百一十三度五十五分
處暑	伸五百八十五	七十八度六十七分	三尺二寸六十九	十九刻七十五分	百九度八十一分
白露	伸六百六十五	八十四度五十五分	四尺一寸九分五十九	二十一刻十分	百五度四十三分
秋分	伸六百六十五	九十一度二十五分	五尺四寸五分七十	二十二刻四十二分	百度三十分
寒露	伸五百八十五	七十七度八十分	六尺八寸八分七十四	二十三刻七十四分	九十五度三十三分
霜降	伸四百八十五	百三度六十七分	八尺三寸七分八十一	二十五刻九分	九十度七十九分
立冬	伸三百六十五	百八度五十五分	九尺九寸四分七十八	二十六刻十分	八十七度二十一分
小雪	伸二百二十五	百一十二度二十五分	丈一尺三寸八分三十	二十六刻七十四分	八十四度四十分
大雪	伸六十五	百一十四度四十六分	丈二尺三寸九分十一	二十七刻二十九分	八十二度六十四分

終率二十二萬八千五百八十二秒六千五百一十二　終日二十七餘千七

百八十二秒六千五百一十二　中日十三餘五千九十一秒三千二百五十
六　交朔日二餘二千六百七十四秒三千四百八十八　交望日十四餘六
千四百二十八秒五千　前準日十二餘三千七百五十四秒千五百一十二
後準日一餘千三百三十七秒千七百四十四　陰曆蝕限六千六十　陽
曆蝕限二千六百四十　陰曆定法四百四　陽曆定法百七十六　交率二
百二　交數二千五百七十三　秒法一萬
去交度乘數十一　除數七千三百三
歲星周率三百三十五萬五百四十秒八十三　周策二百九十八餘七千三
百四十秒八十三　中伏日十六餘七千八百七十秒四十一半　變差九十
八秒三十二　交率百八十二餘五十二秒二十七　變策十五餘十八秒三
十五　差率五　差數四
熒惑周率六百五十五萬一千三百九十五秒二十六　周策七百七十九餘
七千七百九十五秒二十六　中伏日七十餘八千九十七秒六十二　變差

三千五秒一　交率百八十二餘五十二秒三十二　變策十五餘十八秒三
十六　差率三十九　差數十
鎮星周率三百一十七萬五千八百七十九秒七十九　周策三百七十八餘
六百七十九秒七十九　中伏日十八餘四千五百三十九秒八十九半　變
差二百七十七秒九十二　交率百八十二餘五十二秒二十七　變策十五
餘十八秒三十五　差率十　差數九
太白周率四百九十萬四千八百四十五秒八十五　周策五百八十三餘七
千六百四十五秒八十五　夕見伏日二百五十六　夕見伏行二百四十四
度　晨見伏日三百二十七餘七千六百四十五秒八十五　晨見伏行三百四
十九餘七千六百四十五秒八十五　中伏日四十一餘八千二十二秒九十
二半　變差千二百三十六秒十二　交率百八十二餘五十二秒二十九　變
策十五餘十八秒三十五　夕見差率三十一　差數十　晨見差率二　差數三
辰星周率九十七萬三千三百九十秒二十五　周策百一十五餘七千三百

九十秒二十五　夕見伏日五十二　夕見伏行十八度　晨見伏日六十三
餘七千三百九十秒二十五　晨見伏行九十七度餘七千三百九十秒二十
五　中伏日十八餘七千八百九十五秒十二半　變差三千二百一餘十秒
六十七　交率百八十二餘五十二秒三十二　變策十五餘十八秒三十六
差率差數空秒法百　小分法三千六百

五星平見加減曆

變數	歲星	熒惑	鎮星	太白夕	太白晨	辰星夕	辰星晨
陽初	減空	加空	五百八十	加空	七十六	加空	二百七十七
二	百二十六	九百七十	六百五	百二十六	百三十九	百五十一	三百七十八
三	二百三十九	千七百六十四	六百五	二百五十一	百八十九	二百七十七	四百五十四
四	三百四十	二千一百六十七	六百五	三百七十八	二百二十七	三百七十八	五百四
五	四百二十八	二千二百三十	五百八十	五百四	二百五十二	四百五十四	四百七十九
六	四百九十一	二千二百五十五	五百四	六百三十	二百六十五	五百四	四百五十四

七	五百一十七	二千二百六十八	三百七十八	七百五十六 二百五十二	四百七十九 四百三
八	四百九十一	二千一百九十二	二百二十七	六百三十 二百二十七	四百五十四 三百二十八
九	四百二十八	千九百六十六	七十六	五百四 百八十九	四百三 二百二十七
十	三百四十	千五百一十二	加七十六	三百七十八 百三十九	三百二十八 百二十六
十一	二百三十九	千二十一	百八十九	二百五十二 七十六	二百二十七 加空
十二	百二十六	五百一十七	三百一十五	百二十六 加空	百二十六 百五十八
陰初	加空	減空	四百五十四	減空 七十六	減空 二百七十七
二	百二十六	百二十六	六百五	百二十六 百三十九	百五十一 三百七十八
三	二百三十九	二百一十四	五百二十九	二百五十二 百八十九	二百七十七 四百五十四
四	三百四十	五百一十七	四百五十四	三百七十八 二百二十七	三百七十八 五百四
五	四百二十八	九百三十二	三百七十八	五百四 二百五十二	四百五十四 四百七十九
六	四百九十一	千四百二十四	三百二十	六百三十 二百六十六	五百四 四百五十四
七	五百一十七	二千二百六十八	二百一十八	七百五十六 二百五十二	四百七十九 四百三

八	四百九十一	二千二百六十八	百一十三	六百三十 二百三十	四百五十四 三百二十八
九	四百二十八	二千二百五十五	減空	五百四 百八十九	四百三 二百二十七
十	三百四十	二千一百六十一	二百二十七	三百七十八 百三十九	三百二十八 百二十六
十一	二百三十九	二千七十九	四百三	二百五十二 七十六	二百二十七 減空
十二	百二十六	千九十六	五百四	百二十六 減空	百二十六 百五十一

歲星	前順百一十五日行十九度三十三分	前留二十五日	退行八十五日行十度八十三分	後留二十五日	後順百一十五日行十九度三十三分
初見去日十四度	先疾日益遲十三秒		益疾益遲二十一秒		先遲日益疾十三秒
陽初	七十六		三十四		六十三
二	六十三		四十		七十六
三	五十		三十四		六十三
四	三十八		二十七		五十
五	二十五		二十		三十八
六	十三		十三		二十五

七	加空	七	十三
八	十三	減空	加空
九	二十五	七	十三
十	三十八	十三	二十五
十一	五十	二十	三十八
十二	六十三	二十七	五十
陰初	七十六	三十四	六十三
二	六十三	四十	七十六
三	五十	三十四	六十三
四	三十八	二十七	五十
五	二十五	二十	三十八
六	十三	十三	二十五
七	減空	七	十三

八	十三	加空	減空
九	二十五	七	十三
十	三十八	十三	二十五
十一	五十	二十	三十八
十二	六十三	二十七	五十

熒惑	前疾二百三十日行百四十度	前遲六十日行二十五度	前留	退行六十三日行十七度	後留	後遲六十日行二十五度	後疾二百七日行百三十四度
初見去日十七度	先疾日益遲五秒	先疾日益遲四十二秒	十三日	益疾益遲九秒	十三日	先遲日益疾四十二秒	先遲日益疾五秒

陽初	七百五十六	百一	五十	百一	二千五百二十
二	減空	百二十六	六十三	百二十六	千六百七十六
三	二百三十九	百五十一	七十六	百五十一	八百三十二
四	五百四	百二十六	百五十一	百二十六	減空
五	千八	百一	一百七十七	百一	六百三十
六	千八百三十八	七十六	二百五十二	七十六	七百六

七	二千五百二十	五十	二百二十七	五十	千六百七十六
八	三千二十四	二十五	百四十三	二十五	二千九百三十六
九	二千二百七十六	減空	三十八	加空	三千九百六
十	三千四百四十	二十五	加空	二十五	四千五百三十六
十一	三千六百一十六	五十	七十六	五十	四千四百六十
十二	三千四百四十	七十六	八十八	七十六	四千一百八
陰初	三千二百七十六	百一	百一十三	百一	三千六百九十六
二	二千五百二十	百二十六	百三十九	百二十六	三千二百八十
三	千三百三十八	百五十一	二百五十二	百五十一	二千二百六十八
四	加空	百二十六	二百七十七	百二十六	千八
五	千三百三十八	百一	百七十六	百一	加三百四十
六	二千六百九十六	七十六	百一	七十六	二千五百一十二
七	三千二百七十六	五十	七十六	五十	三千三百五十六

八	三千六百一十六	二十五	五十	二十五	四千三百三十二
九	三千五百三十一	加空	二十五	減空	四千三十二
十	二千九百三十八	二十五	減空	二十五	三千三百五十一
十一	二千二百六十八	五十	十三	五十	三千一百五十四
十二	千五百一十三	七十六	二十五	七十六	二千五百六十二

鎮星	前順八十三日行七度三十六分	前留三十六日	退行百三日行六度	後留三十六日	後順八十三日行七度三十六分
初見去日七度	先疾日益遲八秒		益疾益遲二秒		先遲日益疾八秒
陽初	二十六		二十		二十六
二	三十二		二十五		三十二
三	三十八		三十		三十八
四	三十二		二十五		三十二
五	二十六		二十		二十六
六	二十		十五		二十

七	十三	十	十三
八	七	五	七
九	加空	減空	加空
十	七	五	七
十一	十三	十	十三
十二	二十	十五	二十
陰初	二十六	二十	二十六
二	三十二	二十五	三十二
三	三十八	三十	三十八
四	三十二	二十五	三十二
五	二十六	二十	二十六
六	二十	十五	二十
七	十三	十	十三

八	七	五	七
九	減空	加空	減空
十	七	五	七
十一	十三	十	十三
十二	二十	十五	二十

太白	夕疾百七十二日行二百六度	夕平十三日行十三度	夕遲四十二日行三十度	夕留	夕退十日行五度
初見去日十一度	先疾日益遲八十四秒		先疾日益遲一分二十八秒	七日	先遲日益疾八十四秒
陽初	二百二十七	六	減空		四
二	百一十三	十二	十三		空
三	減空	十八	二十五		減空
四	百一十三	二十四	二十八		空
五	二百二十七	三十一	五十		四
六	三百四十	三十八	六十三		八

七	四百五十四	三十一	七十六	十三
八	五百六十七	二十四	六十三	十三
九	六百八十	十八	五十	十三
十	五百六十七	十二	三十八	十三
十一	四百五十四	六	二十五	十三
十二	三百四十	加空	十三	八
陰初	二百二十七	六	加空	四
二	百一十三	十二	十三	空
三	加空	十八	二十五	加空
四	百一十三	二十四	三十八	空
五	二百二十七	三十一	五十	四
六	三百四十	三十八	六十三	八
七	四百五十四	三十一	七十六	十三

八	五百六十七	二十四	六十三	十三
九	六百八十	十八	五十	十三
十	五百六十七	十二	三十八	十三
十一	四百五十四	六	二十五	十三
十二	三百四十	減空	十三	八
太白	晨見退行十日行五度 先疾日益遲八十四秒	晨留 七日	晨遲四十二日三十度 先遲日益疾一分二十八秒	晨平十三日行十三度	晨疾百七十二日行二百六度 先遲日益疾十九秒
陽初	十三	百六十四	七十六	四百五十四
二	八	百三十九	八十八	五百六十七
三	四	百一十三	七十六	六百六十
四	空	七十六	六十三	五百六十七
五	空	三十八	五十	四百五十四
六	減空	加空	三十八	三百四十

七	空	三十八	十九	二百二十七
八	空	七十六	加空	百一十三
九	四	百一十三	十八	加空
十	八	百三十九	三十八	百一十三
十一	十三	百六十四	五十	二百二十七
十二	十三	百七十六	六十三	三百四十
陰初	十三	百六十四	七十六	四百五十四
二	八	百三十九	八十八	五百六十七
三	四	百一十三	七十六	六百八十
四	空	七十六	六十三	五百六十七
五	空	三十八	五十	四百五十四
六	加空	減空	三十八	三百四十
七	空	三十八	十九	二百二十七

八	空		七十六		減空	百一十三
九	四		百一十三		十八	減空
十	八		百三十九		三十八	百一十三
十一	十三		百六十四		五十	二百二十七
十二	十三		百七十六		六十三	三百四十
辰星	夕疾十二日行十七度	夕遲十一日行九度	夕留	晨留	晨遲十一日行九度	晨疾十二日行十七度
初見去日十七度	先疾日益遲三分	先疾日益遲六分	三日	三日	先遲日益疾六分	先遲日益疾三分

唐書卷三十上

唐書卷三十下

宋　翰　林　學　士　歐　陽　修　撰

志第二十

曆志

昭宗時宣明曆施行已久數亦漸差詔太子少詹事邊岡與司天少監胡秀林均州司馬王墀改治新曆然術一出於岡岡用算巧能馳騁反覆于乘除間由是簡捷超徑等接之術興而經制遠大衰序之法廢矣雖籌策便易然皆冥於本原其上元七曜起赤道虛四度景福元年曆成賜名崇玄氣朔發斂盈縮朓朒定朔弦望九道月度交會入蝕限去交前後皆大衍之舊餘雖不同亦殊塗而至者大略謂策實曰歲實揲法曰朔實三元之策曰氣策四象之策曰平會一象之策曰弦策掛限曰閏限爻數曰紀法策餘曰歲餘天中之策曰候策地中之策曰卦策貞悔之策曰土王策辰法半辰法也乾實曰周天分盈縮朓朒皆用常氣盈縮分曰升降先後曰盈縮凡升降損益皆進一等倍象統乘之除

法而一爲平行率與後率相減爲差半之以加減平行率爲初末率倍差進一
等以象統乘之除法而一爲日差以加減初末爲定以日差累加減爲每日分
凡小餘皆萬乘之通法除爲約餘則以萬爲法又以百約之爲大分則以百爲
法凡冬至赤道日度及約餘以減其宿全度乃累加次宿皆爲距後積度滿限
九十一度三十一分三十七小分去之餘半已下爲初已上以減限爲末皆百
四十四乘之退一等以減千三百一十五所得以乘初末度分爲差又通初末
度分與四千五百六十六先相減後相乘千六百九十除之以減差爲定差再
退爲分至後以減分後以加距後積度爲黃道積度宿次相減卽其度也以冬
至赤道日度及約餘依前求定差以減之爲黃道日度凡歲差十一乘之又以
所求氣數乘之三千八百八十八而一以加前氣中積又以盈縮分盈加縮減
之命以冬至宿度卽其氣初加時宿度其定朔小餘如日法四十分之二十九
已上以定朔小餘減日法餘如晨初餘數已下進一日岡又作徑術求黃道月
度以蔀率去積年爲蔀周不盡爲蔀餘以歲餘乘蔀餘副之二因蔀周三十七

除之以減副百一千九約蔀餘以加副滿周天去之餘四因之爲分度母而一爲度即冬至加時平行月又以冬至約餘距午前後分二百五十四乘之萬約爲分度母爲度午前以加午後以減加時月爲午中月自此計日平行十三度十九分度之七自冬至距定朔累以平行減之爲定朔午中月求次朔及弦望各計日以平行加之其分以度母除爲約分又四十七除蔀餘爲率差不盡以乘七日三分半副之九因率差退一等爲分以減副又百約冬至加時距午分午前加之午後減之滿轉周去之即冬至午中入轉以冬至距朔日減之即定朔午中入轉求次朔及弦望計日加之各以所入日下損益率乘轉餘百而一以損益盈縮積爲定差以盈加縮減午中月爲定月以月行定分乘其日晨昏距午分萬約爲分滿百爲度以減午中定月爲晨月加之爲昏月以朔昏月減上弦昏月以上弦昏月減望昏月以望晨月減下弦晨月以下弦晨月減後朔晨月各爲定程以相距日均爲平行度分與次程相減爲差以加減平行爲初末日定行（後少加爲初減爲末後多減爲初加爲末）減相距日一均差爲日差累損益初日爲每日

定行後多累益之後少累減之因朔弦望晨昏月累加之得每日晨昏月晝漏各計其日中入二至加時已來日數及餘如初限已下爲後已上以減二至限餘爲前副之各以乘數乘之用減初末差所得再乘其副滿百萬爲尺不滿爲寸爲分夏至後則退一等皆命曰晷差冬至前後以減冬至中晷夏至前後以加夏至中晷爲每日陽城中晷與次日相減後多曰息後少曰消以冬夏至午前後約分乘之萬而一午前息減消加午後息加消減中晷爲定數也凡冬至初日有減無加夏至初日有加無減又計二至加時已來至其日昏後夜半日數及餘冬至後爲息夏至後爲消如一象已下爲初已上反減二至限餘爲末令自相乘進二位以消息法除爲分副之與五百分先相減後相乘千八百而一以加副爲消息數以象積乘之百約爲分再退爲度春分後以加六十七度四十分秋分後以減百一十五度二十分卽各其日黃道去極與一象相減則赤道內外也以消息數春分後加千七百五十二秋分後以減二千七百四十八卽各其日晝漏母也以減五千爲晨昏距子分置晝漏母千四百六十一乘而再半之百

約爲距午度以減半周天餘爲距中度百三十五乘晷漏母百約爲分得晨初餘數凡晷漏百爲刻不滿以象積乘之百約爲分得夜半定漏九服中晷各於其地立表候之在陽城北冬至前候晷景與陽城冬至同者爲差日之始在陽城南夏至前候晷景與陽城夏至同者爲差日之始自差日之始至二至日爲距差日數也在至前者計距前已來日數至後者計入至後已來日數反減距差日餘爲距後日準求初末限晷差各冬至前後以加夏至前後以減冬夏至陽城中晷得其地其日中晷若不足減減去夏至陽城中晷即其日南倒中晷也自餘之日各計冬夏至後所求日數減去距冬夏至差日餘準初末限入之又九服所在各於其地置水漏以定二至夜刻爲漏率以漏率乘每日晷漏母各以陽城二至晷漏母除之得其地每日晷漏母交會以四百一乘朔望加時入交常日及約餘三十除爲度不滿退除爲分得定朔望入交定積度分以減周天命起朔望加時黃道日躔卽交所在宿次凡入交定積度如半交已上爲在陽歷已上減去半交餘爲入陰曆以定朔望約餘乘轉分萬約爲分滿百爲

度以減入陰陽曆積度爲定朔望夜半所入如一象已下爲在少象已上者反減半交餘爲入老象皆七十三乘之退一等用減千三百二十四餘以乘老少象度及餘再退爲分副之在少象三十度已下老象六十一度已上皆與九十一度先相減後相乘五十六除爲差若少象三十度已上反減九十一度及老象六十度已下皆自相乘百五除爲差皆以減副百約爲度卽朔望夜半月去黃道度分凡定朔約餘距午前後分與五千先相減後相乘三萬除之午前以減午後倍之以加約餘爲日蝕定餘定望約餘卽爲月蝕定餘晨初餘數已下者皆四百乘之以晨初餘數除之所得以加定望約餘爲或蝕小餘各以象統乘之萬約爲半辰之數餘滿二千四百爲刻不盡退除爲刻分卽其辰刻日蝕有差置其朔距天正中氣積度以減三百六十五度半餘以千乘滿三百六十五度半除爲分日限心加二百五十分爲限首減二百五十分爲限尾滿者不足加減一千退蝕定餘一等與限首尾相近者相減餘爲限內外分其蝕定餘多於限首少於限尾者爲外少於限首多於限尾者爲內在限內者令限內分

自乘百七十九而一以減六百三十餘爲陰曆蝕差限外者置限外分與五百先相減後相乘四百四十六而一爲陰曆蝕差又限內分亦與五百先相減後相乘三百一十三半而一爲陽曆蝕差在限內者以陽曆蝕差加陰曆蝕差爲既前法以減千四百八十餘爲既後法在限外者以六百一十分爲既前法八百八十分爲既後法其去交度分在限外陰曆者以陰曆差減之不足減者不蝕又限外無陽曆交在限內陰曆者以陽曆蝕差加之若在限內陽曆者以去交度分反減陽曆蝕差若不足反減者不蝕皆爲去交定分如既前法已下者爲既前分已上者以減千四百八十餘爲既後分皆進一位各以既前後法除爲蝕分在既後者其虧復陰曆也既前者陽曆也凡朔望月行定分日以九百乘月以千乘如千三百三十七而一日以減千八百月以減二千餘爲汎用刻分凡月蝕汎用刻在陽曆以三十四乘在陰曆以四十一乘百約爲月蝕既前以減千四百八十餘爲月蝕定法其去交度分如既限已下者既已上者以減千四百八十餘進一位以定法約爲蝕分其蝕五分已下者爲或食已上爲的

蝕凡日月食分汎用刻乘之千而一爲定用刻不盡退除以刻分旣者以汎爲定各以減蝕甚約餘爲虧初加之爲復滿凡蝕甚與晨昏分相近如定用刻已下者因相減餘以乘蝕分滿定用刻而一所得以減蝕分得帶蝕分五星變差曰歲差陰陽進退差曰盈縮爻算曰晝度晝有十二亦爻數也推冬至後加時平合日算曰平合中積副之曰平合中星歲差減中星曰入歷有餘者皆約之因平合以諸變常積日加中積常積度加中星入曆各其變中積中星入曆也凡入曆盈限已下爲盈已上去之爲縮各如晝度分而一命晝數算外不滿以晝下損益乘之晝度分除之以損益盈縮積爲定差盈加縮減中積爲定積準求所入氣及月日加冬至大餘及約餘爲其變大小餘以命日辰則變行所在也亦以盈加縮減中星應用躔差親定積如半交已下爲在盈已上去之爲在縮所得令半交度先相減後相乘三千四百三十五除爲度不盡退除爲分者亦盈加縮減之其變異術者從其術各爲定星命起冬至黃道日躔得其變行加時所在宿度也凡辰星依曆變置算乃視晨見晨順在冬至後夕見夕順在

夏至後計中積去二至九十一日半已下令自乘已上以減百八十二日半亦自乘五百而一爲日以加晨夕見中積中星減晨夕順中積中星各爲應見不見中積中星也凡盈縮定差熒惑晨見變六十一乘之五十四除之乃爲定差太白辰星再合則半其差其在夕見晨疾二變則盈減縮加凡歲鎮熒惑留退皆用前遲入曆定差又各視前遲定星以變下減度減之餘半交已下爲盈已上去之爲縮又視之七十三已下三因之已上減半交餘二因之爲差歲鎮二星退一等熒惑全用之在後退又倍其差後留三之皆滿百爲度以盈加縮減中積又以前遲定差盈加縮減乃爲留退定積其前後退中星則以差縮加盈減又以前遲定差盈加縮減乃爲退行定星凡諸變定星迭相減爲日度率熒惑遲日盈六十度盈二十四者所盈日度加疾變日度爲定率太白退日率百乘之二百一十二除之爲留日以減退日率爲定率辰星退順日率一等爲留日以減順日率爲定率以日均度爲平行又與後變平行相減爲差半之視後多少以加減平行爲初末日行分以初日行分乘其變小餘萬而一順減退加

其變加時宿度爲夜半宿度又減日率一均差爲日差視後多少累損益初日爲每日行分因夜半宿度累加減之得每日所至五星差行衰殺不倫皆以諸變類會消息署之起二年頒用至唐終景福崇玄曆演紀上元甲子距景福元年壬子歲積五千三百九十四萬七千三百八算外
崇玄通法萬三千五百　歲實四百九十三萬八百一　氣策十五餘二千九百五十秒一　朔實三十九萬八千六百六十三　平會二十九餘七千一百六十三　望策十四餘萬三百三十一半　弦策七餘五千一百六十五太
朔虛分六千三百三十七　中盈分五千九百秒二　歲餘七萬八百一　閏限三十八萬六千四百二十五秒二十三　象位六　象統二十四　候策五餘九百八十三秒二十五秒母七十二　卦策六餘千一百八十秒一秒母六十　土王策三餘五百九十秒一秒母百二十　辰數五百六十二半　刻法百三十五　周天分四百九十三萬九百六十一秒二十四　歲差百六十秒二十四　周天三百六十五度虛分三千四百六十一秒二十四　約虛分二

千五百六十三秒八十八　除法七千三百五　秒母一百

二十四氣　中積自冬至每氣以氣策及約餘累之

氣節	升降差	盈縮分	損益數	朓朒積
冬至	升七千七百四十二	盈初	益七百八十二	朒初
小寒	升六千六百六十九	盈七千七百四十	益六百一十三	朒七百八十二
大寒	升四千五百七十三	盈萬三千八百九	益四百六十二	朒千三百九十五
立春	升三千二百五十二	盈萬八千三百八十二	益三百二十八	朒千八百五十七
雨水	升千九百七十七	盈二萬一千六百三十一	益二百	朒二千一百八十五
驚蟄	升六百六十	盈二萬三千六百八	益六十七	朒二千三百八十五
春分	降六百六十	盈二萬四千二百六十八	損六十七	朒二千四百五十二
清明	降千九百七十七	盈二萬三千六百八	損二百	朒二千三百八十五
穀雨	降三千二百五十二	盈二萬一千六百三十一	損三百二十八	朒二千一百八十五
立夏	降四千五百七十三	盈萬八千三百八十二	損四百六十二	朒千八百五十七

小滿	降六千六十九	盈萬三千八百九	損六百一十三	朒千三百九十五
芒種	降七千七百四十	盈七千七百四十	損七百八十二	朒七百八十二
夏至	降七千七百四十	縮初	益七百八十二	朓初
小暑	降六千六十九	縮七千七百四十	益六百一十三	朓七百八十二
大暑	降四千五百七十二	縮萬三千八百九	益四百六十二	朓千三百九十五
立秋	降三千二百五十	縮萬八千三百八十一	益三百二十八	朓千八百五十七
處暑	降千九百七十七	縮二萬一千六百三十一	益二百	朓二千一百八十五
白露	降六百六十	縮二萬三千六百八	益六十七	朓二千三百八十五
秋分	升六百六十	縮二萬四千二百六十八	損六十七	朓二千四百五十二
寒露	升千九百七十七	縮二萬三千六百八	損二百	朓二千三百八十五
霜降	升二千二百五十	縮二萬一千六百三十一	損三百二十八	朓二千一百八十五
立冬	升四千五百七十二	縮萬八千三百八十一	損四百六十二	朓千八百五十七
小雪	升六千六十九	縮萬三千八百九	損六百一十三	朓千三百九十五

大雪	升七千七百四十	縮七千七百四十	損七百八十二	朓七百八十二

轉周分三十七萬一千九百八十六秒九十七　轉終日二十七餘七千四百八十六秒九十七　朔差日一餘萬三千一百七十六秒三　度母一百（每日累轉分為轉積度）　秒母一百

轉終日	轉分 列差	損益率	朓朒積
一日	千二百七 進十六	益千三百一十九	朒初
二日	千二百二十三 進十七	益千一百五十	朒千三百一十九
三日	千二百四十 進十八	益九百七十八	朒二千四百六十九
四日	千二百五十八 進十八	益七百九十九	朒三千四百四十七
五日	千二百七十六 進十九	益六百一十七	朒四千二百四十六
六日	千二百九十五 進二十	益四百三十一	朒四千八百六十三
七日	千三百一十六 進二十三	初益二百一十三 末損二十七	朒五千二百九十四
八日	千三百三十九 進二十六	損二百八十五	朒五千四百八十

九日	千三百六十五 進十八	損四百七十	朒五千一百九十五
十日	千三百八十三 進十八	損六百五十	朒四千七百二十四
十一日	千四百一 進十九	損八百四十	朒四千七十四
十二日	千四百二十 進十七	損千一十七	朒三千二百三十四
十三日	千四百三十七 進十六	損千一百八十五	朒二千二百一十七
十四日	千四百五十三 進十一	初損千三十二 末益二百九十二	朒千三十二
十五日	千四百六十四 退十七	益千二百八十四	朓二百九十三
十六日	千四百四十七 退十八	益千一百一十	朓千五百七十七
十七日	千四百二十九 退十八	益九百四十一	朓二千六百八十七
十八日	千四百一十一 退十八	益七百五十七	朓三千六百二十八
十九日	千三百九十三 退十八	益五百七十八	朓四千三百八十五
二十日	千三百七十五 退二十二	益三百八十六	朓四千九百六十三
二十一日	千三百五十三 退二十五	初益百六十 末損八十	朓五千三百四十九

二十二日千三百二十八退二十二	損三百二十四	朓五千四百二十九
二十三日千三百六退十九	損五百一十六	朓五千一百五
二十四日千二百八十七退十九	損六百九十七	朓四千五百八十九
二十五日千二百六十八退十八	損八百七十九	朓三千八百九十二
二十六日千二百五十退十七	損千五十三	朓三千一十三
二十七日千二百三十三退十七	損千二百二十三	朓千九百六十
二十八日千二百一十六退九	初損七百三十七 末益入後	朓七百三十七

七日初數萬一千九百九十六太末數千五百三　十四日初數萬四百九十三半末數三千六半　二十一日初數八千九百九十少末數四千五百九太　二十八日初數七千四百八十七　蔀率九千三十六　歲餘六百三十九　周天分千七百三十五　周天三百六十五度五分　度母十九　月行定分同轉分　平行積度日累十三度七分

入轉日	損益數	盈縮積度

一日	益百三十一	縮初空
二日	益百一十四	縮一度三十一分
三日	益九十七	縮二度四十五分
四日	益七十九	縮三度四十二分
五日	益六十一	縮四度二十一分
六日	益四十三	縮四度八十二分
七日	初益二十一 末損三	縮五度二十五分
八日	損二十八	縮五度四十三分
九日	損四十七	縮五度一十五分
十日	損六十五	縮四度六十八分
十一日	損八十三	縮四度三分
十二日	損百一	縮三度二十分
十三日	損百一十七	縮二度十九分

十四日		初損百二 末益二十九	縮一度二分
十五日		益百二十七	盈二十九分
十六日		益百一十	盈一度五十六分
十七日		益九十四	盈二度六十六分
十八日		益七十五	盈二度六十分
十九日		益五十七	盈四度三十五分
二十日		益三十八	盈四度九十二分
二十一日		初益十六 末損八	盈五度三十分
二十二日		損三十二	盈五度三十八分
二十三日		損五十一	盈五度六分
二十四日		損六十九	盈四度五十五分
二十五日		損八十七	盈三度八十六分
二十六日		損百四	盈二度九十九分

二十七日		損百二十一	盈一度九十五分
二十八日		初損七十四 末益入後	盈七十四分

轉周二十七日五十五分半　七日初八十八分小分八十七半末十一分小
分十二半　十四日初七十七分太末二十二分少　二十一日初六十六分
小分六十二半末三十三分小分三十七半　二十八日初五十五分半　入
轉日母一百
二至限百八十二日六十二分小分二十二分半　消息法千六百六十七半
一象九十一度三千一百三十一分　辰法八刻百六十分　昏明二刻二
百四十分　象積四百八十　冬至前後限五十九日差二千一百九十五分
乘數十五　夏至前後限百二十三日六十二分小分二十二半差四千八百
八十分乘數四　陽城冬至晷丈二尺七寸一分半　夏至晷尺四寸七分小
分八十　交終分三十六萬七千三百六十四秒九千六百七十三　交終日
二十七餘二千八百六十四秒九千六百七十三約餘二千一百二十二　交

中日十三餘八千一百八十二秒四千八百三十六半約餘六千六百十一
朔差日二餘四千二百九十八秒三百二十七約餘三千一百八十四　望策
日十四餘萬二百三十一秒五千約餘七千六百五十三　交限日十二餘六
千三十三秒四千六百七十三約餘四千四百六十九　望差日一餘二千一
百四十九秒百六十三半約餘千五百九十二　交率二百六十二　交數三
千三百五十　交終三百六十三度七十三分小分六十四　轉終三百七十
四度二十八分　半交百八十一度八十六分小分八十二　一象九十度九
十三分小分四十一　去交度乘數十一除數八千六百三十二　秒母一萬
歲星終率五百三十八萬四千九百六十二秒十一　平合日三百九十八餘
萬一千九百六十二秒十一約餘八千八百六十一
盈限二百五度　盈晝十七度八分秒三十三
縮限百六十度二十五分秒六十三太　縮晝十三度二十五分秒四十七
歲差百三十三秒九十二半

晝數	損益	盈差積	損益	縮差積
初	益百九十	盈初	益九十	縮初
二	益百八十	盈一度九十	益百七十	縮九十
三	益百五十	盈三度七十	益二百一十	縮二度六十
四	益百四十	盈五度二十	益百六十	縮四度七十
五	益七十	盈六度六十	益八十	縮七度三十
六	益四十五	盈七度三十	益四十	縮七度十
七	損四十五	盈七度七十五	益十五	縮七度五十
八	損百四十五	盈七度三十	益十	縮七度六十五
九	損八十五	盈五度八十五	損十	縮七度七十五
十	損二百	盈五度	損二百六十五	縮七度六十五
十一	損百六十	盈三度	損二百六十	縮五度
十二	損百四十	盈一度四十	損二百四十	縮二度四十

熒惑終率千五十二萬八千九百一十六秒九十一　平合日七百七十九餘萬二千四百一十六秒九十一　約餘九千一百九十八

盈限百九十六度八十分　盈畫十六度四十分

縮限百六十八度四十五分秒六十三太　縮畫十四度三分秒八十

歲差百三十三秒四十六

畫數	損益	盈差積	損益	縮差積
初	益千二百一十三	盈初	益三百九十六	縮初
二	益八百一十二	盈十二度十三	益四百四十一	縮三度九十六
三	益四百七十三	盈二十二度二十三	益四百五十七	縮八度三十七
四	益二百二	盈二十四度九十八	益四百四十八	縮十二度九十四
五	損十六	盈二十七度	益四百五	縮十七度四十一
六	損二百一十四	盈二十六度八十四	益三百二十三	縮二十一度四十七
七	損三百二十三	盈二十四度七十	益二百一十四	縮二十四度七十

八	損四百五	盈二十一度四十七	益十六	縮二十六度八十四
九	損四百四十八	盈十七度四十二	損二百二	縮二十七度
十	損四百五十七	盈十二度九十四	損四百七十三	縮二十四度九十六
十一	損四百四十一	盈八度三十七	損八百一十二	縮二十度二十五
十二	損三百九十六	盈三度九十六	損千二百一十三	縮十二度十三

鎮星終率五百一十萬四千八十四秒五十四

平合日三百七十八餘千八十四秒五十四約餘八百三

盈限百八十二度六十二分秒六十三太　盈畫十五度二十二分

縮限百八十二度六十三分　縮畫十五度二十二分歲差百三十二秒九十

四

畫數	損益	盈差積	損益	縮差積
初	益百	盈初	益三百	縮初
二	益百三十	盈一度	益二百二十五	縮三度

三	益百七十	盈二度三十	益二百	縮五度二十五
四	益二百二十	盈四度	益五十	縮七度二十五
五	益百二十	盈六度二十	損三十五	縮七度七十五
六	益三十五	盈七度四十	損二十	縮七度四十
七	損三十五	盈七度七十五	損十五	縮七度二十
八	損百二十	盈七度四十	損五	縮七度五
九	損二百二十	盈六度二十	損百六十	縮七度
十	損百七十	盈四度	損百七十	縮五度四十
十一	損百二十	盈二度三十	損百八十	縮三度七十
十二	損百	盈一度	損百九十	縮一度九十

太白終率七百八十八萬二千六百四十八秒七十六平合日五百八十三餘萬二千一百四十八秒七十六約餘八千九百九十九　再合日二百九十一餘萬二千八百二十四秒三十八約餘九千五百

盈限百九十七度十六分　盈晝十六度四十三分

縮限百六十八度九分秒六十三太　縮晝十四度秒八十

歲差百三十四秒三十六

晝數	損益	盈差積	損益	縮差積
初	益百八十三	盈初	益六十四	縮初
二	益百五十	盈一度八十三	益百一十九	縮六十四
三	益百一十七	盈三度三十二	益百二	縮一度八十二
四	益八十三	盈四度五十	益百	縮二度八十五
五	益五十	盈五度三十三	益九十	縮三度八十五
六	益七十	盈五度八十三	益七十三	縮四度七十五
七	損七十	盈六度	益四十五	縮五度四十八
八	損五十	盈五度八十三	益十五	縮五度九十三
九	損八十二	度五度三十三	益五十一	縮六度八

十	損百一十七	盈四度五十	損百五	縮五度五十七
十一	損百五十	盈三度三十三	損百八十	縮四度五十二
十二	損百八十三	盈一度八十三	損二百七十二	縮二度七十二

辰星終率百五十六萬四千三百七十八秒九十七　平合日百一十五餘萬一千八百七十八秒九十七約餘八千八百　再合日五十七餘萬二千六百八十九秒四十八半約餘九千四百

盈限百八十二度六十三分　盈畫十五度二十二分

縮限百八十二度六十二分秒六十三太　縮畫十五度二十一分秒八十九

歲差百三十三秒六十四

畫數	損益	盈差積	損益	縮差積
初	益九十二	盈初	益九十二	縮初
二	益七十五	盈九十二	益七十五	縮九十二
三	益五十八	盈一度六十七	益五十八	縮一度六十七

四	益四十一	盈二度二十五	益四十一	縮二度二十五
五	益二十五	盈二度六十六	益二十五	縮二度六十六
六	益九	盈二度九十一	益九	縮二度九十一
七	損九	盈三度	損九	縮三度
八	損二十五	盈二度九十一	損二十五	縮二度九十一
九	損四十一	盈二度六十六	損四十一	縮二度六十六
十	損五十八	盈二度二十五	損五十八	縮二度二十五
十一	損七十五	盈一度六十七	損七十五	縮一度六十七
十二	損九十二	盈九十二	損九十二	縮九十二

五星入變歷

星名變目	常積日	常積度	加減
歲星晨見	十七日五十分	三度五十分	用日躔差
前疾	九十八日	十八度五十分	

前遲	百三十一日五十分	二十二度五十分	
前留	百五十八日		減六十五度
前退	百九十九日七十五分	十六度七十五分	減七十一度
後退	二百四十日	十一度	減八十二度五十分
後留	二百六十七日五十分		減八十七度
後遲	三百一日	十五度	
後疾	三百八十一日三十八分	三十度十二分半	用日躔差
夕合	三百九十八日八十七分	三十三度六十二分半	用日躔差
熒惑晨見	七十二日	五十五度	用日躔差
前疾	百九十三日	百三十五度	
前次疾	二百八十七日	百九十二度五十分	
前遲	三百四十七日	二百一十六度七十五分	
前留	三百六十日		減百二十度

前退	三百九十日	二百七度二十五分	減百二十五度二十五分
後退	四百二十日	百九十七度七十五分	減百三十度
後留	四百三十三日		減百三十五度
後遲	四百九十三日	二百二十二度	
後次疾	五百八十七日	二百七十九度五十分	
後疾	七百七日九十二分	三百五十九度六十二分	用日躔差
夕合	七百七十九日九十一分	四百一十四度六十二分	用日躔差
鎮星晨見	十九日	二度	用日躔差
前疾	七十九日	八度	
前遲	百三日	九度六十分	
前留	百四十日		減百七十二度
前退	百八十九日	六度四十二分	減百七十度
後退	二百三十八日	三度二十四分	減百七十六度

	後留	二百七十五日		減百八十二度
	後遲	二百九十九日	四度八十四分	
	後疾	三百五十九日八分	十度八十三分	用日躔差
	夕合	三百七十八日八分	十二度八十三分	用日躔差
太白	夕見	四十二日	五十三度	用日躔差
	夕疾	百四十一日	百八十度五十分	
	夕次疾	二百一十九日	二百六十五度	
	夕遲	二百六十八日	三百一度五十分	
	夕留退	二百八十五日	二百九十六度	用日躔差
	再合	二百九十二日	二百九十二度	用日躔差
	晨見	二百九十九日	二百八十八度	用日躔差
	晨退留	三百一十六日	二百八十二度五十分	
	晨遲	三百六十五日	三百一十九度五十分	

晨次疾	四百四十二日	四百三度五十分	
晨疾	五百四十一日卆分	五百三十度九十分	用日躔差
晨伏合	五百八十三日卆分	三百八十三度九十分	用日躔差
辰星 夕見	十七日	三十四度	用日躔差
夕順留	四十七日	六十四度	用日躔差
再合	五十八日	五十八度	用日躔差
晨見	六十九日	五十二度	用日躔差
晨留順	九十八日八十八分	八十一度八十八分	用日躔差
晨伏合	百一十五日八十六分	百一十五度八十八分	用日躔差

唐書卷三十一

宋　翰　林　學　士　歐　陽　修　撰

志第二十一

天文志

昔者堯命羲和出納日月考星中以正四時至舜則曰在璿璣玉衡以齊七政而已雖二典質略存其大法亦由古者天人之際推候占測爲術猶簡至於後世其法漸密者必積衆人之智然後能極其精微哉蓋自三代以來詳矣詩人所記婚禮土功必候天星而春秋書日食星變傳載諸國所占次舍伏見逆順至於周禮測景求中分星辨國妖祥察候皆可推考而獨無所謂璿璣玉衡者豈其不用於三代耶抑其法制遂亡而不可復得耶不然二物者莫有知其爲何器也至漢以後表測景晷以正地中分列境界上當星次皆略依古而又作儀以候天地而渾天周髀宣夜之說至於星經曆法皆出於數術之學唐與太史李淳風浮圖一行尤稱精博後世未能過也故採其要說以著于篇至於天

象變見所以譴告人君者皆有司所宜謹記也貞觀初淳風上言舜在璿璣玉衡以齊七政則渾天儀也周禮土圭正日景以求地中有以見日行黃道之驗也暨于周末此器乃亡漢洛下閎作渾儀其後賈逵張衡等亦各有之而推驗七曜並循赤道按冬至極南夏至極北而赤道常定於中國無南北之異蓋渾儀無黃道久矣太宗異其說因詔爲之至七年儀成表裏三重下據準基狀如十字末樹鼇足以張四表一曰六合儀有天經雙規金渾緯規金常規相結於四極之內列二十八宿十日十二辰經緯三百六十五度二曰三辰儀圓徑八尺有璿璣規月遊規列宿距度七曜所行轉於六合之內三曰四游儀玄樞爲軸以連結玉衡游筩而貫約矩規又玄樞北樹北辰南矩地軸傍轉於內玉衡在玄樞之間而南北游仰以觀天之辰宿下以識器之晷度皆用銅帝稱善置於凝暉閣用之測候閣在禁中其後遂亡開元九年一行受詔改治新曆欲知黃道進退而太史無黃道儀率府兵曹參軍梁令瓚以木爲游儀一行是之乃奏黃道游儀古有其術而無其器昔人潛思皆未能得今令瓚所爲日道月交

皆自然契合於推步尤要請更鑄以銅鐵十一年儀成一行又曰靈臺鐵儀後魏斛蘭所作規制朴略度刻不均赤道不動乃如膠柱以考月行遲速多差多或至十七度少不減十度不足以稽天象授人時李淳風黃道儀以玉衡旋規別帶日道傍列二百四十九交以攜月游法頗難術遂寢廢臣更造游儀使黃道運行以追列舍之變因二分之中以立黃道交於奎軫之間二至陟降各二十四度黃道內施白道月環用究陰陽朓朒動合天運簡而易從可以制器垂象永傳不朽於是玄宗嘉之自爲之銘又詔一行與令瓚等更鑄渾天銅儀圓天之象具列宿赤道及周天度數注水激輪令其自轉一晝夜而天運周外絡二輪綴以日月令得運行每天西旋一周日東行一度月行十三度十九分度之七二十九轉有餘而日月會三百六十五轉而日周天以木櫃爲地平令儀半在地下晦明朔望遲速有準立木人二於地平上其一前置鼓以候刻至一刻則自擊之其一前置鍾以候辰至一辰亦自撞之皆於櫃中各施輪軸鉤鍵關鏁交錯相持置於武成殿前以示百官無幾而銅鐵漸澀不能自轉遂藏於

集賢院其黄道游儀以古尺四分爲度旋樞雙環其表一丈四尺六寸一分縱
八分厚三分直徑四尺五寸九分古所謂旋儀也南北科兩極上下循規各三
十四度表裏畫周天度其一面加之銀釘使東西運轉如渾天游旋中旋樞軸
至兩極首内孔徑大兩度半長與旋環徑齊玉衡望筩長四尺五寸八分廣一
寸二分厚一寸孔徑六分衡旋於軸中旋運持正用窺七曜及列星之闊狹外
方内圓孔徑一度半周日輪也陽經雙環表一丈七尺三寸裏一丈四尺六寸
四分廣四寸厚四分直徑五尺四寸四分置於子午左右用八柱八柱相固亦
表裏畫周天度其一面加之銀釘半出地上半入地下雙間使樞軸及玉衡望
筩旋環於中也陰緯單環外内廣厚周徑皆準陽經與陽經相銜各半内外俱
齊面平上爲天下爲地横周陽環謂之陰渾也平上爲兩界内外爲周天百刻
天頂單環表一丈七尺三寸縱廣八尺厚三分直徑五尺四寸四分直中國人
頂之上東西當卯酉之中稍南使見日出入令與陽經陰緯相固如鳥殼之裏
黄南去赤道三十六度去黄道十二度去北極五十五度去南北平各九十一

度強赤道單環表一丈四尺五寸九分橫八分厚三分直徑四尺五寸八分赤道者當天之中二十八宿之位也雙規運動度穿一穴古者秋分日在角五度今在軫十三度冬至日在牽牛初今在斗十度隨穴退交不復差謬傍在卯酉之南上去天頂三十六度而橫置之黃道單環表一丈五尺四寸一分橫八分厚四分直徑四尺八寸四分日之所行故名黃道太陽陟降積歲有差月及五星亦隨日度出入古無其器規制不知準的斟酌爲率疎闊尤甚今設此環置於赤道環內仍開合使運轉出入四十八度而極晝兩方東西列周天度數南北列百刻可使見日知時上列三百六十策與用卦相準度穿一穴與赤道相交白道月環表一丈五尺一寸五分橫八分厚三分直徑四尺七寸六分月行有迂曲遲速與日行緩急相反古亦無其器今設於黃道環內使就黃道爲交合出入六度以測每夜月離上畫周天度數度穿一穴擬移交會皆用鋼鐵游儀四柱爲龍其崇四尺七寸水槽及山崇一尺七寸半槽長六尺九寸高廣皆四寸池深一寸廣一寸半龍能興雲雨故以飾柱柱在四維龍下有山雲俱在

水平槽上皆用銅其所測宿度與古異者舊經角距星去極九十一度亢八十九度氐九十四度房百八度心百八度尾百二十度箕百一十八度南斗百一十六度牽牛百六度須女百度虚百四度危九十七度營室八十五度東壁八十六度奎七十六度婁八十度胃昴七十四度畢七十八度觜觿八十四度參九十四度東井七十度輿鬼六十八度柳七十七度七星九十一度張九十七度翼九十七度軫九十八度今測角九十三度半亢九十一度半氐九十八度房百一十度半心百一十度尾百二十四度箕百二十度南斗百一十九度牽牛百四度須女百一度虚百一度危九十七度營室八十三度東壁八十四度奎七十三度婁七十七度胃昴七十二度畢七十六度觜觿八十二度參九十三度東井六十八度輿鬼六十八度柳八十度半七星九十三度半張百度翼百三度軫百度又舊經角距星正當赤道黄道在其南今測角在赤道南二度半則黄道復經角中與天象合虚北星舊圖入虚今測在須女九度危北星舊圖入危今測在虚六度半又奎誤距以西大星故壁損二度奎增二度今復距

西南大星即奎壁各得本度畢赤道十六度黃道亦十六度觜觿赤道二度黃
道三度二宿俱當黃道斜虛畢尚與赤道度同觜觿總二度黃道損加一度蓋
其誤也今測畢十七度半觜觿半度又柳誤距以第四星今復用第四星張中
央四星爲朱鳥嗉外二星爲翼北距以翼而不距以膺故張增二度半七星減
二度半今復以膺爲距則七星張各得本度其他星舊經文昌二星在輿鬼四
星在東井北斗樞在七星一度璇在張二度機在翼二度權在翼八度衡在軫
八度開陽在角七度杓在亢四度天關在黃道南四度天尊天樽在黃道北天
江天高狗國外屏雲雨虛梁在黃道外天囷土公吏在赤道外上台在東井中
台在七星建星在黃道北半度天苑在昴畢王良在壁外屏在觜觿雷電在赤
道外五度霹靂在赤道外四度八魁在營室長垣羅堰當黃道今測文昌四星
在柳一星在輿鬼一星在東井北斗樞在張十三度璇在張十二度半機在翼
十三度權在翼十七度太衡在軫十度半開陽在角四度少杓在角十二度少
天關天尊天樽天江天高狗國外屏皆當黃道雲雨在黃道內七度虛梁在黃

道內四度天囷當赤道土公吏在赤道內六度上台在柳中台在張建星在黃道北四度半天苑在胃昴王良四星在奎一星在壁外屏在畢雷電在赤道內二度霹靂四星在赤道內一星在外八魁五星在壁四星在營室長垣在黃道北五度羅堰在黃道北黃道春分與赤道交於奎五度太秋分交於軫十四度少冬至在斗十度去赤道南二十四度夏至在井十三度少去赤道北二十四度其赤道帶天之中以分列宿之度黃道斜運以明日月之行乃立八節九限校二道差數著之歷經蓋天之說李淳風以爲天地中高而四隤日月相隱蔽以爲晝夜遶北極常見者謂之上規南極常隱者謂之下規赤道橫絡者謂之中規及一行考月行出入黃道爲圖三十六究九道之增損而蓋天之狀見矣削篾爲度徑一分其厚半之長與圖等穴其正中植鍼爲樞令可環運自中樞之外均刻百四十七度全度之末旋爲外規規外太半度再旋爲重規以均賦周天度分又距極樞九十一度少半旋爲赤道帶天之紘距極三十五度旋爲內規乃步冬至日躔所在以正辰次之中以立宿距按渾儀所測甘石巫咸衆

星明者皆以篾橫考入宿距縱考去極度而後圖之其赤道外衆星疏密之狀與仰視小殊者由渾儀去南極漸近其度益狹而蓋圖漸遠其度益廣使然若考其去極入宿度數移之於渾天則一也又赤道內外其廣狹不均若就二至出入赤道二十四度以規度之則二分所交不得其正自二分黃赤道交以規度之則二至距極度數不得其正當求赤道分至之中均刻爲七十二限據每黃道差數以篾度量而識之然後規爲黃道則周天咸得其正矣又考黃道二分二至之中均刻爲七十二候定陰陽曆二交所在依月去黃道度率差一候亦以篾度量而識之然後規爲月道則周天咸得其正矣中晷之法初淳風造曆定二十四氣中晷與祖沖之短長頗異然未知其孰是及一行作大衍曆詔太史測天下之晷求其土中以爲定數其議曰周禮大司徒以土圭之法測土深日至之景尺有五寸謂之地中鄭氏以爲日景於地千里而差一寸尺有五寸者南戴日下萬五千里地與星辰四游升降於三萬里內是以半之得地中今潁川陽城是也宋元嘉中南征林邑五月立表望之日在表北交州影在表

南三寸林邑九寸一分交州去洛水陸之路九千里蓋山川回折使之然以表
考其弦當五千乎開元十二年測交州夏至在表南三寸三分與元嘉所測略
同使者大相元太言交州望極纔高二十餘度八月海中望老人星下列星粲
然明大者甚衆古所未識迺渾天家以爲常沒地中者也大率去南極二十度
已上之星則見又鐵勒回紇在薛延陀之北去京師六千九百里其北又有骨
利幹居瀚海之北北距大海晝長而夜短既夜天如曛不暝夕胹羊髀纔熟而
曙蓋近日出沒之所太史監南宮說擇河南平地設水準繩墨植表而以引度
之自滑臺始白馬夏至之晷尺五寸七分又南百九十八里百七十九步得浚
儀岳臺晷尺五寸三分又南百六十七里二百八十一步得扶溝晷尺四寸四
分又南百六十里百一十步至上蔡武津晷尺三寸六分半大率五百二十六
里二百七十步晷差二寸餘而舊說王畿千里影差一寸妄矣今以句股校陽
城中晷夏至尺四寸七分八釐冬至丈二尺七寸一分半定春秋分五尺四寸
三分以覆矩斜視極出地三十四度十分度之四自滑臺表視之極高三十五

度三分冬至丈三尺定春秋分五尺五寸六分自浚儀表視之極高三十四度
八分冬至丈二尺八寸五分定春秋分五尺五寸自扶溝表視之極高三十四
度三分冬至丈二尺五寸五分定春秋分五尺三寸七分上蔡武津表視之極
高三十三度八分冬至丈二尺三寸八分定春秋分五尺二寸八分其北極去
地雖秒分微有盈縮難以目校大率三百五十一里八十步而極差一度極之
遠近異則黃道軌景固隨而變矣自此爲率推之比歲武陵晷夏至七寸七分
冬至丈五寸三分春秋分四尺三寸七分半以圖測之定氣四尺四寸七分按
圖斜視極高二十九度半差陽城五度三分蔚州橫野軍夏至二尺二寸九分
冬至丈五尺八寸九分春秋分六尺四寸四分半以圖測之定氣六尺六寸二
分半按圖斜視極高四十度差陽城五度三分凡南北之差十度半其徑三千
六百八十八里九十步自陽城至武陵千八百二十六里七十六步自陽城至
橫野千八百六十一里二百十四步夏至晷差尺五寸三分自陽城至武陵差
七寸三分自陽城至橫野差八寸冬至晷差五尺三寸六分自陽城至武陵差

二尺一寸八分自陽城至橫野差三尺一寸八分率夏至與南方差少冬至與
北方差多又以圖校安南日在天頂北二度四分極高二十度四分冬至晷七
尺九寸四分定春秋分二尺九寸三分夏至在表南三寸三分差陽城十四度
三分其徑五千二十三里至林邑日在天頂北六度六分彊極高十七度四分
周圓三十五度常見不隱冬至晷六尺九寸定春秋分二尺八寸五分夏至在
表南五寸七分其徑六千一百一十二里若令距陽城而北至鐵勒之地亦差
十七度四分與林邑正等則五月日在天頂南二十七度四分極高五十二度
周圓百四度常見不隱北至晷四尺一寸三分南至晷二丈九尺二寸六分定
春秋分晷五尺八寸七分其沒地纔十五餘度夕沒亥西晨出丑東校其里數
已在回紇之北又南距洛陽九千八百一十五里則極長之晝其夕常明然則
骨利幹猶在其南矣吳中常侍王蕃考先儒所傳以戴日下萬五千里爲句股
斜射陽城考周徑之率以揆天度當千四百六里二十四步有餘今測日晷距
陽城五千里已在戴日之南則一度之廣皆三分減二南北極相去八萬里其

徑五萬里宇宙之廣豈若是乎然則蓄之術以蠡測海者也古人所以恃句股術謂其有證於近事顧未知目視不能及遠遠則微差其差不已遂與術錯矣游於太湖廣袤不盈百里見日月朝夕出入湖中及其浮于巨海不知幾千萬里猶見日月朝夕出入其中矣若於朝夕之際俱設重差而望之必將大小同術無以分矣橫既有之縱亦宜然又若樹兩表南北相距十里其崇皆數十里置大炬於南表之端而植八尺之木於其下則當無影試從南表之下仰望北表之端必將積微分之差漸與南表參合表首參合則置炬於其上亦當無影矣又置大炬於北表之端而植八尺之木於其下則當無影試從北表之下仰望南表之端又將積微分之差漸與北表參合表首參合則置炬於其上亦當無影矣復於二表間更植八尺之木仰而望之則表首環屈相合若置火炬於兩表之端皆當無影矣夫數十里之高與十里之廣然猶斜射之影與仰望不殊今欲憑晷差以指遠近高下尚不可知而況稽周天里步於不測之中又可必乎十三年南至岱宗禮畢自上傳呼萬歲聲聞於下時山下夜漏未盡自日

觀東望日已漸高據曆法晨初迨日出差二刻半然則山上所差凡三刻餘其冬至夜刻同立春之後春分夜刻同立夏之後自岳趾升泰壇僅二十里而晝夜之差一節設使因二十里之崇以立句股術固不知其所以然況八尺之表乎原古人所以步圭影之意將以節宣和氣輔相物宜不在於辰次之周徑其所以重曆數之意將欲恭授人時欽若乾象不在於渾蓋之是非若乃述無稽之法於視聽之所不及則君子當闕疑而不議也而或者各守所傳之器以術天體謂渾元可任數而測大象可運算而闚終以六家之說迭爲矛楯誠以爲蓋天邪則南方之度漸狹果以爲渾天邪則北方之極寖高此二者又渾蓋之家盡智畢議未能有以通其說也則王仲任葛稚川之徒區區於異同之辨何益人倫之化哉凡晷差冬夏不同南北亦異先儒一以里數齊之遂失其實今更爲覆矩圖南自丹穴北暨幽都每極移一度輒累其差可以稽日食之多少定晝夜之長短而天下之晷皆協其數矣昭宗時太子少詹事邊岡修曆術服其精粹以爲不刊之數也初貞觀中淳風譔法象志因漢書十二次度數始以

唐之州縣配焉而一行以爲天下山河之象存乎兩戒北戒自三危積石負終南地絡之陰東及太華逾河並雷首底柱王屋太行北抵常山之右乃東循塞垣至濊貊朝鮮是謂北紀所以限戎狄也南戒自岷山嶓冢負地絡之陽東及太華連商山熊耳外方桐柏自上洛南逾江漢攜武當荊山至于衡陽乃東循嶺徼達東甌閩中是謂南紀所以限蠻夷也故星傳謂北戒爲胡門南戒爲越門河源自北紀之首循雍州北徼達華陰而與地絡相會並行而東至太行之曲分而東流與涇渭濟瀆相爲表裏謂之北河江源自南紀之首循梁州南徼達華陽而與地絡相會並行而東及荊山之陽分而東流與漢水淮瀆相爲表裏謂之南河故於天象則弘農分陝爲兩河之會五服諸侯在焉自陝而西爲秦涼北紀山河之曲爲晉代南紀山河之曲爲巴蜀皆負險用武之國也自陝而東三川中岳爲成周西距外方大伾北至于濟南至于淮東達鉅野爲宋鄭陳蔡河內及濟水之陽爲鄁衞漢東濱淮水之陰爲申隨皆四戰用文之國也北紀之東至北河之北爲邢趙南紀之東至南河之南爲荊楚自北河下流南

距岱山爲三齊夾右碣石爲北燕自南河下流北距岱山爲鄒魯南涉江淮爲吳越皆負海之國貨殖之所阜也自河源循塞垣北東及海爲戎狄自江源循嶺徼南東及海爲蠻越觀兩河之象與雲漢之所始終而分野可知矣於易五月一陰生而雲漢潛萌于天稷之下進及井鉞間得坤維之氣陰始達於地上而雲漢上升始交於列宿七緯之氣通矣東井據百川上流故鶉首爲秦蜀墟得兩戒山河之首雲漢達坤維右而漸升始居列宿上觜觿參伐皆直天關表而在河陰故實沈下流得大梁距河稍遠涉陰亦深故其分野自漳濱卻負恆山居北紀衆山之東南外接髦頭地皆河外陰國也十月陰氣進踰乾維始上達于天雲漢至營室東壁間升氣悉究與內規相接故自南正達於西正得雲漢升氣爲山河上流自北正達于東正得雲漢降氣爲山河下流陬訾在雲漢升降中居水行正位故其分野當中州河濟間且王良閣道由紫垣絶漢抵營室上帝離宮也內接成周河內皆豕韋分十一月一陽生而雲漢漸降退及艮維始下接于地至斗建間復與列舍氣通於易天地始交泰象也踰析木津陰

氣益降進及大辰升陽之氣究而雲漢沈潛於東正之中故易雷出地曰豫龍出泉爲解皆房心象也星紀得雲漢下流百川歸焉析木爲雲漢末派山河極焉故其分野自南河下流窮南紀之曲東南負海爲星紀自北河末派窮北紀之曲東北負海爲析木負海者以其雲漢之陰也唯陬訾內接紫宮在王畿河濟間降婁玄枵與山河首尾相遠隣顓頊之墟故爲中州負海之國也其地當南河之北北河之南界以岱宗至于東海自鶉首踰河戒東曰鶉火得重離正位軒轅之祇在焉其分野自河華之交東接祝融之墟北負河南及漢蓋寒燠之所均也自析木紀天漢而南曰大火得明堂升氣天市之都在焉其分野自鉅野岱宗西至陳留北負河濟南及淮皆和氣之所布也陽氣自明堂漸升遠于龍角曰壽星龍角謂之天關於易氣以陽決陰夬象也升陽進踰天關得純乾之位故鶉尾直建巳之月內列太微爲天庭其分野自南河以負海亦純陽地也壽星在天關內故其分野在商亳西南淮水之陰北連太室之東自陽城際之亦巽維地也夫雲漢自坤抵艮爲地紀北斗自乾攜巽爲天綱其分野與

帝車相直皆五帝墟也究咸池之政而在乾維內者降婁也故爲少昊之墟叶北宮之政而在乾維外者陬訾也故爲顓頊之墟成攝提之政而在巽維內者壽星也故爲太昊之墟布太微之政而在巽維外者鶉尾也故爲列山氏之墟得四海中承太階之政者軒轅也故爲有熊氏之墟木金得天地之微氣其神治於季月水火得天地之章氣其神治於孟月故章道存乎至微道存乎終皆陰陽變化之際也若微者沈潛而不及章者高明而過亢皆非上帝之居也斗杓謂之外廷陽精之所布也斗魁謂之會府陽精之所復也杓以治外故鶉尾爲南方負海之國魁以治內故陬訾爲中州四戰之國其餘列舍在雲漢之陰者八爲負海之國在雲漢之陽者四爲四戰之國降婁玄枵以負東海其神主於岱宗歲星位焉星紀鶉尾以負南海其神主於衡山熒惑位焉鶉首實沈以負西海其神主於華山太白位焉大梁析木以負北海其神主於恆山辰星位焉鶉火大火壽星豕韋爲中州其神主於嵩丘鎮星位焉近代諸儒言星土者或以州或以國虞夏秦漢郡國廢置不同周之與也王畿千里及其衰也僅得

河南七縣今又天下一統而直以鶉火爲周分則疆埸舛矣七國之初天下地
形雌韓而雄魏魏地西距高陵盡河東河內北固漳鄴東分梁宋至於汝南韓
據全鄭之地南盡穎川南陽西達虢略距函谷固宜陽北連上地皆綿亘數州
相錯如繡考雲漢山河之象多者或至十餘宿其後魏徙大梁則西河合於東
井秦拔宜陽而上黨入於輿鬼方戰國未滅時星家之言屢有明效今則同在
畿甸之中矣而或者猶據漢書地理志推之是守甘石遺術而不知變通之數
也又古之辰次與節氣相係各據當時歷數與歲差遷徙不同今更以七宿之
中分四象中位自上元之首以度數紀之而著其分野其州縣雖改隸不同但
據山河以分爾須女虛危玄枵也初須女五度餘二千三百七十四秒四少中
虛九度終危十二度其分野自濟北東踰濟水涉平陰至于山茌循岱岳衆山
之陰東南及高密又東盡萊夷之地得漢北海千乘淄川濟南齊郡及平原渤
海九河故道之南濱于碣石古齊紀祝淳于萊譚寒及斟尋有過有鬲蒲姑氏
之國其地得陬訾之下流自濟東達于河外故其象著爲天津絕雲漢之陽凡

司人之星與羣臣之錄皆主虛危故岱宗爲十二諸侯受命府又下流得婺女當九河末派比于星紀與吳越同占營室東壁陬訾也初危十三度餘二千九百二十六秒一太中營室十二度終奎一度自王屋太行而東得漢河內至北紀之東隅北負漳鄴東及館陶聊城又自河濟之交涉滎波濱濟水而東得東郡之地古邶鄘衛凡胙刊雍共微觀南燕昆吾豕韋之國自閣道王良至東壁在豕韋爲上流當河內及漳鄴之南得山河之會爲離宮又循河濟而東接玄枵爲營室之分奎婁降婁也初奎二度餘千二百一十七秒十七少中婁一度終胃三度自蛇丘肥城南屆鉅野東達梁父循岱岳衆山之陽以負東海又濱泗水經方輿沛留彭城東至于呂梁乃東南抵淮並淮水而東盡徐夷之地得漢東平魯國琅邪東海泗水城陽古魯薛邾莒小邾徐郯鄫鄅邳邿任宿須句顓臾牟遂鑄夷介根牟及大庭氏之國奎爲大澤在陬訾下流當鉅野之東陽至于淮泗婁胃之墟東北負山蓋中國膏腴地百穀之所阜也胃得馬牧之氣與冀之北土同占胃昴畢大梁也初胃四度餘二千五百四十九秒八太中昴

六度終畢九度自魏郡濁漳之北得漢趙國廣平鉅鹿常山東及清河信都北據中山真定全趙之分又北逾衆山盡代郡鴈門雲中定襄之地與北方羣狄之國北紀之東陽表裏山河以蕃屏中國爲畢分循北河之表西盡塞垣皆髦頭故地爲昴分冀之北土馬牧之所蕃庶故天苑之象存焉觜觿參伐實沈也初畢十度餘八百四十一秒四之一中參七度終東井十一度自漢之河東及上黨太原盡西河之地古晉魏虞唐耿揚霍冀黎郇與西河戎狄之國西河之濱所以設險限秦晉故其地上應天闕其南曲之陰在晉地衆山之陽南曲之陽在秦地衆山之陰陰陽之氣幷故與東井通河東永樂芮城河北縣及河曲豐勝夏州皆東井之分參伐爲戎索爲武政當河東盡大夏之墟上黨次居下流與趙魏接爲觜觿之分東井輿鬼鶉首也初東井十二度餘二千一百七十二秒十五太中東井二十七度終柳六度自漢三輔及北地上郡安定西自隴坻至河右西南盡巴蜀漢中之地及西南夷犍爲越巂益州郡極南河之表東至牂牁古秦梁豳芮豐畢駘扛有扈密須庸蜀羌髳之國東井居兩河之陰自

山河上流當地絡之西北與鬼居兩河之陽自漢中東盡華陽與鶉火相接當
地絡之東南鶉首之外雲漢潛流而未達故狼星在江河上源之西弧矢犬雞
皆徼外之備也西羌吐蕃吐谷渾及西南徼外夷人皆占狼星柳七星張鶉火
也初柳七度餘四百六十四秒七少中七星七度終張十四度北自滎澤滎陽
並京索暨山南得新鄭密縣至外方東隅斜至方城抵桐柏北自宛葉南暨漢
東盡漢南陽之地又自雒邑負北河之南西及函谷逾南紀達武當漢水之陰
盡弘農郡以淮源桐柏東陽為限而申州屬壽星古成周虢鄭管鄶東虢密滑
焦唐隨申鄧及祝融氏之都新鄭為軒轅祝融之墟其東鄙則入壽星柳在輿
鬼東又接漢源當商洛之陽接南河上流七星係軒轅得土行正位中岳象也
河南之分張直南陽漢東與鶉尾同占翼軫鶉尾也初張十五度餘千七百九
十五秒二十二太中翼十二度終軫九度自房陵白帝而東盡漢之南郡江夏
東達廬江南部濱彭蠡之西得長沙武陵又逾南紀盡鬱林合浦之地自沅湘
上流西達黔安之左皆全楚之分自富昭象龔繡容白廉州已西亦鶉尾之墟

古荊楚鄖鄀羅權巴夔與南方蠻貊之國翼與咮張同象當南河之北軫在天
關之外當南河之南其中一星主長沙逾嶺徼而南爲東甌青丘之分安南諸
州在雲漢上源之東陽宜屬鶉火而柳七星張皆當中州不得連負海之地故
麗于鶉尾角亢壽星也初軫十度餘八十七秒十四少中角八度終氐一度自
原武管城濱河濟之南東至封丘陳留盡陳蔡汝南之地逾淮源至于弋陽西
涉南陽郡至于桐柏又東北抵嵩之東陽中國地絡在南北河之閒首自西傾
極于陪尾故隨申光皆豫州之分宜屬鶉火古陳蔡許息江黃道柏沈賴蓼須
頓胡防弦厲之國氐涉壽星當洛邑衆山之東與亳土相接次南直潁水之閒
曰太昊之墟爲亢分又南涉淮氣連鶉尾在成周之東陽爲角分氐房心大火
也初氐二度餘千四百一十九秒五太中房二度終尾六度自雍丘襄邑小黃
而東循濟陰界于齊魯右泗水達于呂梁乃東南接太昊之墟盡漢濟陰山陽
楚國豐沛之地古宋曹郕滕茅郜蕭葛向城偪陽申父之國商亳負北河陽氣
之所升也爲心分豐沛負南河陽氣之所布也爲房分其下流與尾同占西接

陳鄭爲氏分尾箕析木津也初尾七度餘二千七百五十秒二十一少中箕五度終南斗八度自渤海九河之北得漢河閒涿郡廣陽及上谷漁陽右北平遼西遼東樂浪玄菟古北燕孤竹無終九夷之國尾得雲漢之末派龜魚麗焉當九河之下流濱于渤碣皆北紀之所窮也箕與南斗相近爲遼水之陽盡朝鮮三韓之地在吳越東南斗牽牛星紀也初南斗九度餘千四十二秒十二太中南斗二十四度終女四度自廬江九江負淮水南盡臨淮廣陵至于東海又逾南河得漢丹陽會稽豫章西濱彭蠡南涉越門訖蒼梧南海逾嶺表自韶廣以西珠崖以東爲星紀之分也古吳越羣舒廬桐六蓼及東南百越之國南斗在雲漢下流當淮海閒爲吳分牽牛去南河寖遠自豫章迄會稽南逾嶺徼爲越分島夷蠻貊之人聲教所不暨皆係于狗國云

唐書卷三十一

唐書卷三十二

宋　翰　林　學　士　歐　陽　修　撰

志第二十二

天文志

日食武德元年十月壬申朔日有食之在氐五度占曰諸侯專權則其應在所宿國諸侯附從則爲王者事四年八月丙戌朔日有食之在翼四度楚分也六年十二月壬寅朔日有食之在南斗十九度吳分也九年十月丙辰朔日有食之在氐七度貞觀元年閏三月癸丑朔日有食之在胃九度九月庚戌朔日有食之在亢五度胃爲天倉亢爲疏廟二年三月戊申朔日有食之在婁十一度占爲大臣憂三年八月己巳朔日有食之在翼五度占曰旱四年閏正月丁卯朔日有食之在營室四度七月甲子朔日有食之在張十四度占爲禮失六年正月乙卯朔日有食之在虛九度虛耗祥也八年五月辛未朔日有食之在參七度九年閏四月丙寅朔日有食之在畢十三度占爲邊兵十一年三月丙戌

朔日有食之在婁二度占爲大臣憂十二年閏二月庚辰朔日有食之在奎九度奎武庫也十三年八月辛未朔日有食之在翼十四度翼爲遠夷十七年六月己卯朔日有食之在東井十六度京師分也十八年十月辛丑朔日有食之在房三度房將相位二十年閏三月癸巳朔日有食之在胃九度占曰主有疾二十二年八月己酉朔日有食之在翼五度占曰旱顯慶五年六月庚午朔日有食之在柳五度龍朔元年五月甲子晦日有食之在東井二十七度皆京師分也麟德二年閏三月癸酉朔日有食之在胃九度占曰主有疾乾封二年八月己酉朔日有食之在翼六度總章二年六月戊申朔日有食之在東井二十九度咸亨元年六月壬寅朔日有食之在東井十八度二年十一月甲午朔日有食之在箕九度三年十一月戊子朔日有食之在尾十度東井京師分箕爲后妃之府尾爲後宮五年三月辛亥朔日有食之在婁十三度占爲大臣憂永隆九年十一月壬申朔日有食之在尾十六度開耀元年十月丙寅朔日有食之在尾四度永淳元年四月甲子朔日有食之在畢五度十月庚申朔日有食

之在房三度垂拱二年二月辛未朔日有食之在營室十五度四年六月丁亥朔日有食之在東井二十七度京師分也天授二年四月壬寅朔日有食之在昴七度如意元年四月丙申朔日有食之在胃十一度皆正陽之月長壽二年九月丁亥朔日有食之在角十度角內爲天廷延載元年九月壬午朔日有食之在軫十八度軫爲車騎證聖元年二月己酉朔日有食之在營室五度聖曆三年五月己酉朔日有食之在畢十五度長安二年九月乙丑朔日有食之幾既在角初度二年三月壬戌朔日有食之在奎十度占曰君不安九月庚寅朔日有食之在亢七度神龍三年六月丁卯朔日有食之在東井二十八度京師分也景龍元年十二月乙丑朔日有食之在南斗二十一度斗爲丞相位先天元年九月丁卯朔日有食之在角十度開元三年七月庚辰朔日有食之在張四度七年五月己丑朔日有食之在畢十五度九年九月乙巳朔日有食之在軫十八度十二年閏十二月丙辰朔日有食之在虛初度十七年十月戊午朔日有食之不盡如鉤在氐九度二十年二月甲戌朔日有食之在營室十度八

月辛未朔日有食之在翼七度二十一年七月乙丑朔日有食之在張十五度二十二年十二月戊子朔日有食之在南斗二十三度二十三年閏十一月壬午朔日有食之在南斗十一度二十六年九月丙申朔日有食之在亢九度二十八年三月丁亥朔日有食之在婁三度天寶元年七月癸卯朔日有食之在張五度五載五月壬子朔日有食之在畢十六度十三載六月乙丑朔日有食之幾既在東井十九度京師分也至德元載十月辛巳朔日有食之既在氐十度上元二年七月癸未朔日有食之既大星皆見在張四度大曆三年三月乙巳朔日有食之在奎十一度十年十月辛酉朔日有食之在氐十一度宋分也十四年七月戊辰朔日有食之在張四度十二月丙寅晦日有食之在危十二度貞元二年八月辛巳朔日有食之在軫八度五年正月甲辰朔日有食之在營室六度八年十一月壬子朔日有食之在尾六度宋分也十二年八月己未朔日有食之在翼十八度占曰旱十七年五月壬戌朔日有食之在東井十度元和三年七月辛巳朔日有食之在七星三度十年八月己亥朔日有食之在

翼十八度十三年六月癸丑朔日有食之在輿鬼一度京師分也長慶二年四月辛酉朔日有食之在胃十三度三年九月壬子朔日有食之在角十一度太和八年二月壬午朔日有食之在奎一度開成元年正月辛丑朔日有食之在虛三度會昌三年二月庚申朔日有食之在東壁一度幷州分也四年二月甲寅朔日有食之在營室七度五年七月丙午朔日有食之在張七度六年十二月戊辰朔日有食之在南斗十四度大中二年五月己未朔日有食之在參九度八年正月丙戌朔日有食之在危一度危爲玄枵亦耗祥也咸通四年七月辛卯朔日有食之在張十七度乾符三年九月乙亥朔日有食之在軫十四度四年四月壬申朔日有食之在畢三度六年四月庚申朔日有食之既在胃八度文德元年三月戊戌朔日有食之在胃一度天祐元年十月辛卯朔日有食之在心二度三年四月癸未朔日有食之在胃十二度凡唐著紀二百八十九年日食九十三朔九十一晦二日

日變貞觀初突厥有五日並照二十三年三月日赤無光李淳風曰日變色有

軍急又曰其君無德其臣亂國濮陽復曰日無光主病咸亨元年二月壬子日
赤無光癸丑四方濛濛日有濁氣色赤如赭上元二年三月丁未日赤如赭永
淳元年三月日赤如赭文明元年二月辛巳日赤如赭長安四年正月壬子日
赤如赭景龍三年二月庚申日色紫赤無光開元十四年十二月己未日赤如
赭二十九年三月丙午風霾日無光近晝昏也占爲上刑急人不樂生天寶三
載正月庚戌日暈五重占曰是謂棄光天下有兵肅宗上元二年二月乙酉白
虹貫日大曆二年七月丙寅日旁有青赤氣長四丈餘壬申日上有赤氣長二
丈九月乙亥至于辛丑日旁有青赤氣三年正月丁巳日有黃冠青赤珥辛丑
亦如之凡氣長而立者爲直橫者爲格立于日上者爲冠直爲有自立者格爲
戰鬭又曰赤氣在日上君有佞臣黃爲土功青赤爲憂貞元二年閏五月壬戌
日有黑暈六年正月甲子日赤如血十年三月乙亥黃霧四塞日無光元和二
年十月壬午日傍有黑氣如人形跪手捧盤向日盤中氣如人頭四年閏三月
日傍有物如日五年四月辛未白虹貫日十年正月辛卯日外有物如烏十一

年正月己卯日紫赤無光長慶元年六月己丑白虹貫日三年二月庚戌白虹貫日寶曆元年六月甲戌赤虹貫日九月甲申日赤無光二年三月甲午日中有黑氣如柸辛亥日中有黑子四月甲寅白虹貫日太和二年二月癸亥日無光白霧晝昏十二月癸亥有黑祲與日如鬬五年二月辛丑白虹貫日六年三月有黑祲與日如鬬庚戌日中有黑子四月乙丑黑氣蔽日七年正月庚戌白虹貫日八年七月甲戌白虹貫日日有交暈十月壬寅白虹貫日東西際天上有背玦九年二月辛卯日月赤如血壬辰亦如之開成元年正月辛丑朔白虹貫日二月己丑亦如之二年十一月辛巳日中有黑子大如雞卵日赤如赭晝昏至于癸未五年正月己丑日暈白虹在東如玉環貫珥二月丙辰日有重暈有赤氣夾日十二月癸卯朔日旁有黑氣來觸會昌元年十一月庚戌日中有黑子四年正月戊申日無光二月己巳白虹貫日如玉環大中十三年四月甲午日暗無光咸通六年正月白虹貫日中有黑氣如雞卵七年十二月癸酉白氣貫日日有重暈甲戌亦如之白氣兵象也十四年二月癸卯白虹貫日乾符

元年日中有黑子二年日中有若飛鷰者六年十一月丙辰朔有兩日並出而
鬬三日乃不見鬬者離而復合也廣明元年日暈如虹黃氣蔽日無光日不可
以二虹百殃之本也中和三年三月丙午日有青黃暈四月丙辰亦如之丁巳
戊午又如之光啓三年十一月己亥下晡日上有黑氣四年二月己丑日赤如
血庚寅改元文德是日風日赤無光景福元年五月日色散如黃金光化三年
冬日有虹蜺背璚彌旬日有赤氣自東北至于東南天復元年十月日色散如
黃金十一月又如之三年二月丁丑日有赤氣自東北至于東南天祐元年二
月丙寅日中見北斗其占重十一月癸酉日中日有黃暈旁有青赤氣二二年
正月甲申日有黃白暈暈上有青赤背乙酉亦如之暈中生白虹漸東長百餘
丈二月己巳日有黃白暈如半環有蒼黑雲夾日長各六尺餘旣而雲變狀如
人如馬乃消舊占背者叛背之象日暈有虹者爲大戰半暈者相有謀蒼黑祲
祥也夾日者賊臣制君之象變而如人者爲叛臣如馬者爲兵三年正月辛未
日有黃白暈上有青赤背二月癸巳日有黃白暈如半環有青赤背庚戌日有

黃白暈青赤背

月變貞觀初突厥有三月並見儀鳳二年正月甲子朔月見西方是謂朓朓則侯王其舒武太后時月過望不虧者二天寶三載正月庚戌日有紅氣如垂帶肅宗元年建子月癸巳乙夜月掩昴而暈色白有白氣自北貫之昴胡也白氣兵喪建辰月丙戌月有黃白冠連暈圍東井五諸侯兩河及輿鬼東井京師分也大曆十年九月戊申月暈熒惑畢昴參東及五車暈中有黑氣乍合乍散十二月丙子月出東方上有白氣十餘道如匹練貫五車及畢觜觿參東井輿鬼柳軒轅中夜散去占曰女主凶白氣爲兵喪五車主庫兵軒轅爲後宮其宿則晉分及京師也元和十一年己未旦日已出有虹貫月于營室開成四年閏正月甲申朔乙酉月在營室正偃魄質成早也占爲臣下專恣之象五年正月戊寅朔甲申月昏而中未弦而中早也占同上景福二年十一月有白氣如環貫月穿北斗連太微天復二年十二月甲申夜月有三暈裏白中赤黃外綠天祐三年二月丙申月暈熒惑

孛彗武德九年二月壬午有星孛于胃昴間丁亥孛于卷舌孛與彗皆非常惡氣所生而災甚于彗貞觀八年八月甲子有星孛于虛危歷玄枵乙亥不見十二年三月乙丑有星孛于畢昴十五年六月己酉有星孛于太微犯郎位七月甲戌不見龍朔三年八月癸卯有彗星于左攝提長二尺餘乙巳不見攝提建時節大臣象乾封二年四月丙辰有彗星于東北在五車畢昴間乙亥不見上元二年十二月壬午有彗星于角亢南長五尺三年七月丁亥有彗星于東井指北河長三尺餘東北行光芒益盛長三尺掃中台指文昌九月乙酉不見東井京師分中台文昌將相位兩河天闕也開耀元年九月丙申有彗星于天市中長五丈漸小東行至河鼓癸丑不見市者貨食之所聚以衣食生民者一曰帝將遷都河鼓將軍象永淳二年三月丙午有彗星于五車北四月辛未不見光宅元年九月丁丑有星如半月見于西方月衆陰之長星如月者陰盛之極文明元年七月辛未夕有彗星于西方長丈餘八月甲辰不見是謂天攙景龍元年十月壬午有彗星于西方十一月甲寅不見二年二月丁酉有星孛于胃

昴閒胡分也八月壬辰有星孛于紫宮延和元年六月有彗星自軒轅入太微
至大角滅開元十八年六月甲子有彗星于五車癸酉有星孛于畢昴二十六
年三月丙子有星孛于紫宮垣歷北斗魁旬餘因雲陰不見乾元三年四月丁
巳有彗星于東方在婁胃閒色白長四尺東方疾行歷昴畢觜觿參東井輿鬼
柳軒轅至右執法西凡五旬餘不見閏月辛酉朔有彗星于西方長數丈至五
月乃滅婁爲魯胃昴畢爲趙觜觿參爲唐東井輿鬼爲京師分柳其半爲周分
二彗仍見者荐禍也又婁胃閒天倉大曆元年十二月己亥有彗星于匏瓜長
尺餘經二旬不見犯宦者星五年四月己未有彗星于五車光芒蓬勃長三丈
五月己卯彗星見于北方色白癸未東行近八穀中星六月癸卯近三公己未
不見占曰色白者太白所生也七年十二月丙寅有長星于參下其長亘天長
星彗屬參唐星也元和十年三月有長星于太微尾至軒轅十二年正月戊子
有彗星于畢長慶元年正月己未有星孛于翼二月丁卯孛于太微西上將六
月有彗星于昴長一丈凡十日不見太和二年七月甲辰有彗星于右攝提南

長二尺三年十月客星見于水位八年九月辛亥有彗星于太微長丈餘西北行越郎位庚申不見開成二年二月丙午有彗星于危長七尺餘西指南斗戊申在危西南芒耀愈盛癸丑在虛辛酉長丈餘西行稍南指壬戌在婺女長二丈餘廣三尺癸亥愈長且闊三月甲子在南斗乙丑長五丈其末兩岐一指氐一掩房丙寅長六丈無岐北指在亢七度丁卯西北行東指己巳長八丈餘在張癸未長三尺在軒轅右不見凡彗星晨出則西指夕出則東指乃常也未有遍指四方淩犯如此之甚者甲申客星出于東井下戊子客星別出于端門內近屏星四月丙午東井下客星沒五月癸酉端門內客星沒壬午客星如孛在南斗天籥旁八月丁酉有彗星于虛危虛危爲玄枵枵耗名也三年十月乙巳有彗星于軫魁長二丈餘漸長西指十一月乙卯有彗星于東方在尾箕東西亘天十二月壬辰不見四年正月癸酉有彗星于羽林衛分也閏月丙午有彗星于卷舌西北二月己卯不見五年二月庚申有彗星于營室東壁間二十日滅十一月戊寅有彗星于東方燕分也會昌元年七月有彗星于羽林營室東

壁間也十一月壬寅有彗星于北落師門在營室入紫宮十二月辛卯不見并
州分也大中六年三月有彗星于觜參參唐星也十一年九月乙未有彗星于
房長三尺咸通五年五月己亥夜漏未盡一刻有彗星出于東北色黃白長三
尺在婁徐州分也九年正月有彗星于婁胃十年八月有彗星于太陵東北指
占爲外夷兵及水災乾符四年五月有彗星光啓元年有彗星于積水積薪之
間二年五月丙戌有星孛于尾箕歷北斗攝提占曰貴臣誅大順二年四月庚
辰有彗星于三台東行入太微掃大角天市長十丈餘五月甲戌不見宦者陳
匡知星奏曰當有亂臣入宮三台太一三階也太微大角帝廷也天市都市也
景福元年五月蚩尤旗見初出有白彗形如髮長二尺許經數日乃從中天下
如匹布至地如虵六月孫儒攻楊行密于宣州有黑雲如山漸下墜于儒營上
狀如破屋占曰營頭星也十一月有星孛于斗牛占曰越有自立者十二月丙
子天攙出于西南己卯化爲雲而沒二年三月天久陰至四月乙酉夜雲稍開
有彗星于上台長十餘丈東行入太微掃大角入天市經三旬有七日益長至

二十餘丈因雲陰不見乾寧元年正月有星孛于鶉首秦分也又星隕于西南
有聲如雷七月妖星見非彗非孛不知其名時人謂之妖星或曰惡星三年十
月有客星三一大二小在虛危閒乍合乍離相隨東行狀如鬬經三日而二小
星沒其大星後沒虛危齊分也光化三年正月客星出于中垣宦者旁大如桃
光熖射宦者宦者不見天復元年五月有三赤星各有鋒芒在南方既而西方
北方東方亦如之頃之又各增一星凡十六星少時先從北滅占曰濛星也見
則諸侯兵相攻二年正月客星如桃在紫宮華蓋下漸行至御女丁卯有流星
起文昌抵客星客星不動己巳客星在杠守之至明年猶不去占曰將相出兵
五月夕有星當箕下如炬火炎炎上衝人初以爲燒火也高丈餘乃隕占曰機
星也下有亂天祐元年四月有星狀如人首赤身黑在北斗下紫微中占曰天
衝也天衝抱極泣帝前血濁霧下天下冤後三日而黑風晦暝二年四月庚子
夕西北隅有星類太白上有光似彗長三四丈色如赭辛丑夕色如縞或曰五
車之水星也一曰昭明星也甲辰有彗星于北河貫文昌長三丈餘陵中台下

台五月乙丑夜自軒轅左角及天市西垣光芒猛怒其長亘天丙寅雲陰至辛未少霽不見兩河爲天闕在東井間而北河中國所經也文昌天之六司天市都市也

星變武德三年十月己未有星隕于東都中隱隱有聲貞觀二年天狗隕于夏州城中十四年八月有星隕于高昌城中十六年六月甲辰西方有流星如月西南行三丈乃滅占曰星甚大者爲人主十八年五月流星出東壁有聲如雷占曰聲如雷者怒象十九年四月己酉有流星向北斗杓而滅永徽三年十月有流星貫北極四年十月睦州女子陳碩真反婺州刺史崔義玄討之有星隕于賊營乾封元年正月癸酉有星出太微東流有聲如雷咸亨元年十一月西方有流星聲如雷調露元年十一月戊寅流星入北斗魁中乙巳流星燭地有光使星也神龍三年三月丙辰有流星聲如頹牆光燭天地景龍二年二月癸未有大星隕于西南聲如雷野雉皆雊景雲元年八月己未有流星出五車至上台滅九月甲申有流星出中台至相滅太極元年正月辛卯有流星出太微

至相滅延和元年六月幽州都督孫佺討奚契丹出師之夕有大星隕于營中開元二年五月乙卯晦有星西北流或如甕或如斗貫北極小者不可勝數天星盡搖至曙乃止占曰星民象流者失其所也漢書曰星搖者民勞十二年十月壬辰流星大如桃色赤黃有光燭地占曰色赤爲將軍使天寶三載閏二月辛亥有星如月墜于東南墜後有聲至德二載賊將武令珣圍南陽四月甲辰夜中有大星赤黃色長數十丈光燭地墜賊營中十一月壬戌有流星大如斗東北流長數丈蛇行屈曲有碎光迸出占曰是謂枉矢廣德二年六月丁卯有妖星隕于汾州十二月丙寅自乙夜至曙星流如雨大曆二年九月乙丑晝有星如一斗器色黃有尾長六丈餘出南方沒于東北東北于中國則幽州分也三年九月乙亥有星大如斗北流有光燭地占爲貴使六年九月甲辰有星西流大如一斗器光燭地有尾迸光如珠長五丈出婺女入天市南垣滅八年六月戊辰有流星大如一升器有尾長三丈餘入太微十二月壬申有流星大如一升器有尾長二丈餘出紫微入濁十年三月戊戌有流星出于西方如二升

器有尾長二丈入濁十二年二月辛亥有流星如桃尾長十丈出匏瓜入太微

建中四年八月庚申有星隕于京師興元元年六月戊午星或什或伍而隕貞

元三年閏五月戊寅枉矢墜于虛危十四年閏五月辛亥有星墜于東北光燭

如晝聲如雷元和二年十二月己巳西北有流星亘天尾散如珠占曰有貴使

四年八月丁丑西北有大星東南流聲如雷鼓六年三月戊戌日晡天陰寒有

流星大如一斛器墜于兗鄆間聲震數百里野雉皆雊所墜之上有赤氣如立

蛇長丈餘至夕乃滅時占者以爲日在戌魯分也不及十年其野主殺而地分

九年正月有大星如半席自下而升有光燭地羣小星隨之四月辛巳有大流

星尾迹長五丈餘光燭地至右攝提西滅十二年九月己亥甲夜有流星起中

天首如甕尾如二百斛船長十餘丈聲如羣鴨飛明若火炬過月下西流須臾

有聲蘡蘡墜地有大聲如壞屋者三在陳蔡間十四年五月己亥有大流星出

北斗魁長二丈餘南抵軒轅而滅占曰有赦赦視星之大小十五年七月癸亥

有大星出鉤陳南流至婁滅長慶元年正月丙辰有大星出狼星北色赤有尾

迹長三丈餘光燭地東北流至七星南滅四月有大星墜于吳聲如飛羽七月
乙巳有大流星出參西北色黃有尾迹長六七丈光燭地至羽林滅八月辛巳
東北方有大星自雲中出色白光燭地前銳後大長二丈餘西北流入雲中滅
二年四月辛亥有流星出天市光燭地隱隱有聲至郎位滅市者小人所聚郎
在天廷中主宿衛六月丁酉有小星隕于房心間戊戌亦如之己亥亦如之閏
十月丙申有流星大如斗抵中台上星三年八月丁酉夜有大流星如數斗器
起西北經奎婁東南流去月甚近迸光散落墜地有聲四年四月紫微中星隕
者衆十月乙卯有大流星出天船犯斗魁樞星而滅占曰有舟檝事丙子有大
流星出天將軍東北入濁寶曆元年正月乙卯有流星出北斗樞星光燭地入
濁占曰有赦二年五月癸巳西北有流星長三丈餘光燭地入天市中滅占爲
有誅七月丙戌日初入東南有流星向南滅以晷度推之在箕斗間八月丙申
有大流星出王良長四丈餘至北斗杓滅王良奉車御官也太和四年六月辛
未自昏至戌夜流星或大或小觀者不能數占曰民失其所王者失道綱紀廢

則然又曰星在野象物在朝象官七年六月戊子自昏及曙四方流星大小縱橫百餘八年六月辛巳夜中有流星出河鼓赤色有尾迹光燭地迸如散珠北行近天棓滅有聲如雷河鼓爲將軍天棓者帝之武備九年六月丁酉自昏至丁夜流星二十餘縱橫出沒多近天漢開成二年九月丁酉有星大如斗長五丈自室壁西北流入大角下沒行類枉矢中天有聲小星數百隨之十一月丁丑有大星隕于興元府署寢室之上光燭庭宇三年五月乙丑有大星出于柳張尾長五丈餘再出再沒四年二月己亥丁夜至戊夜四方中天流星小大凡二百餘並西流有尾迹長二丈至五丈八月辛未流星出羽林有尾迹長八丈餘有聲如雷羽林天軍也十二月壬申蚩尤旗見會昌元年六月戊辰自昏至戊夜小星數十縱橫流散占曰小星民象七月庚午北方有星光燭地東北流經王良有聲如雷十一月壬寅有大星東北流光燭地有聲如雷四年八月丙午有大星如炬火光燭天地自奎婁掃西北七宿而隕六年二月辛丑夜中有流星赤色如桃光燭地有尾迹貫紫微入濁咸通六年七月乙酉甲夜有大流

星長數丈光爍如電羣小星隨之自南徂北其象南方有以衆叛而之北也九
年十一月丁酉有星出如匹練亘空化爲雲而沒在楚分是謂長庚見則兵起
十三年春有二星從天際而上相從至中天狀如旌旗乃隕九月蚩尤旗見乾
符二年冬有二星一赤一白大如斗相隨東南流燭地如月漸大光芒猛怒三
年晝有星如炬火大如五升器出東北徐行隕于西北四年七月有大流星如
盂自虛危歷天市入羽林滅占爲外兵中和元年有異星出于輿鬼占者以爲
惡星八月己丑夜星隕如雨或如桮椀者交流如織庚寅夜亦如之至丁酉止
三年十一月夜星隕于西北如雨光啓二年九月有大星隕于揚州府署延和
閣前聲如雷光炎燭地十月壬戌有星出于西方色白長一丈五尺屈曲而隕
占曰長庚也下則流血三年五月秦宗權擁兵于汴州北郊晝有大星隕于其
營聲如雷是謂營頭其下破軍殺將乾寧元年夏有星隕于越州後有光長丈
餘狀如蛇或曰枉矢也三年六月天暴雷雨電有星大如椀起西南墜于東北
色如鶴練聲如羣鴨飛占爲姦謀光化元年九月丙子有大星墜于北方三年

三月丙午有星如二十斛船色黃前銳後大西南行十一月中天有大星自東緩流如帶屈曲光凝著天食頃乃滅是謂枉矢天復三年二月帝至自鳳翔其明日有大星如月自東濁際西流有聲如雷尾跡橫貫中天三夕乃滅天祐元年五月戊寅乙夜雨晦暝有星長二十丈出東方西南向首黑尾赤中白枉矢也一曰長星二年三月乙丑夜中有大星出中天如五斗器流至西北去地十丈許而止上有星芒炎如火赤而黃長丈五許而蛇行小星皆動而東南其隕如雨少頃沒後有蒼白氣如竹叢上衝天中色瞢瞢占曰亦枉矢也三年十二月昏東方有星如太白自地徐上行極緩至中天如上弦月乃曲行頃之分爲二占曰有大孽

唐書卷三十二

珍倣宋版印

唐書卷三十三

宋翰林學士歐陽修撰

志第二十三

天文志

月五星淩犯及星變隋大業十三年六月鎭星贏而旅于參參唐星也李淳風曰鎭星主福未當居而居所宿國吉義寧二年三月丙午熒惑入東井占曰大人憂武德元年五月庚午太白晝見占曰兵起臣彊六月丙子熒惑犯右執法占曰執法大臣象二年七月戊寅月犯牽牛凡月與列宿相犯其宿地憂牽牛吳越分九月庚寅太白晝見冬熒惑守五諸侯六年七月癸卯熒惑犯輿鬼西南星占曰大臣有誅七年六月熒惑犯右執法七月戊寅歲星犯畢占曰邊有兵八年九月癸丑熒惑入太微太微天廷也冬太白入南斗斗主爵祿九年五月太白晝見六月丁巳經天己未又經天在秦分丙寅月犯氐氐爲天子宿宮己卯太白晝見七月辛亥晝見甲寅晝見八月丁巳晝見太白上公經天者陰

乘陽也貞觀三年三月丁丑歲星逆行入氐占曰人君治宮室過度一曰饑五
年五月庚申鎮星犯鍵閉占爲腹心喉舌臣九年四月丙午熒惑犯軒轅十年
四月癸酉復犯之占曰熒惑主禮禮失而後罰出焉軒轅爲後宮十一年二月
癸未熒惑入輿鬼占曰賊在大人側十二年六月辛卯熒惑入東井占曰旱十
三年五月乙巳犯右執法六月太白犯東井北轅井京師分也十四年十一月
壬午月入太微占曰君不安十五年二月熒惑逆行犯太微東上相十六年五
月太白犯畢左股畢爲邊將六月戊戌晝見九月己未熒惑犯太微西上將十
月丙戌入太微犯左執法十七年二月犯鍵閉三月丁巳守心前星癸酉逆行
犯鉤鈐熒惑常以十月入太微受制而出伺其所守犯天子所誅也鍵閉爲腹
心喉舌臣鉤鈐以開闔天心皆貴臣象十八年十一月乙未月掩鉤鈐十九年
七月壬午太白入太微是夜月掩南斗太白遂犯左執法光芒相及箕斗閒漢
津高麗地也太白爲兵亦罰星也二十年七月丁未歲星守東壁占曰五穀以
水傷二十一年四月戊寅月犯熒惑占曰貴臣死十二月丁丑月食昴占曰天

子破匈奴二十二年五月丁亥犯右執法七月太白晝見乙巳鎮星守東井占
曰旱閏十二月辛巳太白犯建星占曰大臣相譖永徽元年二月己丑熒惑犯
東井占曰旱四月己巳月犯五諸侯熒惑犯輿鬼占曰諸侯凶五月己未太白
晝見二年六月己丑太白入太微犯右執法九月甲午犯心前星十二月乙未
太白晝見三年正月壬戌犯牽牛牽牛爲將軍又吳越分也丁亥歲星掩太微
上將二月己丑熒惑犯五諸侯五月戊子掩右執法四年六月己丑太白晝見
六年七月乙亥歲星守尾占曰人主以嬪爲后己丑熒惑入輿鬼八月丁卯入
軒轅顯慶元年四月丁酉太白犯東井北轅占曰秦有兵五年二月甲午熒惑
入南斗六月戊申復犯之南斗天廟去復來者其事大且久也龍朔元年六月
辛巳太白晝見經天九月癸卯犯左執法二年七月己丑熒惑守羽林羽林禁
兵也三年正月己卯犯天街占曰政塞姦出六月乙酉太白入東井占曰君失
政大臣有誅麟德二年三月戊午熒惑犯東井四月壬寅入輿鬼犯質星乾封
元年八月乙巳熒惑入東井二年五月庚申入軒轅三年正月乙巳月犯軒轅

大星咸亨元年四月癸卯月犯東井占曰人主憂七月壬申熒惑入東井占曰
旱丙申月犯熒惑占曰貴人死十二月丙子熒惑入太微二年四月戊辰復犯
太微垣將相位也五年六月壬寅太白入東井上元二年正月甲寅熒惑犯房
占曰君有憂一曰有喪二年正月丁卯太白犯牽牛占曰將軍凶儀鳳二年八
月辛亥太白犯軒轅左角左角貴相也三年十月戊寅熒惑犯鉤鈐四年四月
戊午入羽林占曰軍憂調露元年七月辛巳入天囷永隆元年五月癸未犯輿
鬼丁酉太白晝見經天是謂陰乘陽陽君道也永淳元年五月丁巳辰星犯軒
轅九月庚戌熒惑入輿鬼犯質星十一月乙未復犯輿鬼去而復來是謂句已
垂拱元年四月癸未辰星犯東井北轅辰星爲廷尉東井爲法令失道則相犯
也十二月戊子月掩軒轅大星二年三月丙辰復犯之萬歲通天元年十一月
乙丑歲星犯司怪占曰水旱不時聖曆元年五月庚午太白犯天關天關主邊
事二年熒惑入輿鬼三年三月辛亥歲星犯左執法久視元年十二月甲戌晦
熒惑犯軒轅自乾封二年後月及熒惑太白辰星凌犯軒轅者六長安二年熒

熒惑犯五諸侯渾儀監尚獻甫奏臣命在金五諸侯太史之位火克金臣將死矣
武后曰朕爲卿禳之以獻甫爲水衡都尉水生金又去太史之位卿無憂矣是
秋獻甫卒四年熒惑入月鎮星犯天關神龍元年三月癸巳熒惑犯天田占曰
旱七月辛巳掩氐西南星占曰賊臣在內二年閏正月丁卯月掩軒轅后星九
月壬子熒惑犯左執法己巳月犯軒轅后星十一月辛亥犯昴占曰胡王死戊
午熒惑入氐十二月丁酉犯天江占曰旱三年五月戊戌太白入輿鬼中占曰
大臣有誅景龍三年六月癸巳太白晝見在東井京師分也四年二月癸未熒
惑犯天街五月甲子月犯五諸侯景雲二年三月壬申太白入羽林八月己未
歲星犯執法三月壬申熒惑入東井先天元年八月甲子太白襲月占曰太白
兵象月大臣體二年十一月丙子熒惑犯司怪開元二年七月己丑太白犯輿
鬼東南星七年六月甲戌太白犯東井鉞星占曰斧鉞用八年三月庚午犯東
井北轅五月甲子犯軒轅十一年十一月丁卯歲星犯進賢十四年十月甲寅
太白晝見二十五年六月壬戌熒惑犯房二十七年七月辛丑犯南斗占曰貴

相凶天寶十三載五月熒惑守心五旬餘占曰主去其宮十四載十二月月食
歲星在東井占曰其國亡東井京師分也至德二載七月己酉太白晝見經天
至于十一月戊午不見歷秦周楚鄭宋燕之分十二月歲星犯軒轅大星占曰
女主謀君乾元元年五月癸未月掩心前星占曰太子憂六月癸丑入南斗魁
中占曰大人憂二年正月癸未歲星蝕月在翼楚分也一曰饑二月丙辰月犯
心中星占曰主命惡之上元元年五月癸丑月掩昴占曰胡王死八月己酉太
白犯進賢十二月癸未歲星掩房占曰將相憂三年建子月癸巳月掩昴出昴
北八月丁卯又掩昴寶應二年四月己丑月掩歲星占曰饑永泰元年九月辛
卯太白晝見經天大曆二年七月癸亥熒惑入氐其色赤黃乙丑鎮星犯水位
占曰有水災乙亥歲星犯司怪八月壬午月入氐丙申犯畢九月戊申歲星守
東井占皆爲有兵乙丑熒惑犯南斗在燕分十二月丁丑犯壘壁占曰兵起三
年正月壬子月掩畢八月己未復掩畢辛酉入東井九月壬申歲星入輿鬼占
曰歲星爲貴臣輿鬼主死喪丁丑熒惑入太微二旬而出己卯太白犯左執法

四年二月壬寅熒惑守房上相丙午有芒角三月壬午逆行入氐中是月鎮星犯輿鬼七月戊辰熒惑犯次相九月丁卯犯建星占曰大臣相譖五年二月乙巳歲星入軒轅六月丁酉月犯進賢庚子犯氐庚戌太白入東井六年七月乙巳月掩畢入畢中壬子月犯太微八月甲戌熒惑犯鄭星庚辰月入太微九月壬辰熒惑犯哭星庚子犯泣星是夜月掩畢丁未入太微十月丁卯掩畢己巳熒惑犯壘壁甲戌月入軒轅占曰憂在後宮十一月壬寅入太微丙午掩氐十二月己巳入太微七年正月乙未犯軒轅二月戊午掩天關占曰亂臣更天子法令己巳熒惑犯天街四月丁巳入東井辛未歲星犯左角占曰天下之道不通壬申月入羽林五月丙戌入太微八年四月癸丑歲星掩房占曰將相憂又宋分也甲寅熒惑入壘壁五月庚辰入羽林七月己卯太白入東井留七日非常度也占曰秦有兵乙未月入壁中癸未入羽林己丑太白入太微占曰兵入天廷八月晝見十月丁巳月掩畢壬戌入輿鬼掩質星庚午月及太白入氐中占曰君有哭泣事十一月己卯月入羽林癸未太白入房占曰白衣會不曰犯

而曰入蓋鉤鈐間癸丑月掩天關甲寅入東井癸酉入羽林九年三月丁未熒惑入東井四月丁丑月入太微五月己未太白入軒轅占曰憂在後宮六月己卯月掩南斗庚辰入太微七月甲辰掩房辛亥入羽林壬戌入輿鬼九月辛丑太白入南斗占曰有反臣又曰有赦甲子熒惑入氐宋分也十月戊子歲星入南斗占曰大臣有誅十二月戊辰月入羽林十年三月庚戌熒惑入壘壁四月甲子入羽林八月戊辰月入太微十一年閏八月丁酉太白晝見經天十二年正月乙丑月掩軒轅癸酉掩心前星宋分也丙子入南斗魁中二月乙未鎮星入氐中占曰其分兵喪李正己地也三月壬戌月入太微四月乙未掩心前星五月丙辰入太微戊戌入羽林七月庚戌入南斗乙亥熒惑入東井十月壬辰月掩昴庚子入太微十一月乙卯入羽林十二月壬午復入羽林自六年至此月入太微者十有二入羽林者八熒惑三入東井再入羽林三入壘壁月太白歲星皆入南斗魁中十四年春歲星入東井建中元年十一月月食歲星在秦分占曰其國亡是月歲星食天尸天尸輿鬼中星占曰有妖言小人在位君王

失樞死者大半三年七月月掩心中星貞元四年五月丁卯月犯歲星在營室
六月癸卯熒惑逆行入羽林占曰軍有憂六年五月戊辰月犯太白閒容一指
占曰大將死十年四月太白晝見十一年七月熒惑太白相繼犯太微上將十
三年二月戊辰太白入昴三月庚寅月犯太白十九年三月熒惑入南斗色如
血斗吳越分色如血者旱祥也二十一年正月己酉太白犯昴趙分也永貞元
年十二月丙午月犯畢己酉歲星犯太微西垣將相位也元和元年十月太白
入南斗十二月復犯之斗吳分也二年正月癸丑月犯太白于女虛二月壬申
月掩歲星占曰大臣死四月丙子太白犯東井北轅己卯月犯房上相三年三
月乙未鎮星蝕月在氐占曰其地主死四年九月癸亥太白犯南斗七年正月
辛未月掩熒惑五月癸亥熒惑犯右執法六月己亥月犯南斗魁八年七月癸
酉月犯五諸侯十月己丑熒惑犯太微西上將十二月掩左執法九年二月丁
酉月犯心中星七月辛亥掩心中星占曰其宿地凶心豫州分壬辰月掩軒轅
是月太白入南斗至十月出乃晝見熒惑入南斗中因留犯之南斗天廟又丞

相位也十年八月丙午月入南斗魁中十一年二月丙辰月掩心是月熒惑入
氐因逆行三月己丑月犯鎮星在女齊分也四月丙辰太白犯輿鬼占曰有僇
臣六月甲辰月掩心後星是月熒惑復入氐是謂句已十一月戊寅月犯歲星
十二月甲午犯鎮星在危亦齊分也十二年三月丁丑月犯心十三年正月乙
未歲星逆行犯太微西上將三月熒惑入南斗因逆留至于七月在南斗中大
如五升器色赤而怒乃東行非常也八月甲戌太白犯左執法乙巳熒惑犯哭
星十月甲子月犯昴趙分也十四年正月癸卯月犯南斗魁占曰相凶五月丙
戌月犯心中星七月乙酉掩心中星十五年正月丙申復犯中星四月太白犯
昴七月庚申熒惑逆行入羽林八月己卯月掩牽牛吳越分也十一月壬子月
犯東井北轅長慶元年正月丙午月掩東井鉞遂犯南轅第一星二月乙亥太
白犯昴趙分也丁亥月犯歲星在尾占曰大臣死燕分也三月庚戌太白犯五
車因晝見至于七月以曆度推之在唐及趙魏之分占曰兵起七月壬寅月掩
房次相九月乙巳太白犯左執法二年九月太白晝見熒惑守天囷六旬餘乃

去占曰天囷上帝之藏耗祥也十月熒惑犯鎮星于昴甲子月掩牽牛中星占曰吳越凶十一月丁丑掩左角十二月復掩之占曰將死甲寅月犯太白于南斗四年三月庚午太白犯東井北轅遂入井中晝見經天七日而出因犯輿鬼京師分也五月乙亥月掩畢大星六月丙戌鎮星依曆在觜觿贏行至參六度當居不居失行而前遂犯井鉞占曰所居宿久國福厚易福薄又曰贏爲王不寧鉞主斬刈而又犯之其占重癸未熒惑犯東井丁亥入井中己丑太白犯軒轅右角因晝見至于九月占曰相凶十月辛巳月入畢口十一月熒惑逆行向參鎮星守天關十二月戊子月掩東井寶曆元年四月壬寅熒惑入輿鬼掩積尸七月癸卯犯執法甲辰鎮星犯東井甲子月掩畢大星癸未太白犯南斗丙戌月犯畢十月辛亥犯天囷十一月庚辰鎮星復犯東井癸未月犯東井二年正月甲申犯左執法戊子入于氐二月丙午犯畢五月甲午熒惑犯昴六月太白犯昴七月壬申月犯畢八月庚戌熒惑犯輿鬼太和元年正月庚午月掩畢三月癸丑入畢口掩大星月變于畢者自寶曆元年九月及茲而五五月月掩

熒惑在太微西垣丙戌熒惑犯右執法太和二年正月庚午月掩鎮星七月甲
辰熒惑掩輿鬼質星十月丁卯月掩東井北轅三年二月乙卯太白犯昴壬申
熒惑掩右執法七月入于氐十月入于南斗四年四月庚申月掩南斗杓次星
十一月辛未熒惑犯右執法五年二月甲申月掩熒惑三月熒惑犯南斗杓次
星六年四月辛未月掩鎮星于端門己丑太白晝見七月戊戌月掩心大星辛
丑掩南斗杓次星七年五月甲辰熒惑守心中星六月丙子月掩心中星遂犯
熒惑七月甲午月掩心中星丙申掩南斗口第二星九月丁巳入于箕戊辰入
于南斗癸酉太白入南斗冬鎮星守角八年二月始去七月戊子月犯昴十月
庚子熒惑鎮星合于亢十二月丙戌月掩昴是歲月入南斗者五占曰大人憂
九年夏太白晝見自軒轅至于翼軫六月庚寅月掩歲星在危而暈十月庚辰
月復掩歲星在危開成元年正月甲辰太白掩建星占曰大臣相譖六月丁未
月掩心前星八月乙巳入南斗二年正月壬申月掩昴二月己亥月掩太白于
昴中六月甲寅月掩昴而暈太白亦有暈六月己酉大星晝見庚申太白入于

東井七月壬申月入南斗丁亥掩太白于柳八月壬子太白入太微遂犯左右
執法九月丙子月掩昴三年二月己酉掩心前星二月戊午熒惑入東井三月
乙酉入輿鬼五月辛酉太白犯輿鬼庚午月犯心中星甲寅太白犯右執法七
月乙丑月掩心前星十月辛卯太白犯南斗四年二月丁卯月掩歲星于畢十
月辛酉掩東井七月乙未月犯熒惑占曰貴臣死八月壬申熒惑犯鉞遂入東
井十月戊午辰星入南斗魁中占曰大赦五年春木當王而歲星小闇無光占
曰有大喪二月壬申熒惑入輿鬼四月太白歲星入輿鬼五月辰星見于七星
色赤如火七月乙酉月掩鎮星會昌元年閏八月丁酉熒惑入輿鬼中占曰有
兵喪十二月庚午月犯太白于羽林二年正月壬戌掩太白于羽林六月丙寅
太白犯東井十月丙戌月掩歲星于角三年三月丙申又掩歲星于角七月癸
巳熒惑入東井色蒼赤動搖井中八月丁丑犯輿鬼十月壬午晝月食太白于
亢四年二月歲星守房掩上相熒惑逆行守軒轅四旬乃去庚申月掩畢大星
十月癸未太白與熒惑合遂入南斗五年二月壬午太白掩昴五月辛酉入畢

口八月壬午犯軒轅大星九月癸巳熒惑犯太微上將六年二月丁丑犯畢大
星丁亥月出無光犯熒惑于太微頃之乃稍有光遂犯左執法丙申掩牽牛南
星遂犯歲星牽牛揚州分大中十一年八月熒惑犯東井咸通十年春熒惑逆
行守心乾符二年四月庚辰太白晝見在昴三年七月常星晝見四年七月月
犯房六年冬歲星入南斗魁中占曰有反臣光啓二年四月熒惑犯月角文德
元年七月丙午月入南斗八月熒惑守輿鬼占曰多戰死龍紀元年七月甲辰
月犯心乾寧二年七月癸亥熒惑犯心光化二年鎮星入南斗三年八月壬申
太白應見在氐不見至九月丁亥乃見是謂當出不出十一月丁未太白犯月
因晝見天復元年五月自丁酉至于己亥太白晝見經天在井度十月大角五
色散搖煌煌如火占曰王者惡之二年五月甲子太白襲熒惑在軒轅后星上
太白遂犯端門又犯長垣中星占曰賊臣謀亂京畿大戰十月甲戌太白夕見
在斗去地一丈而墜占曰兵聚其下又曰山摧石裂大水竭庚子辰星見氐中
小而不明占曰負海之國大水是歲鎮星守虛三年二月始去虛十一月丙戌

太白在南斗去地五尺許色小而黃至明年正月乃高十丈光芒甚大是冬熒惑徘徊于東井間久而不去京師分也天祐元年二月辛卯太白夕見昴西色赤炎𤇾如火壬辰有三角如花而動搖占曰有反城有火災胡兵起六月甲午太白在張芒角甚大癸丑句已犯水位自夏及秋大角五色散搖煌煌然占同天復初三年八月丙午歲星在哭星上生黃白氣如孛狀

五星聚合武德元年七月丙午鎮星太白辰星聚于東井關中分也二年三月丙申鎮星太白辰星復聚于東井九年六月己卯歲星辰星合于東井占曰爲變謀貞觀十八年五月太白辰星合于東井占曰爲兵謀十九年六月丙辰太宗征高麗次安市城太白辰星合于東井史記曰太白爲主辰星爲客爲蠻夷出相從而兵在野爲戰永徽元年七月辛酉歲星太白合于柳在秦分占曰兵起景龍元年十月丙寅太白熒惑合于虛危占曰有喪景雲二年七月鎮星太白合于張占曰內兵太極元年四月熒惑太白合于東井天寶九載八月五星聚于尾箕熒惑先至而又先去尾箕燕分也占曰有德則慶無德則殃十四載

二月熒惑太白鬬于畢昴井鬼間至四月乃伏十五載五月熒惑鎭星同在虛危中天芒角大動搖占者以爲北方之宿子午相衝災在南方至德二載四月壬寅歲星熒惑太白辰星聚于鶉首從歲星也罰星先去而歲星留占曰歲星熒惑爲陽太白辰星爲陰陰主外邦陽主中邦陽與陰合中外相連以兵八月太白芒怒掩歲星于鶉火又晝見經天鶉火周分也乾元元年四月熒惑鎭星太白聚于營室太史南宮沛奏其地戰不勝衞分也大曆三年七月壬申五星並出東方占曰中國利八年閏十一月壬寅太白辰星合于危齊分也十年正月甲寅歲星熒惑合于南斗占曰饑旱吳越分也一曰不可用兵七月庚辰太白辰星合于柳京師分也建中二年六月熒惑太白鬬于東井四年六月熒惑太白復鬬于東井京師分也金火罰星鬬者戰象也與元元年春熒惑守歲星在角亢占曰有反臣角亢鄭也貞元四年五月乙亥歲星熒惑鎭星聚于營室占曰其國亡地在衞分六年閏三月庚申太白辰星合于東井占爲兵憂戊寅熒惑犯鎭星在奎魯分也元和九年十月辛未熒惑犯鎭星又與太白合于女

在齊分十年六月辛未歲星熒惑太白辰星合于東井占曰中外相連以兵十一年五月丁卯歲星辰星合于東井六月己未復合于東井占曰爲變謀而更事十一月戊子鎮星熒惑合于虛危十二月鎮星太白辰星聚于危皆齊分也十四年八月丁丑歲星太白辰星聚于軫占曰兵喪在楚分與南方夷貊之國十五年三月鎮星太白合于奎占曰內兵徐州分也十二月熒惑鎮星合于奎占曰主憂長慶二年二月甲戌歲星熒惑合于南斗占曰饑旱八月丙寅熒惑犯鎮星在昴畢因留相守占曰主憂四年八月庚辰熒惑犯鎮星于東井鎮星既失行犯鉞而熒惑復往犯之占曰內亂寶曆二年八月丁未熒惑鎮星復合于東井與鬼間太和二年九月歲星熒惑鎮星聚于七星三年四月壬申歲星犯鎮星占曰饑四年五月丙午歲星太白合于東井六年正月太白熒惑合于羽林十月太白熒惑鎮星聚于軫八年七月庚寅太白熒惑合相犯推曆度在翼近太微占曰兵起開成三年六月丁亥太白犯熒惑于張占曰有喪四年正月丁巳熒惑太白辰星聚于南斗推曆度在燕分占曰內外兵喪改立王公冬

歲星熒惑俱逆行失色合于東井京師分也會昌二年六月乙丑熒惑犯歲星于翼占曰旱四年十月癸未太白熒惑合于南斗咸通中熒惑鎭星太白辰星聚于畢昴在趙魏之分詔鎭州王景崇被袞冕軍府稱臣以厭之文德元年八月歲星鎭星太白聚于張周分也占曰內外有兵爲河內河東地光化三年十月太白鎭星合于南斗占曰吳越有兵

唐書卷三十三

唐書卷三十四

宋 翰 林 學 士 歐 陽 修 撰

志第二十四

五行志

萬物盈於天地之間而其爲物最大且多者有五一曰水二曰火三曰木四曰金五曰土其用於人也非此五物不能以爲生而闕其一不可是以聖王重焉夫所謂五物者其見象於天也爲五星分位於地也爲五方行於四時也爲五德稟於人也爲五常播於音律爲五聲發於文章爲五色而總其精氣之用謂之五行自三代之後數術之士與而爲災異之學者務極其說至舉天地萬物動植無大小皆推其類而附之於五物曰五行之屬以謂人稟五行之全氣以生故於物爲最靈其餘動植之類各得其氣之偏者其發爲英華美實氣臭滋味羽毛鱗介文采剛柔亦皆得其一氣之盛至其爲變怪非常失其本性則推以事類吉凶影響其說尤爲委曲繁密蓋王者之有天下也順天地以治人而

取材於萬物以足用若政得其道而取不過度則天地順成萬物茂盛而民以安樂謂之至治若政失其道用物傷天民被其害而愁苦則天地之氣沴三光錯行陰陽寒暑失節以爲水旱蝗螟風雹雷火山崩水溢泉竭雪霜不時雨非其物或發爲氛霧虹蜺光怪之類此天地災異之大者皆生於亂政而考其所發驗以人事往往近其所失而以類至然時有推之不能合者豈非天地之大固有不可知者邪若其諸物種類不可勝數下至細微家人里巷之占有考於人事而合者有漠然而無所應者皆不足道語曰迅雷風烈必變蓋君子之畏天也見物有反常而爲變者失其本性則思其有以致而爲之戒懼雖微不敢忽而已至爲災異之學者不然莫不指事以爲應及其難合則旁引曲取而遷就其說蓋自漢儒董仲舒劉向與其子歆之徒皆以春秋洪範爲學而失聖人之本意至其不通也父子之言自相戾可勝歎哉昔者箕子爲周武王陳禹所有洪範之書條其事爲九類別其說爲九章謂之九疇考其說初不相附屬而向爲五行傳乃取其五事皇極庶證附於五行以爲人事皆屬五行歟則至於

八政五紀三德稽疑福極之類又不能附至俾洪範之書失其倫理有以見所
謂旁引曲取而遷就其說也然自漢以來未有非之者又其祥眚禍痾之說自
其數術之學故略存之庶幾深識博聞之士有以考而擇焉夫所謂災者被於
物而可知者也水旱螟蝗之類是已異者不可知其所以然者也日食星孛五
石六鷁之類是已孔子於春秋記災異而不著其事應蓋慎之也以謂天道遠
非諄諄以諭人而君子見其變則知天之所以譴告恐懼修省而已若推其事
應則有合有不合有同有不同至於不合不同則將使君子怠焉以爲偶然而
不懼此其深意也蓋聖人慎而不言如此而後世猶爲曲說以妄意天此其不
可以傳也故考次武德以來略依洪範五行傳著其災異而削其事應云
五行傳曰田獵不宿飲食不享出入不節奪民農時及有姦謀則木不曲直謂
生不暢茂多折槁及爲變怪而失其性也又曰貌之不恭是謂不肅厥咎狂厥
罰常雨厥極凶時則有服妖時則有龜孽時則有雞禍時則有下體生上之痾
時則有青眚青祥鼠妖惟金沴木木不曲直武德四年亳州老子祠枯樹復生

枝葉老子唐祖也占曰枯木復生權臣執政眭孟以爲有受命者九年三月順天門樓東柱已傾毀而自起占曰木仆而自起國之災永徽二年十一月甲申陰霧凝凍封樹木數日不解劉向以爲木少陽貴臣象此人將有害則陰氣脅木先寒故得雨而冰也亦謂之樹介介兵象也顯慶四年八月有毛桃樹生李李國姓也占曰木生異實國主殃麟德元年十二月癸酉氛霧終日不解甲戌雨木冰儀鳳三年十一月乙未昏霧四塞連夜不解丙申雨木冰垂拱四年三月雨桂子于台州旬餘乃止占曰天雨草木人多死長壽二年十月萬象神宮側檉杉皆變爲柏柏貫四時不改柯易葉有士君子之操檉杉柔脆小人性也象小人居君子之位延載元年十月癸酉白霧木冰景龍四年三月庚申雨木冰景雲二年高祖故第有柿樹自天授中枯死至是復生開元二十一年蓬州枯楊生李枝有實與顯慶中毛桃生李同二十九年亳州老子祠枯樹復榮是年十一月己巳寒甚雨木冰數日不解永泰元年三月庚子夜霜木有冰大曆二年十一月紛霧如雪草木冰九年晉州神山縣慶唐觀枯檜復生興元元年

春亳州真源縣有李樹植已十四年其長尺有八寸至是枝忽上聳高六尺周迴如蓋九尺餘李國姓也占曰木生枝聳國有寇盜是歲中書省枯柳復榮貞元元年十二月雨木冰四年正月雨木于陳留十里許大如指長寸餘中空所下者立如植木生于下而自上隕者上下易位之象碎而中空者小人象如植者自立之象二十年冬雨木冰元和十五年九月己酉大雨樹無風而摧者十五六近木自拔也占曰木自拔國將亂長慶三年十一月丁丑雨木冰成都栗樹結實食之如李寶曆元年十一月丙申雨木冰大和三年成都李樹生木瓜空中不實七年十二月丙戌夜霧木冰開成四年九月辛丑雨雪木冰十月己巳亦如之會昌元年十二月丁丑雨木冰四年正月己酉雨木冰庚戌亦如之咸通十四年四月成都李實變爲木瓜時人以爲李國姓也變者國奪於人之象廣明二年春眉州有檀樹已枯倒一夕復生常雨武德六年秋關中久雨少陽曰暘少陰曰雨陽德衰則陰氣勝故常雨貞觀十五年春霖雨永徽六年八月京城大雨顯慶元年八月霖雨更九旬乃止開元二年五月壬子久雨禜京

城門十六年九月關中久雨害稼天寶五載秋大雨十二載八月久雨十三載
秋大霖雨害稼六旬不止九月閉坊市北門蓋井禁婦人入街市祭玄冥太社
禜明德門壞京城垣屋殆盡人亦乏食至德二載三月癸亥大雨至甲戌乃止
上元元年四月雨訖閏月乃止二年秋霖雨連月渠竇生魚永泰元年九月丙
午大雨至于丙寅大曆四年四月雨至于九月閉坊市北門置土臺臺上置壇
立黃幡以祈晴六年八月連雨害秋稼貞元二年正月乙未大雨雪至于庚子
平地數尺雪上黃黑如塵五月乙巳雨至于丙申時大飢至是麥將登復大雨
霖衆心恐懼十年春雨至閏四月間止不過一二日十一年秋大雨十九年八
月己未大霖雨元和四年四月冊皇太子寧以雨霑服罷十月再擇日冊又以
雨霑服罷近常雨也六年七月霖雨害稼十二年五月連雨八月壬申雨至于
九月戊子十五年二月癸未大雨八月久雨閉坊市北門宋滄景等州大雨自
六月癸酉至于丁亥廬舍漂没殆盡寶曆元年六月雨至于八月大和四年夏
鄆曹濮等州雨壞城郭廬舍殆盡五年正月庚子朔京城陰雪彌旬開成五年

七月霖雨葬文宗龍輴陷不能進大中十年四月雨至于九月咸通九年六月久雨禜明德門乾符五年秋大霖雨汾澮及河溢流害稼廣明元年秋八月大霖雨天復元年八月久雨服妖唐初宮人乘馬者依周舊儀著羃䍦全身障蔽永徽後乃用帷帽施裙及頸頗爲淺露至神龍末羃䍦始絕皆婦人預事之象太尉長孫無忌以烏羊毛爲渾脫氈帽人多效之謂之趙公渾脫近服妖也高宗嘗內宴太平公主紫衫玉帶皁羅折上巾具紛礪七事歌舞于帝前帝與武后笑曰女子不可爲武官何爲此裝束近服妖也武后時嬖臣張易之爲母臧作七寶帳有魚龍鸞鳳之形仍爲象牀犀簟安樂公主使尚方合百鳥毛織二裙正視爲一色傍視爲一色日中爲一色影中爲一色而百鳥之狀皆見以其一獻韋后公主又以百獸毛爲韉面韋后則集鳥毛爲之皆具其鳥獸狀工費巨萬公主初出降益州獻單絲碧羅籠裙縷金爲花鳥細如絲髮大如黍米眼鼻觜甲皆備瞭視者方見之皆服妖也自作毛裙貴臣富家多效之江嶺奇禽異獸毛羽採之殆盡韋后妹嘗爲豹頭枕以辟邪白澤枕以辟魅伏熊枕以宜

男亦服妖也景龍三年十一月郊祀韋后爲亞獻以婦人爲齋娘以祭祀之服執事近服妖也中宗賜宰臣宗楚客等巾子樣其制高而踣卽帝在藩邸時冠也故時人號英王踣踣顛仆也開元二十五年正月道士尹愔爲諫議大夫衣道士服視事亦服妖也天寶初貴族及士民好爲胡服胡帽婦人則簪步搖釵衿袖窄小楊貴妃常以假鬢爲首飾而好服黃裙近服妖也時人爲之語曰義髻抛河裏黃裙逐水流元和末婦人爲圓鬟椎髻不設鬢飾不施朱粉惟以烏膏注脣狀似悲啼者圓鬟者上不自樹也悲啼者憂恤象也文宗時吳越間織高頭草履織如綾縠前代所無履下物也織草爲之又非正服而被以文飾蓋陰斜闒茸泰侈之象乾符五年雒陽人爲帽皆冠軍士所冠者又內臣有刻木象頭以裹幞頭百官效之工門如市度木斫之曰此斫尙書頭此斫將軍頭此斫軍容頭近服妖也僖宗時內人束髮極急及在成都蜀婦人效之時謂爲囚髻唐末京都婦人梳髮以兩鬢抱面狀如椎髻時謂之抛家髻又世俗尙以琉璃爲釵釧近服妖也抛家流離皆播遷之兆云昭宗時十六宅諸王以華侈相

尙巾幘各自爲制度都人效之則曰爲我作某王頭識者以爲不祥龜孽大足初虔州獲龜六眼一夕而失肅宗上元二年有鼉聚于揚州城門上節度使鄧景山以問族弟珽對曰鼉介物兵象也貞元三年潤州魚鼈蔽江而下皆無首大和三年魏博管內有蟲狀如龜其鳴晝夜不絕近龜孽也秦宗權在蔡州州中地忽裂有石出高五六尺廣袤丈餘正如大龜雞禍垂拱三年七月冀州雌雞化爲雄永昌元年正月明州雌雞化爲雄八月松州雌雞化爲雄景龍二年春滑州匡城縣民家雞有三足京房易妖占曰君用婦言則雞生妖玄宗好鬬雞貴臣外戚皆尙之貧者或弄木雞識者以爲雞酉屬帝生之歲也鬬者兵象近雞禍也大中八年九月考城縣民家雄雞化爲雌伏子而雄鳴化爲雌王室將卑之象反雌伏也漢宣帝時雌雞化爲雄至元帝而王氏始萌蓋馴致其禍也咸通六年七月徐州彭城民家雞生角角兵象雞小畜猶賤類也下體生上之痾咸通十四年七月宋州襄邑有獵者得雉五足三足出背上足出于背者下干上之象五足者衆也青眚青祥貞觀十七年四月立晉王爲太子有青氣

繞東宮殿始冊命而有祲不祥十八年六月壬戌有青黑氣廣六尺貫于辰戌
其長亙天太和九年鄭注篋中藥化爲蠅數萬飛去注始以藥術進化爲蠅者
敗死之象近青眚也乾元三年六月昏西北有青氣三鼠妖武德元年秋李密
王世充隔洛水相拒密營中鼠一夕渡水盡去占曰鼠無故皆夜去邑有兵貞
觀十三年建州鼠害稼二十一年渝州鼠害稼顯慶三年長孫無忌第有大鼠
見於庭月餘出入無常後忽然死龍朔元年十一月洛州貓鼠同處鼠隱伏象
盜竊貓職捕嚙而反與鼠同象司盜者廢職容姦弘道初梁州倉有大鼠長二
尺餘爲貓所嚙數百鼠反嚙貓少選聚萬餘鼠州遣人捕擊殺之餘皆去景雲
中有蚝鼠鬭于右威衞營東街槐樹蚝爲鼠所傷鬭者兵象景龍元年基州鼠
害稼開元二年韶州鼠害稼千萬爲羣天寶元年十月魏郡貓鼠同乳同乳者
甚于同處大曆十三年六月隴右節度使朱泚於兵家得貓鼠同乳以獻太和
三年成都貓鼠相乳開成四年江西鼠害稼咸通十二年正月汾州孝義縣民
家鼠多銜蒿芻巢樹上鼠穴居去穴登木賤人將貴之象乾符三年秋河東諸

州多鼠穴屋壞衣三月止鼠盜也天戒若曰將有盜矣乾寧末陝州有蛇鼠鬭
于南門之內蛇死而鼠亡去金沴木武德元年八月戊戌突厥始畢可汗衙帳
無故自壞中宗卽位金鷄竿折樹雞竿所以肆赦始發大號而雞竿折不祥神
龍中有羣狐入御史大夫李承嘉第其堂無故壞又秉筆而管直裂易之又裂
開元五年正月癸卯太廟四室壞天寶十四載十二月哥舒翰師師守潼關前
軍啓行牙門旗至坊門觸落槍刃衆以爲不祥永泰二年三月辛酉中書敕庫
壞貞元四年正月庚戌朔德宗御含元殿受朝賀質明殿階及欄檻三十餘間
自壞衞士死者十餘人含元路寢大朝會之所御也正月朔一歲之元王者之
事天所以儆者重矣太和九年鄭注爲鳳翔節度使將之鎭出閈遠門旗竿折
光啓初揚州府署門屋自壞故隋之行臺門也制度甚宏麗云
五行傳曰棄法律逐功臣殺太子以妾爲妻則火不炎上謂火失其性而爲災
也京房易傳曰上不儉下不節盛火數起燔宮室蓋火主禮云又曰視之不明
是謂不哲厥咎舒厥罰常燠厥極疾時則有草妖時則有羽蟲之孽時則有羊

禍時則有目痾時則有赤眚赤祥惟水沴火火不炎上貞觀四年正月癸巳武
德殿北院火十三年三月壬寅雲陽石燃方丈晝則如灰夜則有光投草木則
焚歷年乃止火失其性而沴金也二十三年三月甲弩庫火永徽五年十二月
乙巳尚書司勳庫火顯慶元年九月戊辰恩州吉州火焚倉廩甲仗民居二百
餘家十一月己巳饒州火證聖元年正月丙申夜明堂火武太后欲避正殿徹
樂宰相姚璹以爲火因人非天災也不宜貶損后乃御端門觀酺引建章故事
復作明堂以厭之是歲內庫災燔二百餘區萬歲登封元年三月壬寅撫州火
久視元年八月壬子平州火燔千餘家景龍四年二月東都凌空觀災開元五
年十一月乙卯定陵寢殿火是歲洪州潭州災延燒州署州人見有物赤而噉
噉飛來旋即火發十五年七月甲戌興教門樓柱災是年衡州災延燒三百餘
家州人見有物大如甕赤如燭籠所至火即發十八年二月丙寅大雨雪俄而
雷震左飛龍廄災占曰天火燒廄兵大起十月乙丑東都宮佛光寺火天寶二
年六月東都應天門觀災延燒左右延福門經日不滅京房易傳曰君不思道

天火燔其宮室九載三月華岳廟災時帝將封西嶽以廟災乃止十載八月丙辰武庫災燔兵器四十餘萬武庫甲兵之本也寶應元年十二月己酉大府左藏庫火廣德元年十二月辛卯夜鄂州大風火發江中焚舟三千艘延及岸上民居二千餘家死者數千人大曆十年二月莊嚴寺浮圖災初有疾風震電俄而火從浮圖中出貞元元年江陵度支院火焚江東租賦百餘萬十三年正月東都尚書省火十九年四月家令寺火二年七月洪州火燔民舍萬七千家元和七年六月鎮州甲仗庫災主吏坐死者百餘人八年江陵大火十一年十一月甲戌元陵火李師道起宮室於鄆州將謀亂既成而火大和二年十一月甲辰禁中昭德寺火延至宣政東垣及門下省宮人死者數百人三年十月癸丑仗內火四年三月陳州許州火燒萬餘家十月浙西火十一月揚州海陵火八年三月揚州火皆燔民舍千區五月己巳飛龍神駒中廐火十月揚州市火燔民舍數千區十二月禁中昭成寺火開成二年六月徐州火延燒民居三百餘家四年十二月乙卯乾陵火丁丑晦揚州市火燔民舍數千家會昌元年五月

潞州市火三年六月西內神龍寺火萬年縣東市火焚廬舍甚衆六年八月葬
武宗辛未靈駕次三原縣夜大風行宮幔城火乾符四年十月東都聖善寺火
大順二年六月乙酉幽州市樓災延及數百步七月癸丑甲夜汴州相國寺佛
閣災是日暮微雨震電或見有赤塊轉門譙藤網中周而火作頃之赤塊北飛
轉佛閣藤網中亦周而火作既而大雨暴至平地水深數尺火益甚延及民居
三日不滅常燠天寶元年冬無冰先儒以爲陰失節也又曰知罪不誅其罰燠
夏則暑殺人冬則物華實蓋當寒反燠象宜刑而賞之也貞元十四年夏大燠
元和九年六月大燠長慶二年冬少雪水不冰凍草木萌蘖如正月廣明元年
十一月暖如仲春草妖武德四年益州獻芝草如人狀占曰王德將衰下人將
起則有木生爲人狀草亦木類也景龍二年岐州郿縣民王上賓家有苦蕒菜
高三尺餘上廣尺餘厚二分近草妖也三年內出蒜條上重生蒜蒜惡草也重
生者其類衆也四年京畿藍田山竹實如麥占曰大饑開元二年終南山竹有
華實如麥嶺南亦然竹並枯死是歲大饑民採食之占曰國中竹柏枯不出三

年有喪十七年睦州竹實天寶初臨川郡人李嘉胤屋柱生芝草狀如天尊像
上元二年七月甲辰延英殿御座上生白芝一莖三花白喪象也太和九年冬
鄭注之金帶有菌生近草妖也開成四年六月襄州山竹有實成米民採食之
光啓元年七月河中解永樂生草葉自相樛結如旌旗之狀時人以爲旗子草
二年七月鳳翔麟游草生如旗狀占曰其野有兵羽蟲之孽武德初隋將堯君
素守蒲州有鵲巢其砲機貞觀十七年春齊王祐爲齊州刺史好畜鴨有貍嚙
鴨頭斷者四十餘是歲四月丙戌立晉王爲太子雌雉集太極殿前雄雉集東
宮顯德殿前太極三朝所會也永徽四年宋州人蔡道基舍傍有獸高丈餘頭
類羊一角鹿形馬蹄牛尾五色有翅古曰鳥如畜形者有大兵五年七月辛巳
萬年宮有小鳥如雀生子大如鳴鳩調露元年鳴雞羣飛入塞相繼蔽野至二
年正月還復北飛至靈夏北悉墮地而死視之皆無首文明後天下屢奏雌雞
化爲雄或半化者景龍四年六月辛巳朔烏集太極殿梁驅之不去開元十二
年十一月戊子雄雉馴飛泰山齋宮內封禪所以告成功祀事無重於此者而

野烏馴飛不忌禁衞不祥二十五年四月濮州兩烏兩鵲兩鸜鵒同巢隴州鵲
哺慈烏二十八年四月庚辰慈烏巢宣政殿栱辛巳又巢宣政殿栱天寶十三
載葉縣有鵲巢于車轍中不巢木而巢地失其所也至德二載三月安祿山將
武令珣圍南陽有鵲巢于城中砲機者三雛成乃去大曆八年九月武功獲大
鳥肉翅狐首四足有爪長四尺餘毛赤如蝙蝠羣鳥隨而噪之近羽蟲孽也十
三年五月左羽林軍有鸜鵒乳鵲二貞元四年三月中書省梧桐樹有鵲以泥
爲巢鵲巢知歲次於羽蟲爲有知今以泥露巢遇風雨壞矣是歲夏鄭汴境內
烏皆羣飛集魏博田緒淄青李納境內銜木爲城高二三尺方十里緒納惡而
焚之信宿又然烏口皆流血九年春許州鵲哺烏鶵十年四月有大鳥飛集宮
中食雛骨數日獲之不食死六月辛未晦水鳥集左藏庫十三年十月懷州鶬
鳩巢內有黃雀往來哺食十四年秋有異鳥色青類鳩鵲見於宋州郊外所止
之處羣鳥翼衞朝夕嗛稻粱以哺之睢陽人適野聚觀者旬日十八年六月烏
集徐州之滕縣嗛柴爲城中有白烏一碧烏一元和元年常州鵲巢于平地四

年十二月羣烏夜集于太行山上十三年春淄青府署及城中烏鵲互取其雛各以哺子更相搏擊不能禁寶曆元年十一月丙申羣烏夜鳴開成元年閏五月丙戌烏集唐安寺逾月散雀集玄法寺鸛集蕭望之冢二年三月真興門外鵲巢於古冢鵲巢知避歲而古占又以高下卜水旱今不巢于木而穴于冢不祥秋突厥烏自塞北羣飛入塞五年六月有禿鶖羣飛集禁苑鶖水鳥也會昌元年潞州長子有白頸烏與鵲鬬大中十年三月舒州吳塘堰有衆禽成巢闊七尺高一尺水禽山鳥無不馴狎中有如人面綠毛紺爪觜者其聲曰甘人謂之甘蟲占曰有鳥非常來宿于邑中國有兵人相食咸通七年涇州靈臺百里戍有雀生鸞至大俱飛去京房易傳曰賊臣在國厥妖鸞生雀雀生鸞同說十一年夏雉集河內縣署咸通中吳越有異鳥極大四目三足鳴山林其聲曰羅平占曰國有兵人相食乾符四年春廬江縣北鵲巢于地六年夏鵙雉集于偃師南樓及縣署劉向說野鳥入處宮室將空廣明元年春絳州翼城縣有鵂鶹鳥羣飛集縣署衆鳥逐而噪之光啓元年二月復如之鵂鶹一名訓狐中和元

年三月陳留有烏變爲鵲二年有鵲變爲烏古者以烏卜軍之勝負烏變爲鵲
民從賊之象鵲復變爲烏賊復爲民之象三年新安縣吏家捕得雉養之與雞
馴月餘相與鬭死四年臨淮漣水民家鷹化爲鵝而弗能游鷹以鷙而擊武臣
象也鵝雖毛羽清潔而飛不能遠無搏擊之用充庖廚而已光啓元年十二月
陝州平陸集津山有雉二首向背而連頸者棲集津倉廡後數月羣雉數百來
鬭殺之二年正月閿鄉湖城野雉及鳶夜鳴七月中條山鵲焚其巢三年七月
鵲復焚巢京房易傳曰人君暴虐鳥焚其舍三年十月慈州仵城梟與鵶鬭相
殺光化二年幽州節度使劉仁恭屠貝州去夜有鵂鶹鳥十數飛入帳中逐去
復來昭宗時有禿鶖鳥巢寢殿隅帝親射殺之天復二年帝在鳳翔十一月丁
巳日南至夜驟風有烏數千迄明飛噪數日不止自車駕在岐常有烏數萬棲
殿前諸樹岐人謂之神鴉三年宣州有鳥如雉而大尾有火光如散星集于戟
門明日大火曹局皆盡惟兵械存羊禍義寧二年三月丙辰麟游縣有羔生而
無尾是月乙丑太原獻羖羊無頭而不死開元二年正月原州獻肉角羊二年

三月富平縣有肉角羊會昌二年春代州崞縣羊生二首連頸兩尾占曰二首上不一也咸通三年夏平陶民家羊生羔如犢乾符三年洛陽建春門外因暴雨有物墮地如羖羊不食頃之入地中其跡月餘不滅或以爲雨工也占曰當旱赤眚赤祥武德七年河間王孝恭征輔公祏宴羣帥于舟中孝恭以金盌酌江水將飲之則化爲血孝恭曰盌中之血公祏授首之祥武德初突厥國中雨血三日光宅初宗室岐州刺史崇真之子横杭等夜宴忽有氣如血腥武后時來俊臣家井水變赤如血井中夜有吁嗟嘆惋聲俊臣以木棧之木忽自投十步外長安中并州晉祠水赤如血中宗時成王千里家有血點地及奩箱上有血淋瀝腥聞數步又中郎將東夷人毛婆羅炊飯一夕化爲血景龍二年七月癸巳赤氣際天光燭地三日乃止赤氣血祥也天寶六載少陵原楊慎矜父墓封域内草木皆流血慎矜令浮屠史敬思禳之退朝裸而桎梏於叢棘間如是數旬而流血不止十二載李林甫第東北隅每夜火光起或有如小兒持火出入者近赤祥也寶應元年八月庚午夜有赤光亙天貫紫微漸移東北彌漫半

天大曆十三年二月太僕寺有泥像左臂上有黑汗滴下以紙承之血也貞元二年十一月壬午日没有赤氣五出于黑雲中亙天十二年九月癸卯夜有赤氣如火見北方上至北斗十七年福州劍池水赤如血二十一年正月甲戌雨赤雪于京師元和十四年二月鄆州從事院門前地有血方尺餘色甚鮮赤不知所從來人以爲自空而墮也長慶元年七月戊午河水赤三日止寶曆元年十二月乙酉夜西北有霧起須臾遍天霧止有赤氣或淺或深久而乃散大和元年四月庚戌北方有赤氣中有數白氣間之六月乙卯夜西北有赤氣八月癸卯京師見赤氣滿天二年閏三月乙卯北方有赤氣如血咸通七年鄭州永福湖水赤如凝血者三日乾符六年中書政事堂忽旦有死人血污滿地不知主名又御井水色赤而腥謀之得一死女子腐爛近赤祥也中和二年七月丙午夜西北方赤氣如絳際天光啓元年正月潤州江水赤凡數日水沴火幽州坊谷地常有火長慶三年夏遂積水爲池近水沴火也

唐書卷三十五

宋　翰　林　學　士　歐　陽　修　撰

志第二十五

五行志

五行傳曰治宮室飾臺榭內淫亂犯親戚侮父兄則稼穡不成謂土失其性則有水旱之災草木百穀不熟也又曰思心不睿是謂不聖厥咎霿厥罰常風厥極凶短折時則有脂夜之妖時則有華孽蠃蟲之孽時則有牛禍時則有心腹之痾時則有黃眚黃祥時則有木火金水沴土稼穡不成貞觀元年關內饑總章二年諸州四十餘饑關中尤甚儀鳳四年春東都饑調露元年秋關中饑永隆元年冬東都饑永淳元年關中及山南州二十六饑京師人相食垂拱三年天下饑大足元年春河南諸州饑景龍二年春饑三年三月饑先天二年冬京師岐隴幽州饑開元十六年河北饑乾元三年春饑米斗錢千五百廣德二年秋關輔饑米斗千錢永泰元年饑京師米斗千錢貞元元年春大饑東都河南

河北米斗千錢死者相枕二年五月麥將登而雨霖米斗千錢十四年京師及河南饑十九年秋關輔饑元和七年春饑八年廣州饑九年春關內饑十一年東都陳許州饑長慶二年江淮饑太和四年河北及太原饑六年春劍南饑九年春饑河北尤甚開成四年溫台明等州饑大中五年冬湖南饑六年夏淮南饑海陵高郵民於官河中漉得異米號聖米九年秋淮南饑咸通三年夏淮南河南饑九年秋江左及關內饑東都尤甚乾符三年春京師饑中和二年關內大饑四年關內大饑人相食光啓二年二月荊襄大饑米斗三千錢人相食三年揚州大饑米斗萬錢大順二年春淮南大饑天祐元年十月京師大饑常風武德二年十二月壬子大風拔木易巽爲風重巽以申命其及物也象人君誥命其鼓動於天地閒有時飛沙揚塵怒也發屋拔木者怒甚也其占大臣專恣而氣盛衆逆同志君行蒙暗施於事則皆傷害故常風又飄風入宮闕一日再三若風聲如雷觸地而起爲兵將興貞觀十四年六月乙酉大風拔木咸亨四年八月己酉大風落太廟鴟尾永隆二年七月雍州大風害稼弘道元年十二

月壬午晦宋州大風拔木嗣聖元年四月丁巳寧州大風拔木垂拱四年十月
辛亥大風拔木永昌二年五月丁亥大風拔木神龍元年三月乙酉睦州大風
拔木崔玄暐封博陵郡王也大風折其輅蓋二年六月乙亥滑州大風拔木景
龍元年七月郴州大風發屋拔木八月宋州大風拔木壞廬舍二年十月辛亥
滑州暴風發屋三年三月辛未曹州大風拔木開元二年六月京師大風發屋
大木拔者十七八四年六月辛未京師陝華大風拔木九年七月丙辰揚州潤
州暴風雨發屋拔木十四年六月戊午大風拔木發屋端門鴟尾盡落端門號
令所從出也十九年六月乙酉大風拔木二十二年五月戊子大風拔木天寶
十一載五月甲子東京大風拔木十三載三月辛酉大風拔木永泰元年三月
辛亥大風拔木大曆七年五月乙酉大風拔木十年五月甲寅大風拔木貞元
元年七月庚子大風拔木六年四月甲申大風雨八年五月己未暴風發太廟
屋瓦毀門闕官署廬舍不可勝紀十年六月辛未大風拔木十四年八月癸未
廣州大風壞屋覆舟元和元年六月丙申大風拔木三年四月壬申大風毀舍

元殿欄檻二十七間占爲兵起四年十月壬午天有氣如煙臭如燔皮日昳大風而止五年三月丙子大風毀崇陵上宮衙殿鴟尾及神門戟竿六壞行垣四十間八年六月庚寅京師大風雨毀屋飄瓦人多壓死者丙申富平大風拔棗木千餘株十二年春青州一夕暴風自西北天地晦冥空中有若旌旗狀屋瓦上如蹂躒聲有日者占之曰不及五年茲地當大殺戮長慶二年正月己酉大風霾十月夏州大風飛沙爲堆高及城堞三年正月丁巳朔大風昏霾終日四年六月庚寅大風毀延喜門及景風門太和八年六月癸未暴風壞長安縣署及經行寺塔九年四月辛丑大風拔木萬株墮含元殿四鴟尾拔殿廷樹三壞金吾仗舍發城門樓觀內外三十餘所光化門西城十數雉壞開成三年正月戊辰大風拔木五年四月甲子大風拔木五月壬寅亦如之七月戊寅亦如之會昌元年三月黔南大風飄瓦咸通六年正月絳州大風拔木有十圍者十一月己卯晦潼關夜中大風山如吼雷河噴石鳴羣烏亂飛重關傾側十二月大風拔木乾符五年五月丁酉大風拔木廣明元年四月甲申京師及東都汝州

雨雹大風拔木四年六月乙巳太原大風雨拔木千株害稼百里光化三年七月乙丑洛州大風拔木發屋天復二年昇州大風發屋飛大木夜妖太和九年十一月戊辰晝晦咸通七年九月辛卯朔天闇乾符二年二月宣武境內黑風雨土天祐元年閏四月乙未朔大風雨土華孽延載元年九月內出梨華一枝示宰相萬木搖落而生華陰陽黷也傳曰天反時爲災又近常燠也神龍二年十月陳州李有華鮮茂如春元和十一年十二月桃杏華太和二年九月徐州滑州李有華實可食會昌三年冬汾源桃李華廣明元年冬桃李華山華皆發中和二年九月太原諸山桃杏華有實景福中滄州城塹中冰有文如畫大樹華葉芬敷者時人以爲其地當有兵難近華孽也蠃蟲之孽貞觀二十一年八月萊州螟開元二十二年八月榆關蝦蚄蟲害稼入平州界有羣雀來食之一日而盡二十六年榆關蝦蚄蟲害稼羣雀來食之三載青州紫蟲食田有鳥食之廣德元年秋蝦蚄蟲害稼關中尤甚米斗千錢貞元十年四月江西溪澗魚頭皆戴蚯蚓長慶四年絳州蝦蚄蟲害稼太和元年秋河東同虢等州蝦蚄蟲

害稼開成元年京城有蟻聚長五六十步闊五尺至一丈厚五寸至一尺者四
年河南黑蟲食田牛禍調露元年春牛大疫京房易傳曰牛少者穀不成又占
曰金革動長安中有獻牛無前膊三足而行者又有牛膊上生數足蹄甲皆具
者武太后從姊之子司農卿宗晉卿家牛生三角神龍元年春牛疫二年冬牛
大疫先天初洛陽市有牛左脇有人手長一尺或牽之以乞丐開元十五年春
河北牛大疫大曆八年武功櫟陽民家牛生犢二首貞元二年牛疫四年二月
郊牛生犢六足足多者下不一郊所以奉天七年關輔牛大疫死者十五六咸
通七年荊州民家牛生犢五足十五年夏渝州江陽有水牛生騾駒駒死光啓
元年河東有牛人言其家殺而食之二年延州膚施有牛死復生黃眚黃祥貞
觀七年三月丁卯雨土二十年閏三月己酉有黃雲闊一丈東西際天黃爲土
功永徽三年三月辛巳雨土景龍元年六月庚午陝州雨土十二月丁丑雨土
天寶十三載二月丁丑雨黃土大曆七年十二月丙寅雨土貞元二年四月甲
戌雨土八年二月庚子雨土太和八年十月甲子土霧晝昏至于十一月癸丑

開成元年七月乙亥雨土咸通十四年三月癸巳雨黃土中和二年五月辛酉
大風雨土天復三年二月雨土天地昏霾天祐元年閏四月甲辰大風雨土木
火金水沴土武德二年十月乙未京師地震陰盛而反常則地震故其占爲臣
彊爲后妃專恣爲夷犯華爲小人道長爲寇至爲叛臣七年七月嶲州地震山
摧壅江水噎流貞觀七年十月乙丑京師地震十二年正月壬寅松叢二州地
震壞廬舍二十年九月辛亥靈州地震有聲如雷二十三年八月癸酉朔河東
地震晉州尤甚壓殺五十餘人乙亥又震十一月乙丑又震永徽元年四月己
巳朔晉州地震己卯又震六月庚辰又震有聲如雷二年十月又震十一月戊
寅定襄地震帝始封晉王初卽位而地屢震天下將由帝而動搖象也儀鳳二
年正月庚辰京師地震永淳元年十月甲子京師地震垂拱三年七月乙亥京
師地震四年七月戊午又震八月戊戌神都地震延載元年四月壬戌常州地
震大足元年七月乙亥楊楚常潤蘇五州地震二年八月辛亥劍南六州地震
景龍四年五月丁丑剡縣地震景雲三年正月甲戌幷汾絳三州地震壞廬舍

壓死百餘人開元二十二年二月壬寅秦州地震西北隱隱有聲拆而復合經時不止壞廬舍殆盡壓死四千餘人二十六年三月癸巳京師地震至德元載十一月辛亥朔河西地震裂有聲陷廬舍張掖酒泉尤甚至二載三月癸亥乃止大曆二年十一月壬申京師地震自東北來其聲如雷者三年五月丙戌又震十二年恆定二州地大震三日乃止束鹿寧晉地裂數丈沙石隨水流出平地壞廬舍壓死者數百人建中元年四月己亥京師地震三年六月甲子又震四年四月甲子又震五月辛巳又震貞元二年五月己酉又震三年十一月丁丑夜京師東都蒲陝地震四年正月庚戌朔夜京師地震辛亥壬子丁卯戊辰庚午癸酉甲戌乙亥皆震金房二州尤甚江溢山裂屋宇多壞人皆露處二月壬午京師又震甲申乙酉丙申三月甲寅己未庚午辛未五月丙寅丁卯皆震八月甲午又震有聲如雷甲辰又震九年四月辛酉又震有聲如雷河中關輔尤甚壞城壁廬舍地裂水涌十年四月戊申京師地震癸丑又震侍中渾瑊第有樹湧出樹枝皆戴蚯蚓十三年七月乙未又震元和七年八月京師地震草

樹皆搖九年三月丙辰巂州地震晝夜八十壓死百餘人地陷者三十里十年
十月京師地震十一年二月丁丑又震十五年正月穆宗卽位戊辰始朝羣臣
於宣政殿是夜地震太和二年正月壬申地震七年六月甲戌又震九年三月
乙卯京師地震屋瓦皆墜戶牖閒有聲開成元年二月乙亥又震二年十一月
乙丑夜又震四年十一月甲戌又震會昌二年正月癸亥宋亳二州地震十二
月癸未京師地震大中三年十月辛巳上都及振武河西天德靈武鹽夏等州
地震壞廬舍壓死數十人十二年八月丁巳太原地震咸通元年五月上都地
震六年十二月晉絳二州地震壞廬舍地裂泉湧泥出青色八年正月丁未河
中晉絳三州地大震壞廬舍人有死者十三年四月庚子朔浙東西地震乾符
三年六月乙丑雄州地震至七月辛巳止州城廬舍盡壞地陷水涌傷死甚衆
是月濮州地震十二月京師地震有聲四年六月庚寅雄州地震六年二月京
師地震有聲如雷藍田山裂水湧中和三年秋晉州地震有聲如雷光啓二年
春成都地震月中數十占曰兵饑十二月魏州地震乾寧二年三月庚午河東

地震山摧貞觀八年七月隴右山摧山者高峻自上而隕之象也垂拱二年九
月己巳雍州新豐縣露臺鄉大風雨震雹有山湧出高二十丈有池周三百畝
池中有龍鳳之形米麥之異武后以爲休應名曰慶山荆州人俞文俊上言天
氣不和而寒暑隔人氣不和而贅疣生地氣不和而堆阜出今陛下以女主居
陽位反易剛柔故地氣隔塞山變爲災陛下以爲慶山臣以爲非慶也宜側身
修德以荅天譴不然恐災禍至后怒流于嶺南永昌中華州赤水南岸大山晝
日忽風昏有聲隱隱如雷頃之漸移東數百步擁赤水壓張村民三十餘家山
高二百餘丈水深三十丈坡上草木宛然金縢曰山徙者人君不用道祿去公
室賞罰不由君佞人執政政在女主不出五年有走王開元十七年四月乙亥
大風震雹藍田山摧裂百餘步畿內山也國主山川山摧川竭亡之證也占曰
人君德消政易則然大曆九年十一月戊戌同州夏陽有山徙于河上聲如雷
十三年郴州黄芩山摧壓死者數百人建中二年霍山裂元和八年五月丁丑
大隗山摧十五年七月丁未苑中土山摧壓死二十人光啓三年四月維州山

崩累日不止塵坌亘天壅江水逆流占曰國破山鳴武德二年三月太行山聖人崖有聲占曰有寇至開元二十八年六月吐蕃圍安戎城斷水路城東山鳴石坼湧泉二十爲變怪垂拱元年九月淮南地生毛或白或蒼長者尺餘遍居人牀下揚州尤甚大如馬鬣焚之臭如燎毛占曰兵起民不安長壽中東都天宮寺泥像皆流汗霢霂天寶十一載六月虢州閿鄉黃河中女媧墓因大雨晦冥失其所在至乾元二年六月乙未夜瀕河人聞有風雷聲曉見其墓湧出下有巨石上有雙柳各長丈餘時號風陵堆占曰塚墓自移天下破十三載汝州葉縣南有土塊鬬中有血出數日不止大曆六年四月戊寅藍田西原地陷建中初魏州魏縣西四十里地數畝忽長崇數尺四年四月甲子京師地生毛或黃或白有長尺餘者貞元四年四月淮南及河南地生毛元和十二年四月吳元濟郾城守將鄧懷金以城降城自壞五十餘步太和六年二月蘇州地震生白毛長慶中新都大道觀泥人生須數寸拔之復生咸通五年十月貞陵隧道摧陷神策軍有浮屠像懿宗嘗跪禮之像沒地四尺

五行傳曰好攻戰輕百姓飾城郭侵邊境則金不從革謂金失其性而爲變怪也又曰言之不從是謂不乂厥咎僭厥罰常暘厥極憂時則有詩妖訛言時則有毛蟲之孽時則有犬禍時則有口舌之痾時則有白眚白祥惟木沴金金不從革堯君素爲隋守蒲州兵器夜皆有光如火火爍金金所畏也敗亡之象劉武周據幷州兵勢甚盛城上稍刃夜每有火光貞觀十七年八月涼州昌松縣鴻池谷有石五青質白文成字曰高皇海出多子李元王八十年太平天子李世民千年太子李治書燕山人士樂太國主尙汪譚獎文仁邁千古大王五王六王七王十風毛才子七佛八菩薩及上界佛田天子文武貞觀昌大聖延四方上不治示孝仙戈八爲善太宗遣使祭之曰天有成命表瑞貞石文字昭然歷數惟永既旌高廟之業又錫眇身之祚迨于皇太子治亦降貞符具紀姓氏甫惟寡薄彌增寅懼昔魏以土德代漢涼州石有文石金類以五勝推之故時人謂爲魏氏之妖而晉室之瑞唐亦土德王石有文事頗相類然其文初不可曉而後人因推已事以驗之蓋武氏革命自以爲金德王其佛菩薩者慈氏金

輪之號也樂太國主則鎮國太平公主安樂公主皆以女亂國其五王六王七
王者唐世十八之數垂拱三年七月魏州地出鐵如船數十丈廣州雨金金位
正秋爲刑爲兵占曰人君多殺無辜一年兵災于朝開元二十三年十二月乙
巳龍池聖德頌石自鳴其音清遠如鍾磬石與金同類春秋傳怨讟動于民則
有非言之物言石鳴近石言也天寶十載六月乙亥大同殿前鍾自鳴占曰庶
雄爲亂至德二載昭陵石馬汗出昔周武帝之克晉州也齊有石像汗流濕地
此其類也乾元二年七月乙亥晝渾天儀有液如汗下流上元二年楚州獻寶
玉十三曰玄黃天符形如笏長八寸有孔云辟兵疫曰玉雞毛白玉也曰穀璧
亦白玉也粟粒自然無雕鐫迹曰西王母白環二曰如意寶珠大如雞卵曰紅
靺鞨大如巨粟曰琅玕珠二形如玉環四分缺一曰玉印大如半手理如鹿陷
入印中曰皇后採桑鉤如箸屈其末曰雷公石斧無孔其一闕凡十三寘之日
中白氣連天元和中文水武士彠碑失其龜頭翰林院有鈴夜中文書入則引
之以代傳呼長慶中河北用兵夜輒自鳴與軍中息耗相應聲急則軍事急聲

緩則軍事緩資州有石方丈走行數畝太和三年南蠻圍成都毀玉晨殿爲礌有吼聲三乃止四年五月己卯通化南北二門鑠不可開鑰入如有持之者破其管門乃啓又浙西觀察使王璠治潤州城隍中得方石有刻文曰山有石石有玉玉有瑕瑕即休廣明元年華岳廟玄宗御製碑隱隱然有聲聞數里間浹旬乃止近石言也光化三年冬武德殿前鍾聲忽嘶嗄天復元年九月聲又變小常暘武德三年夏旱至于八月乃雨四年自春不雨至于七月雨少陰之氣其氣毀則不雨少陰者金也金爲刑爲兵刑不辜兵不戢則金氣毀故常爲旱火爲盛陽陽氣彊悍故聖人制禮以節之禮失則僭而驕炕以導盛陽火勝則金衰故亦旱於五行土實制水土功興則水氣壅閼又常爲旱天官有東井主水事天漢天江亦水祥也水與火仇而受制于土土火謫見若日蝕過分而未至與七曜循中道之南皆旱祥也七年秋關內河東旱貞觀元年夏山東大旱二年春旱三年春夏旱四年春旱自太上皇傳位至此而比年水旱九年秋劍南關東州二十四旱十二年吳楚巴蜀州二十六旱冬不雨至于明年五月十

七年春夏旱二十一年秋陝絳蒲夔等州旱二十二年秋開萬等州旱冬不雨至于明年三月永徽元年京畿雍同絳等州大旱二年九月不雨至于明年二月四年夏秋旱光婺滁潁等州尤甚顯慶五年春河北州二十二旱總章元年京師及山東江淮大旱二年七月劍南州十九旱冬無雪咸亨元年春旱秋復大旱儀鳳二年夏河南河北旱三年四月旱永隆二年關中旱霜大饑永淳元年關中大旱饑二年夏河南河北旱永昌元年三月旱神功元年黄隋等州旱久視元年夏關內河東旱長安二年春不雨至于六月三年冬無雪至于明年二月神龍二年冬不雨至于明年五月京師山東河北河南旱饑太極元年春旱七月復旱開元二年春大旱十二年七月河東河北旱帝親禱雨宮中設壇席暴立三日九月蒲同等州旱十四年秋諸道州十五旱十五年諸道州十七旱十六年東都河南宋亳等州旱二十四年夏旱永泰元年春夏旱二年關內大旱自三月不雨至于六月大曆六年春旱至于八月建中三年自五月不雨至于七月興元元年冬大旱貞元元年春旱無麥苗至于八月旱甚灞滻將竭

井皆無水六年春關輔大旱無麥苗夏淮南浙西福建等道大旱井泉竭人暍
且疫死者甚衆七年楊楚滁壽澧等州旱十四年春旱無麥十五年夏旱十八
年夏申光蔡州旱十九年正月不雨至七月甲戌乃雨永貞元年秋江浙淮南
荆南湖南鄂岳陳許等州二十六旱元和三年淮南江南江西湖南廣南山南
東西皆旱四年春夏大旱秋淮南浙西江西江東旱七年夏揚潤等州旱八年
夏同華二州旱十五年夏旱寶曆元年秋荆南淮南浙西江西湖南及宣襄鄂
等州旱太和元年夏京畿河中同州旱六年河東河南關輔旱七年秋大旱八
年夏江淮及陝華等州旱九年秋京兆河南河中陝華同等州旱開成二年春
夏旱四年夏旱浙東尤甚會昌五年春旱六年春不雨冬又不雨至明年二月
大中四年大旱咸通二年秋淮南河南不雨至于明年六月九年江淮旱十年
夏旱十一年夏旱廣明元年春夏大旱中和四年江南大旱饑人相食景福二
年秋大旱光化三年冬京師旱至于四年春詩妖竇建德未敗時有謠曰豆入
牛口勢不得久貞觀十四年交河道行軍大總管侯君集伐高昌先是其國中

有童謠曰高昌兵馬如霜雪漢家兵馬如日月日月照霜雪回首自消滅永徽後民歌武媚娘曲調露初京城民謠有側堂堂撓堂堂之言太常丞李嗣真曰側者不正撓者不安自隋以來樂府有堂堂曲再言堂者唐再受命之象永淳九年七月東都大雨人多殍殕先是童謠曰新禾不入箱新麥不入場迨及八九月狗吠空垣牆高宗自調露中欲封嵩山屬突厥叛而止後又欲封以吐蕃入寇遂停時童謠曰嵩山凡幾層不畏登不得但恐不得登三度徵兵馬傍道打騰騰永徽末里歌有桑條韋也女時韋也樂龍朔中時人飲酒令曰子母相去離連臺拗倒俗謂盃盤爲子母又名盤爲臺又里歌有突厥鹽永淳後民歌曰楊柳楊柳漫頭駝垂拱後東都有契苾兒歌皆淫豔之詞契苾張易之小字也如意初里歌曰黃麞黃麞草裏藏彎弓射爾傷其後王孝傑敗於黃麞谷神龍以後民謠曰山南烏鵲窠山北金駱駝鐮柯不鑿孔斧子不施柯山南唐也烏鵲窠者人居寡也山北胡也金駱駝者虜獲而重載也安樂公主於洛州造安樂寺童謠曰可憐安樂寺了了樹頭懸景龍中民謠曰黃犢子挽紖斷兩

足踏地鞵䩞斷城南黃犢子韋又有阿緯娘歌時又謠曰可憐聖善寺身著綠毛衣牽來河裏飲踏殺鯉魚兒玄宗在潞州有童謠曰羊頭山北作朝堂天寶中有術士李遐周於玄都觀院廡間爲詩曰燕市人皆去函關馬不歸人逢山下鬼環上繫羅衣而人皆不悟近詩妖也又祿山未反時童謠曰燕燕飛上天天上女兒鋪白氈氈上有千錢時幽州又有謠曰舊來誇戴竿今日不堪看但看五月裏清水河邊見契丹德宗時或爲詩曰此水連涇水雙眸血滿川青牛逐朱虎方號太平年近詩妖也朱泚未敗前兩月有童謠曰一隻筯兩頭朱五六月化爲胆元和初童謠曰打麥打麥三三三乃轉身曰舞了也天中末京師小兒疊布漬水紐之向日謂之曰拔暈咸通七年童謠曰草青青被嚴霜鵲始後看顚狂十四年成都童謠曰咸通癸巳出無所之蛇去馬來道路稍開頭無片瓦地有殘灰是歲歲陰在巳明年在午巳蛇也午馬也僖宗時童謠曰金色蝦蟆爭努眼翻却曹州天下反乾符六年童謠曰八月無霜寒草青將軍騎馬出空城漢家天下西巡狩猶向江東更索兵中和初童謠曰黃巢走泰山東

死在翁家翁訛言貞觀十七年七月民訛言官遣棖棖殺人以祭天狗云其來也身衣狗皮鐵爪每於闇中取人心肝而去於是更相震怖每夜驚擾皆引弓劍自防無兵器者剡竹爲之郊外不敢獨行太宗惡之令通夜開諸坊門宣旨慰諭月餘乃止武后時民飲酒謳歌曲終而不盡者謂之族鹽開元二十七年十月改作東都明堂訛言官取小兒埋明堂下以爲厭勝村野兒童藏于山谷都城騷然或言兵至玄宗惡之遣使慰諭久之乃止天寶三載二月辛亥有星如月墜于東南墜後有聲京師訛言官遣棖棖捕人取肝以祭天狗人頗恐懼畿內尤甚遣使安諭之與貞觀十七年占同天寶後詩人多爲憂苦流寓之思及寄興于江湖僧寺而樂曲亦多以邊地爲名有伊州甘州涼州等至其曲遍繁聲皆謂之入破又有胡旋舞本出康居以旋轉便捷爲巧時又尚之破者蓋破碎云建中三年秋江淮訛言有毛人食其心人情大恐朱泚既僭號名其舊第曰潛龍宮移內府珍貨以實之占者以爲易稱潛龍勿用此敗祥也太和九年京師訛言鄭注爲上合金丹生取小兒心肝密旨捕小兒無算往往陰相告

曰某處失幾兒矣方士言金丹可致神仙蓋誕妄不經之語或信而服之則發熱多死如有所戒云小兒無辜者取其心肝將有殺戮象劉從諫未死時潞州有狂人折腰於市曰石雄七千人至矣從諫捕斬之咸通十四年秋成都訛言有猿母鬼夜入人家民皆恐夜則聚坐或曰某家見鬼眼𠃔然如燈焰民益懼黃巢未入京師時都人以黃米及黑豆屑蒸食之謂之黃賊打黑賊僖宗時里巷鬬者激怒言任見右廂天子毛蟲之孽永徽中河源軍有狼三晝入軍門射之斃永淳中嵐勝州兔害稼千萬爲羣食苗盡兔亦不復見開元三年有熊晝入楊州城乾元二年十月詔百官上勤政樓觀安西兵赴陜州有狐出于樓上獲之大曆四年八月己卯虎入京師長壽坊宰臣元載家廟射殺之虎西方之屬威猛吞噬刑戮之象六年八月丁丑獲白兔于太極殿之內廊占曰國有憂白喪祥也建中三年九月己亥夜虎入宣陽里傷人二詰朝獲之貞元二年二月乙丑有野鹿至于含元殿前獲之壬申又有鹿至于含元殿前獲之占曰有大喪四年三月癸亥有鹿至京師西市門獲之開成四年四月有麞出于太廟

獲之犬禍武德三年突厥處羅可汗將入寇夜聞犬羣嘷而不見犬武后初酷
吏丘神勣家狗生子皆無首當項有孔如口晝夜鳴吠俄失所在神功元年安
國獻兩首犬首多者上不一也天寶十一載李林甫晨起盥飾將朝取書囊視
之中有物如鼠躍于地即變爲狗壯大雄目張牙視林甫林甫射之中殺然有
聲隨箭沒貞元七年趙州柏鄉民李崇貞家黃犬乳犢會昌三年定州深澤令
家狗生角大中初狗生角京房曰執政失將害之應又曰君子危陷則狗生角
咸通中會稽有狗生而不能吠擊之無聲狗職吠以守禦其不能者象鎮守者
不能禦寇之兆成汭爲荊南節度使城中犬皆夜吠日者向隱以爲城郭將丘
墟中和二年秋丹徒狗與彘交占曰諸侯有謀害國者白眚白祥調露元年十
一月壬午秦州神亭治北霧開如日初耀有白鹿白狼見近白祥也神龍二年
四月己亥兩毛于越州之鄮縣占曰邪人進賢人遁大曆二年七月甲戌日入
時有白氣亘天九月戊午夜白霧起西北亘天五年五月甲申西北有白氣亘
天貞元二十年九月庚辰甲夜有白氣入東西際天太和三年八月西方有白

氣如柱七年十月己酉西方又有白氣如柱者三光啓二年四月有白氣頭黑如髮自東南入于揚州滅光化二年三月乙巳日中有白氣亘天自西南貫于東北天復元年八月己亥西方有白雲如履底中出白氣如匹練長五丈上衝天分爲三彗頭下垂占曰天下有兵白者戰祥也木沴金神龍中東都白馬寺鐵像頭無故自落於殿門外天寶五載四月宰臣李適之常列鼎具膳羞中夜鼎躍出相鬭不解鼎耳及足皆折

唐書卷三十五

唐書卷三十六

宋翰林學士歐陽修撰

志第二十六

五行志

五行傳曰簡宗廟不禱祠廢祭祀逆天時則水不潤下謂水失其性百川逆溢壞鄉邑溺人民而爲災也又曰聽之不聰是謂不謀厥咎急厥罰常寒厥極貧時則有鼓妖時則有豕禍時則有耳痾時則有雷電霜雪雨雹黑眚黑祥惟火沴水水不潤下貞觀三年秋貝譙鄆泗沂徐濠蘇隴九州水水太陰之氣也若臣道顓女謁行夷狄彊小人道長嚴刑以逞下民不堪其憂則陰類勝其氣應而水至其讁見于天月及辰星與列星之司水者爲之變若七曜循中道之北皆水祥也四年秋許戴集三州水七年八月山東河南州四十大水八年七月山東江淮大水十年關東及淮海旁州二十八大水十一年七月癸未黃氣際天大雨穀水溢入洛陽宮深四尺壞左掖門毀官寺十九洛水漂六百餘家九

月丁亥河溢壞陜州之河北縣及太原倉毀河陽中潬十六年秋徐戴二州大水十八年秋穀襄豫荊徐梓忠綿宋亳十州大水十九年秋沁易二州水害稼二十一年八月河北大水泉州海溢驩州水二十二年夏瀘越徐交渝等州水永徽元年六月新豐渭南大雨零口山水暴出漂廬舍宣歙饒常等州大雨水溺死者數百人秋齊定等州十六水二年秋汴定濮亳等州水四年杭夔果忠等州水五年五月丁丑夜大雨麟游縣山水衝萬年宮玄武門入寢殿衛士有溺死者六月河北大水滹沱溢損五千餘家六年六月商州大水秋冀沂密兗滑汴鄭婺等州水害稼洛州大水毀天津橋十月齊州河溢顯慶元年七月宣州涇縣山水暴出平地四丈溺死者二千餘人九月括州暴風雨海水溢壞安固永嘉二縣四年七月連州山水暴出漂七百餘家麟德二年六月鄜州大水壞居人廬舍總章二年六月括州大風雨海溢壞永嘉安固二縣溺死者九千七十人冀州大雨水平地深一丈壞民居萬家咸亨元年五月丙戌大雨山水溢溺死五千餘人二年八月徐州山水漂百餘家四年七月婺州大雨山水暴

漲溺死五千餘人上元三年八月青州大風海溢漂居人五千餘家齊淄等七州大水永隆元年九月河南河北大水溺死者甚衆二年八月河南河北大水壞民居十萬餘家永淳元年五月丙午東都連日澍雨乙卯洛水溢壞天津橋及中橋漂居民千餘家六月乙亥京師大雨水平地深數尺秋山東大雨水大饑二年七月己巳河溢壞河陽橋八月恆州滹沱河及山水暴溢害稼文明元年七月温州大水漂千餘家括州溪水暴漲溺死百餘人如意元年四月洛水溢壞永昌橋漂居民四百餘家七月洛水溢漂居民五千餘家八月河溢壞河陽縣長壽二年五月棣州河溢壞居民二千餘家是歲河陽州十一水萬歲通天元年八月徐州大水害稼神功元年三月括州水壞民居七百餘家是歲河南州十九水聖曆二年七月丙辰神都大雨洛水壞天津橋秋水溢懷州漂千餘家三年三月辛亥鴻州水漂千餘家溺死四百餘人久視元年十月洛州水長安三年六月寧州大雨水漂二千餘家溺死千餘人四年八月瀛州水壞民居數千家神龍元年四月雍州同官縣大雨水漂民居五百餘家六月河北州

十七大水七月甲辰洛水溢壞民居二千餘家二年四月辛丑洛水壞天津橋溺死數百人八月魏州水景龍三年七月灃水溢害稼九月密州水壞民居數百家開元三年河南河北水四年七月丁酉洛水溢沈舟數百艘五年六月甲申瀍水溢溺死者千餘人鞏縣大水壞城邑損居民數百家河南水害稼八年夏契丹寇營州發關中卒援之宿澠池之闕門營穀水上夜半山水暴至萬餘人皆溺死六月庚寅夜穀洛溢入西上陽宮宮人死者十七八畿內諸縣田稼廬舍蕩盡掌閑衛兵溺死千餘人京師興道坊一夕陷爲池居民五百餘家皆沒不見是年鄧州三鴉口大水塞谷或見二小兒以水相沃須臾有蛇大十圍張口仰天人或斫射之俄而暴雷雨漂溺數百家十年五月辛酉伊水溢毀東都城東南隅平地深六尺河南許仙豫陳汝唐鄧等州大水害稼漂沒民居溺死者甚衆六月博州棣州河決十二年六月豫州大水八月兗州大水十四年秋天下州五十水河南河北尤甚河及支川皆溢懷衛鄭滑汴濮人或巢或舟以居死者千計潤州大風自東北海濤沒瓜步十五年五月晉州大水七月鄧

州大水溺死數千人洛水溢入鄜城平地丈餘死者無算壞同州城市及馮翊
縣漂居民二千餘家八月澗穀溢毀澠池縣是秋天下州六十三大水害稼及
居人廬舍河北尤甚十七年八月丙寅越州大水壞州縣城十八年六月壬午
東都瀍水溺揚楚等州租船洛水壞天津永濟二橋及民居千餘家十九年秋
河南水害稼二十年秋宋滑兗鄆等州大水二十二年秋關輔河南州十餘水
害稼二十七年三月澧袁江等州水二十八年十月河南郡十三水二十九年
七月伊洛及支川皆溢害稼毀天津橋及東西漕上陽宮仗舍溺死千餘人是
秋河南河北郡二十四水害稼天寶四載九月河南淮陽睢陽譙四郡水十載
廣陵大風駕海潮沈江口船數千艘十三載九月東都瀍洛溢壞十九坊廣德
元年九月大雨水平地數尺時吐蕃寇京畿以水自潰去二年五月東都大雨
洛水溢漂二十餘坊河南諸州水大曆元年七月洛水溢二年秋湖南及河東
河南淮南浙東西福建等道州五十五水災七年二月江州江溢十年七月杭
州海溢十一年七月戊子夜澍雨京師平地水尺餘溝渠漲溢壞民居千餘家

十二年秋京畿及宋亳滑三州大雨水害稼河南尤甚平地深五尺河溢建中元年幽鎭魏博大雨易水滹沱横流自山而下轉石折樹水高丈餘苗稼蕩盡貞元二年六月丁酉大風雨京城通衢水深數尺有溺死者東都河南荆南淮南江河溢三年三月東都河南江陵汴揚等州大水四年八月灞水暴溢殺百餘人八年秋自江淮及荆襄陳宋至于河朔州四十餘大水害稼溺死二萬餘人漂没城郭廬舍幽州平城水深二丈徐鄭涿薊檀平等州皆深丈餘八年六月淮水溢平地七尺没泗州城十一年十月朗蜀二州江溢十二年四月福建二州大水嵐州暴雨水深二丈十三年七月淮水溢于亳州十八年春申光蔡等州大水永貞元年夏朗州之熊武五溪溢秋武陵龍陽二縣江水溢漂萬餘家京畿長安等九縣山水害稼元和元年夏荆南及壽幽徐等州大水二年六月蔡州大雨水平地深數尺四年十月丁未渭南暴水漂民居二百餘家六年十月鄜坊黔中水七年正月振武河溢毀東受降城五月饒撫虔吉信五州暴水虔州尤甚平地有深至四丈者八年五月陳州許州大雨大隗山摧水流出

溺死者千餘人六月庚寅大風毀屋揚瓦人多壓死京師大水城南深丈餘入
明德門猶漸車輻辛卯渭水漲絕濟時所在百川發溢多不由故道滄州水潦
浸鹽山等四縣九年秋淮南及岳安宣江撫袁等州大水害稼十一年五月京
畿大雨水昭應尤甚衢州山水害稼深三丈毀州郭溺死百餘人六月密州大
風雨海溢毀城郭饒州浮梁樂平二縣暴雨水漂沒四千餘戶潤常朝陳許五
州及京畿水害稼八月甲午渭水溢毀中橋十二年六月乙酉京師大雨水含
元殿一柱傾市中水深三尺毀民居二千餘家河南河北大水洺邢尤甚平地
二丈河中江陵幽澤潞晉隰蘇臺越州水害稼十三年六月辛未淮水溢十五
年秋洪吉信滄等州水長慶二年七月河南陳許蔡等州大水好時山水漂民
居三百餘家處州大雨水平地深八尺壞城邑桑田大半四年夏蘇湖二州大
雨水太湖決溢睦州及壽州之霍山山水暴出鄆曹濮三州雨水壞州城民居
田稼略盡襄均復郢四州漢水溢決秋河南及陳許二州水害稼寶歷元年秋
鄜坊二州暴水兗海華三州及京畿奉天等六縣水害稼太和二年夏京畿及

陳滑二州水害稼河陽水平地五尺河決壞棣州城越州大風海溢河南鄆曹濮淄青齊德兗海等州並大水三年四月同官縣暴水漂沒二百餘家宋亳徐等州大水害稼四年夏江水溢沒舒州太湖宿松望江三縣民田數百戶鄜坊水漂三百餘家浙西浙東宣歙江西鄜坊山南東道淮南京畿河南江南荊襄鄂岳湖南大水皆害稼五年六月玄武江漲高二丈溢入梓州羅城淮西浙東浙西荊襄岳鄂東川大水害稼六年二月蘇湖二州大水六月徐州大雨壞民居九百餘家七年秋浙西及揚楚舒廬壽滁和宣等州大水害稼八年秋江西及襄州水害稼蘄州湖水溢滁州大水溺萬餘戶開成元年夏鳳翔麟遊縣暴雨水毀九成宮壞民舍數百家死者百餘人七月鎮州滹沱河溢害稼三年夏河決浸鄭滑外城陳許鄜坊鄂曹濮襄魏博等州大水江漢漲溢壞房均荊襄等州民居及田產殆盡蘇湖處等州水溢入城處州平地八尺四年秋西川滄景淄青大雨水害稼及民廬舍德州尤甚平地水深八尺五年七月鎮州及江南水會昌元年七月江南大水漢水壞襄均等州民居甚衆大中十二年八月

魏博幽鎮兗鄆滑汴宋舒壽和潤等州水害稼徐泗等州水深五丈漂沒數萬家十三年夏大水咸通元年潁州大水四年閏六月東都暴水自龍門毀定鼎長夏等門漂溺居人七月東都許汝徐泗等州大水傷稼九月孝義山水深三丈破武牢關金城門汜水橋六年六月東都大水漂壞十二坊溺死者甚衆七年夏江淮大水秋河南大水害稼十四年八月關東河南大水乾符三年關東大水光化三年九月浙江溢壞民居甚衆乾寧三年四月河圮于滑州朱全忠決其堤因爲二河散漫千餘里常寒顯慶四年二月壬子大雨雪方春少陽用事而寒氣脅之古占以爲人君刑法暴濫之象近常寒也咸亨元年十月癸酉大雪平地三尺人多凍死儀鳳三年五月丙寅高宗在九成宮霖雨大寒兵衛有凍死者開耀元年冬大寒久視元年三月大雪神龍元年三月乙酉睦州暴寒且冰開元二十九年九月丁卯大雨雪大木偃折大歷四年六月伏日寒貞元元年正月戊戌大風雪寒丙午又大風雪寒民饑多凍死者十二年十二月大雪甚寒竹柏柿樹多死占曰有德遭險厥災暴寒十九年三月大雪二十年

二月庚戌始雷大雨雹震電大雨雪既雷則不當雪陰脅陽也如魯隱公之九年元和六年十二月大寒八年十月東都大寒霜厚數寸雀鼠多死十二年九月己丑雨雪人有凍死者十五年八月己卯同州雨雪害稼長慶元年二月海州海水冰南北二百里東望無際太和六年正月雨雪踰月寒甚九年十二月京師苦寒會昌三年春寒大雪江左尤甚民有凍死者咸通五年冬隰石汾等州大雨雪平地深三尺景福二年二月辛巳曹州大雪平地二尺天復三年三月浙西大雪平地三尺餘其氣如煙其味苦十二月又大雪江海冰天祐元年九月壬戌朔大風寒如仲冬是冬浙東浙西大雪吳越地氣常燠而積雪近常寒也鼓妖武德三年二月丁丑京師西南有聲如崩山近鼓妖也說者以爲人君不聽爲衆所惑則有聲無形不知所從生天授元年九月檢校內史宗秦客拜日無雲而雷震近鼓妖也貞元十三年六月丙寅天晦街鼓不鳴中和二年十月西北方無雲而雷天復三年十月甲午有大聲出于宣武節度使廳事近鼓妖也魚孽如意中濟源路敬淳家水碾柱將壞易之爲薪中有鮎魚長尺餘

猶生近魚孽也開元四年安南都護府江中有大蛇首尾橫出兩岸經日而腐寸寸自斷數日江魚盡死蔽江而下十十五五相附著江水臭神龍中渭水有蝦蟆大如鼎里人聚觀數日而失是歲大水元和十四年二月晝有魚長尺餘墜於鄆州市良久乃死魚失水而墜于市敗滅象也開成二年三月壬申有大魚長六丈自海入淮至濠州招義民殺之近魚孽也乾符六年汜水河魚逆流而上至垣曲平陸界魚民象逆流而上民不從君令也光啓二年揚州兩魚占如元和十四年蝗武德六年夏州蝗蝗之殘民若無功而祿者然皆貪撓之所生先儒以爲人主失禮煩苛則旱魚螺變爲蟲蝗故以屬魚孽貞觀二年六月京畿旱蝗太宗在苑中掇蝗祝之曰人以穀爲命百姓有過在予一人但當蝕我無害百姓將吞之侍臣懼帝致疾遽以爲諫帝曰所冀移災朕躬何疾之避遂吞之是歲蝗不爲災三年五月徐州蝗秋德戴廓等州蝗四年秋觀兗遼等州蝗二十一年秋渠泉二州蝗永徽元年夔絳雍同等州蝗永淳元年三月京畿蝗無麥苗六月雍岐隴等州蝗長壽二年台建等州蝗開元三年七月河南

河北蝗四年夏山東蝗蝕稼聲如風雨二十五年貝州蝗有白鳥數千萬羣飛食之一夕而盡禾稼不傷廣德二年秋蝗關輔尤甚米斗千錢興元元年秋螟蝗自山而東際于海晦天蔽野草木葉皆盡貞元元年夏蝗東自海西盡河隴羣飛蔽天旬日不息所至草木葉及畜毛靡有孑遺餓殣枕道民蒸蝗曝颺去翅足而食之永貞元年秋陳州蝗元和元年夏鎮冀等州蝗長慶三年秋洪州螟蝗害稼八萬頃開成元年夏鎮州河中蝗害稼二年六月魏博昭義淄青滄州兗海河南蝗三年秋河南河北鎮定等州蝗草木葉皆盡五年夏幽魏博鄆曹濮滄齊德淄青兗海河陽淮南虢陳許汝等州螟蝗害稼占曰國多邪人朝無忠臣居位食祿如蟲與民爭食故比年蟲蝗會昌元年七月關東山南鄧唐等州蝗大中八年七月劍南東川蝗咸通三年六月淮南河南蝗六年八月東都同華陝虢等州蝗七年夏東都同華陝虢及京畿蝗九年江淮關內及東都蝗十年夏陝虢等州蝗不絀無德虐取於民之罰乾符二年蝗自東而西蔽天光啓元年秋蝗自東方來羣飛蔽天二年荊襄蝗米斗錢三千人相食淮南蝗

自西來行而不飛浮水緣城入揚州府署竹樹幢節一夕如翦幡幟畫像皆齧去其首撲不能止旬日自相食盡豕禍貞觀十七年六月司農寺豕生子一首八足自頸分爲二貞元四年二月京師民家有豕生子兩首四足首多者上不一也是歲宣州大雨震雷有物墮地如豬手足各兩指執赤班蛇食之頃之雲合不復見近豕禍也元和八年四月長安西市有豕生子三耳八足自尾分爲二足多者下不一也咸通七年徐州蕭縣民家豕出圂舞又牡豕多將鄰里羣豕而行復自相噬齧乾符六年越州山陰民家有豕入室內壞器用銜案缶置於水次廣明元年絳州稷山縣民一豕生如人狀無眉目耳髮占爲邑有亂雷電貞觀十一年四月甲子震乾元殿前槐樹震耀天之威怒以象殺戮槐古者三公所樹也證聖元年正月丁酉雷雷者陽聲出非其時臣竊君柄之象長安四年五月丁亥震雷大風拔木人有震死者延和元年六月河南偃師縣李材村有震雷入民家地震裂闊丈餘長十五里深不可測所裂處井廁相通或衝冢墓柩出平地無損李國姓也震雷威刑之象地陰類也永泰元年二月甲子

夜震霆自是無雷至六月甲申乃雷大歷十年四月甲申雷雹暴風拔木飄瓦
人有震死者京畿害稼者七縣建中元年九月己卯雷四年四月丙子東都畿
汝節度使哥舒曜攻李希烈進軍至潁橋大雨震雹人不能言者十三四馬驢
多死貞元十四年五月己酉夏至始雷元和十一年冬雷長慶二年六月乙丑
大風震電落太廟鴟尾破御史臺樹太和八年三月辛酉定陵臺大雨震廡下
地裂二十有六步占曰士庶分離大臣專恣不救大敗會昌三年五月甲午始
雷咸通四年十二月震雷乾符二年十二月震雷雨雹乾寧四年李茂貞遣將
符道昭攻成都至廣漢震雷有石隕于帳前霜貞觀元年秋霜殺稼京房易傳
曰人君刑罰妄行則天應之以隕霜三年北邊霜殺稼永徽二年綏延等州霜
殺稼調露元年八月邠涇寧慶原五州霜證聖元年六月睦州隕霜殺草吳越
地燠而盛夏隕霜昔所未有四年四月延州霜殺草四月純陽用事象人君當
布惠于天下而反隕霜是無陽也開元十二年八月潞綏等州霜殺稼十五年
天下州十七霜殺稼元和二年七月邠寧等州霜殺稼九年三月丁卯隕霜殺

桑十四年四月淄青隕霜殺惡草及荆棘而不害嘉穀寶歷元年八月邠州霜殺稼太和三年秋京畿奉先等八縣旱霜殺稼大中三年春隕霜殺桑中和元年春霜秋河東旱霜殺稼雹貞觀四年秋丹延北永等州雹顯慶二年五月滄州大雨雹中人有死者咸亨元年四月庚午雍州大雨雹二年四月戊子大雨雹震雷大風折木落則天門鴟尾三先儒以爲雹者陰脅陽也又曰人君惡聞其過抑賢用邪則雹與雨俱信讒殺無罪則雹下毀瓦破車殺牛馬永淳元年五月壬寅定州大雨雹害麥禾及桑天授二年六月庚戌許州大雨雹證聖元年二月癸卯滑州大雨雹殺燕雀神功元年嬀媯二州雹聖歷元年六月甲午曹州大雨雹久視元年六月丁亥曹州大雨雹長安三年八月京師大雨雹人畜有凍死者神龍元年四月壬子雍州同官縣大雨雹殺鳥獸景龍元年四月己巳曹州大雨雹二年正月己卯滄州雨雹如鷄卵開元八年十二月丁未滑州大雨雹二十二年五月戊辰京畿渭南等六縣大風雹傷麥大歷七年五月乙酉雨雹貞元二年六月丙子大雨雹十七年二月丁酉雨雹己亥霜戊申夜

震霆雨雹庚戌大雨雪而雹五月戊寅好時縣風雹害麥十八年七月癸酉大
雨雹元和元年鄜坊等州雹十年秋鄜坊等州風雹害稼十二年夏河南雨雹
中人有死者十五年三月京畿與平醴泉等縣雹傷麥長慶四年六月庚寅京
師雨雹如彈丸太和四年秋鄜坊等州雹五年夏京畿奉先渭南等縣雨雹開
成二年秋河南雹害稼四年七月鄭滑等州風雹五年六月濮州雨雹如拳殺
人三十六牛馬甚衆會昌元年秋登州雨雹文登尤甚破瓦害稼四年夏雨雹
如彈丸乾符六年五月丁酉宣授宰臣豆盧瑑崔沆制殿庭氛霧四塞及百官
班賀于政事堂雨雹如鳧卵大風雷雨拔木廣明元年四月甲申朔汝州大雨
風拔街衢樹十二三東都有雲起西北大風隨之長夏門內表道古槐樹自拔
者十五六宮殿鴟尾皆落雨雹大如杯鳥獸殪於川澤黑眚黑祥大歷二年十
二月戊戌黑氣如塵彌漫于北方黑氣陰沴也貞元四年七月自陝至河陰河
水黑流入汴至汴州城下一宿而復近黑祥也占曰法嚴刑酷傷水性也五行
變節陰陽相干氣色繆亂皆敗亂之象十四年潤州有黑氣如隄自海門山橫

亘江中與北固山相峙又有白氣如虹自金山出與黑氣交將旦而沒太和四年正月壬寅黑氣如帶東西際天咸通十四年七月僖宗卽位是日黑氣如盤自天屬含元殿庭火沴水武德九年二月蒲州河清襄楷以爲河諸侯象清陽明之效也貞觀十四年二月陝州泰州河清十六年正月懷州河清十七年十二月鄭州滑州河清二十三年四月靈州河清永徽元年正月濟州河清二年十二月衞州河清五年六月濟州河清十六里調露二年夏豐州河清長安初醴泉坊太平公主第井水溢流又幷州文水縣猷水竭武氏井溢神龍二年二月壬子洛陽城東七里地色如水樹木車馬歷歷見影漸移至都月餘乃滅長安街中往往見水影昔苻堅之將死也長安嘗有是景龍四年三月庚申京師井水溢占曰君凶又曰兵將起開元二十二年八月清夷軍黃帝祠古井湧浪二十五年五月淄州棣州河清二十九年亳州老子祠九井涸復湧乾元二年七月嵐州合河關河三十里清如井水四日而變寶應元年九月甲午太州至陝州二百餘里河清澄澈見底大歷末深州束鹿縣中有水影長七八尺遙望

見人馬往來如在水中及至前則不見水建中四年五月乙巳滑州濮州河清十四年閏五月乙丑滑州河清貞元二十一年夏越州鏡湖竭是歲朗州熊武五溪水鬬占曰山崩川竭國必亡又曰方伯力政厥異水鬬開成二年夏旱揚州運河竭大中八年正月陝州河清咸通八年七月泗州下邳雨湯殺鳥雀水沸于火則可以傷物近火沴水也雨者自上而降鳥雀民象中和三年秋汴水入于淮水鬬壞船數艘廣明元年夏汝州峴陽峯龍池涸近川竭也五行傳曰皇之不極是謂不建厥咎眊厥罰常陰厥極弱時則有射妖時則有龍蛇之孽時則有馬禍時則有下人伐上之痾時則有日月亂行星辰逆行謂木金火水土沴天也常陰長安四年自九月霖雨陰晦至于神龍元年正月貞元二十一年秋連月陰曀元和十五年正月庚辰至于丙申晝常陰晦微雨雪夜則晴霽占曰晝霧夜晴臣志得申咸通十四年七月靈州陰晦乾符六年秋多雲霧晦冥自旦及禺中乃解光啓元年秋河東大雲霧明年夏晝陰積六十日二年十一月淮南陰晦雨雪至明年二月不解景福二年夏連陰四十餘日霧長壽元

年九月戊戌黃霧四塞霧者百邪之氣爲陰冒陽本于地而應于天黃爲土土爲中宮神龍二年三月乙巳黃霧四塞景龍二年八月甲戌黃霧昏濁不雨三年正月丁卯黃霧四塞十一月甲寅日入後昏霧四塞經二日乃止占曰霧連日不解其國昏亂開元五年正月戊辰昏霧四塞天寶十四載冬三月常霧起昏暗十步外不見人是謂晝昏占曰有破國至德二載四月賊將武令珣圍南陽白霧四塞上元元年閏四月大霧占曰兵起貞元十年三月乙亥黃霧四塞日無光咸通九年十一月龐勛圍徐州甲辰大霧昏塞至于丙午光化四年冬昭宗在東內武德門內煙霧四塞門外日色皎然虹蜺武德初隋將堯君素守蒲州有白虹下城中唐隆元年六月戊子虹蜺亙天蜺者斗之精占曰后妃陰脅王者又曰五色迭至照于宮殿有兵延和元年六月幽州都督孫佺帥兵襲奚將入賊境有白虹垂頭于軍門占曰其下流血至德二載正月丙子南陽夜有白虹四上亙百餘丈元和十三年十二月丙辰有白虹闊五尺東西亙天會昌四年正月己酉西方有白虹咸通元年七月己酉朔白虹橫亙西方九年七

月戊戌白虹橫亙西方光啓二年九月白虹見西方十月壬辰夜又如之天復三年三月朔日有曲虹在日東北龍蛇孽貞觀八年七月隴右大蛇屢見蛇女子之祥大者有所象也又汾州青龍見吐物在空中光明如火墮地地陷掘之得玄金廣尺長七寸顯慶二年五月庚寅有五龍見于岐州之皇后泉先天二年六月京師朝堂塼下有大蛇出長丈餘有大蝦蟆如盤而目赤如火相與鬭俄而蛇入于大樹蝦蟆入于草蛇蝦蟆皆陰類朝堂出非其所也開元四年六月郴州馬嶺山下有白蛇與黑蛇鬭白蛇長六七尺吞黑蛇至腹口眼血流黑蛇長丈餘頭穿白蛇腹出俱死天寶中洛陽有巨蛇高丈餘長百尺出芒山下胡僧無畏見之曰此欲決水瀦洛城即以天竺法咒之數日蛇死十四載七月有二龍鬭於南陽城西易坤上六龍戰於野文言曰陰疑於陽必戰至德元載八月朔成都丈人廟有肉角蛇見二載三月有蛇鬭於南陽門之外一蛇死一蛇上城建中二年夏趙州寧晉縣沙河北有棠樹甚茂民祠之爲神有蛇數百千自東西來趨北岸者聚棠樹下爲二積留南岸者爲一積俄有徑寸龜三繞

行積蛇盡死而後各登其積野人以告蛇腹皆有瘡若矢所中刺史康日知圖其事奏三龜來獻四年九月戊寅有龍見于汝州城壕龍大人象其潛也象其飛也大城壕失其所也貞元末資州得龍丈餘西川節度使韋皐匣而獻之百姓縱觀三日爲煙所薰而死太和二年六月丁丑西北有龍鬭三年成都門外有龍與牛鬭開成元年宮中有衆蛇相與鬭光化三年九月杭州有龍鬭于浙江水溢壞民廬舍占同天寶十四載光啓二年冬鄭州洛交有蛇見于縣署復見于州署蛇冬則蟄易曰龍蛇之蟄以存身也馬禍義寧二年五月戊申有馬生角長二寸末有肉角者兵象武德三年十月王世充僞左僕射韋霽馬生角當頂永隆二年監牧馬大死凡十八萬匹馬者國之武備天去其備國將危亡文明初新豐有馬生駒二首同項各有口鼻生而死又咸陽牝馬生石大如升上徼有綠毛皆馬禍也開元十二年五月太原獻異馬駒兩肋各十六肉尾無毛二十五年濮州有馬生駒肉角二十九年三月滑州刺史李邕獻馬肉鬉鱗臆嘶不類馬日行三百里建中四年五月滑州馬生角太和九年八月易定馬

飲水因吐珠一以獻開成元年六月揚州民明齊家馬生角長一寸三分會昌元年四月桂州有馬生駒三足能隨羣于牧咸通三年郴州馬生角十一年沁州綿上及和川牡馬生子皆死京房易傳曰方伯分威厥妖牡馬生子乾符二年河北馬生人中和元年九月長安馬生人京房易傳曰諸侯相伐厥妖馬生人一曰人流亡二年二月蘇州嘉興馬生角光啓二年夏四月僖宗在鳳翔馬尾皆咤蓬如篲咤怒象文德元年李克用獻馬二肘膝皆有鬣長五寸許蹄大如七寸甌人痾武德四年太原尼志覺死十日而蘇貞觀十九年衞州人劉道安頭生肉角隱見不常因以惑衆伏誅角兵象肉不可以觸者永徽六年淄州高苑民吳威妻嘉州民辛道讓妻皆一產四男凡物反常則爲妖亦陰氣盛則母道壯也顯慶二年普州有人化爲虎虎猛噬而不仁儀鳳三年四月涇州獻二小兒連心異體初鶉觚縣衞士胡萬年妻吳生一男一女其胸相連餘各異體乃析之則皆死又產復然俱男也遂育之至是四歲以獻于朝永隆元年長安獲女魃長尺有二寸其狀怪異詩曰旱魃爲虐如惔如焚是歲秋不雨至于

明年正月永隆二年九月萬年縣女子劉凝靜衣白衣從者數人升太史令廳問比有何災異令執之以聞是夜彗星見太史司天文歷候王者所以奉若天道恭授民時者非女子所當問載初中涪州民范端化爲虎神功元年二月庚子有人走入端門又入則天門至通天宮闥及仗衞不之覺時來俊臣婢產肉塊如二升器剖之有赤蟲須臾化爲蜂螫人而去久視二年正月成州有大人跡見長安中郴州佐史因病化爲虎欲食其嫂擒之乃人也雖未全化而虎毛生矣太極元年狂人段萬謙潛入承天門登太極殿升御牀自稱天子且言我李安國也人相我年三十二當爲天子開元二十三年四月冀州獻長人李家寵八尺有五寸大歷十年二月昭應婦人張產一男二女貞元八年正月丁亥許州人李狗兒持杖上含元殿擊欄檻伏誅十年四月恆州有巨人跡見十五年正月戊申狂人劉忠詣銀臺稱白起令上表天下有火災十七年十一月翰林待詔戴少平死十有六日而蘇是歲宣州南陵縣丞李嶷死已殯三十日而蘇元和二年商州洪崖冶役夫將化爲虎衆以水沃之不果化長慶四年三月

民徐忠信潛入浴堂門寶歷二年十二月延州人賀文妻一產四男太和二年十月狂人劉德廣入含元殿咸通七年渭州有人生角寸許占曰天下有兵十三年四月太原晉陽民家有嬰兒兩頭異頸四手聯足此天下不一之妖是歲民皇甫及年十四暴長七尺餘長啜大嚼三倍如初歲餘死乾符六年秋蜀郡婦人尹生子首如豕目在腓下占曰君失道光啓元年隰州温泉民家有死者既葬且半月行人聞聲呼地下其家發之則復生歲餘乃死二年春鳳翔郿縣女子未齓化爲丈夫旬日而死京房易傳曰茲謂陰昌賊人爲王大順元年六月資州兵王全義妻如孕覺物漸下入股至足大拇痛甚折而生珠如彈丸漸長大如杯天祐二年五月潁州汝陰民彭文妻一產三男疫貞觀十年關內河東大疫十五年三月澤州疫十六年夏穀涇徐戴虢五州疫十七年夏澤濠廬三州疫十八年廬濠巴普郴五州疫二十二年卿州大疫永徽六年三月楚州大疫永淳元年冬大疫兩京死者相枕於路占曰國將有恤則邪亂之氣先被于民故疫景龍元年夏自京師至山東河北疫死者千數寶應元年江東大疫

死者過半貞元六年夏淮南浙西福建道疫元和元年夏浙東大疫死者大半
太和六年春自劍南至浙西大疫開成五年夏福建台明四州疫咸通十年宣
歙兩浙疫大順二年春淮南疫死者十三四天鳴天寶十四載五月天鳴聲若
雷占曰人君有憂貞元二十一年八月天鳴在西北中和三年三月浙西天鳴
聲如轉磨無雲而雨元和十二年正月乙酉星見而雨占曰無雲而雨是謂天
泣隕石永徽四年八月己亥隕石于同州馮翊十八光耀有聲如雷近星隕而
化也庶民惟星在上而隕民去其上之象一曰人君爲詐妄所蔽則然

唐書卷三十六

珍做朱版印

唐書卷三十七

宋翰林學士歐陽修撰

志第二十七

地理志

自秦變古王制亡始郡縣天下下更漢晉分裂爲南北至隋滅陳天下始合爲一乃改州爲郡依漢制置太守以司隸刺史相統治爲郡一百九十縣一千二百五十五戶八百九十萬七千五百三十六口四千六百一萬九千九百五十六其地東西九千三百里南北一萬四千八百一十五里東南皆至海西至且末北至五原唐興高祖改郡爲州太守爲刺史又置都督府以治之然天下初定權置州郡頗多太宗元年始命併省又因山川形便分天下爲十道一曰關內二曰河南三曰河東四曰河北五曰山南六曰隴右七曰淮南八曰江南九曰劍南十曰嶺南至十三年定簿凡州府三百五十八縣一千五百五十一明年平高昌又增州二縣六其後北殄突厥頡利西平高昌北踰陰山西抵大漠

其地東極海西至焉耆南盡林州南境北接薛延陁界東西九千五百一十一里南北一萬六千九百一十八里景雲二年分天下郡縣置二十四都督府以統之既而以其權重不便罷之開元二十一年又因十道分山南江南爲東西道增置黔中道及京畿都畿置十五採訪使檢察如漢刺史之職天寶盜起中國用兵而河西隴右不守陷於吐蕃至大中咸通始復隴右乾符以後天下大亂至於唐亡然舉唐之盛時開元天寶之際東至安東西至安西南至日南北至單于府蓋南北如漢之盛東不及而西過之開元二十八年戶部帳凡郡府三百二十有八縣千五百七十三戶八百四十一萬二千八百七十一口四千八百一十四萬三千六百九應受田一千四百四十萬三千八百六十二頃考隋唐地理之廣狹戶口盈耗與其州縣廢置其盛衰治亂興亡可以見矣蓋自古爲天下者務廣德而不務廣地德不足矣地雖廣莫能守也嗚呼盛極必衰雖曰勢使之然而殆忽驕滿常因盛大可不戒哉

關內道蓋古雍州之域漢三輔北地安定上郡及弘農隴西五原西河雲中之

境京兆華同鳳翔邠隴涇原渭武寧慶鄜坊丹延靈威雄會鹽綏宥爲鶉首分麟豐勝銀夏單于安北爲實沈分商爲鶉火分爲府二都護府二州二十七縣百三十五其名山太白九嵕吳岐梁華其大川涇渭灞滻厥賦絹綿布麻京兆同華岐調綿餘州布麻開元二十五年以關輔寡蠶詔納米粟其河南河北非通漕州皆調絹以便關中厥貢毛羽革角布席弓刀上都初曰京城天寶元年曰西京至德二載曰中京上元二年復曰西京肅宗元年曰上都皇城長千九百一十五步廣千二百步宮城在北長千四百四十步廣九百六十步周四千八百六十步其崇三丈有半龍朔後皇帝常居大明宮乃謂之西內神龍元年曰太極宮大明宮在禁苑東南西接宮城之東北隅長千八百步廣千八十步曰東內本永安宮貞觀八年置九年曰大明宮以備太上皇清暑百官獻貲以助役高宗以風痹厭西內湫溼龍朔三年始大興葺曰蓬萊宮咸亨元年曰含元宮長安元年復曰大明宮興慶宮在皇城東南距京城之東開元初置至十四年又增廣之謂之南內二十年築夾城入芙蓉園京城前直子午谷後枕龍首山左臨灞岸右抵灃水其長六千六百六十五步廣五千五百七十五步周二萬四千一百二十步其崇丈有八尺

京兆府京兆郡本雍州開元元年爲府厥貢水土稻麥麰紫稈粟隔紗粲席鞾氈蠟酸棗仁地骨皮櫻桃藕粉天寶元年領戶三十六萬二千九百二十一口百九十六萬一百八十八領縣二十有府百三十一曰真化匡道水衡仲山新城寶泉善信鳳神安業平香太清餘皆逸

萬年

赤。本大興，武德元年更名。二年析置芷陽縣，七年省。總章元年析置明堂縣，長安二年省。天寶七載曰咸寧，至德三載復故名。有南望春宮，臨滻水西岸；有北望春宮，宮東有廣運潭。福陵在東二十五里，敬陵在東南四十里。

長安

赤。總章元年析置乾封縣，長安二年省。有大安宮，本弘義，後更名。南五十里太和谷有太和宮，武德八年置，貞觀十年廢，二十一年復置，曰翠微宮，籠山爲苑，元和中以爲翠微寺。有子午關。天寶二年尹韓朝宗引渭水入金光門，置潭於西市，以貯材木。大曆元年尹黎幹自南山開漕渠抵景風、延喜門入苑，以漕炭薪。

咸陽

畿。武德元年析涇陽、始平置。有望賢宮，有便橋，有興寧陵，又有順陵，在咸陽原。

興平

畿。本始平，景龍二年，中宗送金城公主降吐蕃至此，改曰金城，至德二載更名。西十八里有隋仙林宮。

雲陽

赤。武德元年析置石門縣，三年以石門、溫秀置泉州，貞觀元年州廢，省溫秀，更石門曰雲陽，雲陽曰池陽，八年省雲陽，更池陽曰雲陽。天授二年以雲陽、涇陽、醴泉、三原置鼎州，大足元年州廢。有堯山、甘泉山，凡禁樵採者著于志。有古鄭白渠。崇陵在北十五里嵯峨山，貞陵在西北四十里。

涇陽

畿。

三原

次赤。武德四年曰池陽，六年曰華池，析置三原，隸泉州，貞觀元年省，復華池曰三原。永康陵在北十八里，獻陵在東十八里，莊陵在西北五里，端陵在東十里。

渭南

畿。武德元年隸華州，五年還隸雍州。天授二年析渭南、慶山置鴻門縣，以渭南、慶山、鴻門、高陵、櫟陽置鴻州，尋省鴻門。大足元年州廢。西十里有遊龍宮，開元二十五年更置。東十五里有隋崇業宮。

昭應

次赤。本新豐，垂拱二年曰慶山，神龍元年復故名。有宮在驪山下，貞觀十八年置，咸亨二年始名溫泉宮，天寶元年更驪山曰會昌山。三載以縣去宮遠，析新豐、萬年置會昌縣。六載更溫泉曰華清宮，治湯井爲池，環山列宮室，又築羅城，置百司及十宅。七載省新豐，更會昌縣及山曰昭應。東三十五里有慶山，垂拱二年涌出。有清虛源，本鳳凰；有幽棲谷，本鸚鵡，中宗以韋嗣立所居更名。有旌儒鄉，有廟，故坑儒，玄宗更名。齊陵在東十六里。

高陵

畿。武德元年析置鹿苑縣，貞觀元年省。西四十里有龍躍宮，武德六年高祖以舊第置，德宗以爲修真觀。有古白渠，寶曆

元年令劉仁師請更水道渠成名曰劉公堰曰彭城

同官畿有女迴山

富平次赤有荊山有鹽池澤定陵在西北十五里龍泉山元陵在西北二十五里檀山豐陵在東三十三里甕金山章陵在西北二十里簡陵在西北四十里

藍田畿武德二年析置白鹿縣三年更曰寧民又析藍田置玉山縣貞觀三年皆省有覆車山有藍田關故嶢關有庫谷谷有關武德六年寧民令顏昶引南山水入京城永淳元年作萬全宮弘道元年廢

鄠畿有漢陂東南三十里有隋太平宮西南二十二里有隋甘泉宮

奉天次赤文明元年析醴泉始平好時武功豳州之永壽置以奉乾陵陵在北五里梁山靖陵在東北十里乾寧二年以縣置乾州及覃王出鎮又以畿內之好時武功盩厔醴泉隸之

好時畿故上宜武德二年析醴泉置好時貞觀八年廢上宜入岐陽二十一年省好時岐陽復置上宜更上宜曰好時有大橫關

武功畿武德三年以武功好時盩厔及郇州之郿鳳泉置稷州又析始平置扶風縣四年以岐州之圍川隸之七年以郿隸岐州貞觀元年州廢省扶風以圍川鳳泉隸岐州盩厔武功隸雍州天授二年復以武功始平奉天盩厔好時置稷州大足元年州廢有太一山宮十八里有慶善宮臨渭水武德元年高祖以舊第置宮後廢為慈德寺西原殤帝所葬

醴泉次赤武德元年析置溫秀縣後省醴泉貞觀十年營昭陵析雲陽咸陽復置有芳山有九嵕山昭陵在西北六十里九嵕山建陵在東北十八里武將山一名馮山

華原畿義寧二年以華原宜君同官置宜君郡并置土門縣以隸之武德元年曰宜州貞觀十七年州廢省宜君土門以華源同官隸雍州垂拱二年更華原曰永安天授二年復以永安同官富平美原置宜州大足元年州廢有永安宮長安二年置神龍元年復永安曰華原有蒲萄園宮天祐三年李茂貞墨制以縣置耀州

美原畿咸亨二年析富平華原及同州之蒲城以故土門縣置天祐二年李茂貞墨制以縣置鼎州

華州華陰郡上輔義寧元年析京兆郡之鄭華陰置垂拱二年避武氏諱曰大

州神龍元年復故名上元二年又更名太州寶應元年復故名乾寧四年曰興德府縣次畿赤光化三年復爲州土貢鷄烏鶻伏苓伏神細辛戶三萬三千一百八十七口二十二萬三千六百一十三縣四有府二十曰普樂豐源義全清義萬福修仁神水常興義津定城延壽羅文鄭邑宣義相原孝德温湯宣化懷德懷仁有鎮國軍肅宗上元元年置

鄭望有少華山東北三里有神臺宮本隋普德宮咸亨二年更名西南二十三里有利俗渠引喬谷水東南十五里有羅文渠引小敷谷水支分溉田皆開元四年詔陜州刺史姜師度疏故渠又立隄以捍水害

華陰望垂拱元年更名仙掌天授二年析置潼津縣在關口後隸虢州聖曆二年來屬長安中省神龍元年復曰華陰上元二年曰太陰華山曰太山寶應元年復故名有岳祠有潼關有渭津關有漕渠自苑西引渭水因石渠會灞滻經廣運潭至縣入渭天寶三載韋堅開又有永豐倉有臨渭倉西十八里有瓊岳宮故隋華陰宮顯慶三年更名東十三里有隋金城宮武德三年廢顯慶三年復置西二十四里有敷水渠開元二年姜師度鑿以洩水害五年刺史樊忱復鑿之使通渭漕

下邽望本隸同州垂拱元年來屬東南二十里有金氏二陂武德二年引白渠灌之以置監屯

櫟陽本畿故萬年隸雍州武德元年更名又析置平陵縣三年更平陵曰粟邑貞觀八年省有賁鹽澤天祐三年來屬

同州馮翊郡上輔武德元年更諸郡爲州其沒于賊者事平乃更天寶三載以州爲郡乾元元年復以郡爲州凡州郡縣無所更置者皆承隋舊土貢韠鞢二物皺紋吉莫麝芑茨龍莎凝水石戶六萬九百二十八口四十萬八千七百五縣八有府二十六曰濟北唐安秦城太州大亭河東興德連邑伏龍温湯安遠業善南鄉臨高濮陽襄城崇道淅谷吉安

長春華池永大洪泉善福司禦效誠馮翊望武德九年析置臨沮縣貞觀九年省有沙苑南三十二里有興德宮在志武里高祖將趨長安所次朝
邑望有長春宮武德三年析置河濱縣貞觀元年省北四里有通靈陂開元七年刺史姜師度引洛堰河以溉田百餘頃乾元三年曰河西隸河中府大曆
三年復曰朝邑還隸同州有河瀆祠西海祠小池有鹽韓城上武德八年析置西韓州貞觀八年州廢以韓城河西郃陽來屬天祐二年更名韓原有
鐵有梁山有龍門山有關武德七年治中雲得臣自龍門引河溉田六千餘頃郃陽望有陽班湫貞元四年堰汵谷水成夏陽本河西武德三年析
郃陽置又以河西郃陽韓城置西韓州乾元三年更河西曰夏陽隸河中後復來屬白水望澄城望武德三年析置長寧縣貞觀八年省奉
先本次赤故蒲城開元四年更名隸京兆府橋陵在西北三十里豐山泰陵在東北二十里金粟山景陵在西北二十里金熾山光陵在北十五里堯山惠
陵在西北十里有鹵池二大中二年其一生鹽天祐三年來屬

商州上洛郡望土貢麝香弓材有洛源監錢官貞元七年刺史李西華自藍田
至內鄉開新道七百餘里迴山取塗人不病涉謂之偏路行旅便之戶八千九
百二十六口五萬三千八十縣六有府二曰洵水玉京有興平軍初在鄜縣東原至德中徙上洛緊有熊耳山豐
陽上洛南上有金有銅有鐵商洛望東有武關上津上義寧二年以上津豐利黃土置上津郡并置長利縣武德元年曰上州貞觀
元年省長利八年州廢以黃土隸金州豐利隸均州上津來屬乾元中下本安業萬歲通天元年析豐陽置景龍三年隸雍州景雲元年來屬乾元元年
更名隸京兆尋復還屬

鳳翔府扶風郡赤上輔本岐州至德元載更郡曰鳳翔二載復郡故名號西京爲府上元二年罷京元年曰西都未幾復罷都土貢榛實龍鬚席蠟燭戶五萬八千四百八十六口三十八萬四百六十三縣九有府十三曰岐山雍北道清洛邑留谷岐陽文城郊邑三交鳳泉望苑邵吉山泉

天興次赤本雍至德二載曰鳳翔仍析置天興縣寶應元年省鳳翔入天興

岐山次畿貞觀七年析扶風岐山及京兆之上宜置岐陽縣八年省上宜入岐山永徽五年復置元和三年省有岐山

扶風次畿本湋川武德三年析岐山置以湋水名之貞觀八年更名

麟遊次畿義寧元年置以麟遊及京兆之上宜扶風郡之普潤置鳳棲郡二年以仁壽宮中獲白麟更郡曰麟遊又以安定郡之鶉觚幷析置靈臺縣隸之武德元年曰麟州貞觀元年州廢省靈臺入麟遊以麟遊普潤來屬上宜還隸雍州鶉觚還隸涇州西五里有九成宮本隋仁壽宮義寧元年廢貞觀五年復置更名永徽二年曰萬年宮乾封二年復曰九成宮周垣千八百步幷置禁苑及府庫官寺等又西三十里有永安宮貞觀八年置

普潤次畿有隴右軍貞元十年置十一年以縣隸隴右經略使元和元年更名保義軍

寶雞次畿本陳倉至德二載更名東有渠引渭水入昇原渠通長安故城咸通三年開西南有大散關有寶雞山

虢次畿貞觀八年省入岐山天授二年復置東北十里有高泉渠如意元年開引水入縣城又西北有昇原渠引汧水至咸陽垂拱初運岐隴水入京城

郿次畿義寧二年置郿城郡又析置鳳泉縣武德元年曰郊州以鳳泉來屬三年州廢以郿隸稷州七年來屬貞觀八年省鳳泉大曆五年權隸京兆有太白山有鳳泉湯

盩厔本畿隸雍州武德二年析置終南縣貞觀八年省天寶元年更名宜壽至德二載復故名乾寧中隸乾州天復元年來屬有駱谷關武德七年置有司竹園東南三十二里有隋宜壽宮有樓觀老子祠

邠州新平郡緊義寧二年析北地郡之新平三水置邠故作豳開元十三年以
字類幽改土貢剪刀火筯華豆藻豆白蜜地膽戶二萬二千九百七十七口十
二萬五千二百五十縣四有府十曰嘉陽宜祿公劉良杜胡陵蟀川萬敵金池舜城宜山新平望有永定壘二太宗討薛舉置
三水緊有石門山北二十里有萬壽林大曆八年因風雷而成永壽上武德二年析新平置神龍元年隸雍州唐隆元年來屬宜祿中貞觀二
年析新平及涇州之保定靈臺置有淺水原有長武城

右京畿採訪使治京城內

隴州汧陽郡上本隴東郡義寧二年析扶風郡之汧源汧陽南由安定郡之華
亭置天寶元年更郡曰汧陽土貢榛實龍鬚席戶二萬四千六百五十二口十
萬一百四十八縣三有府四曰大堆龍盤開川臨汧汧源上垂拱二年更華亭曰華川神龍元年復故名元和三年省入汧源西有
安戎關在隴山本大震關大中六年防禦使薛逵徙築更名有鐵有五節堰引隴水通漕武德八年水部郎中姜行本開後廢華亭有義寧軍大曆八年置貞
元十三年築永信城于平戎川汧陽上有臨汧城太和元年築吳山中本長蛇義寧二年置貞觀元年更名上元二年曰華山尋復曰吳山武德元
年以南由縣置含州四年州廢元和三年省入焉有西鎮吳山祠有紫超山西有安夷關

涇州保定郡上本安定郡至德元載更名土貢龍鬚席戶三萬一千三百六十

五口十八萬六千八百四十九縣五有府六曰涇陽四門興教純德肅清仁賢保定上本安定至德元載更名廣德元年沒吐蕃大曆三年復置有折撫故城靈臺上本鶉觚天寶元年更名臨涇中良原上興元二年沒吐蕃貞元四年復置潘原本陰盤天寶元年更名後省為彰信堡貞元十一年復置

原州平涼郡中都督府望廣德元年沒吐蕃節度使馬璘表置行原州於靈臺之百里城貞元十九年徙治平涼元和三年又徙治臨涇大中三年收復關隴歸治平高廣明後復沒吐蕃又僑治臨涇土貢氈覆鞍氈龍鬚席戶七千三百四十九口三萬三千一百四十六縣二有府二曰彰陽安善平高望有崆峒山西南有木峽關州境又有石門驛藏制勝石峽木靖等關并木峽大盤為七關又南有瓦亭故關百泉上

渭州元和四年以原州之平涼縣置行渭州廣明元年為吐蕃所破中和四年涇原節度使張鈞表置凡乾元後所置州皆無郡名及其季世所置州縣又不列上中下之第縣一平涼上廣德元年沒吐蕃貞元四年復置及為行渭州其民皆州自領之西南隴山有六盤關有銀有銅有鐵西北五里有吐蕃會盟壇貞元三年築

武州中大中五年以原州之蕭關置中和四年僑治潘原縣一蕭關中貞觀六年以突厥

降戶置緣州治平高之他樓城高宗置他樓縣隸原州神龍元年省置蕭關縣白草軍在蔚茹水之西至德後沒吐蕃

寧州彭原郡望本北地郡天寶元年更名土貢五色覆鞍氈龍鬚席芫青亭長菴蕳假蘇戶三萬七千一百二十一口二十二萬四千八百三十七縣五有府十一曰彭池高望靜難麟寶天固蒲川東原三會大延和泉永寧定安望義寧二年析置歸義縣十七年省入定平有定安故關真寧緊大羅川有要冊湫天寶元年獲玉真人像二十七因更名襄樂緊彭原緊武德元年以縣置彭州二年析置豐義縣貞觀元年州廢以彭原豐義來屬開元八年以豐義隸涇州尋復還屬唐末省定平上武德二年析定安置後隸邠州元和三年復來屬四年隸左神策軍有高摭城唐末以縣置衍州

慶州順化郡中都督府本弘化郡天寶元年曰安化至德元載更名土貢胡女布牛酥麝蠟戶二萬三千九百四十九口十二萬四千二百三十六縣十有府八曰龍息交水同川永清蟠交永業樂蟠永安順化中本弘化天寶元年曰安化至德元載更名合水中本合川武德元年置是年又析置蟠交縣貞觀元年省合川入弘化天寶元年更蟠交曰合水樂蟠中義寧元年析合水置馬嶺中華池下武德四年置以縣置林州貞觀元年州廢同川中下本三泉義寧二年析彭原郡之彭源置武德三年更名洛源中貞觀三年置四年隸北永州五年徙州來治八年州廢來屬延慶中本白馬武德六年徙故豐州民析合水置天寶元年更名方渠中下神龍三年析馬嶺置懷安下開元十一年括逃戶連党項蕃落置

鄜州洛交郡上本上郡天寶元年更名土貢龍鬚席戶二萬三千四百八十四

口十五萬三千七百一十四縣五有府十一曰洛昌龍交葦川五交大同安光洛安銀方杏林脩武安吉有肅戎軍大曆六年置在鄜城

洛交緊

洛川上

三川中華池水黑水洛水所會

直羅中武德三年析三川洛交因古直羅城置羅水過城下地平直故名

甘泉中本伏陸武德元年析洛交置天寶元年更名

坊州中部郡上武德二年析鄜州之中部鄜城置土貢龍鬚席枲弦麻戶二萬二千四百五十八口十二萬二百八縣四有府五曰杏城仁里思臣永平安臺

中部上本內部武德二年更名周天和中元皇帝爲敷州刺史置馬坊高祖因以名州有鐵州郭無水東北七里有上善泉開成二年刺史張怡架水入城以紓遠汲四年刺史崔駢復增脩之民獲其利後思之爲立祠

宜君上本隸宜州有仁智宮武德七年置貞觀十七年州廢縣亦省二十年置玉華宮復置縣隸雍州宮在北四里鳳凰谷永徽二年廢宮爲玉華寺縣又省龍朔三年析中部同官復置來屬有鐵

昇平上天寶十二載析宜君置寶應元年省後復置

鄜城上唐末以縣置翟州

丹州咸寧郡上本丹陽郡義寧元年析延安郡之義川汾川咸寧縣置天寶元年更名土貢龍鬚席麝蠟燭戶萬五千一百五口八萬七千六百二十五縣四有府五曰宜城通天同化丹陽長松

義川上

雲巖中武德元年析義川置

汾川上有烏仁關

咸寧中

延州延安郡中都督府土貢樺皮麝蠟戶萬八千九百五十四口十萬四十縣

十有府七敦化延川寧戎因城塞門延安金明又儀鳳中吐谷渾部落自涼州內附置二府于金明西境曰羌部落曰閤門

膚施上有牢山鎮城

延長中本延安武德二年置以縣置北連州并置義鄉齊明二縣以隸之貞觀二年州廢省義鄉齊明入延安來屬廣德二年更名

臨真中武德元年隸東夏州貞觀二年州廢來屬

金明中武德二年析膚施置以縣置北武州并置開遠全義崇德永安定義五縣貞觀二年州廢省開遠全義崇德永安定義入金明來屬

豐林中武德四年僑置雲州及雲中榆林龍泉三縣八年州廢省龍泉入臨真省雲中榆林入豐林東北有合嶺關

延川中武德二年招慰稽胡置基州又安撫使段德操表置義門縣以義門置南平州三年析綏州之城平置魏平縣四年廢南平州省義門魏平五年更基州曰北基州貞觀八年州廢來屬

敷政中下本因城武德二年徙治金城鎮更名金城又東境置永州并置洛盤新昌土墱三縣貞觀四年徙州治洛源及州廢省洛盤新昌土墱入金城天寶元年曰敷政

延昌武德二年置北仁州貞觀三年州廢十年以其地置罷交縣天寶元年更名其北蘆子關

延水中下本安民武德二年析延川置以縣置西和州并置修文桑原二縣貞觀二年州廢省修文桑原入安民隸北基州州廢來屬二十三年曰弘風神龍元年更名

門山上武德三年析汾川置隸丹州廣德二年來屬

靈州靈武郡大都督府土貢紅藍甘草花蓯蓉代赭白膠青蟲鵰鶻白羽麝野馬鹿革野猪黃吉莫鞾鞹氈庫利赤檉馬策印鹽黃牛臆戶萬一千四百五十六口五萬三千一百六十三縣四有府五曰武略河間靜城鳴沙萬春有朔方軍經略軍黃河外有豐安定遠新昌等軍豐寧保寧等城

迴樂望武德四年析置豐安縣貞觀四年於迴樂境置迴州以豐安隸迴州十三年州廢省豐安有溫泉鹽池有特進渠溉田六百頃長

慶四年靈武上懷遠緊武德六年廢豐州省九原永豐二縣入焉隋九原郡也有鹽池三曰紅桃武平河池保靜上本弘靜神龍
元年曰安靜至德元載更名
威州郡闕中本安樂州初吐谷渾部落自涼州徙於鄯州不安其居又徙於靈州
之境咸亨三年以靈州之故鳴沙縣地置州以居之至德後沒吐蕃大中三年
收復更名光啓三年徙治涼州鎮爲行州縣二鳴沙上武德二年置會州貞觀六年州廢更置環州以大
河環曲爲名九年州廢還隸靈州神龍中爲默啜所寇移治故豐安城咸亨三年復得故縣温池上本隸靈州神龍元年置大中四年來屬有鹽池
雄州在靈州西南百八十里中和元年徙治承天堡爲行州
警州本定遠城在靈州東北二百里先天二年朔方大總管郭元振置其後爲
上縣隸靈州景福元年靈威節度使韓遵表爲州羊馬城幅員十四里信安王禕所築
會州會寧郡上本西會州武德二年以平涼郡之會寧鎮置貞觀八年以足食
故更名粟州是年又更名土貢駝毛褐野馬革覆鞍氈鹿舌鹿尾戸四千五百
九十四口二萬六千六百六十縣二有新泉軍開元三年廢爲守捉會寧上本涼川武德二年更名開元四年別置
涼川縣九年省有黃河堰開元七年刺史安敬忠築以捍河流有河池因雨生鹽東南有會寧關烏蘭上武德九年置西南有烏蘭關

鹽州五原郡下都督府本鹽川郡唐初沒梁師都武德元年僑治靈州貞觀元年州省以縣隸靈州二年師都平復置州天寶元年更郡曰五原貞元三年沒吐蕃九年復城之土貢鹽山木瓜鋋牛戶二千九百二十九口萬六千六百六十五縣二有府一曰鹽川有保塞軍貞元十九年置五原上有烏池白池細項池四瓦窰池鹽白池上本興寧貞觀元年與州俱省二年復置景龍二年更名

夏州朔方郡中都督府土貢氈角弓酥拒霜薺戶九千二百一十三口五萬三千一十四縣三有府二曰寧朔順化朔方上本巖綠貞觀二年更名貞觀七年開延化渠引烏水入庫狄澤溉田二百頃有鹽池二有天柱軍天寶十四載置寶應元年廢長慶四年節度使李祐築烏延宥州臨塞陰河陶子等城于蘆子關北以護塞外有木瓜嶺德靜中下貞觀七年隸北開州八年曰化州十三年州廢寧朔中下武德六年置南夏州貞觀二年州廢縣省入朔方五年復置來屬長安二年省開元四年又置九年省其後又置

綏州上郡下本雕陰郡地唐初沒梁師都武德三年以歸民於延州豐林縣僑置六年徙治延川境七年徙治魏平貞觀二年師都平歸治上縣天寶元年更郡名土貢胡女布蠟燭戶萬八百六十七口八萬九千一百一十二縣五有府四曰

伏洛義合萬古大斌龍泉中本上縣天寶元年更名延福中下武德六年析置北吉州幷置歸義洛陽二縣又析置羅州幷置石羅關善萬福三縣
又析置匡州幷置安定源泉二縣貞觀二年州縣皆廢綏德中下武德二年置六年析置雲州幷置信義淳義二縣又析置龍州幷置風鄉義艮二縣
貞觀二年州縣皆廢城平中下武德三年置魏州幷置安故安泉二縣貞觀二年州廢省安故安泉西南有魏平關大斌中下武德七年徙治魏平
城取稽胡懷化文武雜半以名
銀州銀川郡下貞觀二年析綏州之儒林真鄉置土貢女稽布戶七千六百二
口四萬五千五百二十七縣四儒林中東北有無定河真鄉中下西北有茹盧水開光中本隸綏州貞觀二
年置八年隸柘州十三年州廢來屬撫寧中下本隸綏州貞觀八年來屬
宥州寧朔郡上調露元年於靈夏南境以降突厥置魯州麗州含州塞州依州
契州以唐人爲刺史謂之六胡州長安四年併爲匡長二州神龍三年置蘭池
都督府分六州爲縣開元十年復置魯州麗州契州塞州十年平康待賓遷其
人於河南及江淮十八年復置匡長二州二十六年還所遷胡戶置宥州及延
恩等縣其後僑治經略軍至德二載更郡曰懷德乾元元年復故名寶應後廢
元和九年於經略軍復置距故州東北三百里十五年徙治長澤爲吐蕃所破

長慶四年節度使李祐復奏置土貢氈戶七千八十三口三萬二千六百五十
二縣二延恩中開元二十六年以故匡州地置又以故塞門縣地置懷德縣以故蘭州之長泉縣地置歸仁縣寶應後皆省元和九年復置延恩有經略軍在榆多勒城天寶中王忠嗣奏置長澤中下本隸夏州貞觀七年置長州十三年州廢隸夏州元和十五年來屬有胡洛鹽池
麟州新秦郡下都督府開元十二年析勝州之連谷銀城置十四年廢天寶元
年復置土貢青他鹿角戶二千四百二十八口萬九百三縣三新秦中開元二年置七年又置鐵麟縣十四年州廢皆省天寶元年復置新秦連谷中下貞觀八年以隋連谷戍置銀城中下貞觀二年置四年隸銀州八年隸勝州
勝州榆林郡下都督府武德中沒梁師都師都平復置土貢胡布青他鹿角芍
藥徐長卿戶四千一百八十七口二萬九百五十二縣二有義勇軍榆林中下有隋故榆林宮東有榆林關貞觀十三年置河濱中下貞觀三年置以縣置雲州四年曰威州八年州廢來屬東北有河濱關貞觀七年置
豐州九原郡下都督府貞觀四年以降突厥戶置不領縣十一年州廢地入靈
州二十三年復置土貢白麥印鹽野馬胯革駝毛褐氈戶二千八百一十三口
九千六百四十一縣二九原中下永徽四年置有陵陽渠建中三年浚之以溉田置屯尋棄之有咸應永清二渠貞元中刺史李景略開溉田數百頃永豐中下永徽元年置麟德元年別置豐安縣天寶末省東受降城景雲三年朔方軍總管張仁愿築三受降城寶曆元

年振武節度使張惟清以東城濱河徙置綏遠烽南中受降城有拂雲堆祠接靈州境有關元和九年置又有積塞軍本可敦城天寶八載置十二載廢西二百里大同川有天德軍大同川之西有天安軍皆天寶十二載置天德軍乾元後徙屯永濟柵故大同城也元和九年宰相李吉甫奏修復舊城北有安樂戍西受降城開元初為河所圮十年總管張說於城東別置新城北三百里有鸊鵜泉

單于大都護府本雲中都護府龍朔三年置麟德元年更名土貢胡女布野馬胯革戶二千一百五十五口六千八百七十七縣一金河中天寶四年置本後魏道武所都有雲伽關後廢太和四年復置

安北大都護府本燕然都護府龍朔三年曰瀚海都督府總章二年更名開元二年治中受降城十年徙治豐勝二州之境十二年徙治天德軍土貢野馬胯革戶二千六口七千四百九十八縣二陰山上天寶元年置通濟上

鎮北大都護府土貢犛牛尾縣二大同上長寧上

右關內採訪使以京官領

唐書卷三十七

唐書卷三十七考證

地理志一關內道商州〇舊書屬山南西道

岐山注省上宜入岐山〇臣酉按上宜入岐陽山字誤

渭州〇舊書無又武州威州雄州警州舊書亦無

單于大都護府〇舊書屬河南道

唐書卷三十七考證

唐書卷三十八

宋　翰　林　學　士　歐　陽　修　撰

志第二十八

地理志

河南道蓋古豫兗青徐之域漢河南弘農潁川汝南陳留沛泰山濟陰濟南東萊齊山陽東海琅邪北海千乘東郡及梁楚魯東平城陽淮陽菑川高密泗水等國暨平原渤海九江之境洛陝負河而北爲實沈分負河而南號汝許及新鄭之地爲鶉火分鄭汴陳蔡潁爲壽星分宋亳徐宿鄆曹濮爲大火分兗海沂泗爲降婁分青淄密登萊齊棣爲玄枵分滑爲娵訾分濠爲星紀分爲府一州二十九縣百九十六其名山三崤少室砥柱蒙澤嵩高泰岳其大川伊洛汝潁沂泗淮濟厥賦絹絁綿布厥貢絲布葛席埏埴盎缶

東都隋置武德四年廢貞觀六年號洛陽宮顯慶二年曰東都光宅元年曰神都神龍元年復曰東都天寶元年曰東京上元二年罷京肅宗元年復爲東都

皇城長千八百一十七步廣千三百七十八步周四千九百三十步其崇三丈七尺曲折以象南宮垣名曰太微城宮城在皇城北長千六百二十步廣八百
有五步周四千九百二十一步其崇四丈八尺以象北辰藩衛曰紫微城武后號太初宮上陽宮在禁苑之東東接皇城之西南隅上元中置高宗之季常居
以聽政都城前直伊闕後據中山左瀍右澗洛水貫其中以象河漢東西五千六百一十步南北五千四百七十步西連苑北自東城而東二千五百四十步
周二萬五千五十步其崇丈有八尺武后號曰金城

河南府河南郡本洛州開元元年爲府土貢文綾繒縠絲葛埏埴盎缶苟杞黃
精美果華酸棗戶十九萬四千七百四十六口百一十八萬三千九百十二縣二
十有府三十九曰武定復梁康城柏林巖邑陽樊王陽永嘉邵南慕善政教鞏洛伊陽懷音軹城洛汭郟鄏伊川洛泉通谷潁源宜陽金谷王屋成臯夏邑
原邑原城鶴臺函谷千秋同軌錢濟溫城貝茨寶圖鈞臺承雲軒轅河南赤垂拱四年析河南洛陽置永昌縣永昌元年更河南曰合宮長安二年省永
昌神龍元年復曰河南二年又曰合宮唐隆元年復故名有洛漕新潭大足元年開以置租船龍門山東抵天津有伊水石堰天寶十載尹裴迴置有瀍水避
武宗名曰吉水宣宗立復故名洛陽赤天授三年析洛陽永昌置來庭縣長安二年省神龍二年更洛陽曰永昌唐隆二年復故名偃師畿天寶七
載尹韋濟以北坡道迂自縣東山下開新道通孝義橋西北有故富平津河陽故關鞏畿有口倉洛緱氏次赤貞觀十八年省上元二年復置有恭
陵有和陵在太平山本懊來山天祐元年更名東南有軒轅故關陽城畿武德四年王世充僞令王雄來降以陽城嵩陽陽翟置嵩州又析三縣地置
康成縣貞觀三年州廢省康城萬歲登封元年將封嵩山改陽城曰告成神龍元年復故名二年復爲告成天祐二年更名陽邑有測景臺開元十一年詔太

史監南宮說刻石表焉。

登封 畿。本嵩陽，貞觀十七年省入陽城，永淳元年營奉天宮，分陽城緱氏復置，二年省，光宅元年復置。萬歲登封元年更名，神龍元年曰嵩陽，二年復曰登封。嵩山有中岳祠，有少室山，有三陽宮，聖曆三年置。

陸渾 畿。有鳴皐山，有漢故關。

伊闕 畿。北有伊闕故關，有陸渾山，一名方山。

新安 畿。義寧二年以縣置新安郡，武德元年曰穀州，以熊州之澠池隸之，并析置東垣縣，四年省東垣。貞觀元年來屬。有長石山。

澠池 畿。貞觀元年徙穀州來治。西五里有紫桂宮，儀鳳二年置，謂露二年曰避暑宮，永淳元年曰芳桂宮，弘道元年廢。

福昌 畿。本宜陽，義寧二年以宜陽、澠池、永寧置宜陽郡，武德元年曰熊州，二年更宜陽曰富昌，因隋宮爲名。四年以洛州之壽安隸之。貞觀元年州廢，以福昌、永寧二縣隸穀州。六年徙穀州來治。八年以虢州之長水隸之。顯慶二年州廢，以福昌、永寧、長水來屬。西十七里有蘭昌宮，有故隋福昌宮，顯慶三年復置。有女几山。

長水 畿。本長淵，隸弘農郡，義寧元年更名。武德元年隸虢州，貞觀八年隸穀州，顯慶二年來屬。有錫。西有高門關、松陽故關、鵜鶘故關。

永寧 畿。本熊耳，義寧二年更名，隸宜陽郡。武德二年以永寧、崤置函州，八年州廢，以永寧隸熊州，崤隸陝州。西五里有崎岫宮，西三十三里有蘭峯宮，皆顯慶三年置。

壽安 畿。初隸穀州，貞觀九年來屬。西一十九里有連昌宮，顯慶三年置。西南四十里萬安山有興泰宮，長安四年置，并析置泰興縣，神龍二年省。有錦屏山，武后所名。

密 畿。武德三年以縣置密州，并置零水、洧源二縣。四年州廢，省零水、洧源，以密隸鄭州。龍朔二年來屬。有羽山。

河清 畿。本大基，武德二年置，隸懷州。八年省。咸亨四年析河南、洛陽、新安、王屋、濟源、河陽復置，并置柏崖縣，尋省柏崖。先天元年更名。會昌三年隸孟州，尋還屬。後廢，咸通中復置。有柏崖倉。

頴陽 畿。本武林，載初元年析河南、伊闕、嵩陽置。開元十五年更名。西北有大谷故關。倚箔山有鍾乳，貞觀七年采。

伊陽 畿。先天元年析陸渾置。有太和山，有銀、銅、錫，伊水有金。

王屋 畿。元德元年更名邵伯，隸邵州。貞觀元年州廢，隸懷州。顯慶二年復故名，來屬。有王屋山。

汝州臨汝郡雄本伊州襄城郡貞觀八年更州名天寶元年更郡名土貢絁戶六萬九千三百七十四口二十七萬三千七百五十六縣七有府四曰龍興魯陽梁川郟城梁望本承休又有梁縣在西南四十五里貞觀元年省梁更承休曰梁西南五十里有溫湯可以熟米又有黃女湯高宗置溫泉頓有石樓山永仁山郟城緊魯山上王世充置魯州武德四年廢俄以魯山滍陽復置魯州貞觀九年州廢省滍陽以魯山來屬有堯山有銀有漢故關葉緊本隸許州武德四年以縣置葉州五年州廢隸北澧州貞觀八年隸魯州州廢隸許州開元二年以葉襄城及唐州之方城豫州之西平許州之舞陽置仙州二十六年州廢縣還故屬未幾以葉來屬大曆四年復以葉襄城置仙州又析置仙鳧縣以許州之舞陽蔡州之西平唐州之方城隸之五年州廢省仙鳧餘縣皆還故屬有黃城山白石山襄城望武德元年以縣置汝州幷置汝墳期城二縣貞觀元年州廢省汝墳期城以襄城隸許州開元二十七年來屬二十八年還隸許州天寶七載復來屬龍興上本湍陽武德四年置貞觀元年省證聖元年析陝城魯山復置曰武興神龍元年更名中興尋又更名臨汝上先天元年置有清暑宮在鳴皐山南貞觀中置

右都畿採訪使治東都城內

陝州陝郡大都督府雄本弘農郡義寧元年置武德元年曰陝州三年兼置南韓州四年廢南韓州天寶元年更郡名天祐元年爲興唐府縣次畿赤哀帝初復故土貢𪎊麥栝蔞柏實戶三萬九百五十八口十七萬二百三十八縣六府十

五曰曹陽崇樂華望安城桃林夏臺萬歲安戎河北忠孝上陽底柱夏川望陝古亭陝望有大陽故關卽茅津一曰陝津貞觀十一年造浮梁有南北利人
渠南渠貞觀十一年太宗東幸使武侯將軍丘行恭開有陝城宮有廣濟渠武德元年陝東道大行臺金部郎中長孫操所開引水入城以代井汲有太原倉
有峴山峽石上本崤義寧二年省武德元年復置貞觀十四年移治峽石塢因更名有底柱山山有三門河所經太宗勒銘有繡嶺宮顯慶三年置東
有神雀臺天寶二年以赤雀見置靈寶望本桃林義寧元年隸虢郡武德元年來屬天寶元年獲寶符于縣南古函谷關因更名有洹津義寧元年置
關貞觀元年廢關置津有桃源宮武德元年置夏望本隸虞州貞觀十七年隸絳州大足元年來屬尋還隸絳州乾元三年復來屬平陸望本河北
隸蒲州貞觀元年來屬天寶元年太守李齊物開三門以利漕運得古刃有篆文曰平陸因更名三門西有鹽倉東有集津倉有瑟瑟穴有銀穴三十四銅穴
四十八在覆釜三錐五岡分雲等山

虢州弘農郡雄本虢郡治盧氏義寧元年析隋弘農郡三縣置貞觀八年徙治弘農天寶元年更郡名土貢絁瓦硯麝地骨皮梨戶二萬八千二百四十九口八萬八千八百四十五縣六有府四曰鼎湖全節金明開方弘農緊本隋弘農郡義寧元年曰鳳林領弘農閿鄉湖城武德
元年曰鼎州因鼎湖爲名貞觀八年州廢縣皆來屬神龍初避孝敬皇帝諱曰恆農開元十六年復故名南七里有渠貞觀元年令元伯武引水北流入城
閿鄉望貞觀元年來屬有潼關大谷關武德二年廢有鳳陵關貞觀元年廢有軒遊宮故隋別院宮咸亨五年更名湖城望義寧元年置乾元三年
更名天平大曆四年復舊有故隋上陽宮貞觀初置咸亨元年廢縣東故道濱河不井汲馬多渴死天寶八載館驛使御史中丞宋渾開新路自稠桑西由晉

王斜有熊耳山覆釜山一名荊山
朱陽上龍朔元年隸商州萬歲通天二年隸洛州後來屬有鐵
玉城上義寧元年置
盧氏上武德元年置南有朱陽關武德八年廢

滑州靈昌郡望本東郡天寶元年更名土貢方紋綾紗絹藨席酸棗人戶七萬一千九百八十三口四十二萬二千七百九縣七有宜義軍大曆七年置本永平十四年徙屯蔡州興元元年復還貞元元年曰義成軍光啓二年更名
白馬望
衛南緊
匡城望有長垣縣貞觀八年省
韋城望王世充置燕州僞刺史單宗來降復爲縣
胙城緊武德二年置胙州幷置南燕縣四年州廢省南燕以胙城來屬
酸棗望本隸東梁州武德三年析酸棗胙城置守節縣四年省貞觀八年州廢來屬
靈昌緊王世充置興州世充平廢

鄭州滎陽郡雄武德四年置治虎牢城貞觀七年徙治管城土貢絹龍莎戶七萬六千六百九十四口三十六萬七千八百八十一縣七
管城望武德四年以管城中牟原武陽武新鄭置管州幷置須水清池二縣貞觀元年州廢省須水清池以管城原武陽武新鄭來屬有僕射陂後魏孝文帝賜僕射李冲因以爲名天寶六載更名廣仁池禁漁採
滎陽上天授二年析置武泰縣隸洛州尋省更滎陽曰泰武萬歲通天元年復爲滎陽又別置武泰縣二年省更滎陽曰武泰神龍元年復故名二年來屬
滎澤望
原武緊本原陵唐初更名復漢舊
陽武望本原武城武德四年置
新鄭望
中牟緊本圃田武德三年更名以縣置牟州四年州廢隸管州貞觀元年隸汴州龍朔二年來屬

潁州汝陰郡上本信州武德四年置六年更名土貢絁綿糟白魚戶三萬七百七口二十萬二千八百九十縣四汝陰緊武德初有永安高唐永樂清丘潁陽等縣六年省永安高唐永樂貞觀元年省清丘潁陽皆入汝陰南三十五里有椒陂塘引潤水溉田二百頃永徽中刺史柳寶積修潁上上下蔡上武德四年置渦州八年州廢西北百二十里有大崇陂八十里有雞陂六十里有黃陂東北八十里有湄陂皆隋末廢唐復之溉田數百頃沈丘中本郲州領沈丘宛丘唐初州廢以宛丘隸陳州沈丘來屬後省沈丘入汝陰神龍二年復置

許州潁川郡望土貢絹䕩蓆柿戶七萬三千三百四十七口四十八萬七千八百六十四縣九長社望本潁川隸汴州武德四年更名來屬州又領黃臺隱彊二縣貞觀元年省入焉繞州郭有堤塘百八十里節度使高瑀立以溉田長葛緊有小陘山陽翟本畿初隸嵩州貞觀元年來屬龍朔二年隸洛州會昌三年復來屬有具茨山許昌上鄢陵上扶溝望武德四年以縣置北陳州是年州廢隸洧川臨潁上貞觀元年省繁昌縣入焉有講武臺本尚書臺馬融講書之地顯慶二年高宗大閱于此更名舞陽上本北舞隸道州貞觀元年來屬尋廢開元四年復置更名有鐵郾城望武德四年以郾城邵陵北舞西平置道州貞觀元年州廢省邵陵西平入郾城隸蔡州建中二年以郾城臨潁陳州之溵水置溵州貞元二年州廢縣還故屬元和十二年復以郾城上蔡西平遂平置溵州長慶元年州廢縣還隸蔡州是年以郾城來屬

陳州淮陽郡上土貢絹戶六萬六千四百四十二口四十萬二千四百八十六

縣六有忠武軍貞元元年置于許州天復元年徙屯宛丘緊武德元年析置新平縣八年省太康緊貞觀元年省扶樂縣入焉項城上武德四年置以項城鮦陽南頓溵水置沈州并置潁東縣貞觀元年州廢省潁東入項城以溵水來屬溵水上建中二年隸溵州興元二年州廢來屬南頓上武德六年省入項城證聖元年復置曰光武以縣有光武祠名景雲元年復故名西華上武德元年更名箕城貞觀元年省入宛丘長壽元年復置曰武城神龍元年又曰箕城景雲元年復故名有鄧門廢陂神龍中令張餘慶復開引潁水溉田

蔡州汝南郡緊本豫州寶應元年更名土貢珉玉棋子四窠雲花龜甲雙距溪鷩等綾戶八萬七千六十一口四十六萬二百五縣十汝陽緊貞元七年析汝陽朗山上蔡吳房置汝南縣元和十三年省朗山上本隸北朗州貞觀元年隸蔡州遂平上本吳房貞觀元年省八年復置元和十二年更名權隸唐州長慶元年復來屬上蔡緊新蔡中武德四年以新蔡褒信舒城置舒州貞觀元年州廢省舒城入沈丘褒信中天祐中更曰包孚新息上武德四年以縣置息州并置淮川長陵二縣貞觀元年州廢省淮川入真陽長陵入褒信以新息來屬有珉玉坑歲出貢玉西北五十里有隋故玉梁渠開元中令薛務增濬溉田三千餘頃真陽上載初元年曰淮陽神龍元年復故名平輿中王世充置輿州武德七年州廢貞觀元年省入新蔡天授二年復置西平上武德初置貞觀元年省天授二年分郾城復置尋又廢開元四年復置

汴州陳留郡雄武德四年以鄭州之浚儀開封滑州之封丘置土貢絹戶十萬九千八百七十六口五十七萬七千五百七縣六有宣武軍建中二年置于宋州興元元年徙屯浚儀

望故縣陷李密縣民王要漢率豪族置縣自爲令高祖因之復置汴州并置小黃新里二縣貞觀元年省二縣

開封望貞觀元年省入浚儀延和元年析浚儀尉氏復置有湛渠載初元年引汴注白溝以通曹兗賦租有福源池本蓬池天寶六載更名禁漁採

尉氏望本隸潁川郡王世充置尉州武德四年廢以尉氏扶溝鄢陵置洧州并置康陰新汲宛陵歸化四縣貞觀元年州廢省康陰宛陵新汲歸化以扶溝鄢陵隸許州尉氏來屬

封丘緊

雍丘緊武德四年置望本隸梁郡武德四年以雍丘陳留圉城襄邑外黃濟陽置杞州貞觀元年州廢省濟陽圉城外黃以襄邑隸宋州雍丘陳留來屬

陳留緊武德四年置有觀省陂貞觀十年令劉雅決水溉田百頃

宋州睢陽郡望本梁郡天寶元年更名土貢絹戶十二萬四千二百六十八口八十九萬七千四十一縣十

宋城望

襄邑望本隸杞州貞觀九年來屬

寧陵緊

下邑上

穀熟上隋末縣民劉繼叔據之武德二年置南穀州授以刺史四年州廢

楚丘緊

柘城緊貞觀元年省入寧陵穀熟永淳元年復置

碭山上光化二年朱全忠以碭山虞城單父曹州之成武表置輝州二年置崇觀軍

單父緊光化三年徙輝州來治

虞城上武德四年置東虞州五年州廢

亳州譙郡望本譙州貞觀八年更名土貢絹戶八萬八千九百六十口六十七萬五千一百二十一縣七

譙緊

鄼上本隸沛郡武德四年來屬

城父上王世充置成州世充平廢武德三年於魯丘堡置文州并置欒城縣四年州廢爲文城縣七年省入城父天祐二年更名焦夷

鹿邑上大業十三年縣民田黑社盜據號渦州武德三年來降復爲縣

真源望本谷陽乾封元年更名載初元年曰仙源神龍元年復曰真源有老子祠天寶二年曰太清宮又有洞霄宮先天太后祠也

永城上

蒙城上本山桑天寶元年更名

徐州彭城郡緊土貢雙絲綾絹綿紬布刀錯紫石戶六萬五千一百七十口四
十七萬八千六百七十六縣七彭城望秋丘治有鐵蕭上豐上沛上武德五年置滕上宿遷上本
宿預隸泗州寶應元年更名來屬下邳上武德四年以下邳郯良城置邳州貞觀元年州廢省郯良城以下邳隸泗州又省泗州之淮陽入焉元和四
年來屬

泗州臨淮郡上本下邳郡治宿預開元二十三年徙治臨淮天寶元年更郡名
土貢錦貲布戶三萬七千五百二十六口二十萬五千九百五十九縣四臨淮
緊長安四年析徐城置漣水上武德四年以縣置漣州幷置金城縣貞觀元年州廢省金城以漣水來屬總章元年隸楚州咸亨五年復故有新漕渠
南通淮垂拱四年開以通海沂密等州盱眙緊武德四年以縣置西楚州八年州廢隸楚州光宅初曰建中後復故名建中二年來屬有直河大極元
年敕使魏景清引淮水至黃土岡以通揚州徐城中

濠州鍾離郡上濠字初作豪元和三年改從濠土貢絁綿絲布雲母戶二萬一
千八百六十四口十三萬八千三百六十一縣三鍾離緊武德七年省塗山縣入焉南有故千人塘乾
封中脩以溉田有塗山定遠緊本臨豪武德三年更名招義上本化明武德二年析置睢陵縣三年更化明曰招義四年省睢陵大業末縣民馬

簿盜據號化州後楊益德殺簿自號刺史又置濟陰縣是年來降貞觀元年廢化州省濟陰

宿州上元和四年析徐州之符離蘄泗州之虹置太和三年州廢七年復置初治虹後徙治符離土貢絹縣四符離武德四年置貞觀元年省徐州之諸陽入焉有西句山一曰石城東北九十里有隋故牌湖堤灌田五百餘頃顯慶中復脩虹中本夏丘武德四年以夏丘穀陽置仁州又析夏丘置虹及龍亢二縣六年省夏丘貞觀八年州廢省龍亢以虹隸泗州穀陽隸北譙州有銅有廣濟新渠開元二十七年採訪使齊澣開自虹至淮陰北十八里入淮以便漕運既成湍急不可行遂廢蘄上顯慶元年省穀陽入焉臨渙緊武德四年以臨渙永城山桑蘄置北譙州貞觀八年增領穀陽十七年州廢以臨渙永城山桑隸亳州穀陽蘄隸徐州元和後來屬

鄆州東平郡緊本治鄆城貞觀八年徙治須昌土貢絹防風戶八萬三千四十八口五十萬一千五百九縣九須昌望貞觀八年省宿城縣入焉景龍三年復置宿城縣貞元四年曰東平太和四年曰天平六年省入須昌壽張緊武德四年以縣置壽州并置壽良縣五年州廢省壽良以壽張來屬有刀梁山鄆城緊天祐二年曰萬安鉅野望武德四年以縣置麟州五年州廢隸鄆州貞觀元年省乘丘縣入焉後隸戴州州廢來屬盧緊本濟州武德四年析東平郡置隋曰濟北郡天寶元年更名濟陽郡領盧平陰長清東阿陽穀范六縣又置昌城濟北穀城孝感冀丘美政六縣六年省美政孝感穀城冀丘昌城八年以范隸濮州貞觀元年省濟北天寶十三載郡廢以長清隸濟州以盧平陰東阿陽穀來屬北有碻磝津故關平陰緊太和六年省入盧東阿開成二年復置有龍山東阿

緊陽穀上 中都上本平陸隸兗州天寶元年更名貞元十四年來屬

齊州濟南郡上本齊郡天寶元年更名臨淄五載又更名土貢絲葛絹綿防風滑石雲母戶六萬二千四百八十五口三十六萬五千九百七十二縣六歷城上有華不注山有鐵 章丘上武德二年縣民李義滿以縣來降於平陵置譚州幷置平陵縣以章丘亭山營城臨邑隸之八年省營城入平陵又領臨濟鄒平貞觀元年州廢以平城亭山章丘臨邑臨濟來屬鄒平隸淄州十七年齊王祐反平陵人不從因更名全節元和十五年省全節入歷城省亭山入章丘有大胡山長白山 臨邑上元和十三年析德州之安德置歸化縣隸德州太和二年來屬四年省入臨邑北有鹿角故關 臨濟上武德元年以臨濟鄒平長山高苑滄州之蒲臺置鄒州八年州廢以長山高苑蒲臺隸淄州 長清中本隸濟州貞觀十七年來屬武德元年析置山茌縣天寶元年曰豐齊元和十年省有牛山西南有四口關武德中廢 禹城上本祝阿貞觀元年省源陽縣入焉天寶元年更名

曹州濟陰郡上土貢絹綿大蛇粟葶藶戶十萬三百五十二口七十一萬六千八百四十八縣六濟陰緊武德四年析置蒙澤縣貞觀元年及定陶省入焉 考城上武德四年以縣置東梁州五年州廢來屬元和十四年權隸宋州尋復故 宛句上武德四年析置濟陽縣隸杞州貞觀元年省 乘氏上武德四年置晉陽縣尋省 南華上本離狐天寶元年更名 成武緊武德四年以成武及宋州之單父楚丘置戴州幷置高鄉鑿城二縣尋省高鄉鑿城入單父貞觀十七年州廢以成武來屬光化二年朱全忠表縣隸輝州

濮州濮陽郡上武德四年置土貢絹犬戶五萬七千七百八十二口四十萬六百四十八縣五鄄城緊武德四年析置永定縣八年省北有靈津關濮陽緊武德四年析置昆吾縣八年省范上武德二年以縣置范州五年州廢隸濟州貞觀八年來屬雷澤上武德四年析置廩城縣八年省臨濮緊武德四年析雷澤置并置長城安丘二縣五年省長城安丘

青州北海郡望土貢仙紋綾絲棗紅藍紫草戶七萬三千一百四十八口四十萬二千七百四縣七益都望臨淄緊武德八年省時水縣入焉千乘緊武德二年以千乘博昌壽光置乘州并置新河縣六年省新河八年州廢縣來屬博昌上武德八年省樂安安平二縣入焉有靈山壽光緊武德二年置臨朐上武德五年置八年省般陽縣入焉北海緊唐初營丘民汲嗣率鄉人拒賊權置杞州武德二年復爲營丘縣是年以北海營丘下密置濰州又置連永平壽華池城都東陽寒水訾亭濰水汶陽膠東華宛昌安城平十三縣六年皆省八年州廢省營丘下密入北海來屬長安中令竇琰於故營丘城東北穿渠引白浪水曲折三十里以溉田號竇公渠

淄州淄川郡上武德元年析齊州之淄川置土貢防風理石戶四萬二千七百三十七口二十三萬三千八百二十一縣四淄川上武德元年析置長白縣六年省有鐵長山上高苑上景龍元年析置濟陽縣元和十五年省南有八會津鄒平上武德元年置

登州東牟郡中都督府如意元年以萊州之牟平黃文登置神龍三年徙治蓬
萊土貢貲布水葱席石器文蛤牛黃戶二萬二千二百九十八口十萬八千九
縣四有平海軍亦曰東牟守捉蓬萊本黃神龍三年更名有銀山龍山牟平中武德四年以牟平黃置牟州六年以登州之觀陽隸萊州麟
德元年析文登復置年平來屬有之罘山文登武德四年置登州以東萊郡之觀陽隸之六年析置清陽廓定二縣及州廢省清陽廓定以文登來屬有
成山黃中先天元年析蓬萊別置有萊山
萊州東萊郡中土貢貲布水葱席石器文蛤牛黃戶二萬六千九百九十八口
十七萬一千五百一十六縣四有東萊守捉亦曰團結營又有蓬萊鎮兵亦曰挽彊兵掖上貞觀元年省曲城當利曲臺
三縣入焉有東海祠有鹽井二昌陽上貞觀元年省盧鄉縣入焉有銀有鐵東百四十里有黃銀坑貞觀初得之膠水中貞觀元年省膠東縣入
焉有鹽即墨中有馬山中祠山女姑山東南有堰貞觀十年令仇源築以防淮涉水有鹽
棣州樂安郡上武德四年析滄州之陽信滴河樂陵厭次置八年州廢縣還隸
滄州貞觀十七年復以滄州之厭次德州之滴河陽信置土貢絹戶三萬九千
一百五十口二十三萬八千一百五十九縣五厭次上貞觀元年隸德州滴河中貞觀元年隸德州
陽信望貞觀元年省八年復置蒲臺緊本隸淄州貞觀六年省入高苑七年復置景龍元年來屬渤海緊垂拱四年析蒲臺厭次置有鹽

兗州魯郡上都督府土貢鏡花綾雙距綾絹雲母防風紫石戶八萬七千九百八十七口五十八萬六百八縣十瑕丘上曲阜緊貞觀元年省八年復置乾封上本博城武德五年以博城梁父嬴置東泰州幷置肥城岱二縣貞觀元年州廢省梁父嬴肥城岱入博城來屬乾封元年更名乾封總章元年又曰博城神龍元年復曰乾封有泰山有東嶽祠有梁父山亭亭山奕奕山云云山社首山肅然山石閭山蒿里山泗水上鄒上有嶧山任城緊龔丘中金鄉望武德四年以金鄉方與置金州五年州廢縣隸戴州徙戴州來治仍析金鄉置昌邑縣八年省昌邑貞觀元年以單父楚丘隸宋州成武隸曹州鉅野隸鄆州魚臺上本方與寶應元年更名元和十四年權隸徐州尋復故萊蕪中本隸淄州武德六年省入博城長安四年以廢嬴縣復置元和十五年省入乾封太和元年復置有鐵冶十三有銅冶十八銅坑四有錫西北十五里有普濟渠開元六年令趙建盛開

海州東海郡上土貢綾楚布紫菜戶二萬八千五百四十九口十八萬四千九縣四朐山上武德四年析州境置龍沮曲陽利城厚丘新樂五縣六年改新樂曰祝其八年省龍沮曲陽入朐山利城祝其入懷仁厚丘入沭陽東二十里有永安堤北接山環城長七里以捍海潮開元十四年刺史杜令昭築東海上武德四年以縣置環州幷置青山石城贛榆三縣八年州廢省青山石城贛榆以東海來屬沭陽中總章元年隸泗州咸亨五年復故懷仁中

沂州琅邪郡上土貢紫石鍾乳戶三萬三千五百一十口十九萬五千七百三十七縣五臨沂上武德四年析置蘭山臨沂昌樂三縣六年皆省費上貞觀元年省顓臾縣入焉丞上本蘭陵武德四年以縣置鄫

州更名別置蘭陵鄫城二縣貞觀元年州廢省蘭陵鄫城以丞來屬有鐵有陂十三畜水溉田皆貞觀以來築沂水上武德五年以沂水新泰莒置莒州貞觀八年州廢以莒隸密州沂水新泰來屬有銅有沂山龍山北有穆陵關新泰上有蒙山

密州高密郡上土貢貲布海蛤牛黃戶二萬八千二百九十二口十四萬六千五百二十四縣四諸城上有鹽輔唐上本安丘武龍六年省郚城縣入焉乾元二年更名高密上武德三年置六年省膠西縣入焉莒上有鹽

右河南採訪使治汴州

唐書卷三十八

唐書卷三十八考證

地理志二河南道濠州○舊書屬淮南道

唐書卷三十八考證

唐書卷三十九

宋 翰 林 學 士 歐 陽 修 撰

志第二十九

地理志

河東道蓋古冀州之域漢河東太原上黨西河鴈門代郡及鉅鹿常山趙國廣平國之地河中絳晉慈隰石太原汾忻潞澤沁遼爲實沈分代雲朔蔚武新嵐憲爲大梁分爲府二州十九縣百一十其名山雷首介霍五臺其大川汾沁丹潞厥賦布繭厥貢布席豹尾熊鞹鵰羽

河中府河東郡赤本蒲州上輔義寧元年治桑泉武德三年徙治河東開元八年置中都爲府是年罷都復爲州乾元三年復爲府土貢氈麴扇龍骨棗鳳棲梨戶七萬八百口四十六萬九千二百一十三縣十三有府三十三曰興樂德義胡壁龍亭清源永和陶城靈山漲水首陽壽貴歸仁長渠虞城通閏寶鼎鹽海歸淳大陽永安奉信永興右威汾陰甘泉平川安保石門綏化壇道安邑崇義六軍又有耀德軍乾元二年置廣德二年廢河東次赤有芳醞監汲河以釀武德三年置貞觀十年廢南有風陵關聖曆元年置有歷山河西次赤開元八年析河

東置尋省乾元三年更同州之朝邑曰河西來屬大曆五年復還同州析朝邑河東別置有蒲津關一名蒲坂開元十三年鑄八牛牛有一人策之牛下有山
皆鐵也夾岸以維浮梁十五年自朝邑徙河瀆祠于此 臨晉 次畿本桑泉武德三年析置溫泉縣九年省天寶十三載更名 解 次畿本虞鄉武德元
年更名貞觀十七年省以地入虞鄉二十二年復置有鹽池又有女鹽池有紫泉監乾元元年置有銅穴十二 猗氏 次畿有孤山 虞鄉 次畿武德
元年別置貞觀二十二年省以地入解天授二年復置北十五里有涑水渠貞觀十七年刺史薛萬徹開自聞喜引涑水下入臨晉 永樂 次畿武德元年
置本隸芮州州廢隸鼎州貞觀八年來屬後又隸虢州神龍元年復故有雷首山 安邑 次畿義寧元年以安邑虞鄉夏置安邑郡武德元年曰虞州又
析置桐鄉縣三年析安邑置興樂縣貞觀元年省十七年州廢省桐鄉入聞喜以安邑解來屬至德二載更安邑曰虞邑乾元元年隸陝州大曆四年復故名
元和三年來屬有龍池宮開元八年置有鹽池與解為兩池大曆十二年生乳鹽賜名寶應慶靈池有銀鹽 寶鼎 次畿本汾陰義寧元年以汾陰龍門
置汾陰郡武德元年曰泰州州廢來屬開元十年獲寶鼎更名有后土祠 襄陵 緊本隸晉州元和十四年隸絳州太和元年來屬 稷山 上本隸絳
州唐末來屬有稷山 萬泉 上本隸泰州武德三年析稷山安邑猗氏汾陰龍門置州廢隸絳州大順二年來屬有介山 龍門 次畿武德二年徙泰
州來治五年析置萬春縣貞觀十七年州廢省萬春入龍門隸絳州元和初來屬有龍門關有高祖廟貞觀中置北三十里有瓜谷山堰貞觀十年築東南二
十三里有十石壚渠二十三年縣令長孫恕鑿溉田良沃畝收十石西二十一里有馬鞍塢渠亦恕所鑿有龍門倉開元二年置

晉州平陽郡望本臨汾郡義寧二年更名土貢蠟燭有平陽院礬官戶六萬四千八百三十六口四十二萬九千二百二十一縣八 有府十五曰神山平陽豐寧冀城安信萬安益昌英

臺岳陽仁壽高陽臨汾晉安白澗高華仁德 臨汾 望東北十里有高梁堰武德中引高梁水溉田入百金泊貞觀十三年爲水所壞永徽二年刺史李寬自東二十五里夏柴堰引潏水溉田令陶善鼎復治百金泊亦引潏水溉田乾封二年堰壞乃西引晉水有姑射山 洪洞 望本楊義寧二年更名武德元年析洪洞臨汾置西河縣貞觀十七年省入臨汾 神山 中本浮山武德二年析襄陵置東南有羊角山四年以老子祠更名 岳陽 中東有府城關有鐵 霍邑 上義寧元年以霍邑趙城汾西靈石置霍山郡武德元年曰呂州貞觀十七年州廢以靈石隸汾州霍邑趙城汾西來屬有西北鎮霍山祠 趙城 上義寧元年析霍邑置 汾西 中有鐵 冀氏 中

絳州絳郡雄土貢白穀粱米梨墨蠟燭防風戶八萬二千二百四口五十一萬七千三百三十一縣七 有府三十三曰新田太平正平武城長社大鄉垣城涑川絳川蓋松鳳亭延光平原高涼神泉桐鄉萬泉翼城皮氏董澤零原石池延福永康景山周陽夏臺古亭崇樂絳邑長平武陽蒲邑 正平 望西有武平故關 太平 緊有太平關貞觀七年置 曲沃 望東北三十五里有新絳渠永徽元年令崔翳引古堆水溉田百餘頃南十三里山有銅 翼城 望義寧元年以翼城絳置翼城郡并置小鄉縣武德元年曰澮州二年曰北澮州四年州廢縣皆來屬九年省小鄉入翼城天祐二年更曰澮川有銅源翔皐錢坊二有澮高山有銅有鐵 絳 望有鐵 聞喜 望武德元年置有銅冶東南三十五里有沙渠儀鳳二年詔引中條山水于南城下西流經十六里溉涑陰田 垣 上義寧元年以垣王屋置邵原郡又置清廉亳城二縣武德元年曰邵州二年置長泉縣是年以長泉隸懷州後省五年省亳城入垣貞觀元年州廢省清廉入垣來屬龍朔三年隸洛州長安二年復舊貞元三年隸陝州元和三年復舊

慈州文城郡下本汾州武德五年曰南汾州貞觀八年更名土貢白蜜蠟燭戶萬一千六百一十六口六萬二千四百八十六縣五（有府三曰仵城吉昌平昌）吉昌（中有鐵）文城（中天祐中更曰屈邑有孟門山石鼓山）昌寧（中有鐵）呂香（中本平昌義寧元年析仵城置貞觀元年更名）仵城（中有雞山）

隰州大寧郡下本龍泉郡天寶元年更名土貢胡女布蜜蠟燭戶萬九千四百五十五口十二萬四千四百二十縣六（有府六曰隰川大義孝敬修善玉城屈產）隰川（中）蒲（中武德二年以縣置昌州幷置仵城常安昌原三縣貞觀元年州廢省昌原仵城常安以蒲來屬西南有常安原）大寧（中本仵城武德二年更名是年置中州幷置大義白龍二縣貞觀元年州廢省大義白龍以大寧來屬有孔山西有馬鬬關）永和（中武德二年置東和州六年析置樓山縣貞觀二年州廢省樓山以永和來屬西北有永和關）石樓（中武德二年以縣置西德州幷置長壽臨河二縣貞觀元年州廢省長壽臨河以石樓隸東和州州廢來屬北有上平津）溫泉（中武德三年置北溫州幷置新城高唐二縣貞觀元年州廢省新城高唐以溫泉來屬有鐵）

北都天授元年置神龍元年罷開元十一年復置天寶元年曰北京上元二年罷肅宗元年復爲北都（晉陽宮在都之西北宮城周二千五百二十步崇四丈八尺都城左汾右晉潛丘在中長四千三百二十一步廣三千一百二十二步周萬五千一百五十三步其崇四丈汾東曰東城貞觀十一年長史李勣築兩城之間有中城武后時築以合東城宮南有大明城故宮城也宮城東有起義堂倉城中有受瑞壇唐初高祖使子元吉留守獲瑞石有文曰李淵萬吉築壇祠以少牢）

太原府太原郡本并州開元十一年爲府土貢銅鏡鐵鏡馬鞍梨蒲萄酒及煎玉粉屑龍骨柏實人黃石鉶甘草人葠礬石礜石戶十二萬八千九百五口七十七萬八千二百七十八縣十三有府十八曰興政復化寧靜洞渦五泉昌寧志節汾陽靜智信童晉原聞陽清定豐川竹馬攘胡西胡文谷城中有天兵軍開元十一年廢

太原赤井苦不可飲貞觀中長史李勣架汾引晉水入東城以甘民食謂之晉渠

晉陽赤有號令堂高祖誓義師於此西北十五里有講武臺飛閣顯慶五年築有龍山

太谷畿武德三年以太谷祁置太州六年州廢二縣來屬東南八十里馬嶺上有長城自平城至于魯口三百里貞觀元年廢

祁畿

文水畿武德三年隸汾州六年來屬七年又隸汾州貞觀元年復舊天授元年更名武興神龍元年復故名西北二十里有柵城渠貞觀三年民相率引文谷水溉田數百頃西十里有常渠武德二年汾州刺史蕭顗引文水南流入汾州東北五十里有甘泉渠二十五里有蕩沙渠二十里有靈長渠有千畝渠俱引文谷水傳溉田數千頃皆開元二年令戴謙所鑿

榆次畿

盂畿武德三年以盂受陽置受州貞觀元年省并州之烏河縣入焉有銅有鐵東北有白馬故關

壽陽畿本受陽武德六年徙受州來治又以遼州之石艾樂平隸之貞觀八年州廢縣皆來屬十一年更名有方山

樂平畿

廣陽畿本石艾天寶元年更名東有井陘故關東北有欒石故關葦澤故關

清源畿武德元年置

交城畿先天二年析置靈川縣開元二年省有鐵

陽曲畿本陽直武德三年析置汾陽縣七年省陽直更汾陽曰陽曲仍析置羅陰縣貞觀元年省六年以蘇農部落置燕然縣隸順州八年僑治陽曲十七年省有赤塘關天門關

汾州西河郡望本浩州武德三年更名土貢鞍面氈龍鬚席石膏消石戶五萬

九千四百五十口三十二萬二百三十縣五有府十二曰嘉善六壁崇德華夏靈扶五柳京陵介休賈胡寧固開

遠清勝　西河望本隰城肅宗上元元年更名　孝義望本永安貞觀元年更名有隱泉山　介休望義寧元年以介休平遙置介休郡武德元年

曰介州貞觀元年州廢以二縣來屬有雀鼠谷有介山　平遙望　靈石上有賈胡堡宋金剛拒唐兵高祖所次西南有陰地關又有長寧關

沁州陽城郡下本義寧郡義寧元年置天寶元年更郡名土貢龍鬚席弦麻戶

六千三百八口三萬四千九百六十三縣三有府二曰延雙安樂　沁源中武德二年析置招遠縣三年省有

柴店關　和川中義寧元年析沁源置　綿上中有鐵

遼州樂平郡下武德三年析并州之樂平遼山平城石艾置六年徙治遼山八

年曰箕州先天元年避玄宗名曰儀州中和三年復曰遼州土貢人葠蠟戶九

千八百八十二口五萬四千五百八十縣四有府三曰遼城清谷龍城　遼山中　榆社中本隸太原郡

義寧元年析上黨之鄉置武德元年隸韓州三年以縣及并州之平城置榆州又析置偃武縣六年州廢省偃武以榆社平城來屬　平城中　和順

中武德三年析置義興縣六年省

嵐州樓煩郡下本東會州武德六年更名土貢熊鞹麝香戶萬六千七百四十

八口八萬四千六縣四有府一曰嵐山有守捉兵　宜芳中本嵐城武德四年更名析置豐閏合會二縣五年省豐閏六年省合會

靜樂中。武德四年置管州，仍析置汾陽、六度二縣。五年曰北管州。六年州廢，省汾陽、六度，以靜樂來屬。有天池祠。有管涔山，北有樓煩關。有隋故汾陽宮。合河中。本臨泉，武德三年曰臨津，四年隸東會州，九年省太和縣入焉。貞觀元年更名。三年復置太和，八年又省。北有合河關，東有蔚汾關。嵐谷中。長安三年析宜芳置，神龍二年省，開元十二年復置。有岢嵐軍，永淳二年以岢嵐鎮為柵，長安三年為軍，景龍中張仁亶徙其軍於朔方，留者號岢嵐守捉，隸大同。

憲州，下。本樓煩監牧，嵐州刺史領之。貞元十五年別置監牧使，龍紀元年李克用表置州。領縣三。樓煩下。玄池下。有鐵。天池下。有鴈門關。

石州昌化郡，下。本離石郡，天寶元年更名。土貢：胡女布、龍鬚席、蜜、蠟燭、茲蕘。戶萬四千二百九十四，口六萬六千九百三十五。縣五：有府二，曰離石、昌化。離石中。平夷中。有孝支山。定胡中。武德三年置西定州，貞觀二年州廢，來屬。又析置孟門縣，七年省。西有孟門關。臨泉中。本太和，武德三年更名，置北和州，別析置太和縣，四年以太和隸東會州，貞觀三年州廢，以臨泉來屬。方山中。武德二年以縣置方州，三年州廢，來屬。

忻州定襄郡，下。本新興郡，義寧元年以樓煩郡之秀容置。土貢：麝香、豹尾。戶萬四千八百六，口八萬二千三十二。縣二：有府四，曰秀容、高城、漳源、定襄。有守捉兵。秀容上。貞觀五年以思結部落於縣境置懷化縣，隸順州，十二年以懷化隸代州，後省。有繫舟山，有鐵。定襄上。武德四年析秀容置。有石嶺關。

代州鴈門郡中都督府土貢蜜青碌彩麝香豹尾白鵰羽戶二萬一千二百八
十口十萬三百五十縣五有府三曰五臺東治鴈門有守捉兵其北有大同軍本大武軍調露二年曰神武軍天授二年曰平狄軍大足元年復更名其西有天安軍天寶十二載置又有代北軍永泰元年置鴈門上有東陘關西陘關五臺中柏谷有銀有銅有鐵有五臺山
繁時中崞中有石門關唐林中本武延證聖元年析五臺崞置唐隆元年更名
雲州雲中郡下都督府貞觀十四年自朔州北定襄城徙治定襄縣永淳元年
爲默啜所破徙其民於朔州開元十八年復置土貢犛牛尾鵰羽戶三千一百
六十九口七千九百三十縣一有雲中樓煩二守捉城東有牛皮關雲中中本馬邑郡雲內之恆安鎭武德元年置北恆州七年廢貞觀十四年復置曰定襄縣永淳元年廢開元十八年復置更名有陰山道青坡道皆出兵路
朔州馬邑郡下本治善陽建中中節度使馬燧徙治馬邑後復故治土貢白鵰
羽豹尾甘草戶五千四百九十三口二萬四千五百三十三縣二善陽中武陽四年省常寧縣入焉馬邑中開元五年析善陽於大同軍城置
蔚州興唐郡下本安邊郡隋鴈門郡之靈丘上谷郡之飛狐縣地唐初沒突厥
武德六年置州并置靈丘飛狐二縣僑治陽曲七年僑治繁時八年僑治秀容

故北恆州城貞觀五年破突厥復故地還治靈丘開元初徙治安邊至德二載更郡名復故治土貢熊鞹豹尾松實戶五千五十二口二萬九百五十八縣三東北有橫野軍乾元元年徙天成軍合之而廢橫野軍西有清塞軍本清塞守捉城貞元十五年置靈丘中有直谷關其北有孔嶺關有太安鎮飛狐中初僑治易州之遂城遙隸蔚州貞觀五年復故地有三河銅冶有錢官興唐中本安邊開元十二年置治橫野軍至德二載更名

武州闕領縣一文德

新州闕領縣四永興礬山龍門懷安

潞州上黨郡大都督府土貢貲布人葠石蜜墨戶六萬八千三百九十一口三十八萬八千六百六十一縣十有府一曰戡黎上黨望有啓聖宮本飛龍玄宗故第開元十一年置後又更名有湍閣有五龍山馬駒山壺關上武德四年析上黨置長子緊屯留上有三嶁山潞城上天祐二年更曰潞子襄垣上武德元年以襄垣黎城涉銅鞮鄉置韓州貞觀十七年州廢縣皆來屬東有井谷故關黎城上天祐二年更曰黎亭有銅山東有壺口故關涉中有鐵銅鞮上武德三年析置甲水縣隸韓州九年省永徽六年隸沁州顯慶四年來屬武鄉中本鄉武后更名武鄉神龍元年復故名尋又曰武鄉北有昂車關

澤州高平郡上本長平郡治濩澤武德八年徙治端氏貞觀元年徙治晉城天寶元年更郡名土貢人葠石英野雞戶二萬七千八百二十二口十五萬七千

九十縣六有府五曰丹川永固安平沁水白澗晉城上本丹川武德元年置建州三年析丹川置晉城以隸之六年州廢隸蓋州徙蓋州來治九年省丹川蓋城入晉城貞觀元年州廢以晉城高平陵川來屬天祐二年更曰丹川南有天井關一名太行關端氏中有隗山陵川中陽城中本濩澤天寶元年更名天祐二年更曰濩澤有銅有錫有鐵沁水中高平上本隋長平郡武德元年曰蓋州領高平丹川陵川三縣并析置蓋城縣以隸之有泫水一曰丹水貞元元年令明濟引入城號甘泉有省冤谷本殺谷玄宗幸潞州過之因更名北有長平關

右河東採訪使治蒲州

河北道蓋古幽冀二州之境漢河內魏勃海清河平原常山上谷涿漁陽右北平遼西真定中山信都河間廣陽等郡國又參有東郡河東上黨鉅鹿之地孟懷澶衛及魏博相之南境爲娵訾分邢洺惠貝冀深趙鎮定及魏博相之北境爲大梁分滄景德爲玄枵分瀛莫幽易涿平嬀檀薊營安東爲析木津分爲州二十九都護府一縣百七十四其名山林慮白鹿封龍井陘碣石常岳其大川漳淇呼沱厥賦絲絹綿厥貢羅綾紬紗鳳翮葦席

孟州望建中二年以河南府之河陽河清濟源温租賦入河陽三城使又以氾水租賦益之會昌三年遂以五縣爲州土貢黃魚鮓縣五有河陽軍建中四年置河陽望武

德四年析懷州之河陽集城溫於河陽宮置盟州八年州廢省集城入河陽溫隸懷州顯慶二年隸洛州有河陽關有回洛故城有池永徽四年引濟水漲之開元中以畜黃魚

汜水 望本隸鄭州武德四年析置成皋縣貞觀元年省顯慶二年隸洛州垂拱四年曰廣武神龍元年復故名有虎牢關東南有成皋故關西南有旋門故關有牛口渚西一里伏龜山有昭武廟會昌三年置

河陰 望開元二十二年析汜水滎澤武陟置隸河南府領河陰倉會昌三年來屬有梁公堰在河汴間開元二年河南尹李傑因故渠濬之以便漕運

溫 望武德四年隋令周仲隱以縣去王世充來降置平州名縣城曰李城是年州廢隸懷州顯慶二年隸洛州

濟源 望武德二年王世充將丁伯德以縣來降置西濟州又析置濩陽蒸川邵源三縣四年州廢省濩陽蒸川邵源以濟源隸懷州貞觀元年省懷州之軹縣入焉顯慶二年隸洛州有坊口堰太和五年節度使溫造浚古渠溉濟源河內溫武陟田五千頃有濟瀆祠北海祠西有故軹關

懷州河內郡雄武德二年沒王世充僑治濟源之柏崖城四年世充平還舊治

土貢平紗平紬枳殼茶牛膝戶五萬五千三百四十九口三十一萬八千一百二十六縣五 有府二曰丹水吳澤

河內 望武德三年析置太行忠義紫陵三縣析河陽置穀旦縣四年皆省有太行山有丹水開元十一年更名懷水

武德 望本安昌武德二年更名是年置北義州四年州廢來屬北百里有大斛故關在太行山

獲嘉 望武德四年以獲嘉武陟修武新鄉共城置殷州并置博望縣貞觀元年州廢以獲嘉武陟修武來屬新鄉共城博望隸衛州

武陟 望貞觀元年省懷縣入焉

修武 緊武德二年河內民李厚德以濁鹿城來降置陟州并置修武縣四年徙縣治故修武更修武曰武陟別置修武縣是年州廢隸殷州西北二十里有新河自六真山下合黃丹泉

南流入吳澤陂大中年令杜某開

魏州魏郡大都督府雄本武陽郡龍朔二年更名冀州咸亨三年復曰魏州天寶元年更郡名土貢花紬綿紬平紬絁絹紫草戶十五萬一千五百九十六口百一十萬九千八百七十三縣十四貴鄉望有西渠開元二十八年刺史盧暉徙永濟渠自石灰窠引流至城西注魏橋以通江淮之貨元城望貞觀十七年省入貴鄉聖曆二年復置魏望武德四年置漳陰縣貞觀元年省入焉館陶望武德五年以館陶冠氏及博州之堂邑貝州之臨清清水置毛州幷析臨清置沙丘縣貞觀元年州廢省清水入冠氏省沙丘入臨清餘縣皆還故屬冠氏望莘上武德五年以莘臨黃武陽博州之武水置莘州貞觀元年州廢縣還故屬朝城緊本武陽貞觀十七年省入臨黃莘永昌元年復置曰武聖開元七年更名元和中隸澶州後復來屬天祐三年更曰武陽又以武陽莘河外地入鄆州昌樂望武德五年置貞觀十八年省繁水入焉臨河上武德二年隸黎州貞觀十七年省澶水縣入焉澶水本澶淵避高祖名更州廢隸相州天祐三年來屬洹水上本隸相州天祐三年來屬成安上本隸相州天祐二年更名斥丘三年來屬內黃緊本隸相州武德四年析置繁陽縣隸黎州貞觀元年省天祐三年來屬宗城望本隸貝州武德四年以宗城經城及冀州之南宮斌疆置宗州析經城置府城縣九年州廢省府城入經城省斌疆入清河餘縣皆還故屬天祐三年曰廣宗是歲來屬永濟上本隸貝州大曆七年田承嗣析魏州之臨清置天祐三年來屬

博州博平郡上武德四年以魏州之聊城武水堂邑高唐置土貢綾平紬戶五

萬二千六百三十一口四十萬八千二百五十二縣六聊城緊武德四年析置茌平縣又析魏州之華置華亭縣貞觀元年皆省天祐三年更曰聊邑又以聊邑博平高唐武水之河外地入鄆州東南有四口故關博平上武德三年析置靈泉縣四年省貞觀十七年省博平入聊城天授二年復置武水上清平上武德四年置堂邑上高唐上長壽二年曰崇武神龍元年復故名

相州鄴郡望本魏郡天寶元年更名土貢紗絹隔布鳳翮席花口瓢知母胡粉戶十萬一千一百四十二口五十九萬一百九十六縣六有昭義軍大曆元年置安陽緊武德四年省零泉縣五年省相縣入焉西二十里有高平渠刺史李景引安陽水東流溉田入廣潤陂咸亨三年開鄴緊南五里有金鳳渠引天平渠下流溉田咸亨三年開有鐵湯陰上本蕩陰武德四年析安陽置蕩源縣隸衛州六年來屬貞觀元年省更蕩陰曰湯陰林慮上武德二年以縣置巖州五年州廢來屬有鐵有林慮山堯城上天祐三年更曰永定北四十五里有萬金渠引漳水入故齊都領渠以溉田咸亨三年開臨漳上南有菊花渠自鄴引天平渠水溉田屈曲經三十里又北三十里有利物渠自滏陽下入成安幷取天平渠水以溉田皆咸亨四年令李仁綽開

衛州汲郡望本治衛貞觀元年徙治汲土貢綾絹綿胡粉戶四萬八千五十六口二十八萬四千六百三十縣五汲緊武德元年以汲新鄉置義州四年州廢以汲來屬新鄉隸殷州衛緊貞觀十七年省清淇縣入焉長安三年復置清淇縣神龍元年又省御水有石堰一貞觀十七年築有蘇門山共城上武德元年以縣置共州幷析置凡城縣四年州廢省凡城以共城隸殷州六年省博望縣入焉有白鹿山新鄉望東北有故臨清關東南有故延津關黎陽上武德二年以縣置黎州

尋沒竇建德四年建德平復以黎陽臨河內黃澶水魏州觀城頓丘相州之蕩陰置是年以頓丘觀城還隸魏州蕩陰還隸相州貞觀十七年州廢省澶水以黎陽來屬內黃臨河隸相州有白馬津一名黎陽關有大邳山一名黎陽山有新河元和八年觀察使田弘正及鄭滑節度使薛平開長十四里闊六十步深丈有七尺決河注故道滑州遂無水患

貝州清河郡望本治清河武德六年徙治歷亭八年復故治土貢絹氈覆鞍氈戶十萬一千五口八十三萬四千七百五十七縣八清河緊清陽緊武德四年析置夏津縣九年省武城上經城望西南四十里有張甲河神龍三年姜師度因故瀆開臨清望大曆七年隸瀛州貞元末來屬漳南上歷亭上夏津上本鄃天寶元年更名

澶州上武德四年析黎州之澶水魏州之頓丘觀城置貞觀元年州廢縣還故屬大曆七年田承嗣表以魏州之頓丘臨黃復置土貢角弓鳳翮席胡粉縣四頓丘望清豐上大曆七年析頓丘昌樂置以孝子張清豐名觀城緊貞觀十七年省入昌樂臨黃大曆七年復置臨黃緊東南有盧津關一名高陵津

邢州鉅鹿郡上本襄國郡天寶元年更名土貢絲布磁器刀文石戶七萬一百八十九口三十八萬二千七百九十八縣八龍岡上武德元年析龍岡內丘置青山縣開成五年省入焉

沙河上武德元年置温州四年州廢來屬有鐵南和緊武德元年置和州四年州廢來屬鉅鹿上武德元年置起州并析置白起縣四年州廢
省白起以鉅鹿隸趙州貞觀元年來屬有大陸澤有鹹泉煮而成鹽平鄉上武德元年置封州四年州廢來屬貞元中刺史元誼徙漳水自州東二十里
出至鉅鹿北十里入故河任中武德四年置堯山上本柏仁武德元年置東龍州四年州廢隸趙州五年來屬天寶元年更名內丘上武德四
年隸趙州五年來屬有鐵

洺州廣平郡望本武安郡天寶元年更名土貢絁綿紬油衣戶九萬一千六百
六十六口六十八萬三千二百八十縣六永年望平恩上臨洺緊武德元年以臨洺武安肥鄉
邯鄲置紫州四年州廢縣皆隸磁州六年以臨洺肥鄉來屬狗山有太宗故壘討劉黑闥于此雞澤上武德四年置有普樂縣武德初置後陷竇建德遂
廢有漳洺南隄二沙河南隄一永徽五年築肥鄉上州又領清漳池水二縣會昌三年省清漳入肥鄉池水入曲周曲周上武德四年置

惠州上本磁州武德元年以相州之滏陽臨水成安置貞觀元年州廢滏陽成
安還隸相州永泰元年昭義節度使薛嵩表復以相州之滏陽洺州之邯鄲武
安置天祐三年以磁慈聲一更名土貢紗磁石縣四滏陽望邯鄲上貞觀元年隸洺州武
安上武德六年隸洺州有錫昭義上本臨水武德六年省永泰元年復置更名有鐵

鎮州常山郡大都督府本恆州恆山郡治石邑義寧元年析隋高陽郡置武德

四年徙治真定天寶元年更郡名十五載曰平山尋復爲恆山元和十五年避穆宗名更土貢孔雀羅瓜子羅春羅梨戶五萬四千六百三十三口三十四萬二千一百三十四縣十一有恆陽軍開元中置

真定望武德六年析置恆山縣貞觀元年省載初元年曰中山神龍元年復故名

藁城緊義寧元年置鉅鹿郡幷析置柏肆新豐宜安三縣武德元年曰廉州四年以趙州之鼓城定州之毋極冀州之鹿城隸之省柏肆新豐宜安入藁城貞觀元年州廢以鹿城隸深州鼓城毋極隸定州藁城來屬天祐二年更曰藁平

石邑緊

九門上義寧元年置九門郡幷析置新市信義二縣武德元年曰觀州五年州廢省信義新市以九門來屬

行唐中武德四年置玉城縣五年省滋陽縣入焉長壽二年曰章武神龍元年復故名大曆三年以縣置泜州又以靈壽及定州之恆陽隸之九年州廢縣還故屬

井陘中義寧元年置井陘郡又析置葦澤縣武德元年曰幷州後又領鹿泉及房山蒲吾靈壽貞觀元年省蒲吾入房山鹿泉葦澤入井陘十七年州廢縣皆來屬有鐵有離陽山

平山中本房山義寧元年置房山郡又置蒲吾縣武德元年曰嶽州四年州廢縣皆隸幷州天寶十五載更名有鐵有白馬關有房山

獲鹿中本鹿泉天寶十五載更名有故井陘關一名土門關東北十里有大唐渠自平山至石邑引太白渠溉田有禮教渠總章二年自石邑西北引太白渠東流入真定界以溉田天寶二年又自石邑引大唐渠東南流四十三里入太白渠有抱犢山

靈壽中義寧元年以縣置燕州四年州廢隸幷州

鼓城中本隸定州大曆三年來屬

欒城中本隸趙州大曆二年來屬天祐二年更名欒氏

冀州信都郡上本治信都武德六年徙治下博貞觀元年復故治龍朔二年更

名魏州，咸亨三年復故名。土貢：絹、綿。戶十一萬三千八百八十五，口八十三萬五百二十。縣九：信都，望。天祐二年更曰堯都。東二里有葛榮陂，貞觀十一年刺史李興公開，引趙照渠水以注之。南宮，望。西五十九里有濁漳隄，顯慶元年築。有通利渠，延載元年開。堂陽，上。西南三十里有渠，自鉅鹿入縣境，下入南宮，景龍元年開。西十里有漳水隄，開元六年築。棗彊，上。武邑，上。武德四年析置昌亭縣，貞觀元年省。北三十里有衡漳右隄，顯慶元年築。衡水，上。南一里有羊令渠，載初中令羊元珪引漳水北流，貫城注隍。阜城，望。天祐二年更曰漢阜。蓨，上。本隸德州，永泰元年來屬。武彊，望。貞觀元年隸深州，州廢來屬，後復隸深州。開元二年來屬，永泰元年復隸深州，唐末來屬。

深州饒陽郡，上。武德四年以定州之安平、瀛州之饒陽置，尋徙治饒陽。貞觀十七年州廢，縣還故屬。先天二年以瀛州之饒陽，冀州之鹿城、下博、武彊，定州之安平復置。土貢：絹。戶萬八千八百二十五，口三十四萬六千四百七十二。縣七：陸澤，上。先天二年析饒陽、鹿城置。饒陽，望。武德四年析置無蔞縣，貞觀元年省。束鹿，上。本鹿城，天寶十五年更名。安平，上。博野，望。本隸蒲州，武德五年以博野、清苑、定州之義豐置蠡州，八年州廢，縣還故屬。九年復以博野、清苑置，貞觀元年州廢，以博野、清苑隸瀛州。永泰中以博野來屬，元和十年復隸瀛州，後又來屬。樂壽，緊。本隸瀛州，大曆中來屬，元和十年復隸瀛州，後又來屬。下博，上。本隸冀州，貞觀元年來屬，州廢還隸冀州，後又來屬。開元二年隸冀州，永泰元年復來屬。有永寧軍，貞元十年置。

趙州趙郡，望。武德初治柏鄉，四年徙治平棘，五年更名欒城，貞觀初復故名。土貢：絹。戶六萬三千四百五十四，口三十九萬五千二百三十八。縣八：平棘上。東二里有廣潤陂，引太白渠以注之；東南二十里有畢泓，皆永徽五年令弓志元開，以畜洩水利。寧晉緊。本瀴陶，天寶元年更名。地旱鹵，西南有新渠，上元中令程處默引洨水入城以溉田，經十餘里，地用豐潤，民食乃甘。昭慶望。本大陸，武德四年曰象城，天寶元年更名。西南二十里有建初陵、啓運陵，二陵共塋。城下有灃水渠，儀鳳三年令李玄開，以溉田通漕。柏鄉上。西有千金渠、萬金堰，開元中令王佐所浚築，以疏積潦。高邑中。臨城中。本房子，天寶元年更名，天祐二年更曰房子。贊皇中。元氏上。有靈山、封龍山。

滄州景城郡，上。本渤海郡，治清池，武德元年徙治饒安，六年徙治胡蘇，貞觀元年復治清池。土貢：絲布、柳箱、葦簟、糖蟹、鱧鮬。戶十二萬四千二十四，口八十二萬五千七百五。縣七：西南有橫海軍，開元十四年置，天寶後廢，大曆元年復置。清池緊。西北五十五里有永濟隄二，永徽二年築。西四十五里有明溝河隄二，西五十里有李彪淀東隄及徒駭河西隄，皆三年築。西四十里有衡漳隄二，顯慶元年築。西北六十里有衡漳東隄，開元十年築。東南二十里有渠注毛氏河，東南七十里有渠注漳，並引浮水，皆刺史姜師度開。西南五十七里有無棣河，東南十五里有陽通河，皆開元十六年開。南十五里有浮河隄、陽通河隄，又南三十里有永濟北隄，亦是年築。有甘泉，二十年令毛某母老，苦水鹹無以養，縣舍穿地泉湧而甘，民謂之毛公井。有鹽。鹽山緊。武德四年置東鹽州，五年以景州之清池弁析鹽山置浮水縣以隸之，貞觀元年州廢，省浮水，以清池、鹽山來屬。有鹽。長蘆上。本隸瀛州，武德四年以長蘆平舒魯城及滄州之清池置景州貞觀元年州廢以平舒還隸瀛州長蘆魯城來屬樂陵上本隸棣州武德八年來屬太和二年又隸棣州尋復來屬饒安上武德四年析置鬲津縣貞觀元年省入樂陵無棣上貞觀元年省入陽信八年復置太和二年隸棣州尋來屬有無棣溝通海隋末廢永徽元年刺史薛大鼎開乾符上本魯城乾符元年生野稻水穀二千餘頃燕魏饑民就食之因更名

景州上貞元三年析滄州之弓高東光臨津置長慶元年州廢縣還滄州二年復以弓高東光臨津南皮景城置太和四年州又廢縣還滄州景福元年復置土貢葦簟縣四弓高上本隸德州武德四年以弓高及胡蘇東光冀州之阜城蓨安陵觀津置觀州并析東光置安陵縣析蓨置觀津縣六年以胡蘇隸滄州貞觀元年省觀津復以胡蘇隸觀州十七年州廢以弓高東光胡蘇隸滄州蓨安陵隸德州阜城還隸冀州東光上南二十里有靳河自安陵入浮河開元中開臨津上本胡蘇天寶元年更名南皮上古毛河自臨津經縣入清池開元十年開有唐昌軍貞元二十一年置

德州平原郡上土貢絹綾戶八萬三千二百一十一口六十五萬九千八百五十五縣六安德緊長河上東南有張公故關平原上大和二年隸齊州三年來屬平昌上貞觀十七年省般縣入焉大和二年隸齊州三年來屬有馬頰河久視元年開號新河將陵望安陵望景福元年隸景州尋復來屬

定州博陵郡上本高陽郡天寶元年更名土貢羅紬細綾端綾兩窠綾獨窠綾二包綾熟線綾戶七萬八千九十口四十九萬六千六百七十六縣十有義武軍建中

四年置西有北平軍開元中置安喜緊本鮮虞武德四年更名義豐緊萬歲通天二年以拒契丹更名立節神龍元年復故名北平上萬歲通天二年以拒契丹更名徇忠神龍元年復故名西北有安陽故關望都上武德四年置曲陽上本恆陽元和十五年更名是年又更恆岳曰鎮岳有岳祠陘邑中本隋昌武德四年唐昌天寶元年更名唐上有銅有鐵西北有八度故關倒馬故關北有委粟故關新樂中東南二十里有木刀溝有民刀居溝傍因名之無極上無本作毋萬歲通天二年更有無極山景福二年節度使王處存以縣及深澤表置祁州深澤中

易州上谷郡上土貢紬綿墨戶四萬四千二百三十口二十五萬八千七百十九縣六有府九曰遂城安義修武德行新安古亭武遂長樂龍水有高陽軍易上容城上本遒武德五年以容城及幽州之固安歸義置北義州貞觀元年州廢縣還故屬聖曆二年以拒契丹更名全忠神龍二年復故名天寶元年又更名遂城上淶水上滿城中本永樂天寶元年更名有郎山有永清軍貞元十五年置五回中下開元二十三年析易置并置樓亭板城三縣天寶後省

幽州范陽郡大都督府本涿郡天寶元年更名土貢綾綿絹角弓人蔘栗戶六萬七千二百四十二口三十七萬一千三百一十二縣九有府十四曰呂平涿城德聞潞城樂上清化洪源良鄉開福政和停驂柘河良杜咸寧城內有經略軍又有納降軍本納降守捉城故丁零川也西南有安塞軍有赫連城有宗王乾澗殄寇三鎮城石堆車坊蒿城河旁四戍薊望天寶元年析置廣寧縣三載省有鐵有故隋臨朔宮幽都望本薊縣地隋於營州之境汝羅故城置遼西郡以處粟末靺鞨降人武德元年曰燕州領縣三遼西瀘河懷遠土貢豹尾是年省瀘河六年自營州遷于幽州城中以首領世襲刺史貞觀元年省懷遠開元二十五

年徙治幽州北桃谷山天寶元年曰歸德郡戶二千四十五口萬一千六百三建中二年爲朱滔所滅因廢爲縣 廣平 上天寶元年析薊置三載省至
德後復置 潞 上武德二年自無終徙漁陽郡於此置玄州領潞漁陽并置臨泃縣貞觀元年州廢省臨泃無終以潞漁陽來屬 武清 上本雍奴天寶
元年更名 永清 緊本武隆如意元年析安次置景雲元年曰會昌天寶元年更名 安次 上 良鄉 望聖曆元年曰固節神龍元年復故名有
大防山 昌平 望北十五里有軍都陘西北三十五里有納款關卽居庸故關亦謂之軍都關其北有防禦軍古夏陽川也有狼山
涿州上大曆四年節度使朱希彩表析幽州之范陽歸義固安置縣五 范陽 望本
涿武德七年更名 歸義 上武德五年置貞觀元年省八年復置景雲二年隸鄚州是年還隸幽州 固安 上 新昌 上大曆四年析固安置
新城 上太和六年以故督亢地置
瀛州河間郡上 土貢絹 戶九萬八千一十八口六十六萬三千一百七十一縣
五 河間 望武德五年置武垣縣貞觀元年省入焉西北百里有長豐渠二十一年刺史朱潭開又西南五里有長豐渠開元二十五年刺史盧暉自東
城平舒引滹沱東入淇通漕溉田五百餘頃 高陽 上武德四年以高陽及鄚博野清苑置蒲州五年以博野清苑隸蠡州貞觀元年州廢以鄚高陽來
屬 平舒 上 束城 上 景城 上本隸滄州武德四年來屬貞觀元年隸滄州大曆七年復舊後隸鄚州尋又來屬
莫州文安郡上本鄚州景雲二年以瀛州之鄚任丘文安清苑唐興幽州之歸
義置開元十三年以鄚鄭文相類更名土貢絹綿戶五萬三千四百九十三口

三十三萬九千九百七十二縣六有唐興軍開元十四年置北又有渤海軍莫緊本鄚開元十三年更有九十九淀清
苑上文安上貞觀元年省豐利縣入焉任丘上武德五年分鄚置有通科渠開元四年令魚思賢開以洩陂淀自縣南五里至城西北入滹
得地二百餘頃長豐中本利豐開元十年析文安任丘置是年更名唐興上本武興如意元年析河間置長安四年隸易州是年還隸瀛州神龍元
年更名
平州北平郡下初治臨渝武德元年徙治盧龍土貢熊鞹蔓荊實人葠戶三千
一百一十三口二萬五千八十六縣三有府一曰盧龍有盧龍軍天寶一載置又有柳城軍永泰元年置有温溝白望
西狹石東狹石綠疇米磚長楊黃花紫蒙白狼昌黎遼西等十二戍愛川周夔二鎮城東北有明垤關鶻湖城牛毛城盧龍中本肥如武德二年更名
又置撫寧縣七年省石城中本臨渝武德七年省貞觀十五年復置萬歲通天二年更名有臨渝關一名臨閭關有大海關有碣石山有温昌鎮馬
城中古海陽城也開元二十八年置以通水運東北有千金冶城東有茂鄉鎮城
嬀州嬀川郡上本北燕州武德七年平高開道以幽州之懷戎置貞觀八年更
名土貢樺皮胡祿甲楡髀矢麝香戶二千二百六十三口萬一千五百八十四
縣一有府二曰密雲白檀有清夷軍垂拱中置有堆北白陽度雲治廣邊四鎮兵有橫河柴城二戍有陽門城有永定簪子二關又有懷柔軍在嬀蔚二
州之境懷戎上天寶中析置嬀川縣尋省嬀水貫中北九十里有長城開元中張說築東南五十里有居庸塞東連盧龍碣石西屬太行常山實天下

之險有鐵門關西有寧武軍又北有廣邊軍故白雲城也

檀州密雲郡本安樂郡天寶元年更名土貢人葠麝香戶六千六十四口三萬二百四十六縣二有威武軍萬歲通天元年置本漁陽開元十九年更名又有鎮遠軍故黑城川也有三乂城橫山城米城有大王北來保要鹿固赤城邀虜石子䶪七鎮有臨河黃崖二戍密雲中有隗山燕樂中東北百八十五里有東軍北口二守捉北口長城口也又北八百里有吐護真河奚王衙帳也

薊州漁陽郡下開元十八年析幽州置土貢白膠戶五千三百一十七口萬八千五百二十一縣三有府二曰漁陽臨渠南二百里有靜塞軍本障塞軍開元十九年更名又有雄武軍故廣漢川也東北九十里有洪水守捉又東北三十里有鹽城守捉又東北渡灤河有古盧龍鎮又有斗陘鎮自古盧龍北經九荊嶺受米城張洪隘度石嶺至奚王帳六百里又東北行傍吐護真河五百里至奚契丹衙帳又北百里至室韋帳漁陽中神龍元年隸營州開元四年還隸幽州有平虜渠傍海穿漕以避海難又其北漲水爲溝以拒契丹皆神龍中滄州刺史姜師度開三河中開元四年析潞置北十二里有渠河塘西北六十里有孤山陂溉田三千頃玉田中本無終武德二年置貞觀元年省乾封二年復置萬歲通天元年更名神龍元年隸營州開元四年還隸幽州八年隸營州十一年又隸幽州有壕門米亭三谷礓石方公白楊等七戍

營州柳郡城上都督府本遼西郡萬歲通天元年爲契丹所陷聖曆二年僑治

漁陽開元五年又還治柳城天寶元年更名土貢人葠麝香豹尾皮骨骴戶九百九十七口三千七百八十九縣一（有平盧軍開元初置東有鎮安軍本燕郡守捉城貞元二年爲軍城西四百八十里有渝關守捉城又有汝羅懷遠巫閭襄平四守捉城）

柳城（中西北接奚北接契丹有東北鎮醫巫閭山祠又東有碣石山）

安東上都護府總章元年李勣平高麗國得城百七十六分其地爲都督府九州四十二縣一百置安東都護府於平壤城以統之用其酋渠爲都督刺史縣令上元三年徙遼東郡故城儀鳳二年又徙新城聖曆元年更名安東都督府神龍元年復故名開元二年徙于平州天寶二年又徙于遼西故郡城至德後廢土貢人葠（有安東守捉有懷遠軍天寶二載置又有保定軍）

右河北採訪使治魏州

唐書卷三十九

唐書卷三十九考證

地理志三河東道絳州絳郡雄○臣酉按此郡不記何年置當是缺文

武州新州○舊書俱無

河北道孟州○舊書屬河南道

唐書卷三十九考證

唐書卷四十

宋　翰　林　學　士　歐　陽　修　撰

志第三十

地理志

山南道蓋古荊梁二州之域漢南郡武陵巴郡漢中南陽及江夏弘農廣漢武都郡地江陵峽歸夔澧朗復郢襄房爲鶉尾分鄧隋泌均爲鶉火分興元金洋鳳興成文扶利集壁巴蓬通開忠萬涪閬果渠爲鶉首分爲府二州三十三縣百六十一其名山嶓冢熊耳銅梁巫荊峴其大川巴漢沮滑厥賦絹布綿紬厥貢金絲紵漆

江陵府江陵郡本荊州南郡天寶元年更郡名肅宗上元元年號南都爲府二年罷都是年又號南都尋罷都土貢方紋綾貲布柑橙橘椑白魚糖蟹梔子貝母覆盆烏梅石龍芮戶三萬三百九十二口十四萬八千一百四十九縣八有府一曰羅含有永安軍乾元二年置江陵次赤貞觀十七年省安興縣入焉貞元八年節度使嗣曹王皐塞古堤廣良田五千頃畝收一鍾又規江南廢

洲爲廬舍架江爲二橋荊俗飲陂澤乃教人鑿井人以爲便枝江次畿上元元年析江陵置長寧縣二年省枝江入長寧大曆六年復置枝江省長寧當陽次畿武德四年置平州并析置臨沮縣六年曰玉州八年州廢省臨沮以當陽來屬有南紫蓋山北紫蓋山長林次畿武德四年於東境置基州并置章山縣七年州廢以章山隸郢州郢州廢來屬八年省章山入長林石首次畿武德四年置松滋次畿公安次畿荊門次畿貞元二十一年析長林置

峽州夷陵郡中本治下牢戍貞觀九年徙治步闡壘土貢紵葛箭竹柑茶蠟芒硝五加杜若鬼臼戶八千九十八口四萬五千六百六縣四夷陵上西北二十八里有下牢鎮有黃牛山宜都中下本宜昌隸南郡武德二年更名以宜都及峽州之夷道置江州六年曰東松州貞觀八年州廢省入宜都來屬長陽中下本隸南郡武德四年以縣置睦州并置巴山鹽水二縣八年州廢省鹽水以長陽巴山隸東松州州廢來屬天寶八載省巴山入長陽遠安中下有神馬山本白馬山天寶元年更名

歸州巴東郡下武德二年析夔州之秭歸巴東置土貢紵葛茶蜜蠟戶四千六百四十五口二萬三千四百一十七縣三秭歸中有鹽東南八十五里有太清鎮城巴東中下有鹽有鐵興山中下武德三年析秭歸置

夔州雲安郡下都督府本信州巴東郡武德二年更州名天寶元年更郡名土貢紵錫布熊羆山雞茶柑橘蜜蠟戶萬五千六百二十口七萬五千縣四有府一曰

東陽 奉節上本人復貞觀二十三年更名有鐵有永安井鹽官 雲安上有鹽官 巫山中有巫山 大昌下有鹽官

澧州澧陽郡上土貢紋綾紵練縛巾犀角竹簟光粉柑橘恆山蜀漆戶萬九千

六百二十口九萬三千三百四十九縣四澧陽望有關山 安鄉中貞觀元年省孱陵縣入焉 石門

中有鐵 慈利中下武德中置崇義縣麟德元年省入焉本故崇川

朗州武陵郡下土貢葛紵練簟柑犀角戶九千三百六口四萬三千七百六十

縣一武陵上北有永泰渠光宅中刺史胡處立開通漕且為火備西北二十七里有北塔堰開元二十七年刺史李璡增修接古專陂由黃土堰注

白馬湖分入城隍及故永泰渠溉田千餘頃東北八十九里有考功堰長慶元年刺史李翺因故漢樊陂開溉田千一百頃又有右史堰二年刺史溫造增修

開後鄉渠經九十七里溉田二千頃又北百一十九里有津石陂本聖曆初令崔嗣業開翺造亦從而增之溉田九百頃翺以尚書考功員外郎造以起居舍

人出為刺史故以官名東北八十里有崔陂東北三十五里有槎陂亦嗣業所修以溉田後廢大曆五年刺史韋夏卿復治槎陂溉田千餘頃十三年以堰壞

遂廢有枉山 龍陽中上

忠州南賓郡下本臨州義寧二年析巴東郡之臨江置貞觀八年更名土貢生

金綿紬蘇薰席文刀戶六千七百二十二口四萬三千二十六縣五臨江中下有鹽

豐都中下義寧二年析臨江置 南賓中下武德二年析浦州之武寧置有鐵 墊江中下 桂溪中下本清水武德二年析臨江置天寶元

年更名

涪州涪陵郡下武德元年以渝州之涪陵鎮置土貢麩金文刀獠布蠟戶九千四百口四萬四千七百二十二縣五涪陵中下武德二年置并置武龍縣又析涪陵巴縣地置永安縣開元二十二年省永安入樂温賓化下本隆化貞觀十一年置先天元年更名武龍中下樂温中下武德二年析巴縣地置隸南瀼州九年來屬温山下本隸南瀼州後來屬

萬州南浦郡下本南浦州武德二年析信州置八年州廢以南浦梁山隸夔州武寧隸臨州九年復置曰浦州貞觀八年更名土貢麩金藥子戶五千一百七十九口二萬五千七百四十六縣三南浦中有塗溍監漁陽監鹽官二武寧中下梁山中下

襄州襄陽郡望土貢綸巾漆器庫路真二品十乘花文五乘碎石文柑蔗芋薑戶四萬七千七百八十口二十五萬二千一縣七有府一曰漢津襄陽望貞觀八年省常平縣入焉有峴山鄧城緊本安養天寶元年曰臨漢貞元二十一年更名穀城上武德四年以穀城陰城置酇州五年州廢二縣來屬貞觀八年省陰城入焉有薤山義清中貞觀八年省南漳入焉南漳本臨沮南漳中下本荊山武德二年析南漳置以縣置重州并置重陽平陽渠陽土門歸義五縣七年省渠陽入荊山省平陽入重陽省土門歸義入房州之永清貞觀元年州廢以荊山來屬徙重陽于故重州隸遷州八年省重陽入荊山開元十八年徙

于故南漳因更名有荊山樂鄉中下本隸竟陵郡武德四年以樂鄉及襄州之率道上洪置鄀州貞觀元年又領長壽省上洪八年州廢以長壽隸溫州

樂鄉率道來屬宜城上本率道貞觀八年省漢南縣入焉天寶七載改名有石梁山陰山

泌州淮安郡上本昌州舂陵郡治棗陽武德五年以唐城山更名唐州九年徙治比陽天寶元年更郡名天祐三年朱全忠徙治泌陽表更名土貢絹布戶四萬二千六百四十三口十八萬二千三百六十四縣七泌陽中本上馬貞觀元年省入湖陽開元十三年復置天寶元年更名比陽上本淮安郡治武德四年曰顯州領比陽慈丘平氏顯岡桐柏五縣二年省顯岡九年州廢縣皆來屬慈丘上桐柏中武德初置純州貞觀元年州廢來屬有桐柏山有淮瀆祠平氏中有析中山湖陽中武德四年以縣置湖州貞觀元年州廢來屬有蓼山方城上本湞陽郡治武德二年曰北澧州領方城真昌二縣貞觀元年省真昌八年曰魯州九年州廢以方城來屬

隋州漢東郡上土貢合羅綾葛覆盆戶二萬三千九百一十七口十萬五千七百二十二縣四隋上武德四年省安貴縣入焉五年省平林順義縣入焉光化上棗陽上本隸唐州武德五年省唐州之清漳縣入焉貞觀元年又省唐州之舂陵縣入焉十年以棗陽來屬有光武山唐城上開元二十六年以客戶析棗陽地置

鄧州南陽郡上土貢絲布茅菊戶四萬三千五十五口十六萬五千二百五十七縣六穰望武德四年析置平晉縣以新野置新州尋廢新州以新野來屬六年省平晉州又領深陽縣貞觀元年省乾元元年省新野皆入焉

南陽緊武德三年以南陽及春陵郡之上馬置宛州并置雲陽上宛安固三縣八年州廢以上馬隸唐州省雲陽上宛以安固入南陽來屬聖曆元年曰武臺神龍初復故名有銅向城上武德三年以縣置淯州八年州廢隸北澧州州廢來屬聖曆元年曰武清神龍初復故名北八十里有魯陽關臨湍上本新城武德二年以縣置酈州八年州廢來屬貞觀元年省冠軍縣入焉天寶元年更名又有順陽縣武德二年析冠軍置六年省內鄉上本淅陽郡治武德二年曰淅州并置默水縣貞觀二年州廢省默水入內鄉來屬有岵山菊潭中開元二十四年析新城置

均州武當郡下義寧二年析淅陽郡之武當均陽置貞觀元年州廢二縣隸淅州八年以武當鄖鄉復置土貢山雞尾麝香戶九千六百九十八口五萬八百九縣三有府一曰至誠武當上義寧二年析置平陵縣武德七年省八年省均陽入焉東南百里有鹽池有武當山鄖鄉上本隸淅陽郡武德元年以鄖鄉安福置南豐州并置堵陽黃沙白沙固城四縣八年省黃沙白沙固城是年州廢以鄖鄉安福堵陽隸淅州貞觀元年省安福堵陽入焉有精舍山本獨山天寶中更名豐利上有伏龍山有錫義山一名天心山

房州房陵郡上武德元年析遷州之竹山上庸置貞觀十年徙治房陵土貢蠟蒼礬麝香鍾乳雷丸石膏竹鼺戶萬四千四百二十二口七萬一千七百八縣四房陵上本光遷房陵郡治武德元年曰遷州并析置受陽淅川房陵三縣五年省淅川七年省房陵受陽貞觀十年州廢來屬更光遷曰房陵永清中下本隸遷州州廢來屬有房山竹山中下武德元年析置武陵縣貞觀十年省上庸上

復州竟陵郡上本沔陽郡治竟陵貞觀七年徙治沔陽天寶元年更名寶應二年復故治土貢白紵白蜜戶八千二百一十口四萬四千八百八十五縣三沔陽上 竟陵上有五花山有石堰渠咸通中刺史董元素開 監利中下

郢州富水郡上本竟陵郡治長壽貞觀元年州廢以長壽隸鄀州十七年復置治京山後還治長壽土貢紵布葛蕉春酒麴棗節米戶萬二千四十六口五萬七千三百七十五縣三長壽上貞觀元年省藍水縣入焉 京山上本隸安州武德四年以京山富水二縣置溫州貞觀十七年州廢縣皆來屬 富水上有白沙山

金州漢陰郡上本西城郡天寶元年曰安康郡至德二載更名土貢麩金茶牙椒乾漆實白膠香麝香杜仲雷丸枳殼枳實黃蘗有橘官戶萬四千九十一口五萬七千九百二十九縣六有府一曰洪義 西城上本金川義寧二年更名有牛山漢水有金 洵陽中下武德元年以縣置洵州并置洵城驢川二縣七年州廢縣皆來屬貞觀二年省驢川八年省洵城東有申口鎮城 淯陽上本黃土天寶元年更名大曆六年省入洵陽長慶初復置 石泉中下聖曆元年曰武安神龍元年復故名大曆六年省入漢陰永貞元年復置 漢陰中下本安康武德元年以縣置西安州并置寧都廣德二縣二年曰宣州貞觀元年州廢省寧都以廣德入安康來屬至德二載更名西有方山關貞觀十二年置月川水有金 平利中下

武德元年以故吉安置大曆六年省入西城長慶初復置有女媧山

右東道採訪使治襄州

興元府漢中郡赤本梁州漢川郡開元十三年以梁涼聲相近更名褒州二十年復曰梁州天寶元年更郡名興元元年爲府土貢穀蠟紅藍燕脂夏蒜冬筍糟瓜柑枇杷茶戶三萬七千四百七十口十五萬三千七百一十七縣五有府一曰麗水

南鄭次赤有旱山玉女山中梁山

褒城次畿義寧二年更名褒中貞觀三年復故名有牛頭山北有甘寧關

城固次畿武德二年更名唐固三年析置白雲縣九年省貞觀二年復故名

西次畿武德三年以縣置褒州析利州之綿谷置金牛縣八年州廢二縣來屬寶曆元年省金牛縣入爲西南有百牢關有錫有鐵

三泉次畿武德四年析利州之綿谷置以縣置南安州幷置嘉牟縣八年州廢省嘉牟以三泉隸利州天寶元年來屬

洋州洋川郡雄武德元年析梁州之西鄉黃金興勢置天寶十五載徙治興道土貢白交梭火麻布野苧麻蠟白膠香麝香戶二萬三千八百四十九口八萬八千三百二十七縣四

興道緊本興勢貞觀二十三年更名有駱谷路南口曰儻谷北口曰駱谷

西鄉上武德四年析置洋源縣寶曆元年省有雲亭山

黃金中有子午谷路

真符中本華陽開元十八年析興道置天寶三載省八載開清水谷路復置因鑿山得玉冊更名隸京兆府十一載來屬有大白山金星洞

利州益昌郡，下都督府。本義城郡，天寶元年更名。土貢：金、絲布、粱米、蠟燭、鯀魚、天門冬、芎藭、麝香。戶萬三千九百一十，口四萬四千六百。縣六：

綿谷，上。有鐵。葭萌，上。益昌，中下。嘉川，中下。胤山，中下。本義城，義寧二年曰義清，武德七年以義清、岐坪、隆州之奉國置西平州，貞觀二年州廢，以義清來屬。岐坪、奉國隸閬州，天寶元年更名。景谷，中下。武德四年以景谷及龍州之方維置沙州，貞觀元年州廢，省方維爲鎮，以景谷來屬。寶曆元年省，尋復置。西有石門關，西北有白壩、魚老二鎮城。

鳳州河池郡，下。土貢：布、蠟燭、麝香。戶五千九百一十八，口二萬七千八百七十七。縣三：有府一，曰歸昌。梁泉，中下。武德元年析置黃花縣，寶曆元年省。有銀，有鐵。兩當，中下。有銀。河池。中下。

興州順政郡，下。土貢：蠟、漆、丹沙、蜜、筍。戶二千二百二十四，口萬一千四十六。縣二：順政，中。有鐵。南有興城關。長舉。中下。元和中，節度使嚴礪自縣而西疏嘉陵江三百里，焚巨石，沃醯以碎之，通漕以饋成州戍兵。州又領鳴水縣，長慶元年省入焉。有鐵。

成州同谷郡，下。本漢陽郡，治上祿。天寶元年更名。寶應元年沒吐蕃，貞元五年於同谷之西境泥公山權置行州，咸通七年復置，徙治寶井堡，後徙治同谷。土貢：蠟燭、麝香、鹿茸、防葵、狼毒。戶四千七百二十七，口二萬一千五百八。縣三：有府一曰平陰有靜戎軍寶應元年徙馬邑州于鹽井城置同谷中下武德元年以縣置西康州貞觀元年州廢來屬咸通十三年復置上祿中沒蕃後廢有仇池山有鹽漢源中下沒蕃後廢

文州陰平郡下義寧二年析武都郡之曲水正西長松置土貢麩金紬綿麝香白蜜蠟燭柑戶千九百八口九千二百五縣一曲水中下貞觀元年省正西縣貞元六年省長松縣皆來屬

扶州同昌郡下乾元後沒吐蕃大中二年節度使鄭涯收復土貢麝香當歸芎藭戶二千四百一十八口萬四千二百八十五縣四有府二曰安川會川同昌中下帖夷中下萬歲通天二年曰武進神龍元年復故名萬全中下本尚安至德二年更名鉗川中下

集州符陽郡下武德元年析梁州之難江巴州之符陽長池白石置土貢蠟燭藥子戶四千三百五十三口二萬五千七百二十六縣三難江上武德九年析置平桑縣貞觀元年省二年復置六年省又省長池縣入焉大牟下武德二年徙靜州治狄平更狄平曰地平十七年廢靜州以大牟清化隸巴州地平來屬永泰元年以大牟隸集州更地平曰通平寶曆元年省嘉川下本隸利州貞觀二年隸靜州州廢還隸利州永泰元年來屬

壁州始寧郡下武德八年析巴州之始寧縣地置土貢紬綿馬策戶萬三千三

百六十八口五萬四千七百五十七縣五通江上本諾水隸萬州武德中省八年又析巴州之始寧復置天寶元年更名廣納中武德三年析始寧歸仁置寶曆元年省大中初復置符陽中本隸清化郡武德元年隸集州八年來屬貞觀八年復隸集州長安三年來屬景雲二年又隸集州永泰元年來屬白石中本隸清化郡武德元年隸集州八年來屬東巴中本太平開元二十三年置天寶元年更名

巴州清化郡中土貢麩金綿紬貲布花油橙石蜜戶三萬二百一十口九萬一千五十七縣九化城上盤道中下寶曆元年省入恩陽長慶中復置清化上武德元年置靜州又析置大牟狄平二縣曾口中歸仁中始寧中其章中寶曆元年省大中元年復置恩陽中貞觀十七年省萬歲通天元年復置七盤上久視元年置

蓬州蓬山郡下本咸安郡武德元年以巴州之安固伏虞隆州之儀隴大寅渠州之宕渠咸安置開元二十九年徙治大寅至德二載更郡名土貢綿紬戶萬五千五百七十六口五萬三千三百五十三縣七蓬池中本大寅廣德元年更名後省開成元年復置良山中本安固天寶元年更名寶曆元年省入蓬池大中中復置儀隴中武德三年以縣置方州八年州廢還隸蓬州伏虞中宕渠中下寶曆元年省入蓬山大中中復置蓬山上本咸安至德二載更名朗池中武德四年析果州之相如縣置隸果州寶應元年來屬寶曆元年

省開成二年復置
通州通川郡上土貢紬綿蜜蠟麝香楓香白藥實戶四萬七百四十三口十一萬八百四縣九通川上武德二年置思來縣貞觀元年省入焉永穆上本隸巴州武德二年以永穆及歸仁置萬州又置諸水廣納太平恆豐四縣七年省諸水貞觀元年州廢以歸仁還隸巴州廣納隸壁州省太平恆豐入永穆來屬三岡中寶曆元年省大中五年復置石鼓中寶曆元年省大中元年復置東鄉中武德三年置南石州又置下蒲昌樂二縣八年州廢省昌樂入石鼓下蒲入東鄉來屬宣漢中下武德元年置南井州幷析置東關縣貞觀元年州廢省東關以宣漢來屬有鹽有金新寧中下武德二年析通川置太和三年隸開州四年來屬巴渠中永泰元年析石鼓置太和三年隸開州四年來屬閬英中天寶九載置
開州盛山郡下本萬世郡義寧二年析巴東郡之盛山新浦通川郡之萬世西流置天寶元年更名土貢白紵布柑茶苣實戶五千六百六十口三萬四百二十一縣三開江上本盛山貞觀元年省西流縣入焉廣德元年更名新浦中下萬歲中下本萬世貞觀二十三年更名寶曆元年省尋復置有鹽東南五里有靈洞貞元九年雷雨震開
閬州閬中郡上本隆州巴西郡先天二年避玄宗名更州名天寶元年更郡名土貢蓮綾綿絹紬穀戶二萬九千五百八十八口十三萬二千一百九十二縣

九閬中緊本閬中武德四年更名是年析置思恭縣七年省有鹽山有鹽晉安中本晉城武德中避隱太子名更南部上有鹽蒼溪中下有雲臺山紫陽山西水中下奉國上武德七年隸西平州貞觀元年州廢還隸隆州新井中武德元年析南部晉安置有鹽新政中本新城武德四年析南部相如置避隱太子名更有鹽岐坪中本隸利州開元二十三年來屬寶曆元年省入奉國蒼溪天復中王建表置

果州南充郡中武德四年析隆州之南充相如置大曆六年更名充州十年復故名土貢絹絲布戶三萬三千六百四口八萬九千二百二十五縣五南充上有鹽相如中有鹽流溪中開耀元年析南充置西充上武德四年析南充置有鹽岳池中萬歲通天二年析南充相如置有龍扶速山

渠州潾山郡下本宕渠郡天寶元年更名土貢紬綿藥實買子本實戶九千九百五十七口二萬六千五百二十四縣三流江上武德元年析置義興縣別置賨城縣八年皆省渠江中本賨城武德元年曰始安又析置豐樂縣八年省天寶元年更名潾山中下武德元年析潾水置以縣置潾州弁置鹽泉縣及渠州之潾水墊江以隸之三年以潾水來屬八年州廢以墊江隸忠州潾山來屬久視元年分蓬州之宕渠置大竹縣隸蓬州至德二載來屬寶曆元年省潾水大竹入潾山有鐵

右西道採訪使治梁州

隴右道蓋古雍梁二州之境漢天水武都隴西金城武威張掖酒泉燉煌等郡

總爲鶉首分爲州十九都護府二縣六十其名山秦嶺隴坻鳥鼠同穴朱圉西傾積石合黎崆峒三危其大川河洮弱羌休屠之澤厥賦布麻厥貢金屑礪石鳥獸革角自祿山之亂河右暨西平武都合川懷道等郡皆沒于吐蕃寶應元年又陷秦渭洮臨廣德元年復陷河蘭岷廓貞元三年陷安西北廷隴右州縣盡矣大中後吐蕃微弱秦武二州漸復故地置官守五年張義潮以瓜沙伊肅鄯甘河西蘭岷廓十一州來歸而宣懿德微不暇疆理惟名存有司而已

秦州天水郡中都督府本治上邽開元二十二年以地震徙治成紀之敬親川天寶元年還治上邽大中三年復徙治成紀土貢龍鬚席芎藭戶二萬四千八百二十七口十萬九千七百四十縣六有府六曰成紀修德清德清水三度長川成紀上有銀有銅有鐵上邽上有嶓冢山伏羌中本冀城武德二年更名是年以伏羌及渭州之隴西置伏州八年州廢縣還故屬九年析置鹽泉縣貞觀元年更名夷賓三年省有石臼山朱圉山隴城下武德二年以縣置文州八年州廢來屬貞觀三年置長川縣六年省入焉有銀清水下武德四年以縣置邽州六年州廢來屬又有秦嶺縣貞觀十七年省大中二年先收復權隸鳳翔府三年來屬東五十里有大震關有銀長道中下本隸成州天寶末廢咸通十三年復置來屬有鹽

河州安昌郡下本枹罕郡天寶元年更名土貢麝香戶五千七百八十二口三
萬六千八十六縣三西百八十里有鎮西軍開元二十六年置西八十里索恭川有天成軍西百餘里鵰窠城有振威軍皆天寶十三載
置西南四十里有平夷守捉城枹罕中下有可藍關大夏中下貞觀元年省入枹罕三年復置鳳林中下本烏州貞觀七年置十一年州廢更
置安昌縣來屬天寶元年更名北有鳳林關有積石山
渭州隴西郡中都督府土貢龍鬚席麝香秦艽戶六千四百二十五口二萬四
千五百二十縣四有府四曰渭源平樂臨源萬年襄武上隴西上鄣下天授二年曰武陽神龍元年復故名南二里有鹽
井渭源上高宗上元二年更名首陽於渭源故縣別置渭源縣儀鳳三年省首陽入渭源有鳥鼠同穴山一名青雀山
鄯州西平郡下都督府土貢牸犀角戶五千三百八十九口二萬七千一十九
縣三星宿川西有安人軍西北三百五十里有威戎軍西南百五十里有綏和守捉城南百八十里有合川守捉城二湟水中龍支中肅
宗上元二年州沒吐蕃以龍支鄯城隸河州鄯城中儀鳳三年置有土樓山有河源軍西六十里有臨蕃城又西六十里有白水軍綏戎城又西南六
十里有定戎城又南隔澗七里有天威軍軍故石堡城開元十七年置初曰振武軍二十九年沒吐蕃天寶八載克之更名又西二十里至赤嶺其西吐蕃有
開元中分界碑自振武經尉遲川苦拔海王孝傑米柵九十里至莫離驛又經公主佛堂大非川二百八十里至那錄驛吐渾界也又經暖泉烈謨海四百四
十里渡黃河又四百七十里至衆龍驛又渡西月河二百一十里至多彌國西界又經犛牛河度藤橋百里至列驛又經食堂吐蕃村截支橋兩石南北相當

又經截支川四百四十里至婆驛乃度大月河羅橋經潭池魚池五百三十里至悉諾羅驛又經乞量寧水橋又經大速水橋三百二十里至鶻莽驛唐使入蕃公主每使人迎勞于此又經鶻莽峽十餘里兩山相嶔上有小橋三瀑水注如瀉缶其下如煙霧百里至野馬驛經吐蕃墾田又經樂橋湯四百里至閤川驛又經恕諶海百三十里至蛤不爛驛旁有三羅骨山積雪不消又六十里至突錄濟驛唐使至贊普每遣使慰勞于此又經柳谷莽布支莊有溫湯涌高二丈氣如煙雲可以熟米又經湯羅葉遺山及贊普祭神所二百五十里至農歌驛邏些在東南距農歌二百里唐使至吐蕃宰相每遣使迎候于此又經鹽池暖泉江布靈河百一十里渡姜濟河經吐蕃墾田二百六十里至卒歌驛乃渡臧河經佛堂百八十里至勃令驛鴻臚館至贊普牙帳其西南拔布海

蘭州金城郡下以皐蘭山名州土貢麩金麝香鼩鼱鼠戶二千八百八十九口萬四千二百二十六縣二有府二曰金城廣武又有榆林軍　五泉下咸亨二年更名金城天寶元年復故名北有金城關　金城下本廣武縣乾元二年更名

臨州狄道郡下都督府天寶三載析金城郡之狄道縣置縣二有臨洮軍久視元年置寶應元年沒吐蕃　狄道下　長樂下本安樂天寶後置乾元後更名

階州武都郡下本武州因沒吐蕃廢大曆二年復置爲行州咸通中始得故地龍紀初遣使招葺之景福元年更名治皐蘭鎮土貢麝香蜜蠟蠋山雞尾羚羊角戶二千九百二十三口萬五千三百一十三縣三將利中下州又領建威縣貞觀元年省入焉

福津中下本覆津景福元年更名　盤隄中下沒蕃後不復置

洮州臨洮郡下本治美相貞觀八年徙治臨潭開元十七年州廢以縣隸岷州二十年復置更名臨州二十七年復故名土貢甘草麝香戶二千七百口萬五千六十縣一有府一曰安西有莫門軍儀鳳二年置西八十里磨禪川有神策軍天寶十三載置　臨潭中本美相貞觀四年徙治洪和城以故地置旭州五年又置臨潭縣八年州廢以臨潭來屬徙州來治遷于洮陽城十二年省博陵縣天寶中省美相縣皆入臨潭西百六十里有廣恩鎮有西傾山

岷州和政郡下義寧二年析臨洮郡之臨洮和政置土貢龍鬚席甘草戶四千三百二十五口二萬三千四百四十一縣三有府三曰祐川臨洮和政　溢樂中下本臨洮義寧二年更名貞觀二年析置當夷縣神龍元年省有岷山西有崆峒山　祐川中下本基城義寧二年置先天元年更名　和政中有闊博山

廓州寧塞郡下本澆河郡天寶元年更名土貢麩金酥大黃戎鹽麝香戶四千二百六十一口二萬四千四百縣三西有寧邊軍本寧塞軍西八十里宛秀城有威勝軍西南百四十里洪濟橋有金天軍其東南八十里百合城有武寧軍南二百里黑峽川有曜武軍皆天寶十三載置　廣威下本化隆先天元年曰化成天寶元年又更名　達化下西有積石軍本靜邊鎮儀鳳二年爲軍東有黃沙戍　米川下貞觀五年置又以縣置米州十年州廢隸河州永徽六年來屬

疊州合川郡下武德二年析洮州之合川樂川疊川置土貢麝香戶千二百七十五口七千六百七十四縣二有府一曰長利合川下武德五年以党項戶置安化和同二縣尋省貞觀二年省樂川疊川入焉有渭譚山常芬下武德元年以縣置芳州弁置丹嶺縣四年以丹嶺隸洮州貞觀二年置恆香縣僑治恆香戍復以丹嶺隸芳州高宗上元二年陷吐蕃神龍元年州廢省丹嶺恆香以常芬來屬

宕州懷道郡下本宕昌郡天寶元年更名土貢麩金散金麝香戶千一百九十口七千一百九十九縣二有府二曰同歸常吉懷道下貞觀三年省和戎縣入焉西八十三里有蘇董戍有同均山西百良恭下貞觀元年以成州之潭水來屬後省入焉

涼州武威郡中都督府土貢白綾龍鬚席毯野馬革芎藭戶二萬二千四百六十二口十一萬二百八十一縣五有府六曰明威洪池番禾武安麗水姑臧又有赤水軍本赤烏鎮有赤青泉因名之幅員五千一百八十里軍之最大也西二百里有大斗軍本赤水守捉開元十六年為軍因大斗拔谷為名東南二百里有烏城守捉南二百里有張掖守捉西二百里有交城守捉西北五百里有白亭軍本白亭守捉天寶十四載為軍姑臧中下北百八十里有明威戍西北百六十里有武安戍有武興鹽池黛眉鹽池神烏下武德三年置貞觀元年省總章元年復置曰武威神龍元年復故名昌松中東北百五十里有白山戍天寶中下本番禾咸亨元年以縣置雄州調露元年州廢來屬天寶三載以山出醴泉更名有通化鎮有焉支山嘉麟神龍二年於故漢鸞鳥縣城置景龍元年省先天二

年復置

沙州燉煌郡下都督府本瓜州武德五年曰西沙州貞觀七年曰沙州土貢碁子黃礬石膏戶四千二百六十五口萬六千二百五十縣二有府三曰龍勒效穀懸泉有豆盧軍神龍元年置燉煌下東四十七里有鹽池有三危山壽昌下武德二年析燉煌置永徽元年省乾封二年復置開元二十六年又省後復置治漢龍勒城西有陽關西北有玉門關有雲雨山

瓜州晉昌郡下都督府武德五年析沙州之常樂置土貢野馬革緊鞓草豉黃礬絳礬胡桐律戶四百七十七口四千九百八十七縣二有府一曰大黃西北千里有墨離軍晉昌中下本常樂武德四年更名東北有合河鎮又百二十里有百帳守捉又東百五十里有豹文山守捉又七里至寧寇軍與甘州路合常樂中下武德五年別置有拔河帝山

甘州張掖郡下土貢麝香野馬革冬奈苟杞實葉戶六千二百八十四口二萬二千九十二縣二西北百九十里祁連山北有建康軍證聖元年王孝傑以甘肅二州相距迴遠置軍西百二十里有蓼泉守捉城張掖上有祁連山合黎山北九百里有鹽池西有鞏筆驛刪丹中下北渡張掖河西北行出合黎山峽口傍河東壖屈曲東北行千里有寧寇軍故同城守捉也天寶二載為軍軍東北有居延海又北三百里有花門山堡又東北千里至回鶻衙帳

肅州酒泉郡下武德二年析甘州之福祿瓜州之玉門置土貢麩金野馬革蓯蓉柏脉根戸二千二百三十口八千四百七十六縣二有酒泉威遠二守捉城酒泉中下本福祿唐初更名西十五里有興聖皇帝陵七十里有洞庭山出金有崑崙山福祿下武德二年別置東南百二十里有祁連戍東北八十里有鹽池玉門中下貞觀元年省後復置開元中沒吐蕃因其地置玉門軍天寶十四載廢軍爲縣北有獨登山出鹽以充貢有神雨山

伊州伊吾郡下本西伊州貞觀六年更名土貢香棗陰牙角胡桐律戸二千四百六十七口萬一百五十七縣三西北三百里甘露川有伊吾軍景龍四年置伊吾下貞觀四年置并置柔遠縣神功元年省入焉在大磧外南去玉門關八百里東去陽關二千七百三十里有折羅漫山亦曰天山南二里有鹽池海納職下貞觀四年以鄯善故城置開元六年省十五年復置南六十里有陸鹽池自縣西經獨泉東華西華駝泉渡茨萁水過神泉三百九十里有羅護守捉又西南經達匪草堆百九十里至赤亭守捉與伊西路合別自羅護守捉西北上乏驢嶺百二十里至赤谷又出谷口經長泉龍泉百八十里有獨山守捉又經蒲類百六十里至北庭都護府柔遠下

西州交河郡中都督府貞觀十四年平高昌以其地置開元中曰金山都督府天寶元年爲郡土貢絲氎布氈刺蜜蒲萄五物酒漿煎皺乾戸萬九千一十六口四萬九千四百七十六縣五有天山軍開元二年置自州西南有南平安昌兩城百二十里至天山西南入谷經礌石磧二

百二十里至銀山磧又四十里至焉耆界呂光館又經盤石百里有張三城守捉又西南百四十五里經新城館渡淡河至焉耆鎮城前庭下本高昌寶應元年更名柳中下交河中下自縣北八十里有龍泉館又北入谷百三十里經柳谷渡金沙嶺百六十里經石會漢戍至北庭都護府城蒲昌中本隸庭州後來屬西有七屯城弩支城有石城鎮播仙鎮天山下有天山

北庭大都護府本庭州貞觀十四年平高昌以西突厥泥伏沙鉢羅葉護阿史那賀魯部落置并置蒲昌縣尋廢顯慶三年復置長安二年爲北庭都護府土貢陰牙角速霍角阿魏截根戶二千二百二十六口九千九百六十四縣四有瀚海軍本燭龍軍長安二年置三年更名開元中蓋嘉運增築西七百里有清海軍本清海鎮天寶中爲軍南有神山鎮自庭州西延城西六十里有沙鉢城守捉又有馮洛守捉又八十里有耶勒城守捉又八十里有俱六城守捉又百里至輪臺縣又百五十里有張堡城守捉又渡里移得建河七十里有烏宰守捉又渡白楊河七十里有清鎮軍城又渡葉葉河七十里有葉河守捉又渡黑水七十里有黑水守捉又七十里有東林守捉又七十里有西林守捉又經黃草泊大漠小磧渡石漆河踰車嶺至弓月城過思渾川蟄失蜜城渡伊麗河一名帝帝河至碎葉界又西行千里至碎葉城水皆北流入磧及入夷播海金滿下輪臺下有靜塞軍大曆六年置後庭下本蒲類隸西州後來屬寶應元年更名有蒲類郝遮鹹泉三鎮特羅堡西海下寶應元年置

安西大都護府初治西州顯慶二年平賀魯析其地置濛池崑陵二都護府分種落列置州縣西盡波斯國皆隸安西又徙治高昌故地三年徙治龜茲都督

府而故府復爲西州咸亨元年吐蕃陷都護府長壽二年收復安西四鎮至德元載更名鎮西後復爲安西土貢硇砂緋氈偏桃人吐蕃既侵河隴惟李元忠守北庭郭昕守安西與沙陀迴紇相依吐蕃攻之久不下建中二年元忠昕遣使間道入奏詔各以爲大都護並爲節度貞元三年吐蕃攻沙陀迴紇北庭安西無援遂陷有保大軍屯碎葉城于闐東界有蘭城坎城二守捉城西有葱嶺守捉城有胡弩固城吉良三鎮東有且末鎮西南有皮山鎮焉耆西有于術榆林龍泉東夷僻西夷僻赤岸六守捉城

右隴右採訪使治鄯州

唐書卷四十

唐書卷四十考證

地理志四山南東道泌州比陽注武德四年曰顯州領比陽慈丘平氏顯岡桐柏五縣二年省顯岡九年州廢縣皆來屬○臣酉按舊書無桐柏只領四縣

又廢唐州不廢顯州

金州漢陰郡○舊書屬山南西道

唐書卷四十考證

唐書卷四十一

宋　翰　林　學　士　歐　陽　修　撰

志第三十一

地理志

淮南道蓋古揚州之域漢九江廬江江夏等郡廣陵六安國及南陽汝南臨淮之境揚楚滁和廬壽舒爲星紀分安黃申光蘄爲鶉尾分爲州十二縣五十三其名山灊天柱羅塗八公其大川滁肥巢湖厥賦絁絹綿布厥貢絲布紵葛

揚州廣陵郡大都督府本南兗州江都郡武德七年曰邗州以邗溝爲名九年更置揚州天寶元年更郡名土貢金銀銅器青銅鏡綿蕃客袍錦被錦半臂錦獨窠綾殿額莞席水兕甲黃稑米烏節米魚臍魚鮬糖蟹蜜薑藕鐵精空青白芒兔絲蛇粟括蔞粉有丹楊監廣陵監錢官二戶七萬七千一百五口四十六萬七千八百五十七縣七有府四曰江平新林方山邛江江都望東十一里有雷塘貞觀十八年長史李襲譽引渠又築勾城塘以溉田八百頃有愛敬陂水門貞元四年節度使杜亞自江都西循蜀岡之右引陂趨城隅以通漕溉夾陂田寶曆二年漕渠淺輸不及期鹽鐵使王播自

七里港引渠東注官河以便漕運有銅江陽望貞觀十八年析江都置有康令祠咸通中大旱令以身禱雨赴水死天即大雨民為立祠六合
緊武德七年析置石梁縣以石梁六合二縣置方州貞觀元年州廢省石梁以六合來屬有銅有鐵海陵望武德三年更名吳陵以縣置吳州七年州廢
復故名來屬景龍二年析置海安縣開元十年省有鹽官高郵上有隄塘溉田數千頃元和中節度使李吉甫築揚子望永淳元年析江都置
天長望本千秋天寶元年析江都六合高郵置七載更名有銅

楚州淮陰郡緊本江都郡之山陽安宜縣地臧君相據之號東楚州武德四年君相降因之八年更名土貢貲布紵布戶二萬六千六十二口十五萬三千縣四山陽上有常豐堰大曆中黜陟使李承置以溉田鹽城上本故漢鹽瀆縣地隋末盜韋徹據其地置射州及射陽安樂新安三縣武德四年來歸因之七年州廢省射陽安樂新安置鹽城縣有鹽亭百二十三有鹽寶應望本安宜武德四年以縣置倉州七年州廢來屬上元三年以獲定國寶更名西南八十里有白水塘羨塘證聖中開置屯田西南四十里有徐州涇青州涇西南五十里有大府涇長慶中興白水塘屯田發青徐揚州之民以鑿之大府即揚州北四里有竹子涇亦長慶中開淮陰中武德七年省乾封二年析山陽復置南九十五里有棠梨涇長慶二年開

滁州永陽郡上武德三年析揚州置土貢貲布絲布紵練麻有銅坑二戶二萬六千四百八十六口十五萬二千三百七十四縣三清流上全椒緊永陽上景龍三年析清流置

和州歷陽郡上土貢紵布戶二萬四千七百九十四口十二萬二千一十三縣三有府一曰新川歷陽上有禱應山本白石山有棲隱山本梅山皆天寶六載更名烏江上東南二里有韋游溝引江至郭十五里溉田五百頃開元中丞韋尹開貞元十六年令游重彥又治之民享其利以姓名溝含山上武德六年析歷陽之故龍亢縣地置八年省長安四年復置更名武壽神龍元年復故名

壽州壽春郡中都督府本淮南郡天寶元年更名土貢絲布絁茶生石斛戶三萬五千五百八十一口十八萬七千五百八十七縣五壽春上有八公山安豐緊武德七年省小黃肥陵二縣入焉東北十里有永樂渠溉高原田廣德二年宰相元載置大曆十三年廢盛唐上本霍山武德四年以霍山應城灊城三縣置霍州貞觀元年州廢省應城灊城以霍山來屬神功元年曰武昌神龍元年復故名開元二十七年更名有開化縣武德四年置有灊縣五年置貞觀中皆省霍丘緊武德四年以松滋霍丘二縣置蓼州七年州廢省松滋以霍丘來屬神功元年曰武昌景雲元年復故名霍山上天寶初析盛唐別置有大別山霍山

廬州廬江郡上土貢花紗交梭絲布茶蠟酥鹿脯生石斛戶四萬三千三百二十三口二十萬五千三百九十六縣五合肥緊愼緊巢上本襄安武德三年置巢州并析置開成扶陽二縣七年州廢省開成扶陽以巢來屬東南四十里有故東關廬江緊有孺山白茅山有銅舒城上開元二十三年析合肥廬江置

舒州同安郡上至德二載更名盛唐郡後復故名土貢紵布酒器鐵器石斛蠟戶三萬五千三百五十三口十八萬六千三百九十八縣五懷寧上武德五年析置皖城安樂梅城皖陽四縣是年省安樂七年省皖城梅城皖陽有皖山宿松上武德四年以縣置嚴州七年以望江隸之八年州廢縣皆來屬有嚴恭山望江望中武德四年以縣置高州尋更名智州七年州廢以望江隸嚴州太湖上武德四年析置青城荆陽二縣七年省青城入荆陽八年省荆陽入太湖桐城緊本同安至德二載更名自開元中徙治山城地多猛虎毒虺元和八年令韓震焚薙草木其害遂除

光州弋陽郡上本治光山太極元年徙治定城土貢葛布石斛戶三萬一千四百七十三口十九萬八千五百八十縣五定城上武德三年置弦州貞觀元年州廢來屬光山上南有木陵故關西南八里有雨施陂永徽四年刺史裴大覺積水以溉田百餘頃仙居上本安樂武德三年析置宋安縣以宋安置谷州貞觀元年州廢省宋安天寶元年更名殷城中武德元年置義州貞觀元年州廢來屬西有定城故關固始上

蘄州蘄春郡上土貢白紵簟鹿毛筆茶白花蛇烏蛇脯戶二萬六千八百九口十八萬六千八百四十九縣四蘄春上武德四年省蘄水縣入焉有鼓吹山黃梅上武德四年置以縣置南晉州析置義豐長吉塘陽新蔡四縣八年州廢省義豐長吉塘陽新蔡以黃梅來屬廣濟中本永寧武德四年析蘄春置天寶元年更名有鐵蘄水上本浠水武德四年更名蘭溪省羅田縣入焉天寶元年又更名有鐵

安州安陸郡中都督府土貢青紵布糟筍瓜戶二萬二千二百二十一口十七萬一千二百二縣六有府一曰義安安陸上雲夢中有神山孝昌中武德四年以縣置澴州并置澴陽縣八年州廢省澴陽以孝昌來屬寶應二年隸沔州後復來屬元和三年省入雲夢咸通中復置應城中本應陽武德四年更名元和二年省入雲夢太和二年復置天祐二年復曰應陽吉陽中元和三年省入應山後復置有白兆山應山中武德四年以縣置應州并析置禮山縣八年州廢省禮山以應山來屬有故黃峴武陽百鴈平靖四關

黃州齊安郡下本永安郡天寶元年更名土貢白紵布貲布連翹松蘿䗪蟲戶萬五千五百一十二口九萬六千三百六十八縣三黃岡上武德三年省木蘭縣入焉又析置堡城縣七年省有木蘭山黃陂中武德三年以縣置南司州七年州廢來屬北有大后關有白沙關麻城中武德三年以縣置亭州又析置陽城縣八年州廢省陽城以麻城來屬元和三年省入黃岡建中三年復置西北有木陵關在木陵山上東北有陰山關

申州義陽郡中土貢緋葛紵布貲布茶䗪蟲戶二萬五千八百六十四口十四萬七千七百五十六縣三義陽上南有故平靖關鍾山上羅山上武德四年以縣置南羅州八年州廢來屬

右淮南採訪使治揚州

江南道蓋古揚州南境漢丹陽會稽豫章廬江零陵桂陽等郡長沙國及牂柯

江夏南郡地潤昇常蘇湖杭睦越明衢處婺温台宣歙池洪江饒虔吉袁信撫
福建泉汀漳爲星紀分岳鄂潭衡永道郴邵黔辰錦施敘獎夷播思費南溪溱
爲鶉尾分爲州五十一縣二百四十七其名山衡廬茅蔣天目天台會稽四明
括蒼縉雲金華大庾武夷其大川湘灨沅澧浙江洞庭彭蠡太湖厥賦麻紵厥
貢金銀紗綾蕉葛綿練鮫革藤紙丹沙

潤州丹陽郡望武德三年以江都郡之延陵縣地置取潤浦爲州名土貢衫羅
水紋方紋魚口繡葉花紋等綾火麻布竹根黃粟伏牛山銅器鱘鮓戶十萬二
千二十三口六十六萬二千七百六縣四有丹陽軍乾元二年置元和二年廢丹徒望本延陵縣地武德三年
置開元二十二年刺史齊澣以州北隔江舟行繞瓜步回遠六十里多風濤乃於京口埭下直趨渡江二十里開伊婁河二十五里渡揚子立埭歲利百億舟
不漂溺有勾驪山丹陽望本曲阿武德二年以縣置雲州五年曰簡州以縣南有簡瀆取名八年州廢來屬天寶元年更名有練塘周八十里永泰中
刺史韋損因廢塘復置以溉丹陽金壇延陵之田民刻石頌之金壇緊本曲阿縣地隋末土人保聚因爲金山縣隋亡沈法興又置琅邪縣李子通以琅
邪置茅州以金山隸之賊平因之後隸蔣州武德八年省入延陵垂拱四年復置來屬更名東南三十里有南北謝塘武德二年刺史謝元超因故塘復置以
溉田延陵緊故治丹徒武德三年別置隸茅州後隸蔣州九年來屬有茅山

昇州江寧郡至德二載以潤州之江寧縣置上元二年廢光啓三年復以上元
句容溧水溧陽四縣置土貢筆甘棠縣四有江寧軍乾元二年置有石頭鎮兵有下蜀淮安二戍上元望本
江寧隸潤州武德三年以江寧溧水二縣置揚州析置丹陽溧陽安業三縣更江寧曰歸化七年平輔公祏更名蔣州八年復爲揚州又以延陵句容隸之省
安業入歸化更歸化曰金陵九年州廢都督徙治江都更名金陵曰白下以白下延陵句容隸潤州丹陽溧水溧陽隸宣州貞觀九年更白下曰江寧肅宗上
元二年又更名有銅有鐵有蔣山句容望武德三年以句容延陵二縣置茅州七年州廢隸蔣州九年隸潤州乾元元年來屬西南三十里有絳巖湖
麟德中令楊延嘉因梁故隄置後廢大曆十二年令王昕復置周百里爲塘立二斗門以節旱暵開田萬頃絳巖故赤山天寶中更名有銅有礬溧水
上乾元元年隸昇州州廢還隸宣州有銅溧陽緊上元元年隸昇州州廢還隸宣州有湖山有銅有鐵
常州晉陵郡望本昆陵郡天寶元年更名土貢紬絹布紵紅紫綿巾緊紗兔褐
皁布大小香秔龍鳳席紫筍茶署預戶十萬二千六百三十三口六十九萬六
百七十三縣五晉陵望武進望武德三年以故蘭陵縣地置貞觀八年省入晉陵垂拱二年復置西四十里有孟瀆引江水南注
通漕溉田四千頃元和八年刺史孟簡因故渠開江陰望武德三年以縣置暨州析置暨陽利城二縣九年州廢省暨陽利城以江陰來屬義
興緊武德七年以縣置南興州析置臨津陽羨二縣八年州廢省陽羨臨津以義興來屬有張公山無錫望南五里有泰伯瀆東連蠡湖亦元和八
年孟簡所開

蘇州吳郡雄土貢絲葛絲綿八蠶絲緋綾布白角簟草席鞵大小香秔柑橘藕鯔皮鮁鯌鴨胞肚魚魚子白石脂蛇粟戶七萬六千四百二十一口六十三萬二千六百五十縣七有長洲軍乾元二年置大曆十二年廢吳望有包山有銅長洲望萬歲通天元年析吳置嘉興望武德七年置八年省入吳貞觀八年復置有鹽官崑山望常熟緊海鹽緊貞觀元年省景雲二年復置有古涇三百長慶中令李諤開以禦水旱又西北六十里有漢塘太和七年開有故縣山華亭上天寶十載析嘉興置

湖州吳興郡上武德四年以吳郡之烏程縣置土貢御服烏眼綾折皁布綿紬布紵糯米黃糙紫筍茶木瓜杬子乳柑蜜金沙泉戶七萬三千三百六口四十七萬七千六百九十八縣五烏程望東北二十三里有官池元和中刺史范傳正開東南三十五里有陵波塘寶曆中刺史崔玄亮開北二里有蒲帆塘刺史楊漢公開開而得蒲帆因名有卞山有太湖占湖宣常蘇四州境武康上李子通置安州又曰武州武德四年平子通因之七年州廢縣隸湖州有封山有銅長城望大業末沈法興置長州武德四年更置綏州因古城名之又更名雉州幷置原鄉縣七年州廢省原鄉以長城來屬有西湖溉田二千頃其後堙廢貞元十二年刺史于頔復之人賴其利顧山有茶以供貢有銅安吉緊義寧二年沈法興置武德四年賊平因之以縣隸桃州七年省入長城麟德元年復置北三十里有邸閣池北十七里有石鼓堰引天目山水溉田百頃皆聖曆初令鉗耳知命置有銅有錫德清上本武源天授二年析武康置景雲二年曰臨溪天寶元年更名

杭州餘杭郡上土貢白編綾緋綾藤紙木瓜橘蜜薑乾薑芑牛膝有臨平監新亭監鹽官二戶八萬六千二百五十八口五十八萬五千九百六十三縣八有餘杭軍乾元二年置有鎮海軍建中二年置于潤州元和六年廢太和九年復置景福二年徙屯又有烏山戍錢塘望南五里有沙河塘咸通二年刺史崔彥曾開有皐亭山鹽官緊武德四年隸東武州七年省入錢塘貞觀四年復置有鹽官有捍海塘隄長百二十四里開元元年重築餘杭望南五里有上湖西二里有下湖寶曆中令歸珧因漢令陳渾故迹置北三里有北湖亦珧所開溉田千餘頃珧又築甬道通西北大路高廣徑直百餘里行旅無山水之患有銅富陽緊北十四里有陽陂湖貞觀十二年令郝某開南七十步有堤登封元年令李濬時築東自海西至于莧浦以捍水患貞元七年令鄭早又增修之王洲有橘以供貢於潛緊武德七年以縣置潛州并置臨水縣八年州廢省臨水以於潛來屬南三十里有紫溪水溉田貞元十八年令杜泳開又鑿渠三十里以通舟機有天目山臨安緊垂拱四年析餘杭於潛地以故臨水城置有石鏡山新城上武德七年省入富陽永淳元年復置北五里有官塘堰水溉田有九澳永淳元年開唐山中垂拱二年析於潛置紫溪縣萬歲通天元年曰武隆其年復為紫溪又析紫溪別置武隆縣聖曆三年省武隆入紫溪長安四年復置神龍元年更武隆為唐山大曆三年皆省長慶初復置唐山

睦州新定郡上本遂安郡治雉山武德七年曰東睦州八年復舊名萬歲通天二年徙治建德天寶元年更郡名土貢文綾簟白石英銀花細茶有銅坑二戶五萬四千九百六十一口三十八萬二千五百六十三縣六有三河戍建德上武德四年置

七年省入桐廬雉山永淳二年復置有銅青溪上本雉山文明元年曰新安開元二十年曰還淳永貞元年更名壽昌上永昌元年析雉山置載
初元年省神龍元年復置桐廬緊武德四年以桐廬分水建德置嚴州七年州廢以桐廬來屬分水上武德七年省入桐廬如意元年復置更名武
盛神龍元年復故名寶應二年析置昭德縣大曆六年省遂安上石英山有白石英以供貢有銅

越州會稽郡中都督府土貢寶花花紋等羅白編交梭十樣花紋等綾輕容生縠花紗吳絹丹沙石蜜橘葛粉瓷器紙筆有蘭亭監鹽官戶九萬二百七十九口五十二萬九千五百八十九縣七有府一曰浦陽有義勝軍靜海軍寶應元年置大曆二年廢靜海軍元和六年廢義勝軍中和二年復置義勝軍乾寧三年曰鎮東

會稽望有南鎮會稽山有祠東北四十里有防海塘自上虞江抵山陰百餘里以畜水溉田開元十年令李俊之增修大曆十年觀察使皇甫溫太和六年令李左次又增修之有錫

山陰緊武德七年析會稽置八年省垂拱二年復置大曆二年省七年復置元和七年省十年復置北三十里有越王山堰貞元元年觀察使皇甫政鑿山以畜洩水利又東北二十里作朱儲斗門北五里有新河西北十里有運道塘皆元和十年觀察使孟簡開西北四十六里有新逕斗門太和七年觀察使陸亘置有鐵

諸暨望有銀冶東二里有湖塘天寶中令郭密之築溉田二十餘頃

餘姚緊武德四年析故章句縣置以縣置姚州七年州廢來屬有風山四明山

剡望武德四年以縣置嵊州并析置剡城縣八年州廢省剡城以剡來屬

蕭山緊本永興儀鳳二年置天寶元年更名

上虞上貞元中析會稽置西北二十七里有任嶼湖寶曆二年令金堯恭置溉田二百頃北二十里有黎湖亦堯恭所置

明州餘姚郡上開元二十六年採訪使齊澣奏以越州之鄮縣置以境有四明
山爲名土貢吳綾交梭綾海味署預附子戶四萬二千二百七口二十萬七千
三十二縣四有上亭戍鄮上武德四年析故句章縣置鄞州八年州廢更置鄮縣隸越州開元二十六年析置翁山縣大曆六年省有鹽南二
里有小江湖溉田八百頃開元中令王元緯置民立祠祀之東二十五里有西湖溉田五百頃天寶二年令陸南金開廣之西十二里有廣德湖溉田四百頃
貞元九年刺史任侗因故迹增修西南四十里有仲夏堰溉田數千頃太和六年刺史于季友築奉化上開元二十六年析鄮置有銅慈溪上開
元二十六年析鄮置象山中本隸台州神龍元年析寧海及鄮置廣德二年來屬
衢州信安郡上武德四年析婺州之信安縣置六年沒輔公祏因廢州垂拱二
年析婺州之信安龍丘常山復置土貢綿紙竹扇戶六萬八千四百七十二口
四十四萬四百一十一縣四西安望本信安武德四年析置定陽縣六年省咸通中更信安曰西安東五十五里有神塘開
元五年因風雷摧山偃澗成塘溉田二百頃有銀龍丘緊本太末武德四年置以縣置穀州幷置白石縣八年州廢省太末白石入信安貞觀八年析
信安金華復置更名龍丘隸婺州如意元年析置盈川縣證聖二年置武安縣後省武安元和七年省盈川入信安有岑山須江上武德四年析信安
置八年省永昌元年復置常山上咸亨五年析信安置隸婺州垂拱二年來屬乾元元年隸信州後復故
處州縉雲郡上本括州永嘉郡天寶元年更郡名大曆十四年更州名土貢綿

蠟黃連戶四萬二千九百三十六口二十五萬八千二百四十八縣六麗水上本括蒼武德八年省麗水縣入焉大曆十四年更名有銅出豫章孝義二山東十里有惡溪多水怪宣宗時刺史段成式有善政水怪潛去民謂之好溪有括蒼山松陽上武德中以縣置松州八年州廢來屬有銀出馬鞍山縉雲上聖曆元年析括蒼及婺州之永康置有縉雲山青田中景雲二年析括蒼置遂昌上武德八年省入松陽景雲二年復置龍泉中乾元二年析遂昌松陽置

婺州東陽郡上土貢綿葛紵布藤紙漆赤松澗米香秔葛粉黃連戶十四萬四千八十六口七十萬七千一百五十二縣七金華望武德八年省長山縣入焉垂拱四年曰金山神龍元年復故名有百沙山金華山有銅義烏緊本烏傷武德四年以縣置綢州因綢巖爲名幷析置華川縣七年州廢省華川入烏傷更名來屬永康望本縉雲武德四年置麗州八年州廢更名來屬東陽望垂拱二年析義烏置有歌山蘭溪緊咸亨五年析金華置有望雲山大家山武成上本武義天授二年析永康置更名天祐中復曰武義浦陽上天寶十三載析義烏蘭溪及杭州之富陽置

温州永嘉郡上高宗上元元年析括州之永嘉安固置土貢布柑橘蔗蛟革有永嘉監鹽官戶四萬二千八百一十四口一十四萬一千六百九十縣四永嘉上武德五年以縣置東嘉州幷析置永寧安固橫陽樂成四縣貞觀元年州廢省橫陽永寧以永嘉安固隸括州安固上有銅橫陽上大定元年析安固復置樂成上武德七年省入永嘉載初元年復置

台州臨海郡上本海州武德四年以永嘉郡之臨海置土貢金漆乳柑乾薑甲香蛟革飛生鳥戶八萬三千八百六十八口四十八萬九千一十五縣五臨海望武德四年析置章安縣八年省有鐵唐興上本始豐武德四年析臨海置八年省貞觀八年復置高宗上元二年更名有土墻山鼻山天台山黃巖上本永寧高宗上元二年析臨海置天授元年更名有鐵有鹽樂安上武德四年析臨海置八年省高宗上元二年復置寧海上武德四年析臨海置七年省入章安永昌元年復置有鐵有鹽

福州長樂郡中都督府本泉州建安郡治武德六年別置景雲二年曰閩州開元十三年更州名天寶元年更郡名土貢蕉布海蛤文扇茶橄欖戶三萬四千八十四口七萬五千八百七十六縣十有經略軍有寧海軍至德二載置元和六年廢閩望東五里有海隄太和三年令李茸築先是每六月潮水鹹鹵禾苗多死隄成瀦溪水殖稻其地三百戶皆良田候官緊武德六年置八年省長安二年析閩復置元和三年省五年復置有鹽官西南七里有洪塘浦自石岊江而東經甓瀆至柳橋以通舟楫貞元十一年觀察使王翃開長樂上本新寧武德六年析閩置尋更名元和三年省入福唐五年復置有鹽東十里有海隄太和七年令李茸築立十斗門以禦潮旱則瀦水雨則洩水遂成良田福唐上本萬安聖曆二年析長樂置天寶元年更名有鐵連江上本温麻武德六年析閩置尋更名有鹽東北十八里有材塘貞觀元年築長溪中下武德六年置尋省入連江長安二年復置有鹽古田中下永泰二年析候官尤溪置梅溪中貞元元年析候官置永泰中咸通二年析連江及閩置尤溪

中下開元二十九年開山洞置有銀有銅有鐵

建州建安郡上武德四年置土貢蕉花練竹練戶二萬二千七百七十口十四萬二千七百七十四縣五建安上有銀有銅邵武中下本隸撫州武德四年析置綏城縣隸建州七年以邵武來屬貞觀三年置省綏城入焉有銅有鐵浦城緊本吳興武德四年更名唐興後廢入建安載初元年復置天授二年曰武寧神龍元年復曰唐興天寶元年更名建陽上武德四年置八年省入建安垂拱四年復置有武夷山將樂中下武德五年析邵武置隸撫州七年省垂拱四年析邵武及故綏城縣地復置元和三年省五年復置金泉有金又有銀有鐵

泉州清源郡上本武榮州聖曆二年析泉州之南安莆田龍溪置治南安後治晉江三年州廢縣還隸泉州久視元年復置景雲二年更名土貢綿絲蕉葛戶二萬三千八百六口十六萬二百九十五縣四自州正東海行二日至高華嶼又二日至鼅鼊嶼又一日至流求國晉江上開元八年析南安置北一里有晉江開元二十九年別駕趙頤貞鑿溝通舟檝至城下東一里有尚書塘溉田三百餘頃貞元五年刺史趙昌置名常稔塘後昌爲尚書民思之因更名西南一里有天水塘灌田百八十頃太和二年刺史趙棨開有鹽南安緊武德五年以縣置豐州并析置莆田縣貞觀元年州廢二縣來屬有鹽有鐵莆田上武德五年析南安置西一里有諸泉塘南五里有漽嶹塘西南二里有永豐塘南二十里有橫塘東北四十里有頡洋塘東南二十里有國清塘溉田總千二百頃並貞觀中置北七里有延壽陂溉田四百餘頃建中年置仙遊中本清源聖曆二年析莆

田置天寶元年更名
汀州臨汀郡下開元二十四年開福撫二州山洞置治新羅大曆四年徙治白
石皆長汀縣地土貢蠟燭戶四千六百八十口萬三千七百二縣三長汀中下有銅
有鐵寧化中下本黃連天寶元年更名有銀有鐵沙中下本隸建州武德四年置後省入建安永徽六年復置大曆十二年來屬有銅有鐵
漳州漳浦郡下垂拱二年析福州西南境置以南有漳水爲名幷置漳浦懷恩
二縣初治漳浦開元四年徙治李澳川乾元二年徙治龍溪土貢甲香鮫革戶
五千八百四十六口萬七千九百四十縣三龍溪中下本隸泉州後隸武榮州開元二十九年來屬龍
巖中下開元二十四年置隸汀州大曆十二年來屬漳浦中下開元二十九年省懷恩縣入焉有梁山

右東道採訪使治蘇州

宣州宣城郡望土貢銀銅器綺白紵絲頭紅毯兔褐簟紙筆署預黃連碌青有
鉛坑一戶十二萬一千二百四口八十八萬四千九百八十五縣八有采石軍乾元二年
置元和六年廢宣城望武德三年析置懷安縣六年省東十六里有德政陂引渠溉田二百頃大曆二年觀察使陳少遊置有敬亭山當塗緊武
德三年以縣置南豫州八年州廢來屬貞觀元年省丹陽縣入焉乾元元年隸昇州上元二年復來屬有神武山有采石戍有銅有鐵涇緊武德三年以

縣置南徐州尋更名猷州幷置南陽安吳二縣八年州廢省南陽安吳以涇來屬廣德緊本綏安武德三年以縣置桃州幷置桐陳懷德二縣七年州廢省桐陳懷德以綏安來屬至德二載更名有橫山南陵望武德四年隸池州州廢來屬後析置義安縣又廢義安爲銅官冶利國山有銅有鐵鳳凰山有銀有大農陂溉田千頃元和四年寧國令范某因廢陂置爲石堰三百步水所及者六十里有永豐陂在青弋江中咸通五年置有鵲頭鎮兵有梅根宛陵二監錢官太平上天寶十一載析當塗涇置大曆中省永泰中復置寧國緊武德三年析宣城置六年省天寶三載析宣城當塗復置有銀旌德上寶應二年析太平置

歙州新安郡上土貢白紵簟紙黃連戶三萬八千三百二十口二十四萬九千一百九縣六歙緊東南十二里有呂公灘本車輪灘湍悍善覆舟刺史呂季重以俸募工鑿之遂成安流有主簿山休寧上永泰元年盜方清陷州州民拒賊保于山險二年賊平因析置歸德縣大曆四年省黟上績溪中下本北野永徽五年析歙置後更名有銀有鉛婺源上開元二十八年析休寧置祁門中下永泰二年平方清因其壘析黟及饒州之浮梁置西四十里有武陵嶺元和中令路旻鑿石爲盤道西南十三里有閶門灘善覆舟旻開斗門以平其隘號路公溪後斗門廢咸通三年令陳甘節以俸募民穴石積木爲橫梁因山派渠餘波入于乾溪舟行乃安

池州上武德四年以宣州之秋浦南陵二縣置貞觀元年州廢縣還隸宣州永泰元年復析宣州之秋浦青陽饒州之至德置土貢紙鐵有鉛坑一縣四秋浦緊有烏石山廣德初盜陳莊方清所據有銀有銅青陽上天寶元年析涇南陵秋浦置有銅有銀至德中至德二載析鄱陽秋浦置隸潯陽郡乾

元元年隸饒州石埭中永泰三年析青陽秋浦置

洪州豫章郡上都督府土貢葛絲布梅煎乳柑有銅坑一戶五萬五千五百三十口三十五萬三千二百三十一縣七有南昌軍乾元二年置元和六年廢南昌望本豫章武德五年析置鍾陵縣又置南昌縣以南昌置孫州八年州廢又省南昌鍾陵寶應元年更豫章曰鍾陵貞元中又更名縣南有東湖元和三年刺史韋丹開南塘斗門以節江水開陂塘以溉田豐城上天祐中曰吳皐高安望本建城武德五年更名以縣置靖州又置望蔡華陽宜豐陽樂四縣七年曰米州又更名筠州八年州廢省華陽望蔡宜豐陽樂以高安來屬有米山建昌緊武德五年置南昌州又析置龍安永脩新吳三縣八年州廢省永修龍安新吳以建昌來屬南一里有捍水堤會昌六年攝令何易于築西二里又有隄咸通二年令孫永築新吳上永淳二年析建昌復置武寧上長安四年析建昌置景雲元年曰豫寧寶應元年復故名分寧上貞元十五年析武寧置

江州潯陽郡上本九江郡天寶元年更名土貢葛紙碌生石斛戶萬九千二十五口十萬五千七百四十四縣三有湖口城二戍湓潯陽緊本湓城武德四年更名又別析置湓城縣五年析湓城置楚城縣八年省湓城貞觀八年省楚城南有甘棠湖長慶二年刺史李渤築立斗門以蓄洩水勢東有秋水隄太和三年刺史韋珩築西有斷洪隄會昌二年刺史張又新築以窒水害有銀有銅有廬山有彭蠡湖一名宮亭湖彭澤上武德五年置浩州又析置都昌樂城二縣八年州廢省樂城以彭澤都昌隸江州有銅都昌上南一里有陳令塘咸通元年令陳可夫築以阻潦水

鄂州江夏郡緊土貢銀碌眥布有鳳山監錢官戶萬九千一百九十口八萬四
千五百六十三縣七有武昌軍元和元年置江夏望有鐵永興緊有銅有鐵北有長樂堰貞元十三年築武昌緊有
樊山有銀有銅有鐵蒲圻上唐年上天寶二年開山洞置漢陽中本沔州漢陽郡武德四年以沔陽郡之漢陽汊川二縣置寶應二年以
安州之孝昌隸之建中二年州廢四年復置元和三年省孝昌寶曆三年州又廢二縣來屬汊川中武德四年析漢陽置
岳州巴陵郡中本巴州武德六年更名土貢紵布鼈甲戶萬一千七百四十口
五萬二百九十八縣五巴陵上有鐵有洞庭山在洞庭湖中華容上垂拱二年更名容城神龍元年復故名橋江中本
沅江乾寧中更名湘陰中下武德八年省羅縣入焉昌江中下神龍三年析湘陰置
饒州鄱陽郡上土貢麩金銀簟茶有永平監錢官有銅坑三戶四萬八百九十
九口二十四萬四千三百五十縣四鄱陽上武德四年析置廣晉縣隸浩州八年州廢省縣入焉縣東有邵父隄東
北三里有李公隄建中元年刺史李復築以捍江水東北四里有馬塘北六里有土湖皆刺史馬植築餘干上武德四年置玉亭長城二縣七年省玉
亭入長城八年省長城入餘干有神山樂平上武德四年置九年省後復置有金有銀有銅有鐵浮梁上本新平武德四年析鄱陽置八年省開
元四年復置曰新昌天寶元年更名
虔州南康郡上土貢絲布紵布竹練石蜜梅桂子斑竹戶三萬七千六百四十

七口二十七萬五千四百一十縣七有猶口鎮兵有百丈戍贛上虔化上有梅嶺山南康上有錫有大庾山雩都上有金天祐元年置瑞金監有君山有般固山信豐上本南安永淳元年析南康置天寶元年更名大庾中神龍元年析南康置有鉛錫有橫浦關安遠中貞元四年析雩都置有鐵有錫

吉州廬陵郡上土貢絲葛紵布陟釐斑竹戶三萬七千七百五十二口三十三萬七千三十二縣五廬陵緊太和上武德五年置南平州幷置永新廣興東昌三縣八年州廢省永新廣興東昌入太和來屬有玉山安福上武德五年以縣置穎州七年州廢來屬新淦上永新上顯慶二年析太和置

袁州宜春郡上土貢白紵有銅坑一戶二萬七千九十三口十四萬四千九十六縣三宜春上有宜春泉醞酒入貢西南十里有李渠引仰山水入城刺史李將順鑿有鐵萍鄉上新喻上本作渝天寶後相承作喻

信州上乾元元年析饒州之弋陽衢州之常山玉山及建撫之地置土貢葛粉有玉山監錢官有銅坑一鉛坑一縣四上饒緊武德四年置隸饒州七年省入弋陽乾元元年復置幷置永豐縣元和七年省永豐入焉有金有銅有鐵有鉛弋陽上有銀貴溪中永泰元年析弋陽置玉山上證聖二年析常山須江及弋陽置有銀

撫州臨川郡上土貢金絲布葛竹箭朱橘戶三萬六百一口十七萬六千三百

九十四縣四臨川上有金有銀南城上武德五年析置永城東興二縣七年省崇仁上武德五年析置宜黃縣八年省南豐上景雲二年析南城置先天二年省開元八年復置

潭州長沙郡中都督府土貢絲葛絲布木瓜戶三萬二千二百七十二口十九萬二千六百五十七縣六有府一曰長沙有淥口花石二戍有橋口鎮兵長沙望有金湘潭緊本隸衡州元和後來屬有衡山湘鄉緊武德四年析衡山置益陽上武德四年析置新康縣七年省永泰元年都督翟灌自望浮驛開新道經浮丘至湘鄉醴陵中武德四年析長沙置有王喬山瀏陽中景龍二年析長沙置

衡州衡陽郡上本衡山郡天寶元年更名土貢麩金綿紙戶三萬三千六百八十八口十九萬九千二百二十八縣六有戎分洞口平陽三戍衡陽緊本臨烝武德四年置七年省重安新城二縣入焉開元二十年更名有西母山衡山上本隸潭州神龍三年來屬有南岳衡山祠常寧中下本新寧天寶元年更名攸中武德四年置南雲州又析置茶陵安樂陰山新興建寧五縣貞觀元年州廢省茶陵安樂陰山新興建寧以攸來屬茶陵中聖曆元年析攸因故縣復置耒陽上本耒陰武德四年更名

永州零陵郡中土貢葛筍零陵香石蜜石鷰戶二萬七千四百九十四口十七萬六千一百六十八縣四有麻田鎮兵有雷石盧洪二戍零陵上祁陽上武德四年析零陵置貞觀元年省四年復置

有鐵湘源上有金有鐵灌陽中蕭銑析湘源置武德十年省上元二年復置

道州江華郡中本營州武德四年以零陵郡之營道永陽二縣置五年曰南營州貞觀八年更名十七年州廢入永州上元二年復置土貢白紵零陵香犀角戶二萬二千五百五十一口十三萬九千六十三縣五弘道上本營道天寶元年更名延唐上本梁興蕭銑析營道置銑平更名唐興長壽二年曰武盛神龍元年復曰唐興天寶元年又更名有鐵江華中武德四年析賀州之馮乘縣置文明元年曰雲溪神龍元年更名有錫永明中本永陽貞觀八年省入營道天授二年復置天寶元年更名有銀有鐵大曆中大曆二年析延唐置

郴州桂陽郡上土貢赤錢紵布絲布有桂陽監錢官戶三萬三千一百七十五縣八郴上有馬嶺山義章中下蕭銑析郴置武德七年省八年復置有銀有銅有鉛平陽上資興上本晉興貞觀八年省咸亨三年復置更名高亭中下本安陵開元十三年析郴置天寶元年更名義昌中下臨武中下如意元年曰隆武神龍元年復故名藍山上本南平咸亨二年置天寶元年更名

邵州邵陽郡下本南梁州武德四年析潭州之邵陽置并置邵陵建興二縣貞觀十年更名土貢銀犀角戶萬七千七十三口七萬一千六百四十四縣二邵陽上武德七年省邵陵縣入焉有文斤山武岡中本武攸武德四年更名七年省建興縣入焉

右西道採訪使治洪州

黔州黔中郡下都督府本黔安郡天寶元年更名土貢犀角光明丹沙蠟戶四千二百七十口二萬四千二百四縣六彭水上武德元年析置都上石城二縣二年又析置盈隆洪杜相永萬資四縣貞觀四年以相永萬資置費州都上置夷州十年以夷州之高富來屬十一年以高富隸夷州有鹽黔江中下本石城天寶元年更名洪杜中下洋水中下本盈隆先天元年曰盈川天寶元年更名信寧中下本信安武德二年更名隸義州貞觀十一年州廢來屬都濡中下貞觀二十年析盈隆置

辰州盧溪郡中都督府本沅陵郡天寶元年更名土貢光明丹沙犀角黃連黃牙戶四千二百四十一口二萬八千五百五十四縣五沅陵上盧溪中下武德三年析沅陵置有武山漵浦上武德五年析辰溪置麻陽中下武德三年析沅陵辰溪置垂拱四年析置龍門縣尋省有丹穴長溪中

錦州盧陽郡下垂拱二年以辰州麻陽縣地及開山洞置土貢光明丹沙犀角戶二千八百七十二口萬四千三百七十四縣五盧陽中下招諭中下渭陽中下常豐中下本萬安天寶元年更名洛浦中下本隸溪州天授二年析辰州之大鄉置長安四年來屬

施州清化郡下本清江郡天寶元年更名土貢麩金犀角黃連蠟藥實戶三千

七百二口萬六千四百四十四縣二清江中下義寧元年置開夷縣武德元年省入焉建始中下義寧二年置業州貞觀八年州廢來屬

敘州潭陽郡下本巫州貞觀八年以辰州之龍標縣置天授二年曰沅州開元十三年以沅原聲相近復爲巫州大曆五年更名土貢麩金犀角戶五千三百六十八口二萬二千七百三十八縣三龍標上武德七年置貞觀八年析置夜郎郎溪思微三縣九年省思微郎溪中下潭陽中下先天二年析龍標置

獎州龍溪郡下本舞州長安四年以沅州之夜郎渭溪二縣置開元十三年以舞武聲相近更名鶴州二十年曰業州大曆五年又更名土貢麩金犀角蠟戶千六百七十二口七千二百八十四縣三峨山中下本夜郎天寶元年更名渭溪中下天授二年析夜郎置梓薑中下本隸充州天寶三載廢爲羈縻州以縣來屬

夷州義泉郡下本隋明陽郡地武德四年以思州之寧夷縣置貞觀元年州廢四年復以黔州之都上縣開南蠻置十一年徙治綏陽土貢犀角蠟燭戶千二百八十四口七千一十三縣五綏陽中下有綏陽山都上中下義泉中下本隸明陽郡武德二年以信安義泉

綏陽三縣置義州并置都牢洋川二縣五年曰智州貞觀四年省都牢五年以廢邪州之樂安宜林芙蓉琊川四縣隸之後又領廢夷州之綏養十一年曰牢以
州徙治義泉十六年州廢省綏養樂安宜林以綏陽義泉洋川來屬芙蓉琊川隸播州洋川中下寧夷中下武德四年析置夜郎神泉豐樂綏養
雞翁伏遠明陽高富思義丹川宣慈慈岳十二縣六年省雞翁及州廢省夜郎神泉豐樂以寧夷伏遠明陽高富思義丹川隸務州宣慈慈岳隸涪州綏養隸
智州貞觀六年復置雞翁縣來屬十一年又以高富來屬永徽後省雞翁高富開元二十五年復以寧夷來屬
播州播川郡下本郎州貞觀九年以隋牂柯郡之牂柯縣置十一年廢十三年
復置更名土貢斑竹戶四百九十口二千一百六十八縣三遵義中下本恭水貞觀元年以
牂柯地置并置高山貢山柯盈邪施釋鷰五縣及郎州廢縣亦省十三年復置州亦復置縣十四年更恭水曰羅蒙高山曰舍月貢山曰湖江柯盈曰帶水邪
施曰羅爲釋鷰曰胡刀十六年更羅蒙曰遵義顯慶五年省舍月湖江羅爲芙蓉中下貞觀五年置隸邪州十一年并琊川隸牢州開元二十六年省
琊川胡刀入焉帶水中下
思州寧夷郡下本務州武德四年以隋巴東郡之務川扶陽置貞觀四年更名
土貢蠟戶千五百九十九口萬二千二十一縣三務川中下武德元年置貞觀元年以廢夷州之寧夷
伏遠思義明陽高富丹川及廢思州之丹陽城樂感化思王多田隸務州尋省思義明陽丹川二年省丹陽八年省感化十年以高富隸黔州十一年省伏遠
思王中下武德三年置思邛中下開元四年開生獠置

費州涪川郡下貞觀四年析思州之涪川扶陽開南蠻置土貢蠟戶四百二十九口二千六百九縣四涪川（中下武德四年析務川置貞觀四年以黔州之相永萬資隸費州十一年省）扶陽（中下）多田（中下武德四年置隸思州貞觀元年隸務州八年來屬）城樂（中下武德四年招慰生獠置隸思州貞觀元年隸務州八年來屬）

南州南川郡下武德二年開南蠻置三年更名僰州四年復故名土貢斑布戶四百四十三口二千四十三縣二南川（中下本隆陽武德二年置幷置扶化隆巫丹溪靈水四縣貞觀十一年省扶化隆巫靈水先天元年更龍陽曰南川）三溪（中下貞觀五年置七年又置當山嵐山歸德汶溪四縣八年皆省）

溪州靈溪郡下天授二年析辰州置土貢丹沙犀角茶芽戶二千一百八十四口萬五千二百八十二縣二大鄉（上）三亭（中下貞觀九年析大鄉置有大酉山）

溱州溱溪郡下貞觀十六年開山洞置土貢文龜斑布丹沙戶八百七十九口五千四十五縣五榮懿（中下貞觀十六年置幷置扶歡樂來二縣咸亨元年省樂來）扶歡（中下）夜郎（中下貞觀十六年開山洞置珍州幷置夜郎麗皐樂源三縣後爲夜郎郡元和二年州廢縣皆來屬）麗皐（中下）樂源（中下）

右黔中採訪使治黔州

唐書卷四十一

唐書卷四十一考證

地理志五江南東道蘇州華亭○舊書無華亭縣

江南西道歙州○舊書屬江南東道

唐書卷四十一考證

珍做宋版邘

宋　翰　林　學　士　歐　陽　修　撰

志第三十二

地理志

劍南道蓋古梁州之域漢蜀郡廣漢犍爲越巂益州牂柯巴郡之地總爲鶉首分爲府一都護府一州二十八縣百八十九其名山岷峨青城鶴鳴其大川江涪雒西漢厥賦絹綿葛紵厥貢金布絲葛羅綾綿紬羚角犛尾

成都府蜀郡赤至德二載曰南京爲府上元元年罷京土貢錦單絲羅高杼布麻蔗糖梅煎生春酒戶十六萬九百五十口九十二萬八千一百九十九縣十有府三曰威遠歸德二江有天征軍本天威乾元二年置元和三年更名成都次赤有江瀆祠北十八里有萬歲池天寶中長史章仇兼瓊築隄積水溉田南百步有官源渠隄百餘里天寶二載令獨孤戒盈築華陽次赤本蜀貞觀十七年析成都置乾元元年更名新都次畿武德二年置有繁陽山犀浦次畿垂拱二年析成都置新繁次畿雙流次畿廣都次畿龍朔二年析雙流置郫次畿温江次畿本萬春武德三年置貞觀元年更名有新源水開元二十三年長史章仇兼瓊因蜀王秀故渠開通漕西山竹木靈池次畿本東陽久視元年置天寶元年更名

彭州濛陽郡緊垂拱二年析益州置土貢段羅交梭戶五萬五千九百二十二
口三十五萬七千三百八十七縣四有府二曰天水唐興有威戎軍有羊灌田朋笮繩橋三守捉城有七盤安遠龍溪三
城有當風戍有靜塞關九隴望武德三年以九隴縣竹導江置蒙州貞觀二年州廢縣皆來屬武后時長史劉易從決唐昌沲江鑿川派流合堋口埌
岐水溉九隴唐昌田民為立祠有葛璝山濬沅山陽平山導江望本盤龍武德元年以故汶山置壽更名貞觀中曰灌寧開元中復為導江有侍郎堰其
東百文堰引江水以溉彭益田龍朔中築又有小堰長安初築西有蠶崖關有岷山五壘山有鎮靜軍開元中置有白沙守捉城有木瓜戍三奇戍唐昌
望鳳儀二年析九隴導江郫置長壽二年曰周昌神龍元年復故名濛陽緊鳳儀二年析九隴什邡雒置
蜀州唐安郡緊垂拱二年析益州置土貢錦單絲羅花紗紅藍馬策戶五萬六
千五百七十七口三十九萬六百九十四縣四有府三曰金堰廣逢灌口有鎮靜軍乾符二年節度使高駢置
晉原望有天倉山青城望青故作清開元十八年更有青城山唐安望本唐隆武德元年置長壽二年曰武隆神龍元年復為唐隆先天
元年更名新津望西南二里有遠濟堰分四筒穿渠溉眉州通義彭山之田開元二十八年採訪使章仇兼瓊開有稠稉山本竹山天社山主簿山有鐵
漢州德陽郡上垂拱二年析益州置土貢交梭雙紃彌牟紵布衫段綾紅藍蜀
馬戶六萬九千五口三十萬八千二百三縣五有府一曰玉津有威勝軍雒望貞元末刺史盧士珵立隄堰
溉田四百餘頃德陽緊武德三年析雒置有鹿頭關什邡望武德二年析雒置有李冰祠山綿竹緊有庚除山萬安山鹿堂山金堂

上咸亨二年析雒新都置有昌利山

嘉州犍爲郡中本眉山郡天寶元年更名土貢麩金紫葛麝香戶三萬四千二百八十九口九萬九千五百九十一縣八有犍爲沐源寺莊牛徑銅山曲灘陁和平戎依名利雲溶川羅護柘林大池雞心龍溪賴泥可陽婆籠馬鞍始犂峨眉等二十二鎭兵龍遊緊平羌中下有鐵有關峨眉上有金有鐵夾江上有鐵玉津中綏山中久視元年析置樂都縣尋省有綏山羅目中麟德二年開生獠置以縣置沐州高宗上元三年州廢縣亦省儀鳳二年復置來屬有峨眉山犍爲中本隸戎州高宗上元元年來屬

眉州通義郡上武德二年析嘉州置土貢麩金柑石蜜葛粉戶四萬三千五百二十九口十七萬五千二百五十六縣五通義緊彭山緊本隆山隸陵州貞觀元年省入通義二年復置來屬先天元年更名有通濟大堰一小堰十自新津中江口引渠南下百二十里至州西南入江漑田千六百頃開元中益州長史章仇兼瓊開有鹽有彭女山丹稜上有龍鵠山洪雅上武德元年以縣置犍州五年省南安入焉貞觀元年州廢來屬開元七年置義州并以獠戶置南安平鄉二縣八年州廢省二縣以洪雅來屬青神上太和中榮夷人張武等百餘家請田于青神鑿山釃渠漑田二百餘頃

邛州臨邛郡上武德元年析雅州置顯慶二年徙治臨邛土貢葛絲布酒杓戶四萬二千一百七十口十九萬三百二十七縣七有府一曰興化有鎭南軍寶應元年置臨邛緊有銅有

鐵 依政上 安仁上武德三年析臨邛依政置貞觀十七年省咸亨元年復置 大邑上咸亨二年析益州之晉原置有鳴鶴山 蒲江
中下有鹽太和四年以蒲江臨溪隸嶲州後皆復來屬 臨溪中下有鐵 火井中下有鎮兵有鹽
簡州陽安郡下武德三年析益州置土貢麩金葛綿紬柑戶二萬三千六十六
口十四萬三千一百九縣三陽安上有銅有鹽有柏廟山玉女靈山 金水上本金淵武德元年更名有銅 平泉
中
資州資陽郡上本治盤石咸通六年徙治內江七年復治盤石土貢麩金柑戶
二萬九千六百三十五口十萬四千七百七十五縣八有安定軍 盤石中有平岡山崇靈山有鹽
北七十里有百枝池周六十里貞觀六年將軍薛萬徹決東使流 資陽上有鹽 清溪下本牛鞞天寶元年更名 內江中有鹽 月山
下義寧二年置 龍水中義寧二年置有鹽 銀山下義寧二年置 丹山中貞觀四年置六年省入內江七年復置
嶲州越嶲郡中都督府本治越嶲至德二載沒吐蕃貞元十三年收復太和五
年爲蠻寇所破六年徙治臺登土貢蜀馬絲布花布麩金麝香刀靶戶四萬七
百二十一口十七萬五千二百八十縣九有清溪關太和中節度使李德裕徙于中城西南有昆明軍其西有寧遠
軍有新安三阜沙野蘇祁保塞羅山西瀘蛇勇遏戎九城自清溪關南經大定城百一十里至達仕城西南經菁口百二十里至永安城城當滇笮要衝又南

經水口西南度木瓜嶺二百二十里至臺登城又九十里至蘇祁縣又南八十里至嶲州又經沙野二百六十里至羌浪驛又經陽蓬嶺百餘里至俄準添館陽蓬嶺北嶲州境其南南詔境又經菁口會川四百三十里至河子鎮城又三十里渡瀘水又五百四十里至姚州又南九十里至外沴蕩館又百里至佉龍驛與戎州往羊苴咩城路合貞元十四年內侍劉希昂使南詔由此臺登中武德元年隸登州貞觀二年來屬有九子山越嶲中邛部中蘇祁中西瀘中本可天寶元年更名昆明中武德二年置有鹽有鐵和集中貞觀八年置昌明中貞觀二十二年開松外蠻置牢州及松外尋聲林開三縣永徽三年州廢省三縣入昌明會川中本邛都高宗上元二年徙于會川因更名有瀘津關

雅州盧山郡下都督府本臨邛郡天寶元年更名土貢麩金茶石菖蒲落鴈木戶萬八百九十二口五萬四千一十九縣五有和川始陽靈關安國四鎮兵又有晏山遏臨統塞集重伐謀制勝龍游尼陽八城嚴道中唐初以州境析置濛陽長松靈關陽啓嘉良火利六縣武德六年皆省盧山中儀鳳二年置大渡縣長安二年省有靈關有鹽有銅名山中下有雞棟關百丈中貞觀八年置榮經中下武德三年置有邛崍山有關有銅有金湯軍乾符二年置幷置靜寇軍故延貢地也

黎州洪源郡下都督府大足元年以雅州之漢源飛越嶲州之陽山置神龍三年州廢縣還故屬開元四年復置土貢升麻椒麝香牛黃戶千七百三十一口七千六百七十縣三有洪源軍有定蕃飛越和孤三鎮兵又有武侯廓清銅山肅寧大定要衝潘倉三碉杖義瑠璃和孤十一城漢

源中武德元年以漢源陽山二縣置登州九年州廢二縣來屬貞觀三年隸巂州永徽三年復故飛越中儀鳳二年析漢源置并置大渡縣隸雅州長
安二年省神龍中隸雅州開元二年還屬通望中下本陽山隸登州武德元年析臺登置州廢隸雅州貞觀二年來屬天寶元年更名
茂州通化郡下都督府本汶山郡武德元年曰會州四年曰南會州貞觀八年
更州名天寶元年更郡名土貢麩金丹砂麝香狐尾羌活當歸乾酪戶二千五
百一十口萬五千二百四十二縣四有威戎軍汶山中有龍泉山岷山汶川中下有古桃關石泉中下
貞觀八年置永徽二年省北川縣入焉有石紐山通化中下
翼州臨翼郡下武德元年析會州之左封翼針置咸亨三年僑治悉州之悉唐
上元二年還治翼針土貢麩金牛尾麝香白蜜戶七百一十一口三千六百一十
八縣三有峨和白岸都護祚鼎四城有合江穀堆三谷三守捉城有隴東益登清溪禦藩吉超五鎮兵衛山中下本翼針天寶元年更名翼
水下峨和下
維州維川郡下武德七年以白狗羌戶於姜維故城置并置金川定廉二縣貞
觀元年以羌叛州廢縣亦省二年復置麟德二年自羈縻州爲正州儀鳳二年
以羌叛復降爲羈縻州垂拱三年復爲正州廣德元年沒吐蕃太和五年收復

尋棄其地大中三年首領以州內附土貢麝香氂牛尾羌活當歸戶二千一百

四十二口三千一百九十八縣三有通化軍有乾溪白望暗桶赤鼓溪石楊達節鵶口賀臺駱屯九守捉城西山南路有通耳瓜平乾溪侏儒箭上谷口六守捉城又有符堅城有寧塞姜維二鎮兵薛城中下貞觀二年置又析置鹽溪縣永徽元年省入定廉有鹽通化中下本小封咸亨二年以生羌戶於故金川縣地置後更名歸化下

戎州南溪郡中都督府本犍爲郡治南溪貞觀中徙治僰道天寶元年更名長慶中復治南溪土貢葛纖荔枝煎戶四千三百五十九口萬六千三百七十五

縣五有石門龍和戎馬湖移風伊祿義賓可封泥溪開邊平冦十一鎮兵有奮戎城乾符二年置南溪中有平蓋山僰道中義賓中下本鄀鄢武德二年省三年復置天寶元年更名又省撫夷縣入焉開邊中下貞觀四年以石門開邊朱提三縣置南通州五年析置鹽泉縣以隸之八年曰賢州是年州廢以石門朱提鹽泉置撫夷縣及開邊隸戎州自縣南七十里至曲州又四百八十里至石門鎮隋開皇五年率益漢二州兵所開又經鄧枕山馬鞍渡二百二十五里至阿傍部落又經蒙夔山百九十里至阿夔部落又百八十里至諭官川又經薄唪川百五十里至界江山下又經荊溪谷瀓溪池三百二十里至湯麻頓又二百五十里至柘東城又經安寧井三百九十里至曲水又經石鼓二百二十里渡石門至佉龍驛又六十里至雲南城又八十里至白崖城又八十里至龍尾城又四十里至羊苴咩城貞元十年詔祠部郎中袁滋與內給事劉貞諒使南詔由此歸順中下聖曆二年析鄀鄢縣地以生獠戶置

姚州雲南郡下武德四年以漢雲南縣地置土貢麩金麝香戶三千七百縣三有澄川南江二守捉城自巂州南至西瀘經陽蓬鹿谷巂口會川西四百五十里至瀘州乃南渡瀘水經褒州微州三百五十里至姚州州西距羊苴咩城三百里東南距安南水陸二千里姚城下故漢弄棟縣地瀘南下本長城垂拱元年置天寶初更名有葱山長明下

松州交川郡下都督府武德元年以扶州之嘉誠會州之交川置以地產甘松名廣德元年沒吐蕃其後松當悉靜柘恭保真霸乾維翼等爲行州以部落首領世爲刺史司馬土貢蠟朴硝麝香狐尾當歸羌活戶千七十六口五千七百四十二縣四有松當軍武后時置嘉城下交川下平康下本隸當州垂拱元年析交川及當州之通軌翼針置天寶元年隸松州鹽泉下

當州江源郡下貞觀二十一年以羌首領董和那蓬固守松州功析松州之通軌縣置以地產當歸名土貢麩金酥麝香當歸羌活戶二千一百四十六口六千七百一十三縣三通軌中下貞觀三年置利和下顯慶二年析通軌置谷和下文明元年開生羌置并置平唐縣後省有常舊山

悉州歸誠郡下顯慶元年以當州之左封置并置悉唐識臼二縣治悉唐咸亨

元年徙治左封儀鳳二年羌叛僑治當州俄徙治左封土貢麩金麝香犛牛尾當歸柑戶八百一十六口三千九百一十四縣二左封中本隸會州武德元年隸翼州三年省貞觀四年復置二十一年隸當州歸誠下垂拱二年析左封置

靜州靜川郡下本南和州儀鳳元年以悉州之悉唐置天授二年更名土貢麝香犛牛尾當歸羌活戶千五百七十七口六千六百六十九縣三悉唐中靜居中清道下

柘州蓬山郡下顯慶三年開置土貢麝香當歸羌活戶四百九十五口二千二百二十縣二柘下喬珠下

恭州恭化郡下開元二十四年以靜州之廣平置土貢麝香當歸升麻羌活戶千一百八十九口六千二百二十三縣三西南有平戎軍和集下本廣平天寶元年更名博恭下開元二十四年析廣平置烈山下開元二十四年析廣平置

保州天保郡下本奉州雲山郡開元二十八年以維州之定廉置天寶八年徙治天保軍更郡名廣德元年沒吐蕃乾元元年嗣歸誠王董嘉俊以郡來歸更

州名後又更名古州其後復爲保州土貢麩金麝香犛牛尾戶千二百四十五
口四千五百三十六縣四有天保軍定廉下武德七年置永徽元年省維州之鹽溪縣入焉歸順下天寶八載析定廉
置雲山下天寶八載析定廉置安居下
真州昭德郡下天寶五載析臨翼郡置土貢麝香大黃戶六百七十六口三千
一百四十七縣四真符中下天寶五載析雞川昭德置雞川中下先天元年析翼水縣地開生獠置本隸悉州天寶元年隸翼州
昭德下本識臼顯慶元年開生獠置隸悉州天寶元年隸翼州昭遠中下
霸州靜戎郡下天寶元年招附生羌置戶五百七十一口千八百六十一縣四
安信下牙利中保寧中歸化中乾州下大曆三年開西山置縣二招武下寧遠
下
梓州梓潼郡下本新城郡天寶元年更名土貢紅綾絲布柑蔗糖橘皮戶六萬
一千八百二十四口二十四萬六千六百五十二縣九郪望有鹽射洪上通泉緊大
曆二年隸遂州後復來屬有鹽有鐵玄武上本隸益州武德三年來屬有鹽鹽亭上有鹽有負戴山飛烏上有鹽永泰中武德四
年析鹽亭及劍州之黃安閬州之西水置有鹽有女徒山銅山中南可象山西北私鎔山皆有銅貞觀二十三年置鑄錢官調露元年罷析郪飛烏置縣

有會軍堂山涪城緊本隸綿州大曆十三年來屬有鹽

遂州遂寧郡中都督府土貢樗蒲綾絲布天門冬戶三萬五千六百三十二口十萬七千七百一十六縣五有靜戎軍方義望有鹽長江中有鹽有廣山蓬溪中本唐興永淳元年析方義置長壽二年曰武豐神龍元年復故名景龍二年析置唐安縣先天二年省天寶元年更唐興曰蓬溪有化鹽池青石中遂寧中景龍元年以故廣溪縣地置

綿州巴西郡上本金山郡天寶元年更名土貢鏤金銀器麩金輕容雙紃綾錦白藕蔗有橘官戶六萬五千六十六口二十六萬三千三百五十二縣八巴西望南六里有廣濟陂引渠溉田百餘頃垂拱四年長史樊思孝令夏侯奭因故渠開有富樂山有金有銀有鐵有鹽昌明緊本昌隆武德三年析置顯武文義二縣貞觀元年省文義神龍元年更顯武曰興聖先天元年更昌隆曰昌明開元二年省興聖入焉尋又析巴西涪城萬安地復置興聖二十七年省地還故屬有北芒山有鹽有鐵魏城上北五里有洛水堰貞觀六年引安西水入縣民甚利之有鐵有鹽羅江中本萬安天寶元年更名北五里有茫江堰引射水溉田入城永徽五年令白大信置北十四里有楊村堰引折脚堰水溉田貞元二十一年令韋德築有白馬關有鹽神泉上北二十里有折脚堰引水溉田貞觀元年開有鹽鹽泉中武德三年析魏城置有鹽龍安上本金山武德三年更名有松嶺關開元十八年廢東南二十三里有雲門堰決茶川水溉田貞元元年築西昌中永淳元年以隋益昌縣地置有鐵

劒州普安郡上本始州先天二年更名土貢麩金絲布蘇薰席葛粉戶二萬三千五百一十口十萬四百五十縣八普安上普城緊本黃安唐末更名永歸中下有停舩山梓潼上有亮山神山陰平中西北二里有利人渠引馬閣水入縣溉田龍朔三年令劉鳳儀開寶應中廢後復開景福二年又廢有浮滄山臨津中上武連中劒門中下聖曆二年析普安永歸陰平置

合州巴川郡中本涪陵郡天寶元年更名土貢麩金葛桃竹箸雙陸子書筒橙牡丹藥實戶六萬六千八百一十四口七萬七千二百二十縣六石鏡上有鐵有銅梁山新明中武德三年析石鏡置漢初中赤水中巴川中開元二十三年析石鏡銅梁置有鐵銅梁中長安三年置

龍州應靈郡中都督府本平武郡西龍州義寧二年曰龍門郡又曰西龍門郡貞觀元年曰龍門州初爲羈縻屬茂州垂拱中爲正州天寶元年曰江油郡至德二載更郡名乾元元年更州名土貢麩金酥羚羊角葛粉厚朴附子天雄側子烏頭戶二千九百九十二口四千二百二十八縣二江油望貞觀八年省平武縣入焉有涪水關清川中下本爲盤天寶元年更名

普州安岳郡中武德二年析資州置土貢雙紃葛布柑天門冬煎戶二萬五千

六百九十三口七萬四千六百九十二縣六安岳上有鹽安居中下大曆二年隸遂州後復來屬有鹽普慈中樂至中武德三年置有鹽普康中下本隆康先天元年更名有鹽崇龕中本龍龕武德三年置先天元年更名

渝州南平郡下本巴郡天寶元年更名土貢葛藥實戶六千九百九十五口二萬七千六百八十五縣五巴中下有鹽江津中下萬壽中下本萬春武德三年析江津置五年更名南平中下貞觀四年析巴縣置南平州并置南平清谷周泉昆川和山白溪瀛山七縣八年曰霸州十三年州廢省清谷周泉昆川和山白溪瀛山以南平來屬壁山中下至德二載析巴江津萬壽置有鹽

陵州仁壽郡本隆山郡天寶元年更名土貢麩金鵝溪絹細葛續隨苦藥戶三萬四千七百二十八口十萬一百二十八縣五仁壽望有鹽貴平中有鹽井研中有井鑊山始建中下籍上永徽四年析貴平置東五里有漢陽堰武德初引漢水溉田二百頃後廢文明元年令陳充復置後又廢有鹽

榮州和義郡中武德元年析資州置治公井六年徙治大牢永徽二年徙治旭川土貢紬班布葛利鐵柑戶五千六百三十九口萬八千二十四縣六有威遠軍旭川中下貞觀元年析大牢置應靈中下本大牢景龍二年省雲州及羅水雲川湖連三縣入焉天寶元年更名有鹽公井中下武德元年置有鹽資官中下本隸嘉州武德六年來屬有鹽有鐵威遠中下貞觀元年析置婆日至如二縣二年以瀘州之隆越來屬八年省婆日至如隆越入

為有鹽 和義中下本隸瀘州貞觀八年來屬

昌州下都督府乾元二年析資瀘普合四州之地置治昌元大曆六年州縣廢其地各還故屬十年復置光啓元年徙治大足土貢麩金麝香縣四大足下本合州巴川地 靜南中 昌元上 永川下本渝州壁山縣地有鐵

瀘州瀘川郡下都督府土貢麩金利鐵葛布斑布戶萬六千五百九十四口六萬五千七百一十一縣五瀘川中貞觀八年析置涇南縣後省 富義中本富世武德九年省來鳳縣入焉貞觀二十三年更名 江安中貞觀元年以夷獠戶置思隸思逢施陽三縣八年省施陽十三年省思隸思逢入焉有鹽 合江中 綿水中

保寧都護府天寶八載以劍南之索磨川置領牂柯吐蕃

右劍南採訪使治益州

唐書卷四十二

唐書卷四十二考證

地理志六劍南道黎州漢源注武德元年以漢源陽山二縣置登州九年州廢二縣來屬○沈炳震曰按武德時無黎州不當云來屬

通望注貞觀二年來屬○沈炳震曰按貞觀時無黎州不當云來屬

翼州峨和○舊書無峨和又維州之歸化靜州之清道舊書俱無

保州安居○舊書無安居又真州之昭遠霸州之牙利保寧歸化舊書俱無

乾州○舊書無

渝州南平郡○舊書屬山南西道

壁山○舊書無

昌州○舊書無

唐書卷四十二考證

宋　翰　林　學　士　歐　陽　脩　撰

志第三十三上

地理志

嶺南道蓋古揚州之南境漢南海鬱林蒼梧珠崖儋耳交趾合浦九眞日南等郡韶廣康端封梧藤羅雷崖以東爲星紀分桂柳鬱林富昭蒙龔繡容白羅而西及安南爲鶉尾分爲州七十有三都護府一縣三百一十四其名山黃嶺靈洲其大川桂鬱厥賦蕉紵落麻厥貢金銀孔翠犀象綵藤竹布

廣州南海郡中都督府土貢銀藤簟竹席荔支鼊皮鼈甲蚺蛇膽石斛沈香甲香詹糖香戶四萬二千二百三十五口二十二萬一千五百縣十三有府二曰綏南番禺有經略軍屯門鎮兵南海上有南海祠山峻水深民不井汲都督劉巨鱗始鑿井四有牛鼻鎮兵有赤崖紫石二戍有靈洲山在鬱水中番禺上增城中四會中武德五年以四會化蒙二縣置南綏州并析置新招化注化穆三縣貞觀元年省新招化注以廢威州之懷集廢齊州之洊安隸之八年更名湞州十三年州廢省化穆以四會化蒙懷集洊安來屬化蒙中有銘穴一懷集中武德五年置威州并析置興平羅清威成三縣貞

觀元年州廢省興平霍清威成入懷集開元二年省永固縣入焉有騾山有鐵浛水中本浛安武德五年置齊州并析置宣樂宋昌二縣貞觀元年州廢
省宣樂宋昌入浛安至德二載更名東莞中本寶安至德二載更名有鹽有黃嶺山清遠中武德六年省政賓縣入焉浛洭中武德五年以
浛洭真陽二縣置洭州并析置翁源縣貞觀元年州廢以翁源隸韶州浛洭真陽來屬湞陽中本真陽貞觀元年更名有鐵西南有洭浦故關新
會中武德四年以南海郡之新會義寧二縣置岡州新會郡以地有金岡故名州并析置封平封樂二縣貞觀十三年州廢省封平封樂以新會義寧來屬
是年復以新會義寧置岡州又析義寧置封樂縣後省封樂開元二十三年州廢以新會義寧復來屬有鹽義寧中
韶州始興郡下本番州武德四年析廣州之曲江始興樂昌翁源置尋更名東
衡州貞觀元年又更名土貢竹布鍾乳石斛戶三萬一千口十六萬八千九百
四十八縣六曲江上武德四年置臨瀧良化二縣貞觀八年省始興下有大庾嶺新路開元十六年詔張九齡開東北有安遠鎮兵
樂昌下翁源下仁化下本隸廣州垂拱四年析曲江置後來屬湞昌下光宅元年析始興置
循州海豐郡下本龍川郡天寶元年更名土貢布五色藤盤鏡匣蚺蛇膽甲煎
鮫革荃臺綬草戶九千五百二十五縣六歸善中下貞觀元年省龍川縣入焉博羅中下貞觀元年省羅
陽縣入焉河源中下武德五年析置石城縣貞觀元年省海豐中下武德五年析置陸安縣貞觀元年省興寧貞觀元年省齊昌縣入焉雷
鄉中下天授二年置

潮州潮陽郡下本義安郡土貢蕉鮫革甲香蚺蛇膽龜石井銀石水馬戶四千四百二十口二萬六千七百四十五縣三海陽中下有鹽潮陽中下永徽初省先天初復置程鄉中下

康州晉康郡下本南康州武德六年析端州之端溪置九年州廢貞觀元年復置十一年又廢十二年復置更名康州土貢金銀戶萬五百一十口萬七千二百一十九縣四端溪下武德五年析端州之博林置撫納縣後省晉康下本遂安至德二載更名悅城下本樂城隸端州武德五年來屬後更名都城下

瀧州開陽郡下本永熙郡天寶元年更名土貢銀石斛戶三千六百二十七口九千四百三十九縣四瀧水下武德四年析置正義縣并領懷德縣後省正義以懷德隸竇州開陽下武德四年析瀧水置鎮南下本安南武德四年置南建州以永熙郡之安遂永熙永業三縣隸之五年析瀧水置安南縣貞觀八年更南建州曰藥州十八年州廢省安遂永業以永寧安南來屬至德二載更名建水下本永熙武德五年曰永寧天寶元年復更名以建水在西也

端州高要郡下本信安郡天寶元年更名土貢銀柑戶九千五百口二萬一千一百二十縣二高要下貞觀十三年省博林縣入焉東有青岐鎮平興下武德七年析置清泰縣貞觀十三年省

新州新興郡下本新昌郡武德四年以端州之新興置土貢金銀蕉戶九千五百縣二新興下武德四年析置索盧新昌單牒永順四縣後省新昌單牒乾元後又省索盧永順下

封州臨封郡下本廣信郡天寶元年更名土貢銀鮫革石斛戶三千九百口萬一千八百二十七縣二封川下武德四年析置封興縣後省開建下武德四年置

潘州南潘郡下本南宕州南巴郡武德四年以合浦郡之南昌定川置本治南昌貞觀元年徙治定川八年更名後徙治茂名後廢地入高州永徽元年復以茂名南巴毛山三縣置土貢銀戶四千三百口八千九百六十七縣三茂名下本隸高州以茂名水名貞觀元年來屬潘水下武德五年置以潘水名又析南昌定川置陸川思城溫水宕川四縣貞觀八年省思城後以定川宕川隸牢州陸川溫水隸禺州又省南昌二十三年析潘水置毛山縣以毛山名其後省潘水縣開元二年改毛山曰潘水南有博畔鎮南巴下本隸高州武德五年置永徽元年來屬

春州南陵郡下本陽春郡武德四年以高涼郡之陽春置天寶元年更郡名土貢銀鍾乳石斛戶萬一千二百一十八縣二陽春下武德四年幷置流南縣五年又置西城縣後皆省有鉛羅水下天寶後置

勤州雲浮郡下本銅陵郡武德四年析春州置五年州廢萬歲通天二年復置長安中復廢開元十八年平春瀧等州首領陳行範餘黨保銅陵北山廣州都督耿仁忠奏復置州治富林洞因以爲縣乾元元年徙治銅陵土貢金銀石斛戶六百八十二口千九百三十三縣二銅陵下本隸端州武德五年隸春州後來屬有銅富林下武德四年析銅陵置州廢隸春州後縣亦廢乾元元年復置

羅州招義郡下本石城郡武德五年以高涼郡之石龍吳川置六年徙治石城土貢銀孔雀鸚鵡戶五千四百六十口八千四百四十一縣四廉江下本石城以石城水名武德五年析石龍吳川置南河石城招義零綠石龍陵羅龍化羅辯慈廉羅肥十縣後以石龍而下六縣隸南石州天寶元年更名大歷八年以南河隸順州吳川下幹水下本石龍武德五年曰招義天寶元年更名以幹水名零綠下以零綠水名

辯州陵水郡下本南石州石龍郡武德六年以羅州之石龍陵羅龍化羅辯慈廉羅肥置貞觀九年更名天祐元年朱全忠以辯汴聲近表更名勳州土貢銀竹簟戶四千八百五十八口萬六千二百九縣二石龍下貞觀元年省慈廉羅肥二縣入焉陵羅下

高州高涼郡下武德六年分廣州之電白連江置本治高涼貞觀二十三年徙治良德大歷十一年徙治電白土貢銀蚺蛇膽戶萬二千四百縣三電白下良德下本隸瀧州武德中來屬保寧下本連江開元五年曰保寧至德二載更名

恩州恩平郡下本齊安郡貞觀二十三年以高州之西平齊安杜陵置大順二年徙治恩平土貢金銀戶九千縣三有清海軍恩平下本海安武德五年曰齊安至德二載更名有西平縣本高涼州武德五年更名後省杜陵下本杜源武德五年更名陽江下有銀

雷州海康郡下本南合州徐聞郡武德四年以合浦郡之海康隋康鐵杷置貞觀元年更名東合州八年又更名土貢絲電斑竹孔雀戶四千三百二十口二萬五百七十二縣三海康中遂溪下本鐵杷椹川二縣後併省更名徐聞下本隋康貞觀二年更名

崖州珠崖郡下土貢金銀珠玳瑁高良薑戶八百一十九縣三舍城下以舍城水名西南有勤連鎮兵有顏城縣本顏盧貞觀元年更名開元後省澄邁下文昌下本平昌武德五年置貞觀元年更名

瓊州瓊山郡下都督府貞觀五年以崖州之瓊山置自乾封後沒山洞蠻貞元五年嶺南節度使李復討復之土貢金戶六百四十九縣五瓊山下貞觀十三年析置曾口

顏羅容瓊三縣貞元七年省容瓊有鹽　臨高下本臨機隸崖州貞觀五年來屬州沒隸崖州開元元年更名　曾口下　樂會下顯慶五年置

顏羅下

振州延德郡下本臨振郡又曰寧遠郡天寶元年更名土貢金五色藤盤斑布食單戶八百一十九口二千八百二十一縣五寧遠下以寧遠水名有鹽　延德下以延德水名　吉陽下貞觀二年析延德置　臨川下　落屯下天寶後置

儋州昌化郡下本儋耳郡隋珠崖郡治天寶元年更名土貢金鎕香戶三千三百九縣五義倫下有鹽　昌化下貞觀元年析置吉安縣乾元後省　感恩下　洛場下乾元後置　富羅下本毗善武德五年更名

萬安州萬安郡下龍朔二年以崖州之萬安置開元九年徙治陵水至德二載更名萬全郡貞元元年復治萬全後復故名土貢金銀戶二千九百九十七縣四萬安下本隸瓊州貞觀五年析文昌置并置富雲博遼二縣十三年隸崖州後來屬至德二載曰萬全後復故名　陵水下本隸振州後來屬　富雲下　博遼下

邕州朗陵郡下都督府本南晉州武德四年以隋鬱林郡之宣化置貞觀八年

更名土貢金銀有金坑戶二千八百九十三口七千三百二縣七有經略軍宣化中下武德五年析置武緣晉興朗寧橫山四縣乾元後省橫山鬱水自蠻境七源州流出州民常苦之景雲中司馬呂仁引渠分流以殺水勢自是無沒溺之害民乃夾水而居武緣中下西有都稜鎮晉興中下朗寧中下思籠中下乾元後開山洞置如和中下本隸欽州武德五年析南賓安京置景龍二年來屬封陵中下乾元後開山洞置

澄州賀水郡下本南方州武德四年以鬱林郡之嶺方地置貞觀八年更名土貢金銀戶千三百六十八口八千五百八十縣四上林下武德四年析嶺方縣地置無虞琅邪思干上林止戈五縣無虞下止戈下賀水下本隸柳州武德四年析馬平置八年來屬

賓州嶺方郡下本安城郡貞觀五年析南方州之嶺方思干琅邪南尹州之安城置至德二載更名土貢藤器戶千九百七十六口八千五百八十縣三嶺方中下貞觀十二年省思干縣琅邪中下保城中下本安城至德二載更名

橫州寧浦郡下本簡州武德四年以鬱林郡之寧浦樂山置六年曰南簡州貞觀八年更名土貢金銀戶千九百七十八口八千三百四十二縣三寧浦中下武德四年析置蒙澤縣五年以貴州之嶺山來屬貞觀十二年省蒙澤入焉後又省嶺山從化中下本淳風武德四年析寧浦置永貞元年更名樂山

下

潯州潯江郡下貞觀七年以鸞州之桂平大賓置十三年州廢縣隸龔州後復置土貢金銀戶二千五百口六千八百三十六縣三桂平下本隸貴州武德五年隸鸞州七年置陵江縣十二年省入焉皇化下本隸繡州貞觀七年來屬大賓下

巒州永定郡下本淳州武德四年以故秦桂林郡地置永貞元年更名土貢金銀戶七百七十口三千八百三縣三永定下武羅下靈竹下

欽州寧越郡土貢金銀翠羽高良薑戶二千七百口萬一百四十六縣五欽江下東南有西零戍保京下本安京至德二載更名內亭下武德五年以內亭遵化二縣置南亭州貞觀二年州廢二縣來屬遵化中下靈山下本南賓貞觀十年更名

貴州懷澤郡下本南定州武德四年曰南尹州貞觀八年曰貴州天寶元年更郡名土貢金銀鉛器紵布戶三千二十六口九千三百縣四有府一曰龍山鬱林中下懷澤下武德四年置潮水下武德四年析鬱林置義山下武德四年更馬嶺縣曰馬度貞觀後省天寶後更置曰義山

龔州臨江郡下貞觀七年以鸞州故治析潯州之武林鸞州之泰川置後徙治

南平土貢銀戶九千口二萬一千縣五平南下貞觀七年置又置西平歸政大同三縣十二年省泰川入平南又省歸政西平武林下本隸藤州武德七年來屬隋建下本隸藤州貞觀十三年來屬大同下陽川下本陽建後更名

象州象郡下本桂林郡武德四年以始安郡之陽壽桂林置以象山爲州名貞觀十三年徙治武化大歷十一年復治陽壽土貢銀藤器戶五千五百口萬八百九十縣三陽壽下武德四年析桂林置武德西寧武仙三縣貞觀十二年省西寧入武德天寶元年省武德入陽壽武仙下乾封元年省桂林縣入焉武化下武德四年析桂州之建陵置本隸封州後隸晏州又析陽壽置長風縣隸晏州州廢縣皆來屬大歷十一年省長風入焉

藤州感義郡下本永平郡天寶元年更名土貢銀戶三千九百八十縣四鐔津中下初州治永平無鐔津又有隋安賀川寧人等縣皆貞觀後省併更置而寧人隸容州永平隸昭州有鉛感義下本淳民武德中更名義昌下本安昌至德二載更名寧風下武德五年以縣置燕州以桂州之桂平隸之貞觀三年又以藤州之大賓隸之增領長恭泰川池陽龍陽四縣治長恭五年置新樂寧風梁石羅風四縣七年更名泰州徙治寧風更池陽曰承恩復以藤州之安基隸之以梁石羅風隸藤州省長恭縣八年徙治安基復爲燕州十二年省龍陽承恩二縣十八年州廢以寧風來屬後省新樂安基梁石羅風

巖州常樂郡下調露二年析橫貴二州置以巖岡之北因爲名天寶元年曰安樂郡至德二載更名土貢金戶千一百一十縣四常樂下本安樂蕭銑分興德縣置貞觀元年省乾封

元年復置隸鬱林州永隆元年來屬至德二載更名恩封下本伏龍洞當牢宜二州之境調露二年與高城石巖同置高城下以高城水名石巖下

宜州龍水郡下唐開置本粵州乾封中更名有銀丹沙戶千二百二十口三千二百三十縣四龍水下崖山下東璽下天河下邕管所領又有𩓐州武州沈州後皆廢省

瀼州臨潭郡下貞觀十二年清平公李弘節開夷獠置戶千六百六十六縣四瀼江下波零下鵠山下弘遠下貞元後州縣名存而已

籠州扶南郡下貞觀十二年李弘節招慰生蠻置戶三千六百六十七縣七武勤下武禮下羅籠下扶南下龍額下武觀下武江下

田州橫山郡下開元中開蠻洞置貞元二十一年廢後復置戶四千一百六十八縣五都救下惠佳下武龍下橫山下如賴下

環州整平郡下貞觀十二年李弘節開拓生蠻置縣八正平下福零下龍源下饒勉下思恩下武石下歌良下都蒙下

桂州始安郡中都督府至德二載更郡曰建陵後復故名土貢銀銅器麖皮鞾簟戶萬七千五百口七萬一千一十八縣十一有經略軍

臨桂上本始安武德四年置福祿縣貞觀八年省入焉更名有相思埭長壽元年築分相思水使東西流又東南有回濤堤以捍桂水貞元十四年築有侯山

理定中本興安武德四年置宣風縣貞觀十二年省入焉至德二載更名西十里有靈渠引離水故秦史祿所鑿後廢寶歷初觀察使李渤立斗門十八以通漕俄又廢咸通九年刺史魚孟威以石為鏵隄亙四十里植大木為斗門至十八重乃通巨舟

靈川中龍朔二年析始安置

陽朔中下武德四年置歸義縣貞觀元年省入焉

荔浦中下武德四年以始安郡之荔浦建陵隋化三縣置荔州又析置崇仁純義東區三縣五年以隋化東區隸南恭州貞觀元年以建陵隸晏州十二年州廢以荔浦崇仁來屬崇仁後省純義隸蒙州

豐水中下本永豐隸昭州武德四年析置後來屬長慶三年更名

脩仁中下本建陵貞觀元年置晏州并置武龍武化長風三縣十二年州廢省武龍以武化長風隸象州建陵來屬長慶二年更名

恭化中下本純化武德四年析始安置永貞元年更名

永福中下武德四年析始安置

全義中下本臨源武德四年析始安置大歷三年更名

古乾寧二年析慕化置

梧州蒼梧郡下武德四年以靜州之蒼梧豪靜開江置土貢銀白石英戶千二百九縣三

蒼梧下貞觀八年以賀州之綏越來屬十二年省豪靜其後又省綏越而開江復隸富州

戎城下本隸藤州永徽中來屬光化四年馬殷表以縣隸桂州

孟陵下本猛陵隸藤州蕭銑置貞觀八年來屬更名光化中馬殷表以縣隸桂州

賀州臨賀郡下本綏越郡武德四年以始安郡之富川熙平郡之桂嶺零陵郡

之馮乘蒼梧郡之封陽置土貢銀戶四千五百五十二口二萬五百七十縣六臨賀（下武德四年置東有銅冶在橘山）桂嶺（下朝岡程岡皆有鐵）馮乘（下有荔平關有錫冶三）封陽（下貞觀元年省九年復置）富川（下有富水天寶中更名富水後復故名有錫有鍾乳穴三）蕩山（下天寶後置）

連州連山郡下本熙平郡天寶元年更名土貢赤錢竹紵練白紵細布鍾乳水銀丹沙白蠟戶三萬二千二百一十口十四萬三千五百二十三縣三桂陽（上有桂林山本靈山天寶八載更名有銀有鐵）陽山（中下有鐵有故秦湟溪關）連山（中有金有銅有鐵）

柳州龍城郡下本昆州武德四年以始安郡之馬平置是年更名南昆州貞觀八年又以地當柳星更名土貢銀蚺蛇膽戶二千二百三十二口萬一千五百五十縣五馬平（下武德四年析置新平文安賀水歸德四縣尋更名歸德曰脩德文安曰樂沙八年以賀水隸澄州貞觀七年省樂沙九年置崖山縣十二年省新平其後又省崖山以脩德隸嚴州）龍城（下武德四年置龍州并置柳嶺縣貞觀七年州廢省柳嶺以龍城來屬）象（下本隸桂州後來屬）洛漕（下本洛封元和十三年更名）洛容（下貞觀中置）

富州開江郡下本靜州龍平郡武德四年以始安郡之龍平豪靜蒼梧郡之蒼梧置貞觀八年更名土貢銀斑布戶千四百六十口八千五百八十六縣三龍

平下武德四年析置博勞歸化安樂開江四縣尋以蒼梧豪靜開江隸梧州九年省安樂歸化博勞思勤下天寶後置馬江下本開江後隸梧州又復隸柳州長慶三年更名
昭州平樂郡下本樂州武德四年以始安郡之平樂置貞觀八年更名土貢銀
戶四千九百一十八口萬二千六百九十一縣三平樂下以平樂水名之有鍾乳穴三武德四年析置沙亭縣貞觀七年省沙亭恭城下蕭銑置有鍾乳穴十二在銀帳山永平下本隸藤州後來屬
蒙州蒙山郡下本南恭州武德五年析荔州之隋化置貞觀八年更名土貢麩
金銀戶千五十九口五千九百三十三縣三立山下本隋化武德五年更名又析置欽政縣貞觀十二年省
東區下武德五年析立山置貞觀六年隸鸞州十年來屬正義下本純義隸鸞州十年來屬永貞元年更名
嚴州循德郡下乾封二年招致生獠以秦故桂林郡地置土貢銀戶千八百五
十九口七千五十一縣三來賓下乾封二年置循德下本隸柳州後來屬歸化下乾封二年置
融州融水郡下武德四年析始安郡之義熙置土貢金桂心戶千二百三十二
縣二融水下本義熙武德四年析置臨牂黃水安脩三縣六年更名貞觀十三年省安脩入臨牂武陽下天寶初併黃水臨牂二縣更置
思唐州武郎郡下永隆二年析龔蒙象三州置開元二十四年為羈縻州建中

元年爲正州土貢銀戶百四十一縣二武郎下思和下本平原長慶三年更名

古州樂興郡下貞觀十二年李弘節開夷獠置土貢蠟戶二百八十五縣三樂山本樂預寶應元年更名古書下樂興下

容州普寧郡下都督府本銅州武德四年以合浦郡之北流普寧置貞觀八年更名元和中徙治普寧土貢銀丹沙水銀戶四千九百七十口萬七千八十五縣六有經略軍普寧下北流下武德四年析置豪石岩昌南流陵城新安五縣貞觀十一年省新安後又省豪石岩昌北三十里有鬼門關兩石相對中闊三十步陵城下渭龍下武德四年析普寧置欣道下本寧人隸藤州貞觀二十三年更名來屬陸川下本隸東峨州唐末來屬

牢州定川郡下本義州武德二年以巴蜀徼外蠻夷地置貞觀十一年以東北有牢石因更名徙治南流後廢乾封三年將軍王杲平蠻獠復置土貢布銀戶千六百四十一口萬一千七百五十六縣三南流下本隸容州武德四年析北流置南流定川牢川三縣以南百步有南流江名之乾封三年皆來屬定川下本隸潘州因定川水名之宕川下本隸潘州因瀘宕水名之

白州南昌郡下本南州武德四年以合浦郡之合浦地置六年更名土貢金銀

珠戶二千五百七十四口九千四百九十八縣四博白下武德四年置并置朗平周羅龍豪淳良建寧五縣貞觀六年以廉州之大都隸之十二年省朗平淳良後又省大都大歷八年以龍豪隸順州西南百里有北戍灘咸通中安南都護高駢募人平其險石以通舟檝 建寧下 周羅下 南昌下本隸潘州後來屬

順州順義郡下大曆八年容管經略使王翃析禺羅辯白四州置土貢銀戶五百九縣四龍化下武德四年置以西有龍化水名之六年隸辯州 温水下本隸禺州 南河下武德五年析石龍置隸羅州 龍豪武德四年析合浦置隸白州

繡州常林郡下本林州武德四年以鬱林郡之阿林縣及鬱平縣地置六年更名土貢金戶九千七百七十三縣三常林中武德四年置又置羅繡皇化歸誠三縣貞觀七年以皇化隸潯州省歸誠 阿林中下 羅繡下武德四年析置盧越縣貞觀六年縣廢入焉

鬱林州鬱林郡下本鬱州鱗德二年析貴州之石南興德鬱平置乾封元年更名土貢布戶千九百一十八口九千六百九十九縣四鬱平下本隸貴州後來屬 興業下鱗德二年析石南置建中二年省石南入焉 興德下蕭銑析石南置尋廢武德四年析鬱平復置 潭栗下

黨州寧仁郡下本鬱林州地永淳元年開古黨洞置土貢金銀戶千一百四十

九口七千四百四縣八撫安下古西甌地善勞中下善文下寧仁下容山下本安仁永淳二年析黨州置平琴州平琴郡領安仁懷義福陽古符四縣垂拱三年廢神龍三年復置至德中更安仁曰容山建中二年州廢縣皆來屬懷義下福陽下古符下

竇州懷德郡下本南扶州武德四年以永熙郡之懷德置以獠叛僑治瀧州後徙治信義貞觀元年州廢以縣隸瀧州二年復置五年又廢以縣隸瀧州六年復置八年更名土貢銀戶千一十九口七千三百三十九縣四信義中下武德四年置并析置潭峩縣五年又析置特亮縣懷德中下潭峩下特亮下

禺州溫水郡下本東峩州乾封三年將軍王杲奏析白辯竇容四州置總章二年更名土貢銀戶三千一百八十縣四峩石下總章二年析白州之溫水置以南有峩石名之羅辯下本陸川隸辯州後更名本羅辯洞地扶萊下武德五年析信義縣置隸竇州以扶萊水名之貞觀中省後復置宕昌下本隸容州

廉州合浦郡下本合州武德四年曰越州貞觀八年更名以本大廉洞地土貢銀戶三千三十二口萬三千二十九縣四合浦中下武德五年置安昌高城大廉大都四縣貞觀六年置珠池縣後以大都隸白州十二年省珠池安昌入焉封山下武德五年置姜州并置東羅蔡龍二縣貞觀十年州廢以封山東羅蔡龍來屬後省東羅蔡

龍下以蔡龍洞名之貞觀十二年省高城縣入焉廉下
義州連城郡下本南義州武德五年以永熙郡之永業縣地置貞觀元年州廢
以縣隸南建州二年復置五年又廢以縣隸南建州六年復置後第名義州土
貢銀戶千一百一十口七千三百三縣三岑溪下本龍城武德五年置并置安義義城二縣至德中更龍城曰
岑溪其後又省義城有郡山永業下本安義至德中更名連城下武德五年析瀧州之正義置
安南中都護府本交趾郡武德五年曰交州治交趾調露元年曰安南都護府
至德二載曰鎮南都護府大歷三年復爲安南寶歷元年徙治宋平土貢蕉檳
榔鮫革蚺蛇膽翠羽戶二萬四千二百三十口九萬九千六百五十二縣八有經
略軍宋平上武德四年置宋州并置弘教南定二縣五年析置交趾懷德二縣隸交州六年曰南宋州貞觀元年州廢省弘教懷德徙交趾于故南慈州
來屬南定本隸宋州武德四年析宋平置五年隸交州大歷五年省貞元八年復置太平中下本隆平武德四年置以縣置隆州并置義廉封溪二
縣治義廉六年曰南隆州貞觀元年州廢省義廉以封溪縣隸峯州隆平來屬先天元年更名交趾中下武德四年置慈州并置慈廉烏延武立三縣以
慈廉水因名之六年曰南慈州貞觀元年州廢省三縣更置朱鳶上武德四年置鳶州并置高陵定安二縣貞觀元年州廢省高陵定安以朱鳶來屬
龍編中下武德四年置龍州并置武寧平樂二縣貞觀元年州廢省武寧平樂以龍編隸仙州州廢來屬平道中下武德四年置道州并置昌國縣

六年曰南道州是年更名仙州貞觀十年州廢省昌國以平道來屬武平中下本隸道州武德五年來屬
陸州玉山郡下本玉山州武德五年以寧越郡之安海玉山置貞觀二年州廢
縣隸欽州高宗上元二年復置更名土貢銀玳瑁鼊皮翠羽甲香戶四百九十
四口二千六百七十四縣三烏雷下華清下本玉山天寶中更名寧海下本安海武德四年又置海平縣貞
觀十二年省至德二載更名
峯州承化郡下都督府武德四年以交趾郡之嘉寧置土貢銀藤器白蠟蚺蛇
膽豆蔻戶千九百二十縣五嘉寧下武德四年置新昌安仁竹格石堤四縣又領封溪縣貞觀元年省石堤封溪入嘉寧後
又省安仁承化下新昌下貞觀元年省竹格縣入焉高山元和後置珠綠元和後置
愛州九真郡下土貢紗絁孔雀尾戶萬四千七百縣六九真下武德五年置松源楊山安預三縣
貞觀元年省楊山安預九年省松源有金有石磬安順下武德五年置順州幷析置東河建昌邊河三縣貞觀元年州廢省三縣入安順來屬崇
平下本隆安武德五年置安州幷置教山建道都握三縣又置山州幷置岡山真潤古安西安建初五縣貞觀元年廢安州省教山建道都握入隆安來屬
又廢山州省岡山真潤古安西安入建初來屬八年省建初先天元年更隆安曰崇安至德二載又更名軍寧下本軍安武德五年以縣置永州十年曰
都州貞觀元年州廢隸南陵州至德二載更名日南下武德五年置積州又置積善津梧方載三縣又以移風縣地置前真州幷置九皐建正真寧三縣

又以胥浦縣置胥州并置攀龍如侯博犢鎮星四縣九年更積州曰南陵州貞觀元年曰後真州是年廢前真州省九皋建正真寧以移風隸南陵州又廢胥州省攀龍如侯博犢鎮星以胥浦隸南陵州十年州亦廢以軍安日南移風胥浦來屬天寶中省移風胥浦長林下本無編

驩州日南郡下都督府本南德州武德八年曰德州貞觀元年又更名土貢金金薄黃屑象齒犀角沉香斑竹戶九千六百一十九口五萬八百一十八縣四

九德中下武德五年置安遠曇羅光安三縣是年以光安置源州又置水源安銀河龍長江四縣貞觀八年更名阿州十三年州廢省水源河龍長江以光安安銀來屬安遠曇羅光安安銀後皆省浦陽下越裳下武德五年置明州并置萬安明弘明定三縣又以日南郡之文谷金寧二縣置智州并置新鎮閣員二縣貞觀元年更曰南智州省新鎮閣員十三年廢明州省萬安明弘明定入越裳隸智州後廢智州省文谷金寧入越裳來屬初以隋林邑郡置林州北景郡置七州又更名七州曰南景州貞觀二年綏懷林邑乃僑治驩州之南境領北景朱吾二縣并置由文縣八年第名景州九年置林州亦寄治驩州之南境領林邑金龍海界三縣又置山州領龍池盆山二縣有浦陽戍戶千三百二十口五千二百後爲龍池郡皆貞元末廢懷驩下本咸歡武德五年置驩州并置安人扶演相景西源四縣治安人貞觀元年更名演州十三年省相景十六年州廢省安人扶演西源以咸驩來屬後更咸歡曰懷驩

長州文楊郡下唐置土貢金戶六百四十八縣四文陽下銅蔡下長山下其常下

福祿州唐林郡下本福祿郡總章二年智州刺史謝法成招慰生獠昆明北樓

等七千餘落以故唐林州地置大足元年更名安武州至德二載更郡曰唐林
乾元元年復州故名土貢白蠟紫鉚戶三百一十七縣三柔遠本安遠至德二載更名 唐林唐初以唐林安遠二縣置唐林州後州縣皆廢更置 福祿下
湯州湯泉郡下唐以故秦象郡地置土貢金縣三湯泉下 綠水下 羅韶下
芝州忻城郡下唐置戶千二百口五千三百縣七忻城下 富川下 平西下 樂光下 樂𧯄下 多雲下 思龍下
武峩州武峩郡下唐置戶千八百五十口五千三百二十縣七武峩下 如馬下 武義下 武夷下 武緣下 武勞下 梁山下
演州龍池郡下本忠義郡又曰演水郡貞觀中廢廣德二年析驩州復置土貢金戶千四百五十縣七忠義下 懷驩下 龍池下 思農下 武郎下 武容下 武金下
武安州武曲郡下土貢金朝霞布戶四百五十縣二武安下 臨江下 開元中安南所領有龐州土貢孔雀尾紫鉚又有南登州後皆廢省

右嶺南採訪使治廣州

唐書卷四十三上

唐書卷四十三上考證

地理志七上嶺南道瀧州開陽郡建水注本永寧天寶元年復更名○臣西按舊書永寧建水別爲一縣非永寧改建水故領縣五新書合二縣爲一故領縣四

唐書卷四十三上考證

唐書卷四十三下

宋 翰 林 學 士 歐 陽 修 撰

第三十三下

地理志

羈縻州

唐興初未暇於四夷自太宗平突厥西北諸蕃及蠻夷稍稍內屬即其部落列置州縣其大者爲都督府以其首領爲都督刺史皆得世襲雖貢賦版籍多不上戶部然聲教所暨皆邊州都督都護所領著于令式今錄招降開置之目以見其盛其後或臣或叛經制不一不能詳見突厥回紇党項吐谷渾隸關內道者爲府二十九州九十突厥之別部及奚契丹靺鞨降胡高麗隸河北者爲府十四州四十六突厥回紇党項吐谷渾之別部及龜茲于闐焉耆疏勒河西內屬諸胡西域十六國隸隴右者爲府五十一州百九十八羌蠻隸劍南者爲州二百六十一蠻隸江南者爲州五十一隸嶺南者爲州九十三又有党項州二

十四不知其隸屬大凡府州八百五十六號爲羈縻云

關內道

突厥州十九府五

定襄都督府貞觀四年析頡利部爲二以左部置僑治寧朔領州四貞觀二十三年分諸部置州二阿德州以阿史德部置執失州以執失部置蘇農州以蘇農部置拔延州

右隸夏州都督府

雲中都督府貞觀四年析頡利右部置僑治朔方境領州五貞觀二十三年分諸部置州三舍利州以舍利吐利部置阿史那州以阿史那部置綽州以綽部置思壁州　白登州貞觀末隸燕然都護後復來屬

桑乾都督府龍朔三年分定襄置僑治朔方領州四貞觀二十三年分諸部置州三郁射州以郁射施部置初隸定襄後來屬藝失州以多地藝失部置卑失州以卑失部置初隸定襄後來屬叱略州

呼延都督府貞觀二十年置領州三貞觀二十三年分諸部置州三賀魯州以賀魯部置初隸雲中都督後來屬葛邏州以葛邏挹怛部置初隸雲中都督後來屬跌跌州初爲都督府隸北庭後爲州來屬

右隸單于都護府

新黎州貞觀二十三年以車鼻可汗之子羯漫陀部置初爲都督府後爲州 渾河州永徽元年以車鼻可汗餘衆歌邏祿之烏德鞬山左廂部落置 狼山州永徽元年以歌邏祿右廂部落置爲都督府隸雲中都護顯慶三年爲州來屬

堅昆都督府貞觀二十三年以沙鉢羅葉護部落置

右隸安北都護府

回紇州十八府九貞觀二十二年分回紇諸部落置

燕然州以多濫葛部地置初爲都督府及雞鹿雞田燭龍三州隸燕然都護開元元年來屬僑治回樂 雞鹿州以奚結部置僑治回樂 雞田州以阿跌部置僑治回樂 東皐蘭州以渾部置初爲都督府并以延陀餘衆置祁連州後罷都督又分東西州永徽三年皆廢後復置東皐蘭州僑治鳴沙 燭龍州貞觀二十三年析瀚海都督之掘羅勿部置僑治溫池 燕山州僑治溫池

右隸靈州都督府

達渾都督府以延陀部落置僑治寧朔 領州五 姑衍州 步訖若州 嵠彈州永徽中收延陀散亡部落置 鶻州 低粟州

安化州都督府僑治朔方

寧朔州都督府僑治朔方

僕固州都督府僑治朔方

右隸夏州都督府

榆溪州以契苾部置　寘顏州以白霫部置　居延州以白霫別部置　稽落州本高闕州以斛薩部置永徽元年廢高闕州更置稽落州後又廢三年以阿特部復置　余吾州本玄闕州貞觀中以骨利幹部置龍朔中更名　浚稽州　仙萼州初隸瀚海都護後來屬

瀚海都督府以回紇部置

金微都督府以僕固部置

幽陵都督府以拔野古部置

龜林都督府貞觀二十年以同羅部落置

堅昆都督府以結骨部置

右隸安北都護府

党項州五十一府十五貞觀三年酋長細封步賴內附其後諸姓酋長相率亦內附皆列其地置州縣隸松州都督府五年又開其地置州十六縣四十七又以拓拔赤詞部置州三十二乾封二年以吐蕃入寇廢都流厥調湊般匐器邇鋒率嵯等十二州咸亨二年又廢蠶黎二州祿山之亂

河隴陷吐蕃乃徙党項州所存者于靈慶銀夏之境　清塞州　歸德州僑治銀州境

蘭池都督府

芳池都督府

相興都督府

永平都督府

旭定都督府

清寧都督府

忠順都督府

寧保都督府

靜塞都督府

萬吉都督府

樂容州都督府領州一　東夏州

靜邊州都督府貞觀中置初在隴右後僑治慶州之境領州二十五　布州　北夏州　思義州

思樂州　昌塞州　吳州天授二年置吳朝歸浮等州　朝州作朝一彭　歸州作歸一陽　浮州　祐州

貞觀四年置領縣三廓川歸定　卑州　西歸州　嶂州貞觀四年置縣四平顯川桂川顯平洛　錺州　開元州

歸順州本在山南之西寶應元年詔梁州刺史內附　淳州貞觀十二年以降戶置于洮州之境并置索恭烏城二縣開元中廢後爲羈縻　烏

籠州　恤州　嵯州貞觀五年置縣一相雞相雞本隸西懷州貞觀十年來屬　蓋州本西唐州貞觀四年置八年更名縣四湘水河

唐曲嶺祐川　悅州　迴樂州　烏掌州　諾州貞觀五年置縣三諾川德歸雞渭

右隸靈州都督府

芳池州都督府僑治懷安皆野利氏種落領州九　寧靜州　種州　玉州貞觀五年置縣二玉山帶河

濮州　林州　尹州　位州貞觀四年置縣二位豐西使　長州　寶州

宜定州都督府本安定後更名領州七　党州　橋州貞觀六年置　烏州　西戎州貞觀五年以拓

拔赤詞部落置初爲都督府後爲州來屬　野利州　米州　還州

安化州都督府領州七　永和州　威州　旭州　莫州　西滄州貞觀六年置八年更

名臺州後復故名　琮州　儒州本西鹽州貞觀五年以拓拔部置治故後魏洪和郡之藍川縣地八年更名開元中廢後爲羈縻

右隸慶州都督府

吐谷渾州二

寧朔州初隸樂容都督府代宗時來屬

右隸夏州都督府

渾州儀鳳中自涼州內附者處於金明西境置

右隸延州都督府

河北道

突厥州二

順州順義郡貞觀四年平突厥以其部落置順佑化長四州都督府于幽靈之境又置北開北寧北撫北安等四州都督府六年順州僑治營州南之五柳戍又分思農部置燕然縣僑治陽曲分思結部置懷化縣僑治秀容隸順州後皆省祐化長及北開等四州亦廢而順州僑治幽州城中歲貢麝香縣一賓義

瑞州本威州貞觀十年以烏突汗達干部落置在營州之境咸亨中更名後僑治良鄉之廣陽城縣一來遠

右初隸營州都督府及李盡忠陷營州以順州隸幽州都督府徙瑞州于宋州之境神龍初北還亦隸幽州都督府

奚州九府一

鮮州武德五年析饒樂都督府置僑治潞之古縣城縣一賓從 崇州武德五年析饒樂都督府之可汗部落置貞觀三年更名北黎州治營州之廢陽師鎮八年復故名後與鮮州同僑治潞之古縣城縣一昌黎 順化州縣一懷遠 歸義州歸德郡總章中以新羅戶置僑治良鄉之廣陽城縣一歸義後廢開元中信安王禕降契丹李詩部落五千帳以其衆復置

奉誠都督府本饒樂都督府唐初置後廢貞觀二十二年以內屬奚可度者部落更置并以別帥五部置弱水等五州開元二十三年更名領州五 弱水州以阿會部置 祁黎州以處和部置 洛瓌州以奧失部置 太魯州以度稽部置 渴野州以元俟析部置

契丹州十七府一

玄州貞觀二十年以紇主曲據部落置僑治范陽之魯泊村縣一靜蕃 威州本遼州武德二年以內稽部落置初治燕支城後僑治營州城中貞觀元年更名後治良鄉之石窟堡縣一威化 昌州貞觀二年以松漠部落置僑治營州之靜蕃戍七年徙于三合鎮後治安次之故常道城縣一龍山 師州貞觀三年以契丹室韋部落置僑治營州之廢陽師鎮後僑治良鄉之東閭城縣一陽師 帶州貞觀十年以乙失革部落置僑治昌平之清水店縣一孤竹 歸順州歸化郡本彈汗州貞觀二十二年以內屬契丹別帥析紇便部置開元四年更名縣一懷柔 沃州載初中析昌州置萬歲通天元年沒于李盡忠開元二年復置後僑治薊之南回城縣一濱海 信州萬歲通天元年以乙失活部落置僑治范陽境縣一黃龍 青山州景雲元年析玄州置僑治范陽之水門村縣一青山

松漠都督府[貞觀二十二年以內屬契丹窟哥部置其別帥七部分置峭落等八州李盡忠叛後廢開元二年復置]領州八

峭落州[以達稽部置]　無逢州[以獨活部置]　羽陵州[以芬問部置]　白連州[以突便部置]　徒何州[以芮奚部置]　萬丹州[以墜斤部置]　疋黎州[以伏部置]　赤山州[以伏部分置]

歸誠州

靺鞨州三府三

愼州[武德初以涑沫烏素固部落置僑治良鄉之故都鄉城縣一逢龍]　夷賓州[乾符中以愁思嶺部落置僑治良鄉之古廣陽城縣一來蘇]

黎州[載初二年析愼州置僑治良鄉之故都鄉城縣一新黎]

黑水州都督府[開元十四年置]

渤海都督府

安靜都督府

右初皆隸營州都督李盡忠陷營州乃遷玄州于徐宋之境威州于幽州之境昌師帶鮮信五州于青州之境崇愼二州于淄青之境夷賓州于徐州之境黎州于宋州之境在河南者十州神龍初乃使北還二年

皆隸幽州都督府

降胡州一

凜州天寶初置僑治范陽境

右隸幽州都督府

高麗降戶州十四府九太宗親征得蓋牟城置蓋州得遼東城置遼州得白崖城置巖州及師還拔蓋遼二州之人以歸高宗滅高麗置都督府九州四十三後所存州止十四初顯慶五年平百濟以其地置熊津馬韓東明金連德安五都督府并置帶方州麟德後廢

南蘇州 蓋牟州 代那州 倉巖州 磨米州 積利州 黎山州 延津州 木底州 安市州 諸北州 識利州 拂涅州 拜漢州

新城州都督府

遼城州都督府

哥勿州都督府

衛樂州都督府

舍利州都督府

居素州都督府

越喜州都督府

去旦州都督府

建安州都督府

右隸安東都督府

隴右道

突厥州三府二十七　皐蘭州貞觀二十二年以阿史德特健部置初隸燕然都護後來屬

興昔都督府

右隸涼州都督府

特伽州　雞洛州開元中又有火拔州葛祿州州後不復見

濛池都護府貞觀二十三年以阿史那賀魯部落置瑤池都督府永徽四年廢顯慶二年禽賀魯分其地置都護府二都督府八其役屬諸胡皆爲州

昆陵都護府

匐延都督府以處木昆部置

嗢鹿州都督府以突騎施索葛莫賀部置

潔山都督府以突騎施阿利施部置

雙河都督府以攝舍提暾部置

鷹娑都督府以鼠尼施處半部置

鹽泊州都督府以胡祿屋闕部置

陰山州都督府顯慶三年分葛邏祿三部置三府以謀落部置

大漠州都督府以葛邏祿熾俟部置

玄池州都督府以葛邏祿踏實部置

金附州都督府析大漠州置

輪臺州都督府

金滿州都督府永徽五年以處月部落置為州隸輪臺龍朔二年為府

咽麪州都督府初玄池咽麪為州隸燕然長安二年為都督府隸北庭

鹽祿州都督府
哥係州都督府
孤舒州都督府
西鹽州都督府
東鹽州都督府
叱勒州都督府
迦瑟州都督府
憑洛州都督府
沙陀州都督府
答爛州都督府
右隸北庭都護府
回紇州三府一
蹛林州以思結別部置 金水州 賀蘭州

盧山都督府以思結部置

右初隸燕然都護府總章元年隸涼州都督府

党項州七十三府一縣一

馬邑州開元十七年置在秦成二州山谷間寶應元年徙于成州之鹽井故城

右隸秦州都督府

保塞州

右隸臨州都督府

密恭縣高宗上元三年爲吐蕃所破因廢後復置

右隸洮州

叢州貞觀三年置縣三寧遠臨泉臨河　㟪州貞觀元年以降戶置縣二江源落稽　奉州本西仁州貞觀元年置八年更名縣三奉德思安永慈

巖州本西金州貞觀五年置八年更名縣三金池甘松丹巖　遠州本西懷州貞觀四年置八年更名縣二羅水小部川　麟州本西麟州貞觀五年置八年更名縣七峽川和善劍具硤源三交利恭東陵　可州本西義州貞觀四年置八年更名縣三義誠清化靜方　闊州貞觀五年置縣二闊源落吳

彭州本洪州貞觀三年置七年更名縣四洪川歸遠臨津歸正　直州本西集州貞觀五年置更名縣二集川新川　肆州

貞觀五年置縣四歸唐芳叢鹽水磨山　序州貞觀十年置　靜州咸亨三年以內附部落置

軌州都督府貞觀二年以細封步賴部置縣四玉城金原俄徹通川　以上有版

研州　探那州　忙州　毗州　河州　幹州　瓊州

犀州　龕州　陪州　如州　麻州　霸州　⿰石闌州

光州　至涼州　曄州　思帝州　統州　穀卬州　達違州

萬卑州　慈州　融洮州　執州　答針州　稅河州　吳洛州

齊帝州　苗州　始目州　悉多州　質州　兆州　求易州

託州　志德州　延避州　略州　索京州　柘剛州　明桑州

白豆州　瓚州　酉和州　和昔州　祝州　索川州　拔揭州

鼓州　飛州　索渠州　目州　寶劍州　津州　柘鍾州

紀州　徽州　以上無版

右初隸松州都督府肅宗時懿蓋嵯諾祐臺橋浮寶玉位儒歸恤及

西戎西滄樂容歸德等州皆內徙餘皆沒于吐蕃

乾封州　歸義州　順化州　和寧州　和義州　保善州　寧定州

羅雲州　朝鳳州以上寶應元年內附　永定州永泰元年以永定等十二州部落內附析置州十五　宜芳州餘闕

右闕

吐谷渾州一

閤門州

右隸涼州都督府

四鎮都督府州三十四咸亨元年吐蕃陷安西因罷四鎮長壽二年復置

龜茲都督府貞觀二十年平龜茲置　領州九闕

毗沙都督府本于闐國貞觀二十二年內附初置州五高宗上元二年置府析州為十　領州十闕

焉耆都督府貞觀十八年滅焉耆置有碎葉城調露元年都護王方翼築四面十二門為屈曲隱出伏沒之狀云

疏勒都督府貞觀九年疏勒內附置　領州十五闕

河西內屬諸胡州十二府二

烏壘州　和墨州　溫府州　蔚頭州　遍城州　耀建州　寅度州

豬拔州　達滿州　蒲順州　郢及滿州　乞乍州

嬀塞都督府

渠黎都督府

西域府十六州七十二龍朔元年以隴州南由令王名遠為吐火羅道置州縣使自于闐以西波斯以東凡十六國以其王都為都督府以其屬部為州縣凡州八十八縣百一十軍府百二十六

月支都督府以吐火羅葉護阿緩城置　領州二十五　藍氏州以鉢勃城置　大夏州以縛叱城置　漢樓州以俱祿犍城置　弗敵州以烏邏氈城置　沙律州以咄城置　嬀水州以羯城置　盤越州以忽婆城置　忸密州以烏羅渾城置　伽倍州以摩彥城置　粟特州以阿捺臘城置　鉢羅州以蘭城置　雙泉州以悉計密悉帝城置　杝惟州以昏磨城置　遲散州以悉密言城置　富樓州以乞施巘城置　丁零州以泥射城置　薄知州以析面城置　桃槐州以阿臘城置　大檀州以頰厥伊城具闕達官部落置　伏盧州以播薩城置　身毒州以乞澀職城置　西戎州以突厥施怛駃城置　篋頡州以騎失帝城置　疊仗州以發部落城置　苑湯州以拔特山城置

大汗都督府以厭達部活路城置　領州十五　附墨州以弩那城置　奄蔡州以胡路城置　依耐州以婆多楞薩達健城置　犂州以少俱部落置　榆令州以烏漢言城置　安屋州以遮瑟多城置　罽陵州以數始城置　碣石

州以迦沙紛遮城置　波知州以鶡澇支城置　烏丹州以烏捺斯城置　諾色州以速利城置　迷密州以順問盼城置
頓州以作城置　宿利州以頌施谷部落置　賀那州以汗曜部落置
條支都督府以訶達羅支國伏寶瑟顛城置　領州九　細柳州以護聞城置　虞泉州以贇候瑟顛城置　犂靳
州以據瑟部落置　崦嵫州以過忽部落置　巨雀州以烏離難城置　遺州以遺蘭部落置　西海州以郝薩大城置　鎮西州
以活恨部落置　乾陀州以縛狠部落置
天馬都督府以解蘇國數瞞城置　領州二　洛那州以忽論城置　東離州以達利薄紇城置
高附都督府以骨咄施沃沙城置　領州二　五翎州以葛邏犍城置　休蜜州以烏斯城置
修鮮都督府以罽賓國過紇城置　領州十　毗舍州以羅漫城置　陰米州以賤那城置　波路州以和藍城
置　龍池州以遺恨城置　烏弋州以塞奔你羅斯城置　羅羅州以濫犍城置　檀特州以半製城置　烏利州以勃
迸城置　漢州以鵠換城置　懸度州以布路犍城置
寫鳳都督府以帆延國羅爛城置　領州四　嚩谷州以肩捺城置　泠淪州以俟麟城置　悉萬州以縛時伏
城置　鉗敦州以末臘薩旦城置
悅般州都督府以石汗那國豔城置　領雙靡州以俱蘭城置

奇沙州都督府以護時犍國遏密城置 領州二 沛隸州以漫山城置 大秦州以叡密城置

姑墨州都督府以怛沒國怛沒城置 領栗弋州以弩羯城置

旅獒州都督府以烏拉喝國摩喝城置

崐墟州都督府以多勒建國低寶那城置

至拔州都督府以俱密國褚瑟城置

鳥飛州都督府以護密多國摸逵城置 領鉢和州以娑勒色訶城置

王庭州都督府以久越得犍國步師城置

波斯都督府以波斯國疾陵城置

右隸安西都護府

劍南道

諸羌州百六十八

西雅州貞觀五年置縣三新城三泉石龍 蛾州貞觀五年置縣二常平那川 拱州顯慶元年以鉢南伏浪恐部置 劍州永徽五年以大首領凍就部落置

右隸松州都督府

塗州武德元年以臨塗羌內附置領臨塗端源婆覽三縣貞觀元年州廢縣亦省二年析茂州之端源戍復置縣三端源臨塗悉隣 炎州本西封州貞觀三年開生羌置八年更名縣三大封慕仙義川 徹州貞觀六年以西羌董洞貴部落置縣三文徹俄耳文進 向州貞觀五年以生羌置縣二貞左向貳 冉州本西冉州貞觀六年以徼外斂才羌地置八年更名九年第爲冉州縣四冉山磨山玉溪金水 穹州本西博州貞觀五年以生羌置八年更名縣五小川徹當壁川當博恭耳 笮州本西恭州貞觀七年以白狗羌戶置八年更名縣三蓬都亭勸比思 蓬魯州永徽二年特浪生羌董悉奉求辟惠生羌卜檐莫等種落萬餘戶內附又析置州三十二 姜州 恕州 葛州

勿州 鞮州 占州 達州 浪州 邠州 斂州

補州 賴州 那州 舉州 多州 爾州 射州

鐸州 平祭州 時州 箭州 婆州 浩州 質州

居州 可州 宕州 歸化州 奈州 笁州 卓州

右隸茂州都督府

思亮州 杜州 初漢州 孚川州 渠川州 丘盧州 祐州

計州 龍施州 月亂州 浪彌州 月邊州 團州 櫃州

威川州　米羌州

右隸黎州都督府

當馬州（此下二十一州天寶前置）　林波州　中川州　林燒州　鉗矢州　會野州

當仁州　金林州　東嘉梁州　西嘉梁州　東石乳州

西石乳州　涉邛州　汶東州　費林州　徐渠州　彊雞州

長臂州　楊常州　羅巖州（初隸黎州都督後來屬）　雉州　椎梅州（此下二十六州開元後置）

三井州　東鋒州　名配州　鉗恭州　斜恭州　畫重州　羅林州

籠羊州　龍逢州　敢川州　驚川州　榻眉州　作燭州　當品州

嚴城州　昌磊州　鉗并州　木重州　榻林州　三恭州　布嵐州

欠馬州　羅蓬州　論川州　讓川州　遠南州　卑廬州　夔龍州

耀川州　金川州　鹽井州　涼川州　夏梁州　甫和州　椒查州

右隸雅州都督府

奉上州（此下二十二州開元前置）　輒榮州　劇川州　合欽州　蓬口州　博廬州

明川州　脆䏘州　蓬矢州　大渡州　米川州　木屬州　河東州

甫嵐州　昌明州　歸化州初隸巂州後來屬　象川州　叢夏州　和良州

和都州　附樹州　東川州　上貴州此下二十八州開元十七年置　滑川州

比川州　吉川州　兩蕁州　北地州　蒼榮州　野川州　邛凍州

貴林州　牒珍州　浪彌州　郎郭州　上欽州　時蓬州　儼馬州

邛川州　護邛州　腳川州　開望州　上蓬州　比蓬州　剝重州

久護州　瑤劍州　明昌州　護川州　索古州此下三州太和以前置　諾柞州

栢坡州

右隸黎州都督府

諸蠻州九十二皆無城邑椎髻皮服惟來集于都督府則衣冠如華人焉

南寧州漢夜郎地武德元年開南中因故同樂縣置治味四年置總管府五年僑治益州八年復治味更名郎州貞觀元年罷都督開元五年復故名天寶末沒于蠻因廢唐末復置州于清溪鎮去黔州二十九日行縣七味同樂升麻同起新豐隴堤泉麻　昆州本隋置隋亂廢武德元年開南中復置土貢牛黃縣四益寧晉寧安寧秦臧有滇地在晉寧其秦臧則故臧漢地也　黎州本西寧州武德七年析南寧州二縣置貞觀八年更名北接昆州縣二梁

水絳匡州本南雲州武德七年置貞觀八年更名漢永昌郡也縣二勃弄匡川髳州本西濮州武德四年置貞觀十一年更名漢越巂郡地南接姚
州縣四濮水青蛉岐星銅山尹州武德四年置北接髳州縣五馬邑天池鹽泉百泉涌泉曾州武德四年置西接匡州縣五曾三部神泉龍亭
長和鉤州本南龍州武德七年置貞觀十一年更名東北接昆州縣二望水唐封裒州武德七年置本弄棟地南接姚州縣二楊被樂彊宗
州本西宗州武德七年置貞觀十一年更名宗州北接姚州縣三宗居石塔河西微州本西利州武德七年置貞觀十一年更名北接縻州縣二深利
十部縻州本西豫州武德七年置貞觀三年更名南接姚州初爲都督府督縻望諺羅三州後罷都督縣二磨豫七部望州貞觀末以諸蠻內附
與傍州同置初隸郎州都督後來屬諺羅州盤州本西平州武德四年置貞觀八年更名故與古郡地其南交州縣三附唐平夷盤水麻
州貞觀二十二年析郎州置英州聱州勤州傍州貞觀二十三年諸蠻末徙莫抵儉望二種落內附置傍望求丘覽五
州求州丘州覽州咸州瀘慈州歸武州嚴州湯望州武德
州奏龍州武鎮州本武恆避穆宗名改南唐州連州縣六當爲都寧邏遊羅龍加平清坎南州析盈州置
縣三播政百榮洪盧德州析志州置縣二羅連萬嚴爲州析扶德州置縣二扶憎羅洛州析鏡州置縣四臨津賓夷曾城葱藥移州析悅
州置縣三移當臨河湯陵悅州縣六甘泉青賓臨川悅水夷鄰胡璠鏡州縣六夷郎賓唐溪琳琮連池臨野弁鋘州縣八鹽水鋘山羅余臨居
澄瀾臨岷唐川尋源志州志一作總縣四浮萍雞惟夷賓河西盈州縣四盈川塗賽播陵施燕武昌州縣七洪武羅虹琅林夷朗來賓羅新
綺婆扶德州縣三宋水扶德阿陰播朗州析聱州置縣三播勝從顏順化信州居州炎州馴州縣五馴祿

天池方陀羅藏播騁　騁州縣二斛木羅相　浪川州貞元十三年節度使韋皐表置縣五郎浪郎建何度郎仁因閣　協州本隋置隋亂廢武德
元年開南中復置縣三東安西安胡津　靖州析協州置縣三靖川分協　曲州本恭州隋置隋亂廢武德元年開南中復置八年更名故朱提郡北
接協州縣二朱提唐興朱提本安上武德七年更名　播陵州析盈州置　鉗州析開邊縣置　哥靈州　滈州縣三拱平掃宮羅谷
切騎州縣四柳池奏祿麼託通識　品州縣三八秤松花敎　從州縣六從化昆池武安羅林梯山南寧　牱連州縣三牱連羅名新戍
碾衛州縣三麻金碾衛涪麻

右隸戎州都督府

于州武德四年以古滇王國民多姚姓因置姚州都督并置州十三　異州　五陵州　袖州　和往州　舍利
州　范鄧州　野共州　洪郎州　日南州　眉鄧州　澄備州　洛諾州

右隸姚州都督府

納州都寧郡儀鳳二年開山洞置縣八羅圍播羅施陽都寧羅當羅藍都胡茂先天二年與薩晏䵷皆降爲羈縻　薩州黃池郡儀鳳
二年招生獠置縣二黃池播陽　晏州羅陽郡儀鳳二年招生獠置縣七思峩牁陰新賓扶來思晏哆囝羅陽　鞏州因忠郡儀鳳二年
開山洞置縣五哆樓都檀波婆比求播郎　奉州儀鳳二年開山洞置縣二牁里邏逢　浙州儀鳳二年開山洞置縣四浙源越賓洛川鱗山　順州
載初二年置縣五曲水順山靈巖來猿龍池　思峨州天授二年置縣二多溪洛溪　淯州久視元年置縣四新定淯川固城居牢　能州

大定元年置縣四長寧來銀菊池猿山　高州縣三牱巴移甫徒西　宋州縣四牱龍牱支宋水盧吾　長寧州縣四婆員波居青盧龍門　定

州縣二支江扶德

右隸瀘州都督府

江南道

諸蠻州五十一

牂州武德三年以牂牱首領謝龍羽地置四年更名牱川後復故名初牂琰莊充應矩六州皆爲下川開元中降牂琰莊爲羈縻天寶三載又降充應矩

爲羈縻縣三建安賓化新興建安本牂牱武德二年更名新興與州同置　琰州貞觀四年置縣五武侯望江應江始安東南貞觀中又領隆昆琰川二縣

後省　莊州本南壽州貞觀三年以南謝蠻首領謝彊地置四年更名十一年爲都督府景龍二年罷都督故隋牂牱郡地南百里有桂嶺關縣七石牛南

陽輕水多樂樂安石城新安貞觀中又領清蘭縣後省　充州武德三年以牂牱蠻別部置縣七平蠻東停韶明牂牱東陵辰水思王　應州貞觀

三年以東謝首領謝元深地置縣五都尙婆覽應江陁隆羅恭　矩州武德四年置　明州貞觀中以西趙首領趙唐酋地置　蒍州　勞

州　義州　福州　揵州　邦州　清州　峨州　蠻州縣一巴江　獻州獻一作鼓　濡州

琳州縣三多梅古陽多奉　鸞州　令州　那州　暉州　都州　總州咸亨三年昆明十四姓率戶二

萬內屬分置　敦州咸亨三年析內屬昆明部置縣六武寧縻水古質昆川叢燕孤雲　殷州咸亨三年析昆明部置後廢開元十五年分戎州復

(置後又廢貞元二年節度使韋皐表復置故南漢之境也縣五殷川東公龍原韋川賓川初與敦州皆隸戎州都督後來屬)侯州　晃州

樊州　稜州　添州　普寧州　功州　亮州　茂龍州　延州　訓州　卿州(貞觀十五年置)　雙城州　整州　懸州　撫水州(縣四撫水古勞多蓬京永)　思源州　逸州　南平州　勳州　襲州　寶州(萬歲通天二年以昆明夷內附置)　姜州　鴻州(縣五樂鴻思翁都部新庭臨川)

右隸黔州都督府

嶺南道

諸蠻州九十二

紆州(縣六東區吉陵賓安南山都邦紆質)　歸思州　思順州(縣五羅遵履博都恩吉南許水)　蕃州(縣三蕃水都伊思寮)　溫泉州溫泉郡(土貢金縣二溫泉洛富)　述昆州(土貢桂心縣五夷蒙夷水古桂臨山都隴)　格州

右隸桂州都督府

棖州(縣八正平富平龍源思恩饒勉武招都象歌良)　歸順州(本歸淳元和初更名)　思剛州　侯州　歸誠州　倫州　石西州　思恩州　思同州　思明州(縣一顯川)　萬形州　萬承州　上思州

談州　思琅州　波州　員州　功饒州　萬德州　左州

思誠州　鴿州　歸樂州　青州　得州　七源州

右隸邕州都督府

德化州（永泰二年以林覩符部落置縣二德化歸義）郎茫州（永泰二年以林覩符部落分置縣二郎茫古勇）龍武州（大曆中以潘歸國部落置縣二龍丘福字）歸化州（縣四歸朝洛都落回落巍）郡州（土貢白蠟孔雀尾縣二郡口樂安）萬泉州（縣一陸水）思農州（縣三武郎武容武全）爲州（縣三都龍漢會武零）西原州（縣三羅和古林羅淡）林西州（縣二林西西甘橘）思廓州（縣三都寧昆陽羅方）

武寧州（縣三文葛甘郎蘇物）新安州（縣三歸化賓陽安德）金廓州（縣三羅嘉文龍祿榮）提上州（縣三長賓提頭朱綠）甘棠州（縣一忠誠）武定州（縣三福祿柔遠康林）都金州（縣四溫泉嘉陵甘陽都金）諒州（縣二武興古都）武陸州（開成三年都護馬植表以武陸縣置）平原州（開成四年析都金州之平原館置縣三龍石平林龍當）龍州　武定州　眞州　信州

思陵州　祿州（中宗時有單樂縣後省）南平州　西平州　門州　餘州　歸州　金隣州（儀鳳元年置）暑州　羅伏州　儋陵州　樊德州　金龍州　哥富州（貞元十二年置）尙思州（貞元十二年置）安德州（貞元十二年置）

右隸安南都護府

蜀爨蠻州十八（貞元七年領州名逸）

右隸峯州都護府

唐置羈縻諸州皆傍塞外或寓名於夷落而四夷之與中國通者甚衆若將臣之所征討勅使之所慰賜宜有以記其所從出天寶中玄宗問諸蕃國遠近鴻臚卿王忠嗣以西域圖對纔十數國其後貞元宰相賈耽考方域道里之數最詳從邊州入四夷通譯于鴻臚者莫不畢紀其入四夷之路與關戍走集最要者七一曰營州入安東道二曰登州海行入高麗渤海道三曰夏州塞外通大同雲中道四曰中受降城入回鶻道五曰安西入西域道六曰安南通天竺道七曰廣州通海夷道其山川聚落封略遠近皆概舉其目州縣有名而前所不錄者或夷狄所自名云

營州西北百里曰松陘嶺其西奚其東契丹距營州北四百里至湟水營州東百八十里至燕郡城又經汝羅守捉渡遼水至安東都護府五百里府故漢襄平城也東南至平壤城八百里西南至都里海口六百里西至建安城三百里故中郭縣也南至鴨淥江北泊汋城七百里故安平縣也自都護府東北經古

蓋牟新城又經渤海長嶺府千五百里至渤海王城城臨忽汗海其西南三千里古肅愼城其北經德理鎭至南黑水靺鞨千里

登州東北海行過大謝島龜歆島淤島烏湖島三百里北渡烏湖海至馬石山東之都里鎭二百里東傍海壖過青泥浦桃花浦杏花浦石人汪橐駝灣烏骨江八百里乃南傍海壖過烏牧島貝江口椒島得新羅西北之長口鎭又過秦王石橋麻田島古寺島得物島千里至鴨淥江唐恩浦口乃東南陸行七百里至新羅王城自鴨淥江口舟行百餘里乃小舫泝流東北三十里至泊汋口得渤海之境又泝流五百里至丸都縣城故高麗王都又東北泝流二百里至神州又陸行四百里至顯州天寶中王所都又正北如東六百里至渤海王城

夏州北渡烏水經賀麟澤拔利干澤過沙次內横劃沃野泊長澤白城百二十里至可朱渾水源又經故陽城澤横劃北門突紇利泊石子嶺百餘里至阿頹泉又經大非苦鹽池六十六里至賀蘭驛又經庫也干泊彌鵜泊榆祿渾泊百餘里至地頹澤又經步拙泉故城八十八里渡烏那水經胡洛鹽池紇伏干泉

四十八里度庫結沙一曰普納沙二十八里過橫水五十九里至十賁故城又十里至寧遠鎮又涉屯根水五十里至安樂戍戍在河西壖其東壖有古大同城今大同城故永濟柵也北經大泊十七里至金河又經故後魏沃野鎮城傍金河過古長城九十二里至吐俱麟川傍水行經破落汗山賀悅泉百三十一里至步越多山又東北二十里至纈特泉又東六十里至賀人山山西磧口有詰特犍泊吐俱麟川水西有城城東南經拔厥那山二百三十里至帝割達城又東北至諾真水汊又東南百八十七里經古可汗城至鹹澤又東南經烏咄谷二百七里至古雲中城又西五十五里有綏遠城皆靈夏以北蕃落所居中受降城正北如東八十里有呼延谷谷南口有呼延柵谷北口有歸唐柵車道也入回鶻使所經又五百里至鸊鵜泉又十里入磧經麤鹿山鹿耳山錯甲山八百里至山鷰子井又西北經密粟山達旦泊野馬泊可汗泉橫嶺綿泉鏡泊七百里至回鶻衙帳又別道自鸊鵜泉北經公主城眉間城怛羅思山赤崖鹽泊渾義河爐門山木燭嶺千五百里亦至回鶻衙帳東有平野西據烏德鞬

山南依嗢昆水北六七百里至仙娥河河北岸有富貴城又正北如東過雪山松樺林及諸泉泊千五百里至骨利幹又西十三日行至都播部落又北六七日至堅昆部落有牢山劍水又自衙帳東北渡仙娥河二百里至室韋骨利幹之東室韋之西有鞠部落亦曰祴部落其東十五日行有俞折國亦室韋部落又正北十日行有大漢國又北有骨師國骨利幹都播二部落北有小海冰堅時馬行八日可度海北多大山其民狀貌甚偉風俗類骨利幹晝長而夕短回鶻有延姪伽水一曰延特勤泊曰延特勤郍海烏德鞬山左右嗢昆河獨邏河皆屈曲東北流至衙帳東北五百里合流泊東北千餘里有俱輪泊泊之四面皆室韋

安西西出柘厥關渡白馬河百八十里西入俱毗羅磧經苦井百二十里至俱毗羅城又六十里至阿悉言城又六十里至撥換城一曰威戎城曰姑墨州南臨思渾河乃西北渡撥換河中河距思渾河北二十里至小石城又二十里至于闐境之胡蘆河又六十里至大石城一曰于祝曰温肅州又西北三十里至

粟樓烽又四十里度拔達嶺又五十里至頓多城烏孫所治赤山城也又三十里渡真珠河又西北渡乏驛嶺五十里渡雪海又三十里至碎卜戍傍碎卜水五十里至熱海又四十里至凍城又百一十里至賀獵城又三十里至葉支城出谷至碎葉川口八十里至裴羅將軍城又西四十里至碎葉城城北有碎葉水水北四十里有羯丹山十姓可汗每立君長於此自碎葉西四十里至米國城又三十里至新城又六十里至頓建城又五十里至阿史不來城又七十里至俱蘭城又十里至稅建城又五十里至怛羅斯城自撥換碎葉西南渡渾河百八十里有濟濁館故和平鋪也又經故達幹城百二十里至謁者館又六十里至據史德城龜茲境也一曰鬱頭州在赤河北岸孤石山渡赤河經岐山三百四十里至葭蘆館又經達漫城百四十里至疏勒鎮南北西三面皆有山城在水中城東又有漢城亦在灘上赤河來自疏勒西葛羅嶺至城西分流合于城東北入據史德界自撥換南而東經崑崙渡赤河又西南經神山睢陽鹹泊又南經疎樹九百三十里至于闐鎮城于闐西五十里有葦關又西經渤海西

北渡繫館河六百二十里至郅支滿城一曰磧南州又西北經苦井黃渠三百二十里至雙渠故羯飯館也又西北經半城百六十里至演渡州又北八十里至疏勒鎮自疏勒西南入劍末谷青山嶺青嶺不忍嶺六百里至葱嶺守捉故羯盤陀國開元中置守捉安西極邊之戍有寧彌故城一曰達德力城曰汗彌國曰拘彌城于闐東三百九十里有建德力河東七百里有精絕國于闐西南三百八十里有皮山城北與姑墨接凍凌山在于闐東西南七百里又于闐東三百里有坎城鎮東六百里有蘭城鎮南六百里有胡弩鎮西二百里有固城鎮西三百九十里有吉良鎮于闐東距且末鎮千六百里自焉耆西五十里過鐵門關又二十里至于術守捉城又二百里至榆林守捉又五十里至龍泉守捉又六十里至東夷僻守捉又七十里至西夷僻守捉又六十里至赤岸守捉又百二十里至安西都護府又一路自沙州壽昌縣西十里至陽關故城又西至蒲昌海南岸千里自蒲昌海南岸西經七屯城漢伊修城也又西八十里至石城鎮漢樓蘭國也亦名鄯善在蒲昌海南三百里康豔典爲鎮使以通西域

者又西二百里至新城亦謂之弩支城䵎典所築又西經特勒井渡且末河五
百里至播仙鎮故且末城也高宗上元中更名又西經悉利支井祆井勿遮水
五百里于闐東蘭城守捉又西經移杜堡彭懷堡坎城守捉三百里至于闐
安南經交趾太平百餘里至峯州又經南田百三十里至恩樓縣乃水行四十
里至忠城州又二百里至多利州又三百里至朱貴州又四百里至丹棠州皆
生獠也又四百五十里至古湧步水路距安南凡千五百五十里又百八十里
經浮動山天井山山上夾道皆天井間不容跬者三十里二日行至湯泉州又
五十里至祿索州又十五里至龍武州皆爨蠻安南境也又八十三里至儻遲
頓又經八平城八十里至洞澋水又經南亭百六十里至曲江劍南地也又經
通海鎮百六十里渡海河利水至絳縣又八十里至晉寧驛戎州地也又八十
里至柘東城八十里至安寧故城又四百八十里至靈南城又八十里至白崖
城又七十里至蒙舍城又八十里至龍尾城又十里至太和城又二十五里至
羊苴咩城自羊苴咩城西至永昌故郡三百里又西渡怒江至諸葛亮城二百

里又南至樂城二百里又入驃國境經萬公等八部落至悉利城七百里又經
突旻城至驃國千里又自驃國西度黑山至東天竺迦摩波國千六百里又西
北渡迦羅都河至奔那伐檀那國六百里又西南至中天竺國東境恆河南岸
羯朱嗢羅國四百里又西至摩羯陀國六百里一路自諸葛亮城西去騰充城
二百里又西至彌城百里又西過山二百里至麗水城乃西渡麗水龍泉水二
百里至安西城乃西渡彌諾江水千里至大秦婆羅門國有西渡大嶺三百里
至東天竺北界箇沒盧國又西南千二百里至中天竺國東北境之奔那伐檀
那國與驃國往婆羅門路合一路自驩州東二日行至唐林州安遠縣南行經
古羅江二日行至環王國之檀洞江又四日至朱崖又經單補鎮二日至環王
國城故漢日南郡地也自驩州西南三日行度霧溫嶺又二日行至棠州日落
縣又經羅倫江及古朗洞之石密山三日行至棠州文陽縣又經斄斄澗四日
行至文單國之算臺縣又三日行至文單外城又一日行至內城一曰陸真臘
其南水真臘又南至小海其南羅越國又南至大海

廣州東南海行二百里至屯門山乃帆風西行二日至九州石又南二日至象石又西南三日行至占不勞山山在環王國東二百里海中又南二日行至陵山又一日行至門毒國又一日行至古笪國又半日行至奔陀浪洲又兩日行到軍突弄山又五日行至海硤蕃人謂之質南北百里北岸則羅越國南岸則佛逝國佛逝國東水行四五日至訶陵國南中洲之最大者又西出硤三日至葛葛僧祇國在佛逝西北隅之別島國人多鈔暴乘舶者畏憚之其北岸則箇羅國箇羅西則哥谷羅國又從葛葛僧祇四五日行至勝鄧洲又西五日行至婆露國又六日行至婆國伽藍洲又北四日行至師子國其北海岸距南天竺大岸百里又西四日行經沒來國南天竺之最南境又西北經十餘小國至婆羅門西境又西北二日行至拔颶國又十日行經天竺西境小國五至提颶國其國有彌蘭大河一曰新頭河自北渤崐國來西流至提颶國北入于海又自提颶國西二十日行經小國二十餘至提羅盧和國一曰羅和異國國人於海中立華表夜則置炬其上使舶人夜行不迷又西一日行至烏剌國乃大食國

之弗利剌河南入于海小舟泝流二日至末羅國大食重鎮也又西北陸行千里至茂門王所都縛達城自婆羅門南境從沒來國至烏剌國皆緣海東岸行其西岸之西皆大食國其西最南謂之三蘭國自三蘭國正北二十日行經小國十餘至設國又十日行經小國六七至薩伊瞿和竭國當海西岸又西六七日行經小國六七至沒巽國又西北十日行經小國十餘至拔離謌磨難國又一日行至烏剌國與東岸路合西域有陀拔恩單國在疏勒西南二萬五千里東距勃達國西至涅滿國皆一月行南至羅剎支國半月行北至海兩月行羅剎支國東至都槃國半月行西至沙蘭國南至大食國皆二十日行都槃國東至大食國半月行南至大食國二十五日行北至勃達國一月行勃達國東至大食國兩月行西北至岐蘭國二十日行北至大食國一月行河沒國東南至陀拔國半月行西北至岐蘭國二十日行南至沙蘭國一月行北至海兩月行岐蘭國西至大食國兩月行南至涅滿國二十日行北至海五日行涅滿國西至大食國兩月行南至大食國一月行北至岐蘭國二十日行沙蘭國南至大

食國二十五日行北至涅滿國二十五日行石國東至拔汗那國百里西南至
東米國五百里罽賓國在疏勒西南四千里東至俱蘭城國七百里西至大食
國千里南至婆羅門國五百里北至吐火羅國二百里東米國在安國西北二
千里東至碎葉國五千里西南至石國千五百里南至拔汗那國千五百里史
國在疏勒西二千里東至俱密國千里西至大食國二千里南至吐火羅國二
百里西北至康國七百里

唐書卷四十三下

唐書卷四十三下考證

地理志七下羈縻州關內道雲中都督府注析頡利右部置○舊書党項部落置

賀魯州葛邏州䟦跌州右隸單于都護府○舊書皆屬夏州都督府

唐書卷四十三下考證

唐書卷四十四

宋　翰　林　學　士　歐　陽　修　撰

志第三十四

選舉志

唐制取士之科多因隋舊然其大要有三由學館者曰生徒由州縣者曰鄉貢皆升于有司而進退之其科之目有秀才有明經有俊士有進士有明法有明字有明算有一史有三史有開元禮有道舉有童子而明經之別有五經有三經有二經有學究一經有三禮有三傳有史科此歲舉之常選也其天子自詔者曰制舉所以待非常之才焉凡學六皆隸于國子監國子學生三百人以文武三品以上子孫若從二品以上曾孫及勳官二品縣公京官四品帶三品勳封之子爲之太學生五百人以五品以上子孫職事官五品期親若三品曾孫及勳官三品以上有封之子爲之四門學生千三百人其五百人以勳官三品以上無封四品有封及文武七品以上子爲之八百人以庶人之俊異者爲之

律學生五十人書學生三十人算學生三十人以八品以下子及庶人之通其
學者爲之京都學生八十人大都督中都督府上州各六十人下都督府中州
各五十人下州四十人京縣五十人上縣四十人中縣中下縣各三十五人下
縣二十人國子監生尙書省補祭酒統焉州縣學生州縣長官補長史主焉凡
館二門下省有弘文館生三十人東宮有崇文館生二十人以皇緦麻以上親
皇太后皇后大功以上親宰相及散官一品功臣身食實封者京官職事從三
品中書黃門侍郎之子爲之凡博士助教分經授諸生未終經者無易業凡生
限年十四以上十九以下律學十八以上二十五以下凡禮記春秋左氏傳爲
大經詩周禮儀禮爲中經易尙書春秋公羊傳穀梁傳爲小經通二經者大經
小經各一若中經二通三經者大經中經小經各一通五經者大經皆通餘經
各一孝經論語皆兼通之凡治孝經論語共限一歲尙書公羊傳穀梁傳各一
歲半易詩周禮儀禮各二歲禮記左氏傳各三歲學書日紙一幅間習時務策
讀國語說文字林三蒼爾雅凡書學石經三體限三歲說文二歲字林一歲凡

算學孫子五曹共限一歲九章海島共三歲張丘建夏侯陽各一歲周髀五經算共一歲綴術四歲緝古三歲記遺三等數皆兼習之旬給假一日前假博士考試讀者千言試一帖帖三言講者二千言問大義一條總三條通二爲第不及者有罰歲終通一年之業口問大義十條通八爲上六爲中五爲下并三下與在學九歲律生六歲不堪貢者罷歸諸學生通二經俊士通三經已及第而願留者四門學生補太學太學生補國子學每歲五月有田假九月有授衣假二百里外給程其不帥教及歲中違程滿三十日事故百日緣親病二百日皆罷歸既罷條其狀下之屬所五品以上子孫送兵部準蔭配色每歲仲冬州縣館監舉其成者送之尚書省而舉選不繇館學者謂之鄉貢皆懷牒自列于州縣試已長吏以鄉飲酒禮會屬僚設賓主陳俎豆備管絃牲用少牢歌鹿鳴之詩因與耆艾敘長少焉既至省皆疏名列到結款通保及所居始由戶部集閱而關于考功員外郎試之凡秀才試方略策五道以文理通粗爲上上上中上下中上凡四等爲及第凡明經先帖文然後口試經問大義十條答時務策三

道亦爲四等凡開元禮通大義百條策三道者超資與官義通七十策通二者
及第散試官能通者依正員凡三傳科左氏傳問大義五十條公羊穀梁傳三
十條策皆三道義通七以上策通二以上爲第白身視五經有出身及前資官
視學究一經凡史科每史問大義百條策三道義通七策通二以上爲第能通
一史者白身視五經三傳有出身及前資官視學究一經三史皆通者奬擢之
凡童子科十歲以下能通一經及孝經論語卷誦文十通者予官通七予出身
凡進士試時務策五道帖一大經經策全通爲甲第策通四帖過四以上爲乙
第凡明法試律七條令三條全通爲甲第通八爲乙第凡書學先口試通乃墨
試說文字林二十條通十八爲第凡算學錄大義本條爲問答明數造術詳明
術理然後爲通試九章三條海島孫子五曹張丘建夏侯陽周髀五經算各一
條十通六記遺三等數帖讀十得九爲第試綴術緝古錄大義爲問答者明數
造術詳明術理無注者合數造術不失義理然後爲通綴術七條輯古三條十
通六記遺三等數帖讀十得九爲第落經者雖通六不第凡弘文崇文生試一

大經一小經或二中經或史記前後漢書三國志各一或時務策五道經史皆
試策十道經通六史及時務策通三皆帖孝經論語共十條通六爲第凡貢舉
非其人者廢舉者校試不以實者皆有罰其教人取士著於令者大略如此而
士之進取之方與上之好惡所以育材養士招來獎進之意有司選士之法因
時增損不同自高祖初入長安開大丞相府下令置生員自京師至于州縣皆
有數既卽位又詔祕書外省別立小學以教宗室子孫及功臣子弟其後又詔
諸州明經秀才俊士進士明於理體爲鄉里稱者縣考試州長重覆歲隨方物
入貢吏民子弟學藝者皆送于京學爲設考課之法州縣鄉皆置學焉及太宗
卽位益崇儒術乃於門下別置弘文館又增置書律學進士加讀經史一部十
三年東宮置崇文館自天下初定增築學舍至千二百區雖七營飛騎亦置生
遣博士爲授經四夷若高麗百濟新羅高昌吐蕃相繼遣子弟入學遂至八千
餘人高宗永徽二年始停秀才科龍朔二年東都置國子監明年以書學隸蘭
臺算學隸祕閣律學隸詳刑上元二年加試貢士老子策明經二條進士三條

國子監置大成二十人取已及第而聰明者爲之試書日誦千言并日試策所業十通七然後補其祿俸同直官通四經業成上於尚書吏部試之登第者加一階放選其不第則習業如初三歲而又試三試而不中第從常調永隆二年考功員外郎劉思立建言明經多抄義條進士唯誦舊策皆亡實才而有司以人數充第乃詔自今明經試帖粗十得六以上進士試雜文二篇通文律者然後試策武后之亂改易舊制頗多中宗反正詔宗室三等以下五等以上未出身願宿衞及任國子生聽之其家居業成而堪貢者宗正寺試送監舉如常法三衞番下日願入學者聽附國子學太學及律館習業蕃王及可汗子孫願入學者附國子學讀書玄宗開元五年始令鄉貢明經進士見訖國子監謁先師學官開講問義有司爲具食清資五品以上官及朝集使皆往閱禮焉七年又令弘文崇文國子生季一朝參及注老子道德經成詔天下家藏其書貢舉人減尚書論語策而加試老子又敕州縣學生年二十五以下八品子若庶人二十一以下通一經及未通經而聽悟有文辭史學者入四門學爲俊士郎諸州

貢舉省試不第願入學者亦聽二十四年考功員外郎李昂爲舉人詆訶帝以員外郎望輕遂移貢舉於禮部以侍郎主之禮部選士自此始二十九年始置崇玄學習老子莊子文子列子亦曰道舉其生京都各百人諸州無常員官秩蔭第同國子舉送課試如明經天寶九載置廣文館於國學以領生徒爲進士者舉人舊重兩監後世祿者以京兆同華爲榮而不入學十二載乃敕天下罷鄉貢舉人不由國子及郡縣學者勿舉送是歲道舉停老子加周易十四載復鄉貢代宗廣德二年詔曰古者設太學教冑子雖年穀不登兵革或動而俎豆之事不廢頃年戎車屢駕諸生輟講宜追學生在館習業度支給廚米是歲賈至爲侍郎建言歲方艱歉舉人赴省者兩都試之兩都試人自此始貞元二年詔習開元禮者舉同一經例明經習律以代爾雅是時弘文崇文生未補者務取員闕以補速於登第而用蔭乖實至有假市門資變易昭穆及假人試藝者六年詔宜據式考試假代者論如法初禮部侍郎親故移試考功謂之別頭十六年中書舍人高郢奏罷議者是之元和二年置東都監生一百員然自天寶

後學校益廢生徒流散永泰中雖置西監生而館無定員於是始定生員西京
國子館生八十人太學七十人四門三百人廣文六十人律館二十人書算館
各十人東都國子館十人太學十五人四門五十人廣文十人律館十人書館
三人算館二人而已明經停口義復試墨義十條五經取通五明經通六其嘗
坐法及爲州縣小吏雖藝文可采勿舉十三年權知禮部侍郎庾承宣奏復考
功別頭試初開元中禮部考試畢送中書門下詳覆其後中廢是歲侍郎錢徽
所舉送覆試多不中選由是貶官而舉人雜文復送中書門下長慶三年侍郎
王起言故事禮部已放牓而中書門下始詳覆今請先詳覆而後放牓議者以
起雖避嫌然失貢職矣諫議大夫殷侑言三史爲書勸善懲惡亞於六經比來
史學都廢至有身處班列而朝廷舊章莫能知者於是立史科及三傳科太和
三年高鍇爲考功員外郎取士有不當監察御史姚中立又奏停考功別頭試
六年侍郎賈餗又奏復之八年宰相王涯以爲禮部取士乃先以牓示中書非
至公之道自今一委有司以所試雜文鄉貫三代名諱送中書門下大抵衆科

之目進士尤爲貴其得人亦最爲盛焉方其取以辭章類若浮文而少實及其
臨事設施奮其事業隱然爲國名臣者不可勝數遂使時君篤意以謂莫此之
尚及其後世俗益媮薄上下交疑因以謂按其聲病可以爲有司之責捨是則
汗漫而無所守遂不復能易嗚呼乃知三代鄉里德行之舉非至治之隆莫能
行也太宗時冀州進士張昌齡王公謹有名於當時考功員外郎王師旦不署
以第太宗問其故對曰二人者皆文采浮華擢之將誘後生而敝風俗其後二
人者卒不能有立寶應二年禮部侍郎楊綰上疏言進士科起於隋大業中是
時猶試策高宗朝劉思立加進士雜文明經塡帖故爲進士者皆誦當代之文
而不通經史明經者但記帖括又投牒自舉非古先哲王側席待賢之道請依
古察孝廉其鄉閭孝友信義廉恥而通經者縣薦之州州試其所通之學送于
省自縣至省皆勿自投牒其到狀保辨識牒皆停而所習經取大義聽通諸家
之學每問經十條對策三道皆通爲上第吏部官之經義通八策通二爲中第
與出身下第罷歸論語孝經孟子兼爲一經其明經進士及道舉並停詔給事

中李栖筠李廙尚書左丞賈至京兆尹兼御史大夫嚴武議栖筠等議曰夏之政忠商之政敬周之政文然則文與忠敬皆統人行且謚號述行莫美於文文興則忠敬存焉故前代以文取士本文行也由辭觀行則及辭焉宣父稱顏子不遷怒不貳過謂之好學今試學者以帖字爲精通不窮旨義豈能知遷怒貳過之道乎考文者以聲病爲是非豈能知移風易俗化天下乎是以上失其源下襲其流先王之道莫能行也夫先王之道消則小人之道長亂臣賊子由是生焉今取士試之小道而不以遠大是猶以蝸蚓之餌垂海而望吞舟之魚不亦難乎所以食垂餌者皆小魚就科目者皆小藝且夏有天下四百載禹之道喪而商始與商有天下六百祀湯之法棄而周始與周有天下八百年文武之政廢而秦始并焉三代之選士任賢皆考實行是以風俗淳一運祚長遠漢與監其然尊儒術尚名節雖近戚竊位彊臣擅權弱主外立母后專政而亦能終彼四百豈非學行之效邪魏晉以來專尚浮侈德義不修故子孫速顛享國不永也今綰所請實爲正論然自晉室之亂南北分裂人多僑處必欲復古鄉舉

里選竊恐未盡請兼廣學校以明訓誘雖京師州縣皆有小學兵革之後生徒流離儒臣師氏祿廩無向請增博士員厚其廩稍選通儒碩生閒居其職十道大郡置太學館遣博士出外兼領郡官以教生徒保桑梓者鄉里舉焉在流寓者庠序推焉朝而行之夕見其利而大臣以爲舉人循習難於速變請自來歲始帝以問翰林學士對曰舉進士久矣廢之恐失其業乃詔明經進士與孝廉兼行先是進士試詩賦及時務策五道明經策三道建中二年中書舍人趙贊權知貢舉乃以箴論表贊代詩賦而皆試策三道太和八年禮部復罷進士議論而試詩賦文宗從內出題以試進士謂侍臣曰吾患文格浮薄昨自出題所試差勝乃詔禮部歲取登第者三十人苟無其人不必充其數是時文宗好學嗜古鄭覃以經術位宰相深嫉進士浮薄屢請罷之文宗曰敦厚浮薄色色有之進士科取人二百年矣不可遽廢因得不罷武宗即位宰相李德裕尤惡進士初舉人既及第綴行通名詣主司第謝其制序立西階下北上東向主人席東階下西向諸生拜主司答拜乃敘齒謝恩遂升階與公卿觀者皆坐酒數行

乃赴期集又有曲江會題名席至是德裕奏國家設科取士而附黨背公自爲門生自今一見有司而止其期集參謁曲江題名皆罷德裕嘗論公卿子弟艱於科舉武宗曰向聞楊虞卿兄弟朋比貴勢妨平進之路昨黜楊知至鄭朴等抑其太甚耳有司不識朕意不放子弟卽過矣但取實藝可也德裕曰鄭肅封敖子弟皆有才不敢應舉臣無名第不當非進士然臣祖天寶末以仕進無他岐勉彊隨計一舉登第自後家不置文選蓋惡其不根藝實然朝廷選官須公卿子弟爲之何者少習其業目熟朝廷事臺閣之儀不教而自成寒士縱有出人之才固不能閑習也則子弟未易可輕德裕之論偏異蓋如此然進士科當唐之晚節尤爲浮薄世所共患也所謂制舉者其來遠矣自漢以來天子常稱制詔道其所欲問而親策之唐興世崇儒學雖其時君賢愚好惡不同而樂善求賢之意未始少怠故自京師外至州縣有司常選之士以時而舉而天子又自詔四方德行才能文學之士或高蹈幽隱與其不能自達者下至軍謀將略翹關拔山絕藝奇伎莫不兼取其爲名目隨其人主臨時所欲而列爲定科者

如賢良方正直言極諫博通墳典達於教化軍謀宏遠堪任將率詳明政術可以理人之類其名最著而天子巡狩行幸封禪太山梁父往往會見行在其所以待之之禮甚優而宏材偉論非常之人亦時出於其間不爲無得也其外又有武舉蓋其起於武后之時長安二年始置武舉其制有長垜馬射步射平射筒射又有馬槍翹關負重身材之選翹關長丈七尺徑三寸半凡十舉後手持關距出處無過一尺負重者負米五斛行二十步皆爲中第亦以鄉飲酒禮送兵部其選用之法不足道故不復書

唐書卷四十四

唐書卷四十五

宋　翰　林　學　士　歐　陽　修　撰

志第三十五

選舉志

凡選有文武文選吏部主之武選兵部主之皆爲三銓尚書侍郎分主之凡官員有數而署置過者有罰知而聽者有罰規取者有罰每歲五月頒格于州縣選人應格則本屬或故任取選解列其罷免善惡之狀以十月會于省過其時者不敘其以時至者乃考其功過同流者五五爲聯京官五人保之一人識之刑家之子工賈異類及假名承僞隱冒升降者有罰文書粟錯隱倖者駁放之非隱倖則不凡擇人之法有四一曰身體貌豐偉二曰言言辭辯正三曰書楷法遒美四曰判文理優長四事皆可取則先德行德均以才才均以勞得者爲留不得者爲放五品以上不試上其名中書門下六品以下始集而試觀其書判已試而銓察其身言已銓而注詢其便利而擬已注而唱不厭者得反通其

辭三唱而不厭聽冬集厭者爲甲上于僕射乃上門下省給事中讀之黄門侍郎省之侍中審之然後以聞主者受旨而奉行焉謂之奏受視品及流外則判補皆給以符謂之告身凡官已受成皆廷謝凡試判登科謂之入等甚拙者謂之藍縷選未滿而試文三篇謂之宏辭試判三條謂之拔萃中者卽授官凡出身嗣王郡王從四品下親王諸子封郡公者從五品上國公正六品上郡公正六品下縣公從六品上侯正七品上伯正七品下子從七品上男從七品下皇帝緦麻以上親皇太后期親正六品上皇太后大功皇后期親從六品上皇帝袒免皇太后小功緦麻皇后大功親正七品上皇后小功緦麻皇太子妃期親從七品上外戚皆以服屬降二階敘娶郡主者正六品上娶縣主者正七品上郡主子從七品上縣主子從八品上凡用蔭一品子正七品上二品子正七品下三品子從七品上從三品子從七品下正四品子正八品上從四品子正八品下正五品子從八品上從五品及國公子從八品下凡品子任雜掌及王公以下親事帳内勞滿而選者七品以上子從九品上敘其任流外而應入流内

敘品卑者亦如之九品以上及勳官五品以上子從九品下敘三品以上蔭曾
孫五品以上蔭孫孫降子一等曾孫降孫一等贈官降正官一等死事者與正
官同郡縣公子視從五品孫縣男以上子降一等勳官二品子又降一等二王
後孫視正三品凡秀才上上第正八品上上中第正八品下上下第從八品上
中上第從八品下明經上上第從八品下上中第正九品上上下第正九品下
中上第從九品下進士明法甲第從九品上乙第從九品下弘文崇文館生及
第亦如之應入五品者以聞書算學生從九品下敘凡弘文崇文生皇緦麻以
上親皇太后皇后大功以上親一家聽二人選職事二品以上散官一品中書
門下正三品同三品六尚書等子孫幷姪功臣身食實封者子孫一蔭聽二人
選京官職事正三品同中書門下平章事供奉官三品子孫京官職事從三品
中書黃門侍郎幷供奉三品官帶四品五品散官子一蔭一人凡勳官選者上
柱國正六品敘六品而下遞降一階驍騎尉武騎尉從九品上敘凡居官必四
考四考中中進年勞一階敘每一考中上進一階上下二階上中以上及計考

應至五品以上奏而別敘六品以下遷改不更選及守五品以上官年勞歲一
敘給記階牒考多者準考累加凡醫術不過尙藥奉御陰陽卜筮圖畫工巧造
食音聲及天文不過本色局署令鴻臚譯語不過典客署令凡千牛備身備身
左右五考送兵部試有文者送吏部凡齋郎太廟以五品以上子孫及六品職
事并清官子爲之六考而滿郊社以六品職事官子爲之八考而滿皆讀兩經
粗通限年十五以上二十以下擇儀狀端正無疾者武選凡納課品子歲取文
武六品以下勳官三品以下五品以上子年十八以上每州爲解上兵部納課
十三歲而試第一等送吏部第二等留本司第三等納資二歲第四等納資三
歲納已復試量文武授散官若考滿不試免當年資遭喪免資無故不輸資及
有犯者放還之凡捉錢品子無違負滿二百日本屬以簿附朝集使上于考功
兵部滿十歲量文武授散官其視品國官府佐應停者依品子納課十歲而試
凡一歲爲一選自一選至十二選視官品高下以定其數因其功過而增損之
初武德中天下兵革新定士不求祿官不充員有司移符州縣課人赴調遠方

或賜衣續食猶辭不行至則授用無所黜退不數年求者寖多亦頗加簡汰貞觀二年侍郎劉林甫言隋制以十一月爲選始至春乃畢今選者衆請四時注擬十九年馬周以四時選爲勞乃復以十一月選至三月畢太宗嘗謂攝吏部尚書杜如晦曰今專以言辭刀筆取人而不悉其行至後敗職雖刑戮之而民已敝矣乃欲放古令諸州辟召會功臣行世封乃止它日復顧侍臣曰致治之術在於得賢今公等不知人朕又不能徧識日月其逝而人遠矣吾將使人自舉可乎而魏徵以爲長澆競又止初銓法簡而任重高宗總章二年司列少常伯裴行儉始設長名牓引銓注法復定州縣升降爲八等其三京五府都護都督府悉有差次量官資授之其後李敬玄爲少常伯委事於員外郎張仁褘仁褘又造姓歷改狀樣銓歷等程式而銓總之法密矣然是時仕者衆庸愚咸集有僞主符告而矯爲官者有接承它名而參調者有遠人無親而置保者試之日冒名代進或旁坐假手或借人外助多非其實雖繁設等級遞差選限增譴犯之科開糾告之令以遏之然猶不能禁大率十人競一官餘多委積不可遣

有司患之謀爲黜落之計以僻書隱學爲判目無復求人之意而吏求貨賄出入升降至武后時天官侍郎魏玄同深嫉之因請復古辟署之法不報初試選人皆糊名令學士考判武后以爲非委任之方罷之而其務收人心士無賢不肖多所進獎長安二年舉人授拾遺補闕御史著作佐郎大理評事衛佐凡百餘人明年引見風俗使舉人悉授試官高者至鳳閣舍人給事中次員外郎御史補闕拾遺校書郎試官之起自此始時李嶠爲尚書又置員外郎二千餘員悉用勢家親戚給俸祿使釐務至與正官爭事相毆者又有檢校敕攝判知之官神龍二年嶠復爲中書令始悔之乃停員外郎官釐務中宗時韋后及太平安樂公主等用事於側門降墨敕斜封授官號斜封官凡數千員內外盈溢無廳事以居當時謂之三無坐處言宰相御史及員外郎也又以鄭愔爲侍郎大納貨賂選人留者甚衆至逆用三年員闕而綱紀大潰韋氏敗始以宋璟爲吏部尚書李乂盧從愿爲侍郎姚元之爲兵部尚書陸象先盧懷慎爲侍郎悉奏罷斜封官量闕留人雖資高考深非才實者不取初尚書銓掌七品以上選侍

郎銓掌八品以下選至是通其品而掌焉未幾璟元之等罷殿中侍御史崔涖太子中允薛昭希太平公主意上言罷斜封官人失其所而怨積於下必有非常之變乃下詔盡復斜封別敕官玄宗卽位厲精爲治左拾遺內供奉張九齡上疏言縣令刺史陛下所與共理尤親於民者也今京官出外乃反以爲斥逐非少重其選不可又曰古者或遙聞辟召或一見任之是以士脩名行而流品不雜今吏部始造簿書以備遺忘而反求精於案牘不急人才何異遺劍中流而刻舟以記於是下詔擇京官有善政者補刺史歲十月按察使校殿最自第一至第五校考使及戶部長官總覈之以爲升降凡官不歷州縣不擬臺省已而悉集新除縣令宣政殿親臨問以治人之策而擢其高第者又詔員外郎御史諸供奉官皆進名敕授而兵吏部各以員外郎一人判南曹由是銓司之任輕矣其後戶部侍郎宇文融又建議置十銓乃以禮部尚書蘇頲等分主之太子左庶子吳兢諫曰易稱君子思不出其位言不侵官也今以頲等分掌吏部選而天子親臨決之尚書侍郎皆不聞參議者以爲萬乘之君下行選事帝悟

遂復以三銓還有司開元十八年侍中裴光庭兼吏部尚書始作循資格而賢愚一概必與格合乃得銓授限年躡級不得踰越於是久淹不收者皆便之謂之聖書及光庭卒中書令蕭嵩以爲非求材之方奏罷之乃下詔曰凡人年三十而出身四十乃得從事更造格以分寸爲差若循新格則六十未離一尉自今選人才業優異有操行及遠郡下寮名迹稍著者吏部隨材甄擢之初諸司官兼知政事者至日午後乃還本司視事兵部吏部尚書侍郎知政事者亦還本司分闕注唱開元以來宰相位望漸崇雖尚書知政事亦於中書決本司事以自便而左右相兼兵部吏部尚書者不自銓總又故事必三銓三注三唱而后擬官季春始畢乃過門下省楊國忠以右相兼吏部尚書建議選人視官資書判狀迹功優宜對衆定留放乃先遣吏密定員闕一日會左相及諸司長官於都堂注唱以誇神速由是門下過官三銓注官之制皆廢侍郎主試判而已肅代以後兵興天下多故官員益濫而銓法無可道者至德宗時試太常寺協律郎沈既濟極言其敝曰近世爵祿失之者久其失非他四太而已入仕之門

太多世冑之家太優祿利之資太厚督責之令太薄臣以爲當輕其祿利重其督責夫古今選用之法九流常敘有三科而已曰德也才也勞也而今選曹皆不及焉且吏部甲令雖曰度德居任量才授職計勞升敘然考校之法皆在書判簿歷言辭俯仰之間侍郎非通神不可得而知則安行徐言非德也空文善書非才也累資積考非勞也苟執不失猶乖得人況衆流茫茫耳目有不足者乎蓋非鑒之不明非擇之不精法使然也王者觀變以制法察時而立政按前代選用皆州府察舉至于齊隋署置多由請託故當時議者以爲與其率私不若自舉與其外濫不若內收是以罷州府之權而歸於吏部此矯時懲弊之權法非經國不刊之常典今吏部之法蠹矣不可以坐守刓弊臣請五品以上及羣司長官宰臣進敘吏部兵部得參議焉六品以下或僚佐之屬聽州府辟用則銓擇之任委於四方結奏之成歸於二部必先擇牧守然後授其權高者先署而後聞卑者聽版而不命其牧守將帥或選用非公則吏部兵部得察而舉之聖主明目達聰逖聽遐視罪其私冒不慎舉者小加譴黜大正刑典責成授

任誰敢不勉夫如是則接名僞命之徒菲才薄行之人貪叨賄貨懦弱姦宄下詔之日隨聲而廢通大數十去八九矣如是人少而員寬事簡而官審賢者不奬而自進不肖者不抑而自退或曰開元天寶中不易吏部之法而天下砥平何必外辟方臻于理臣以爲不然夫選舉者經邦之一端雖制之有美惡而行之由法令是以州郡察舉在兩漢則理在魏齊則亂吏部選集在神龍景龍則紊在開元天寶則理當其時久承升平御以法術慶賞不軼威刑必齊由是而理匪用吏部而臻此也況以此時用辟召之法則理不益久乎天子雖嘉其言而重於改作訖不能用初吏部歲常集人其後三數歲一集選人猥至文簿紛雜吏因得以爲姦利士至蹉跌或十年不得官而闕員亦累歲不補陸贄爲相乃懲其弊命吏部據內外員三分之計闕集人歲以爲常是時河西隴右沒于虜河南河北不上計吏員大率減天寶三之一而入流者加一故士人二年居官十年待選而考限遷除之法寖壞憲宗時宰相李吉甫定考遷之格諸州刺史次赤府少尹次赤令諸陵令五府司馬上州以上上佐東宮官詹事諭德以

下王府官四品以上皆五考侍御史十三月殿中侍御史十八月監察御史二十五月三省官諸道勅補檢校五品以上及臺省官皆三考餘官四考文武官四品以下五考凡遷尚書省四品以上文武官三品以上皆先奏唐取人之路蓋多矣方其盛時著於令者納課品子萬人諸館及州縣學六萬三千七十人太史歷生三十六人天文生百五十人太醫藥童針呪諸生二百一十一人太卜卜筮三十人千牛備身八十人備身左右二百五十六人進馬十六人齋郎八百六十二人諸衛三衛監門直長三萬九千四百六十二人諸屯主副千九百八人諸折衝府錄事府史一千七百八十二人校尉三千五百六十四人執仗執乘每府三十二人親事帳內萬人集賢院御書手百人史館典書楷書四十一人尚藥童三十人諸臺省寺監軍衛坊府之胥史六千餘人凡此者皆入官之門戶而諸司主祿已成官及州縣佐史未敘者不在焉至於銓選其制不一凡流外兵部禮部舉人郎官得自主之謂之小選太宗時以歲旱穀貴東人選者集于洛州謂之東選高宗上元二年以嶺南五管黔中都督府得即任土

人而官或非其才乃遣郎官御史爲選補使謂之南選其後江南淮南福建大抵因歲水旱皆遣選補使卽選其人而廢置不常選法又不著故不復詳焉

唐書卷四十五

西元二〇二〇年十一月一日重製一版

新唐書（附考證）冊二

（宋 歐陽修 宋 祁 撰）

平裝十冊基本定價捌仟元正
（郵運匯費另加）

發行人　張敏君

發行處　中華書局

臺北市內湖區舊宗路二段一八一巷八號五樓（5FL., No. 8, Lane 181, JIOU-TZUNG Rd., Sec 2, NEI HU, TAIPEI, 11494, TAIWAN）

客服電話：886-2-8797-8396

公司傳真：886-2-8797-8909

匯款帳戶：華南商業銀行西湖分行 179100026931

印　刷：維中科技有限公司
海瑞印刷品有限公司

No. N1054-2

國家圖書館出版品預行編目(CIP)資料

新唐書/(宋)歐陽修, 宋祁撰. -- 重製一版. -- 臺
北市 : 中華書局, 2020.11
冊 ; 公分
ISBN 978-986-5512-34-7(全套 : 平裝)

1.唐史

624.101 109016734